Carl Friedrich von Weizsäcker

Bewußtseinswandel

Carl Hanser Verlag

ISBN 3-446-14649-0

Satz: LibroSatz, Kriftel
Druck und Bindung: May + Co, Darmstadt
Printed in Germany

Inhalt

Schema des Inhalts

Vorwort

Dieses Buch hat einen doppelten Anlaß.

1981 habe ich unter dem Titel *Der bedrohte Friede* eine Sammlung politischer Aufsätze der Jahre 1945 bis 1981 herausgegeben. Inzwischen habe ich eine Reihe von weiteren Vorträgen und Aufsätzen verfaßt und an verstreuten Stellen veröffentlicht. Ich hatte den Wunsch, die gemeinsame Fragestellung dieser Texte durch eine Sammlung der mir wichtigeren unter ihnen leichter zugänglich zu machen. Im gegenwärtigen Buch besteht das Zweite Kapitel im wesentlichen aus solchen Texten. Dazu kommen die Abschnitte 3 und 5 im Vierten Kapitel, die Abschnitte 2-4 des Fünften Kapitels und drei Interviews (2, 5, 8) des Sechsten Kapitels. Ferner habe ich einige ältere, bisher unveröffentlichte Texte aufgenommen, so Zweites Kapitel, 5, und mehrere im Sechsten Kapitel. Solche älteren Texte sind im Inhaltsverzeichnis durch die Jahreszahl ihrer Entstehung bezeichnet. Abschnitte, die im Inhaltsverzeichnis keine Jahreszahl (in Klammern) tragen, sind eigens für dieses Buch verfaßt. Dieser neue Text stellt einen zusammenhängenden Gedankengang dar, der anschließend an das Inhaltsverzeichnis durch eine schematische Zeichnung vorgestellt und im Ersten Kapitel, Abschnitt 2, erläutert wird. Dieser Gedankengang bezieht sich auf den zweiten Anlaß zur Abfassung des Buchs.

1985 wurde ich gebeten, auf dem Evangelischen Kirchentag in Düsseldorf an einer Podiumsdiskussion über einen Aufruf zu einem christlichen Friedenskonzil teilzunehmen. Ich formulierte einen neuen Text eines solchen Aufrufs, der auf dem Kirchentag angenommen wurde. Es war klar, daß eine solche christliche Weltversammlung nur dann Aussicht auf Erfolg bietet, wenn sie hinsichtlich der Sachprobleme sorgfältig vorbereitet wird. Dafür schrieb ich 1986 das Büchlein *Die Zeit drängt*. Ihm ließ der Hanser Verlag 1987 das Buch *Das Ende der Geduld* folgen, zu dem ich einen Schlußabschnitt unter dem Titel »Bewußtseinswandel« beisteuerte. Ich habe seit langem die Meinung vertreten, daß alle politischen, ökonomischen, ökologischen Probleme unserer Gegenwart und Zukunft grundsätzlich in gemeinsam angewandter Vernunft lösbar wären. Diese Vernunft aber besteht heute noch nicht. Sie setzt einen tiefgehenden Bewußtseinswandel voraus. Der Bewußtseinswandel ist unterwegs, aber er ist zu langsam und geht nicht tief genug.

So kam ich auf den Gedanken, in einem Buch den Fragen nachzugehen, was eigentlich Bewußtseinswandel ist und wie er geschehen kann. Dabei hatte ich einige Überlegungen aus *Die Zeit drängt* gleichsam in umgekehrter Fragerichtung zu durchlaufen. *Die Zeit drängt* richtet sich, dem konkreten Anlaß gemäß, vor allem an bewußt christlich denkende Leser. Es schien mir, ich müsse gerade diesem Leserkreis die »weltlichen« Sachfragen vorstellen, auf die sich eine christliche Versammlung einlassen muß. Das jetzige Buch wendet sich an Intellektuelle unserer Tage, bei denen ich ein religiöses Engagement nicht voraussetze. Die hier gesammelten Vorträge und Aufsätze haben durchweg ein solches Publikum vor Augen, und das Schlußkapitel »Eine lebensfähige Menschheit« wendet sich ausdrücklich unseren gemeinsamen weltlich-pragmatischen Aufgaben zu. Es schien mir aber, daß ich ebendiesen Lesern auch den Hinweis darauf schulde, wie Bewußtseinswandel in der Menschheit von jeher in der Form der Religion stattgefunden hat; ohne dies geht er nicht tief genug. Daher das Vierte Kapitel. Da ferner Bewußtseinswandel, auch wenn er Menschheitsprobleme betrifft, stets auch regional, national und persönlich ist, habe ich mich im Fünften Kapitel auf die heutige deutsche Besinnung über unsere deutsche Geschichte eingelassen und im Sechsten Kapitel versucht, von dem Bewußtseinswandel zu sprechen, den ich in meinem Leben durchgemacht habe.

Ich möchte mit einem Dank enden: an den Verlag, insbesondere Herrn Eginhard Hora, mit dem ich den Plan des Buches selbstkritisch durchsprechen konnte; an Herrn

Thomas Görnitz, dessen Initiative für *Das Ende der Geduld* den Anlaß auch zu diesem Buch gab; an Frau Gisela Kluge, die stets mitdenkend die volle Last der Herstellung des Manuskripts getragen hat.

Der Verlag hat dem Band *Die Zeit drängt* eine Taube als Umschlagsbild mitgegeben, dem *Ende der Geduld* einen Adler; für das jetzige Buch habe ich mir den aufsteigenden Phönix gewünscht.

Starnberg, Januar 1988

C. F. v. Weizsäcker

Erstes Kapitel
Die Frage

1. Haben wir eine Zukunft?

Nie hat die Menschheit größere Entwürfe materiellen Glücks gemacht als in den letzten zwei Jahrhunderten: Hoffnung, das stets gegenwärtige Elend zu überwinden. Nie hat die Menschheit mehr Grund zur Sorge vor selbstbereitetem Unglück gehabt als heute.

Haben wir eine Zukunft?

Wir werden dieser Frage unter vier Leitworten nachgehen: *Wirtschaft, Natur, Friede, Bewußtsein.*

Wirtschaft ist die Besorgung knapper Güter: Ernährung, Kleidung, Behausung des Menschen. Schließlich auch Überschüsse, Wohlstand, Schaffung neuer Bedürfnisse, Luxus. Also wohl Lebensfreude.

Was ist der meßbare Erfolg der Wirtschaft? In den fünfundsiebzig Jahren meines Lebens hat sich die Zahl der Menschen auf der Erde mehr als verdoppelt; in den letzten drei Jahrhunderten hat sie sich verzehnfacht. Der uralte Gegensatz von Reichtum und Armut ist aber nicht überwunden. In den industrialisierten Nationen ist die harte manuelle Arbeit vielfach, aber nicht vollständig von Maschinen übernommen worden. Für die Nationen, die diese Stufe bisher nicht erreicht haben – heute zwei Drittel der Menschheit –, hatte man in den letzten Jahrzehnten die Hoffnung, sie würden das Fehlende rasch nachholen. Heute ist die Enttäuschung größer als die Hoffnung. Die Ungleichheit der Güterverteilung besteht fort; das Wachstum der Bevölkerungszahlen verzehrt das Wachstum der Menge produzierter Güter. Soziale Unruhe und gewaltsame Lösungsversuche greifen um sich; Hunger, Krankheit, Kriege. Ein ungewisses Ende.

Natur ist die Welt, in der wir leben. Sie war da, ehe es Menschen gab. Sie war der frühen Menschheit eine harte, oft feindliche Heimat. Das Wachstum der Wirtschaft bedeutete die zunehmende Macht des Menschen in der Natur. Die gewachsene Natur wurde verändert: seit zehntausend Jahren durch den Ackerbau, in den späteren Jahrtausenden durch die Anlage von Städten, die Organisation von Reichen, durch Technik. Was wir heute in unserer Umwelt »Natur« nennen, ist die Kulturlandschaft, schön und heimatlich in dem Maße, in dem Kultur schön und heimatlich ist. Gegenwehr gegen die Zerstörung dieser Landschaft durch Technik gibt es seit dem Jahrhundert Rousseaus. In unseren neuesten Jahrzehnten ist ein Schreck über die Intellektuellen der Industrieländer gekommen, ob wir durch die Technik die Natur und damit unsere eigene Lebensbasis zerstören. Was ist zu tun?

Friede ist die Fähigkeit der Menschen, miteinander zu leben. Familien, Dörfer, Städte, Staaten bedürfen inneren Friedens; in den Jahrtausenden der Kulturentwicklung haben sie ihn schlecht und recht geschaffen und erhalten. Friede *in* den Staaten war im Grundsatz rechtlich geboten und geschützt. Friede *zwischen* den Staaten war nicht rechtlich geboten. Krieg war und ist ein völkerrechtlich anerkannter Zustand; in diesem Sinne des Worts ist Krieg eine Institution. Es hat den Ruhm und Glanz der Kriege gegeben; aber auch von dem unsagbaren Elend des Kriegs berichten die Zeugen der Jahrtausende. Alte Religionen kündigten ein Friedensreich an. In der neuzeitlichen Aufklärung entstand die Hoffnung, durch eigene Reifung der Kultur die Institution des Kriegs zu überwinden. Heute ist die Schreckensvision aufgestiegen, der nächste große imperiale Krieg könnte die Menschheit und die belebte Natur auf der Erde vernichten. Sie ist als verdrängte Angst auch in den Seelen derer, die nicht an sie glauben wollen. Haben wir eine Zukunft?

Bewußtsein nennen wir die Weise, wie der Mensch die Welt und sich selbst kennt. In diesem Buch soll vor allem vom öffentlichen, vom politischen Bewußtsein die Rede sein. Wirtschaft, Kulturlandschaft, sozialer und außenpolitischer Friede hängen davon ab, daß wir wenigstens in gewissem Umfang wissen, was wir tun. In stabilen Verhältnissen ist das öffentliche Bewußtsein oft nur der mythologische Überbau über einem funktionsfähigen Verhaltenskodex. Die Moral gilt unerklärt. Sollen Krisen überlebt werden, so ist ein höherer Grad der Einsicht wenigstens zeitweilig und bei einem Teil der Handelnden nötig. Man kann diesen Vorgang als Bewußtseinswandel bezeichnen; daher der Titel dieses Buchs. Der Bewußtseinswandel ist heute unterwegs. Kommt er schnell genug und tief genug?

2. Der Plan des Buches

Die Entstehung des Buches ist im Vorwort geschildert. Ein Schema seines Inhalts ist im Anschluß an das Inhaltsverzeichnis gezeichnet. Dieses Schema soll jetzt erläutert werden.

Der obige Abschnitt hat die Frage des Buches gestellt. Das Zweite Kapitel enthält sechs Texte, die jeweils unabhängig voneinander gelesen werden können. Da jeder von ihnen einen ganzen Problemzusammenhang umfaßt, gibt es Überschneidungen zwischen ihnen. Auch mit den neuen Teilen des Buches gibt es Überschneidungen. Ich habe die komplexen Zusammenhänge nicht anders darzustellen vermocht, als indem ich mehrfache Gedankenketten so verfolgte, daß sie sich in gewissen Knotenpunkten immer wieder trafen. So wiederholen sich gewisse Formulierungen; sie weisen aber jedes neue Mal in einen etwas anderen Zusammenhang hinein als an den vorhergehenden Stellen.

Die drei Vorträge im Zweiten Kapitel (1, 2, 4) stellen jeweils die Gesamtheit der Fragen vor, die wir soeben unter den Titeln Wirtschaft, Natur, Friede, Bewußtsein betrachtet haben: unsere Zukunft unter dem Einfluß unserer Herkunft. Die drei Vorträge schildern dies unter anlaßbedingten Leitthemen: 1 unter dem Thema der Prognose für die nächsten Jahrzehnte, 2 unter dem Thema der Krise, 4 unter dem Thema »Europa«. 1 gibt wohl schon einen Überblick über die pragmatische Problematik des ganzen Buches. Der Leser möge selbst entscheiden, ob er sich zunächst nur an einen dieser drei Vorträge hält. Die drei anderen Texte des Zweiten Kapitels beziehen sich jeweils auf einen der drei Sachbereiche: 3, aus der Nachrüstungsdebatte, auf den Themenkreis »Friede«; 5, ein theoretischer Text, auf Wirtschaft; 6 auf Technik und Natur.

Vom Zweiten Kapitel gehen im Schema drei Pfeile aus. Wer primär an politischer Pragmatik interessiert ist, mag direkt zum Schlußkapitel übergehen; vielleicht wird ihn dann die Skepsis an der Möglichkeit des dort geforderten praxisbezogenen Bewußtseinswandels zu einem Blick in die anderen Kapitel verführen. Der Pfeil vom Zweiten Kapitel zum Dritten Kapitel bezeichnet die dem geduldigen Leser vorgeschlagene Linie. Hier handelt es sich genau um die Frage, was Bewußtseinswandel ist, und wie er möglich werden kann. Vom Thema »Europa« (II, 4) führt schließlich eine direkte Linie zum Thema »Deutschland« (Fünftes Kapitel).

Das Dritte Kapitel stellt die Frage, wie Bewußtseinswandel möglich ist, in drei Stufen. Zunächst (1) geht es um gemeinsam angewandte Vernunft, um öffentliches politisches Bewußtsein. Politischer Bewußtseinswandel aber ist nicht möglich ohne einen Wandel des persönlichen Bewußtseins vieler Einzelner. Dieser wird, schrittweise in die Tiefe gehend, im Abschnitt 2, in vier Stufen betrachtet: Erziehung, Reifung, Heilung, Umkehr. Der Einzelne aber ist kaum fähig, den ihm selbst heilsamen Bewußtseinswandel zu vollziehen, wenn ihm nicht eine Bewußtseinshaltung der Kultur hilft, in der er lebt. Im Abschnitt 3 greife ich eine ältere Beschreibung der Bewußtseinsstruktur unserer europäisch-neuzeitlichen Kultur wieder auf. Sie geht über Zweckrationalität und die »kulturellen Pointierungen« oder »Eiffeltürme« von Moral (Praxis), Theorie und Kunst weiter zur Frage nach einem Bewußtsein der Einheit der Kultur. Dieses hat sich historisch als Mythos, als Religion, als Philosophie dargestellt. Die Schlußwörter »Umkehr« im persönlichen, »Religion« im kulturellen Bereich leiten zur Frage nach der Religion und ihrem Verhältnis zur Aufklärung über.

Das Vierte Kapitel bezeichnet die Religion und die Aufklärung als unvollendet und als in ihrer beiderseitigen Unvollendetheit unvereinbar. In dieser Sichtweise stellt sich zuerst die Frage, was Religion einmal *war*. Dies wird unter vier Aspekten betrachtet: Religion als Träger einer Kultur, als radikale Ethik, als innere Erfahrung, als Theologie. Ich wage es, 16 historische religiöse Positionen in ihrer Verschiedenheit knapp zu charakterisieren, und füge zwei Interpretationen von Bibelstellen ein. Das Christentum ist wesentlich unvollendete Religion. Es durfte in seiner Geschichte nie mit sich selbst zufrieden sein, wenn es sich treu bleiben wollte. Dies ist eine zentrale Spannung der europäischen Geschichte, welche die Welt von Jahrhundert zu Jahrhundert verändert hat. In der Neuzeit freilich hat die Aufklärung die Stafette der Weltveränderung der Religion aus der Hand genommen. Unausweichlich stellt sich die Frage, was Religion hier und heute sein kann und soll (Abschnitt 7) und wie wir ihre uns heute zugängliche Wahrheit denken sollen (Abschnitt 8).

Der Leser wird bemerken, daß ich in diesen zwei Schlußabschnitten des Vierten Kapitels sehr zurückhaltend bleibe mit eigenen Behauptungen. Die Begegnung der Weltreligionen ist einer der wichtigsten Vorgänge. Die Verständigung zwischen der Religion und der Aufklärung in der Form der Wissenschaft ist unerläßlich. Eines der großen Hindernisse für beide Begegnungen sind die defensiv oder aggressiv eingetretenen Verhärtungen in der Selbstinterpretation jedes der Partner, die einander hier begegnen sollen. Aber Religion ist primär nicht Theologie, und Wissenschaft ist primär nicht ein Weltbild. Beide haben Wurzeln und dringende Aufgaben in der Praxis. »An ihren Früchten sollt ihr sie erkennen.« Wenn sie einander hier begegnen, werden sie wahrnehmen, wie sie sich selbst nachher neu interpretieren sollten. Der *Vorgang* ist wichtig, nicht Vorausbestimmungen seines Ausgangs.

Dies ist ein Beispiel für eine allgemeine These: Bewußtseinswandel ist nicht zuerst das, was ich von Anderen fordere, sondern zuerst das, was ich selbst vollziehe, oder noch besser das, was mir, wenn ich mich heiß darum bemüht habe, widerfährt. Das strahlt dann von selbst auf meine Partner aus. Deshalb geht uns als Europäer der geschichtliche Bewußtseinswandel Europas an, uns als Deutsche der Weg des deutschen Bewußtseins, mich als Zeitgenossen mein Bewußtseinswandel in dieser Zeit.

Wir kommen so vom Vierten zum Fünften Kapitel. Die deutsche Geschichte ist nur als Teil der europäischen Geschichte zu verstehen (1). Der Titel des Kapitels ist ein Heine-Zitat (2). Das noch nicht durch hinreichende Trauerarbeit gelöste Trauma der heutigen Deutschen ist die Ära Hitler (3-5). Diese Zeit habe ich als erwachsener junger Mann miterlebt; die Trauerarbeit ist auch meine eigene. Das führt ins Sechste Kapitel. Ich spreche aber nicht nur von mir. Ich spreche von Personen, deren Arbeit, Erfolg, Mißerfolg und Leiden ich mit angesehen habe, so von meinem Vater (3) und von Werner Heisenberg (5-8). Insbesondere aber versuche ich eine objektive Beschreibung der Person Hitlers und der Voraussetzungen, die seinen zeitweiligen Erfolg möglich gemacht haben. Hierzu verdanke ich Eberhard Jäckel wesentliche Belehrung.

Das Sechste Kapitel enthält viele, unabhängig voneinander entstandene Texte. Ich habe versucht, vor allem spontan entstandene Äußerungen abzudrucken, in denen vielleicht die Versuchung von »Memoiren« oder »Konfessionen« am wenigsten durchschlägt, die Versuchung der Selbstschönfärberei oder der Selbstgeißelung. Mir steht nicht zu zu beurteilen, ob es geglückt ist. Die Themen sind etwa unter vier Titel zu ordnen: meine persönliche Spontaneität (Kindheit, Wissenschaft, Philosophie, Religion; 2, 4, 12); deutsche politische Geschichte vor, unter und nach Hitler (1, 3, 11); Atomwaffen (5-9); die Zukunft (10, 13).

Das Siebente Kapitel ist das Ziel des Buches. Gewissenserforschung in Ehren – Ziel ist der Bewußtseinswandel, der uns zum Handeln befähigen soll. Das Kapitel geht die Sachthemen noch einmal durch. Rein pragmatisch argumentierend, führt es zu Forderungen, die in gemeinsam angewandter Vernunft erfüllbar wären, aber ohne Bewußtseinswandel Utopien bleiben: Sicherung des Weltfriedens (2, 5), international einklagbare Rechtsordnung, international durchsetzbarer Umweltschutz (2, 4), eine mehr asketische Weltkultur (4), Überwindung der Institution des Kriegs (5), womit sich der Kreis schließt. Es ist unerläßlich, diese Ziele ins Auge zu fassen; je ferner wir ihnen in der Praxis bleiben, desto größer die Katastrophen. Bei Strafe des Untergangs ist uns nicht erlaubt, weniger anzustreben.

Zweites Kapitel
Zukunft und Herkunft

1. Gedanken für morgen*

Für die Gebiete, in denen rationale Prognosen am ehesten möglich sind, Technik und Wirtschaft, bin ich nicht Fachmann; in einem Kreis solcher Fachleute bin ich schüchtern. In dem Feld, in dem meine eigenen prognostischen Bemühungen vor allem liegen, Außenpolitik und Kriegsverhütung, erschrecke ich über meine Prognosen. Ich habe das Thema angenommen, um Ihnen diesen Schrecken zu vermitteln. Ohne den Schrecken denkt man nicht über die richtigen Fragen nach. Ich hätte viel härter in der Öffentlichkeit geredet, wenn ich nicht vor der »self-fulfilling prophecy« Angst gehabt hätte. Aber ohne den Schrecken denkt man einfach nicht über das nach, worüber man nachdenken muß. Das Thema des Vortrags habe nicht ich erfunden; es wurde mir von PROGNOS gestellt. Ich habe es akzeptiert, um zu sagen, warum man vermutlich in der Kontinuität der letzten Jahrzehnte keine korrekten Modelle für das nächste Jahrhundert entwerfen kann, obwohl ich völlig offen bin für die Anstrengung, das zu tun. Ich habe meinen Sohn, den Nationalökonomen, als er noch ganz jung war, einmal gefragt: »Warum entwerft ihr eigentlich in eurem Fach Modelle? – Was ist der Zweck?« Und dann sagte er mir, sehr einleuchtend: »Wenn wir die Modelle nicht entwerfen, lernen wir nicht, warum sie falsch sind!« Daß die Falsifikation eine der großen wissenschaftlichen Leistungen ist, ist ja ganz zweifellos; ich habe nichts gegen die Anstrengung der Modelle einzuwenden, aber ich werde sagen, aus welchen Gründen ich an die Modelle, die ich höre, nicht zu glauben vermag.

Meine Darlegung wird vier Themen behandeln: 1. Ökonomie, 2. Ökologie, 3. Außenpolitik, 4. Politische Moral.

* Vortrag 1984 auf der Jahrestagung der Prognosegesellschaft PROGNOS in Basel. Veröffentlicht in: Heik Afheldt (Hrsg.), *Bilder einer Welt von Morgen. Modelle bis 2009*, Stuttgart 1985.

Inhaltlich kann man dieselben vier Themen auch bezeichnen als 1. Weltwirtschaft, 2. Frieden mit der Natur, 3. Frieden unter den Menschen, 4. Bewußtseinswandel.

Ich behaupte, daß es in keinem der vier Bereiche ein Problem gibt, das nicht durch gemeinsame Anstrengung der Vernunft lösbar wäre. Ich behaupte auch, daß unsere politischen Ordnungen, unser gesellschaftlicher Zustand und unsere seelische Verfassung diese gemeinsame Vernunft fast unmöglich machen.

A. Ökonomie

Als Dilettant, der zu Gast ist bei Ökonomen, wage ich das, was den Dilettanten immer so viel leichter fällt als den Fachleuten: allgemeine, zur Diskussion herausfordernde Thesen, sweeping statements. Bitte widerlegen Sie mich: Sie würden mich damit glücklich machen.

Ich beginne mit einer Anekdote. Vor mehr als dreizehn Jahren, im März 1971, verbrachte ich eine Woche in Delhi bei einer Sitzung einer internationalen, weltweiten Arbeitsgruppe, die sich »World Order Models Project« nannte und die Prognosen und Wunschbilder für die neunziger Jahre entwarf. An einem entspannten Abend sagte der amerikanische Leiter des ganzen Projekts zu dem Leiter der indischen Teilgruppe: »Rajni, euer Bericht ist gut, aber so seltsam sanft optimistisch. Ihr sagt: ›Jetzt hungern wir, und in zwanzig Jahren werden wir immer noch hungern, aber doch etwas weniger.‹ The Future Shock scheint euch noch gar nicht erreicht zu haben.« Der Inder tat naiv und fragte: »What's that, the Future Shock?« Der Amerikaner erklärte den Schrecken. Darauf der Inder: »That's your problem, not ours.« Jetzt war der Amerikaner verblüfft: »Das Problem ist doch weltweit!« Der Inder: »Gewiß. Aber ihr habt den Wahnwitz erfunden, man könne das Leiden abschaffen. Das haben wir nie geglaubt. Die Hoffnung, die jetzt zusammenbricht, ist eure, nicht unsere. Aber man kann und soll Leiden mindern. Davon reden wir.« Wer hatte recht?

Ökonomie bedeutet inhaltlich Weltwirtschaft, so behauptet der Dilettant. Das Wort »Nationalökonomie« sollte gegenüber dem Wirtschaften des Hauswirts und des Privatunternehmers den Rahmen, den größten Zusammenhang bezeichnen. Dieser Rahmen war wohl schon zur Zeit der Phönizier und der Griechen und wieder zur Zeit der Medici und der Fugger bereits überinternational. Heute hängt unser aller Leben an der Weltwirtschaft: Wo ist das gewachsen, was Sie heute früh gegessen und getrunken haben, woher kommt das Öl, das Ihr Flugzeug oder Auto hierher getrieben hat? Also muß ich von Weltwirtschaft reden, wenn ich die ökonomischen Probleme mit Blick auf die Zukunft behandeln will.

Man unterscheidet heute roh drei Regionen in der Welt: die kapitalistischen Länder, die sich selbst frei nennen, die planwirtschaftlichen, die sich selbst sozialistisch nennen, und die dritten Länder, die man herablassend-optimistisch developing countries, d. h. sich entwickelnde Länder nennt. Alle drei sind heute in einer wirtschaftlich bedingten sozialen Krise, deren Prognose nicht leicht ist. Ich greife drei Symptome der Krise heraus: die Arbeitslosigkeit, das Entwicklungsproblem und die Selbstwidersprüche des Sozialismus. Über alle drei nur knappe Thesen.

Arbeitslosigkeit: Der pflichtgemäße Optimismus der Regierungen kapitalistischer Staaten weist heute auf die Anzeichen erneuten Wirtschaftswachstums hin. In welcher Form dieses Wachstum wünschbar ist, ist vielleicht auch eine ökologische Frage; darauf komme ich nachher. Wieweit es möglich ist, ist auch eine politische Frage. Niemand aber darf wagen zu behaupten, das Wachstum werde die Arbeitslosigkeit überwinden; es bringt sie allenfalls zum Stehen oder gleicht Schwankungen aus. Ich riskiere dafür die dilettantische Erklärung, daß wenigstens im industriellen Sektor die Erhöhung der Produktivität der Arbeitsstunde mit dem Wachstum Schritt hält, so daß die Nachfrage nach Arbeit nicht wächst. Allgemein dürfte gelten, daß die politische Durchsetzbarkeit hoher Löhne eine ständige Nachfrage nach arbeitsparenden Techniken erzeugt.

Diesem Problem haftet eine gewisse Absurdität an. Seit zwei Jahrhunderten entwickeln wir arbeitsparende Techniken, und wir haben ungeheuren Erfolg damit. Wie man erwarten mußte, erhöhen die Techniken nicht nur die Produktion, sondern mindern auch die Nachfrage nach Arbeit. Die Fron der Arbeit mindert sich, und nur unsere psychische und soziale Struktur verwandelt dieses Geschenk der Technik in ein Übel. Das Problem, mit der Freizeit zu leben, hat auch für den Einzelnen und für die Familie eine ungelöste moralische Komponente. Die gleichmäßige soziale Verteilung der Freizeit, die höchst wünschenswert wäre und die sehr wohl denkbar ist, scheitert jedoch in unseren Ländern an dem sehr starken realistischen Argument, daß unsere Wirtschaft dann an internationaler Konkurrenzfähigkeit verlieren würde. Wenn ich dieses Argument realistisch nenne, so sage ich damit, daß die Arbeitslosigkeit an Problemen der Weltwirtschaft hängt – im Grunde nur an ihnen; ohne sie wäre sie wahrscheinlich lösbar. Das ist eines der Argumente dafür, daß ich sage, wir können unsere heimischen, ökonomischen Probleme anders als im weltwirtschaftlichen Zusammenhang überhaupt nicht diskutieren.

Das Entwicklungsproblem: Der Entwicklungsoptimismus der letzten drei Jahrzehnte ist verflogen. Auch in jenen »Schwellenländern«, in denen eine starke technische Entwicklung stattgefunden hat, bestehen wenigstens drei anscheinend heute unheilbare Leiden: Die Träger der neuen Industrie sind unrückzahlbar im Norden verschuldet. Die Mehrheit der Armen nimmt eher zu als ab und wird eher ärmer als zuvor; am sichtbarsten wird das in den Slums der ungeheuren Großstädte. Die natürliche Umwelt wird fortschreitend zerstört; man denke nur an Trockenzonen und den Abbau der Urwälder. Von den komplexen Ursachen des Vorgangs hebe ich nur drei hervor: das Bevölkerungswachstum, die kulturelle Umstellung und weltwirtschaftliche Zwänge.

Das Bevölkerungswachstum verzehrt die Wachstumsraten der Wirtschaft. Ermöglicht wird es durch die Medizin

– eine der Paradoxien unserer Welt –, verursacht vor allem durch den uralten ökonomischen Zwang, daß eine arme Familie viele Kinder als unbezahlte Arbeitskräfte braucht. Und da können religiöse und irgendwelche anderen Argumente, die vorgebracht werden, weder in der einen noch in der anderen Richtung etwas ändern, dies scheint mir ein ökonomisches Grundfaktum zu sein. Anthropologen sagen mir, daß in primitiven Kulturen die Kinderzahl durch jahrelanges Säugen der Kinder angemessen begrenzt bleibt. In der modernen Kultur kenne ich als Begrenzungsfaktor nur den Wohlstand, der den Willen zu kleiner Kinderzahl mit sich bringt. Dies ist aber ein Circulus vitiosus; nur Länder mit Wohlstand vermindern ihre Geburtenraten, und die hohen Geburtenraten verhindern, daß der Wohlstand in den anderen Ländern zustande kommt. Das ist wieder eine Simplifikation, aber ich versuche, den Finger auf den Punkt zu legen, der mir am stärksten scheint.

Dies ist ein Beispiel der Schwierigkeiten der kulturellen Umstellung. Nicht einmal in unseren Ländern meistern wir die Probleme der Kultur, die bei uns in vielen Jahrhunderten gewachsen ist; wie soll das in wenigen Jahrzehnten in fremden Kulturen glücken! Es kann dies gar nicht!

Politisch am meisten erörtert sind die weltwirtschaftlichen Zwänge. Die sozialen Probleme der Dritten Welt erinnern an die Folgen des Frühkapitalismus, wie sie Friedrich Engels für das England des 19. Jahrhunderts beschrieben hat. Der Schrei nach ökonomischer Gerechtigkeit ist heute *der* Schrei der Sprecher der Dritten Welt. Wie hat nun der Kapitalismus seit den Zeiten von Engels in nördlichen nationalen Wirtschaften seine sozialen Probleme gemildert? Durch die Existenz eines Staats, der all das garantieren konnte, was der Markt braucht, aber nicht automatisch erzeugt: Rechtsordnung, Frieden, Infrastruktur. Drei Dinge, die schon Adam Smith hervorgehoben hat als das, was der Markt selbst nicht hervorbringt. In einer Nationalwirtschaft kann man streiken; eine ausländische Firma, die in einem ökonomisch schwachen Land bestreikt wird, kann hingegen drohen, in ein anderes schwaches Land umzuziehen. D. h. die Nationalstaaten, ganz besonders die kleineren, sind im Weltmarkt selbst nur Konkurrenten und sind eben nicht der Garant einer übergreifenden Ordnung, ohne den die Marktwirtschaft nicht funktionieren kann.

Die Selbstwidersprüche des Sozialismus: Es ist natürlich, daß die Menschen im Machtbereich des Weltmarkts ihre Hoffnung auf den Sozialismus setzen. Nichts ist absurder, als diese Hoffnung als Produkt sowjetischer Machenschaften anzusehen – und nichts ist gefährlicher, als Absurdes zu glauben. Freilich wäre die sowjetische Machtpolitik talentlos – was sie nicht ist –, wenn sie sich eine so starke Grundströmung des Weltempfindens nicht zunutze machte. Aber wer heute die Sowjetunion als Bündnispartner sucht, der sucht ganz gewiß nicht ihre Version des Sozialismus, sondern ihre Militärhilfe.

Der Marxismus sieht als Motor des geschichtlichen Fortschritts die inneren Widersprüche der jeweiligen Herrschaftssysteme; das nennt er Dialektik. Es ist leicht, dieses Denkschema auf die von ihm selbst errichtete Herrschaft anzuwenden; nur tut er das nicht gern. Der Weg der Geschichte ist nach Hegel und Marx der Weg von der Freiheit weniger zur Freiheit aller: Der Kapitalismus – so die These von Marx – schuf die modernen Produktionsmittel und damit die ökonomische Basis der Freiheit der Bürger und der Ausbeutung der Arbeiter. Die nachfolgende sozialistische Revolution muß daher nicht das Produktionsproblem, sondern das Verteilungsproblem lösen. In dieser Bewertung der kapitalistischen Phase ist Adam Smiths Erkenntnis der ökonomischen Kraft des intelligenten Egoismus ernstgenommen – nur Popular-Marxisten kapieren das nicht. Tatsächlich aber sind sozialistische Revolutionen nur in ökonomisch unterentwickelten Ländern von innen her an die Macht gekommen. Sie waren dort nicht die Erben des Kapitalismus, sondern sein Ersatz durch Kaderherrschaft, dort wo es noch nicht einmal ein des Kapitalismus fähiges sozial breit gegründetes Bürgertum gab. In der Tat hat sich der real existierende Sozialismus niemals dem Kapitalismus in der Schaffung von Produktivkräften gewachsen gezeigt. Er wird zur Bürokratie, einer Version des vorbürgerlichen Absolutismus. Sozialdemokratie und Gewerkschaftsbewegung hingegen werden zu demjenigen Kompromiß sozialistischer Ideale mit kapitalistischer Realität, der zu intelligenter Interessenvertretung im Kapitalismus und zu reformistischer Politik befähigt – einer Rolle, die in einer funktionsfähigen demokratischen Gesellschaft unbedingt gespielt werden muß.

Was ich bis hierher gesagt habe, ist Diagnose, nicht Prognose. In der Tat wage ich keine weltwirtschaftliche Prognose. Im ganzen traue ich dem kapitalistischen System weltweit die Robustheit zu, ohne Zusammenbruch weiter zu wirtschaften. Die Zusammenbruchsprognosen von marxistischer Seite her halte ich für Wunschdenken. Aber es wird dann Krisen und Konflikte erzeugen, wie stets in seiner bisherigen Geschichte, nicht wegen der Bosheit der Menschen, sondern wegen der dem System eingebauten Sachzwänge. Und wie der Markt größer ist als früher, so werden auch die Krisen größer sein als die früheren.

Ich habe gelegentlich von Weltinnenpolitik gesprochen. Damit meine ich zunächst deskriptiv, daß man sich heute schon nicht mehr traut, die alten, ehrlichen Motive partikularer Machtinteressen offen zu bekennen, sondern daß man sie hinter innenpolitischen Ideologien verbergen muß. Man kämpft für die innenpolitische Wahrheit, für das innenpolitisch Gerechte. In Wirklichkeit kämpft man für seine Macht. Ideologie ist die Maske, hinter der man seinen Egoismus versteckt. Aber daß eben innenpolitische Ideologien, wie die der Freiheit, der Gerechtigkeit, der Solidarität, benutzt werden, zeigt, daß diese Werte die heute notwendigen sind. Effektive Innenpolitik verlangt jedoch feste Strukturen des Konfliktaustrags ohne Blutvergießen. Diese weltweit entstehen zu lassen, ist die heute ungelöste Aufgabe der Zukunft. Soviel wage ich über die Zukunft zu sagen, nämlich was die Aufgabe wäre.

B. Ökologie

Ökologie bedeutet griechisch Hauswirtschaftslehre. Sie ist inhaltlich heute die Lehre vom notwendigen und möglichen Frieden des Menschen mit der Natur, die sein Haus, seine rauhe Heimat ist.

Ich beginne mit zwei Anekdoten, einer erfundenen und einer erinnerten. Die erfundene Geschichte spielt vor rund 10 000 Jahren. Sie schildert den Rat der Weisen der Jäger- und Sammlerkultur, der die Zerstörung unserer Heimat durch den Ackerbau beklagt, durch dieses Eindringen fremder Götter ins ewige Gleichgewicht der Natur. Ich male das Gespräch nicht aus. Daß der Bauer immer die Natur bewahrt, ist in der Tat eine Vorstellung der bürgerlichen Romantik des 19. Jahrhunderts; das ist überhaupt nicht wahr, und erst die Agrarkulturwissenschaft des bürgerlichen Zeitalters hat der Naturzerstörung durch die Landwirtschaft zeitweilig Einhalt geboten. Ich habe diesen Text einem Bekannten gezeigt, der sich viel mit Grünen unterhält und auch Sympathien für sie hat und der sagte: »Also meine grünen Freunde würden das total unverständlich finden, für die ist doch gerade die Verwissenschaftlichung der Landwirtschaft die Quelle allen Unheils.« Darauf ist meine Antwort: »Nothing fails like success.«

Im 19. Jahrhundert haben Leute wie Justus v. Liebig sehr viel getan, um die Zerstörung durch unrationelle Bewirtschaftungsmethoden zu ersetzen durch rationelle Methoden. Der Erfolg war so ungeheuer groß, daß man dann meinte, man kann damit etwas machen, was man nicht machen kann, nämlich die Produktion unablässig zu steigern, indem man nur immer dasselbe tut, z. B. immer mehr Kunstdünger verwendet – und das kann nicht gutgehen. Eine Bemerkung zu dieser Art von Kritiken: Die Leute, die heute solche Kritiken üben, sind meistens jung und wissen vielfach nicht, wie alt diese Kritiken sind. Nicht etwa erst in unserem Jahrzehnt hat man das erfunden, sondern seit 1945 hat man begonnen, das zu vergessen, und deshalb muß man es jetzt von neuem entdecken.

Die erinnerte Geschichte spielt vor zwanzig Jahren. Der Vorstand der Vereinigung Deutscher Wissenschaftler (VDW) saß zusammen und erwog eine Studie über die Naturzerstörung durch die Industrie. Wir kamen zu dem Entschluß, unsere sehr begrenzten Kräfte anderen Problemen zu widmen, da wir nicht die geringste Chance sahen, mit dieser Studie politische Wirkung zu erzielen. Man lebte in der Zeit des Optimismus, d. h. der Verblendung. Heute kann man mit solchen Studien den Ausgang von Wahlen beeinflussen.

Die ökologische Bewegung von heute ist von einem großen und berechtigten moralischen Impuls getragen. Sie macht aber manchmal den Fehler moralisch motivierter Leute, den Bösewicht anstelle der strukturellen Kausalitäten zu suchen. Sind Ökonomie und Ökologie überhaupt vereinbar, oder sind sie in unserer Kultur wie Astronomie und Astrologie zur Feindschaft gegeneinander verdammt? Ich halte sie persönlich für vereinbar. Ich halte auch dieses Problem für lösbar durch gemeinsam angewandte politische Vernunft, wenn nur die Formen der Beschlußfassung und -durchsetzung geschaffen würden. Das Problem ist ein Teil des ungelösten Problems der ökonomischen Weltordnung.

Daß das Problem im Prinzip lösbar ist, zeigt ein Blick auf diejenigen Beispiele, die den Rahmen einer nationalen Wirtschaft nicht sprengen. Umweltschäden bzw. deren Vermeidung sind für den Markt zunächst externe Kosten. Der einzelne Marktteilnehmer kann sich oft nicht leisten, umweltfreundlich zu produzieren oder zu konsumieren, wenn ihm dies Konkurrenznachteile bringt. Hier ist der Staat notwendig, um durch bindende Vorschriften für alle Marktteilnehmer gleiche Bedingungen zu schaffen. Dies wird nie ohne politische Erregung durchgesetzt, deshalb ist die politische Erregung über die Umweltschäden ein Glück. Wenn das Umweltbewußtsein der Menschen weit genug entwickelt ist, so entsteht sogar ein Marktdruck zugunsten umweltfreundlicher Produkte. In einem transparenten Markt und einer entscheidungsfähigen Demokratie sollten ökologische Probleme lösbar sein.

Ungelöst ist freilich, zumal beim heutigen Tempo der technischen Entwicklung, die rechtzeitige Erkenntnis der Umweltschäden. Und völlig ungelöst sind alle die Umweltprobleme, welche die nationalen Grenzen überschreiten. Man kann nicht durch den Weltmarkt unseren Planeten funktional zu einer Einheit machen ohne Instanzen einer einheitlichen politischen Entscheidung. Das Ergebnis kann nur katastrophal sein.

Die harten Kritiker freilich sehen den Konflikt zwischen Ökonomie und Ökologie nicht in den Entscheidungsmechanismen, sondern in zwei unverträglichen Prinzipien: Wachstum als Interesse der Wirtschaft, Stabilität als Lebensbedingung der Natur. Daß hier ein Konflikt angelegt ist, wird niemand bezweifeln können. Ich erlaube mir zunächst, ihn durch eine historische Hypothese zu erläutern, d. h. zu unterstreichen.

Die altsteinzeitlichen Jäger- und Sammlerkulturen scheinen über Jahrhunderttausende stabil gewesen zu sein; sie waren in die Atemzüge der Natur eingebettet, die geologisch so lange währen. Sie waren, darf man sagen, Natur. Unter den Hochkulturen kennen wir immerhin solche, die über mehrere Jahrtausende ihre politische Ordnung und ihre künstlerischen Ausdrucksmittel, d. h. ihr Selbstverständnis, bewahrt haben. Dreitausend Jahre Altägypten, viertausend Jahre China sind uns geläufige Beispiele. Aber auch dreitausend Jahre Hindu-Kultur sind dazuzurechnen, mit der stabilsten aller hochkulturellen Sozialordnungen, dem Kastensystem. Und, sähen wir nicht von innen die Konflikte stärker, so würden wir wohl auch dreitausend Jahre Abendland dazurechnen; würden wir sonst noch von der Stimme der Kassandra, der Tochter des Priamos, so in unserem Herzen erreicht, wie es heute geschieht? Aber von innen sieht man eben die Konflikte und Krisen deutlicher. Die Phasen politischer Stabilität haben auch in Ägypten und China selten länger als zwei oder drei Jahrhunderte gedauert. Eine Dynastie, so berichten die Chronisten, beginnt mit starken und guten Herrschern und endet mit bösen und schwachen Herrschern, in China oft mit einem bösen Weib. Reicht der Moralismus der Zeitgenossen und Chronisten aus, um das Phänomen zu erklären?

Hier meine Hypothese: Politische Stabilität in der Hochkultur hat immer ein, wenngleich mäßiges, Wirtschaftswachstum vorausgesetzt. Nicht nur, weil die Hochkultur zunehmend die Lebensgewohnheiten aufgelöst hat, welche einst die Stabilität der Bevölkerung garantierten. Auch ein Wirtschaftswachstum pro Kopf scheint politisch erforderlich zu sein. Stabile Regierung, die von der Zustimmung der Menschen getragen ist, bedeutet Regierung mit menschenfreundlichen Kompromissen. Jetzt kannst du noch keinen Posten bekommen, aber in fünf Jahren wird es auch einen für dich geben. Welcher Professor, der seine Schüler unterbringen will, erinnert sich nicht der angenehmen Jahrzehnte, als die Universitäten langsam wuchsen? Wenn die Grenzen des Wachstums erreicht sind, muß man kompromißlos regieren. Wer das kann, erscheint den Chronisten als böser Herrscher, wer es nicht kann, als schwacher. Die politische Katastrophe ist die Folge, und nach Jahrhunderten der Wirren ist das Land ausgeblutet genug, um zu neuem Wachstum anzusetzen, das wieder 200 Jahre dauert.

Die jeweiligen Grenzen des Wachstums sind eine Folge des jeweiligen Standes der Technik. Die moderne Technik ist in so rascher Entwicklung, daß wir die objektiven Grenzen unseres Wachstums nicht kennen. Ich kann nicht ausschließen, daß wir zehnmal soviel Menschen ernähren könnten, als heute auf der Erde leben; ich kann es auch nicht bestätigen – ich weiß es nicht. Jedenfalls sind aber die Grenzen des Wachstums ungeheuer hinausgeschoben durch die moderne technische Entwicklung. Hier ist eine Aufgabe der Wissenschaft, und die Wissenschaft unternimmt Anstrengungen, sich mit diesen Dingen auseinanderzusetzen. Gleichwohl wage ich zu behaupten, daß unsere Wissenschaft und unsere Technik noch nicht erwachsen sind. Die Wissenschaft ist, wie jede menschliche Tätigkeit, für ihre Folgen moralisch verantwortlich – auch wo sie es legal nicht ist. Das zu wissen, nennt man Gewissen. Die erste Betätigung dieser Verantwortung ist, dem

Studium dieser Folgen nicht weniger Nachdruck zu widmen als der Mehrung des Wissens über Grundlagen und über förderliche, technische Anwendungen. Davon sind wir weit entfernt, und wir werden die Folgen zu tragen haben.

Ein Wunschtraum für das nächste Jahrhundert wäre also eine moralisch erwachsene Wissenschaft und eine Gesellschaft, in der die Erkenntnisse einer solchen Wissenschaft durchsetzbar wären. Das ist nicht hoffnungslos, aber heute eben ein Wunschtraum.

C. Außenpolitik

Was ist der Sachgehalt der Außenpolitik? Eingangs habe ich gesagt: der Friede unter den Menschen. Ist das wahr? Oder habe ich nur die konstitutive Lüge der heutigen Außenpolitik zitiert?

Erlauben Sie mir, eine große Frage noch einmal mit einer kleinen Erinnerung einzuleiten. So wie PROGNOS wird auch die Vereinigung Deutscher Wissenschaftler heuer 25 Jahre alt. Zu ihren Gründungsmitgliedern gehörten Otto Hahn, Max von Laue, Max Born, Werner Heisenberg. Ihr Thema ist statutengemäß die Verantwortung der Wissenschaft für ihre Folgen. Sie hat vor zwanzig Jahren keine Umweltstudie, sondern statt dessen eine Studie über Kriegsfolgen und Kriegsverhütung begonnen. Sie ist damals auch an die PROGNOS mit einer Frage herangetreten. Die Frage lautete: »Angenommen, in der Bundesrepublik Deutschland würde ein Bewegungskrieg gemäß den strategischen Eventualplanungen des Warschauer Pakts und der Nato geführt werden, was wären die Chancen eines wirtschaftlichen Wiederaufbaus nach dem Krieg?« Die Schadensprognosen und der Stand der ökonomischen Wissenschaft gestatteten damals keine schlüssige Antwort. Daß ein solcher Krieg nuklear geführt werden würde, war überwiegend wahrscheinlich. Der Öffentlichkeit mußte damals noch gesagt werden, was die Fachleute wußten, daß die Kriegsbilder des Ersten und Zweiten Weltkriegs keine Ähnlichkeit mit den mutmaßlichen Folgen eines nuklearen Kriegs haben, daß also die taktische Atomwaffe keine bloße Fortbildung der Artillerie ist. Heute muß man der Öffentlichkeit eher das Gegenteil klarmachen: daß ein begrenzter Nuklearkrieg sehr wohl denkbar und planbar ist und daß eben deshalb die reale Gefahr besteht, er werde irgendwo in der Welt stattfinden; wenn freilich das nukleare Tabu einmal gebrochen ist, so weiß niemand, wo und wann die damit begonnene Kriegsausweitung enden wird.

Ist also Friede der Sachgehalt der Außenpolitik? Clausewitz, gewiß ein Gegner von Beschönigungen, hat gesagt, Krieg sei die Fortführung der Politik unter Einmischung anderer Mittel. Das war eine Mahnung der Vernunft zur Mäßigung. Nicht die Vernichtung des Gegners soll das Kriegsziel sein, sondern die mögliche Fortführung der Politik auch nach der Kraftprobe des Kriegs. Dies aber setzt die Struktur der Außenpolitik voraus, wie sie besteht, soweit unser historischer Blick zurückreicht: Sei es zwischen Stämmen oder zwischen Städten, zwischen Nationen oder Imperien – Außenpolitik ist die Abwechslung von Frieden und Krieg. Das ist die historische Erfahrung, und ich behaupte, daß die technische Zivilisation unserer Zeit mit der unbegrenzten Fortdauer dieser Struktur unvereinbar ist. Die Institution des Kriegs muß überwunden werden. Wie das zu erreichen wäre, weiß heute niemand. Darum ist der Dritte Weltkrieg wahrscheinlich.

Es ist als erstes wichtig zu sehen, daß die Abfolge von Frieden und Krieg die Folge starker objektiver Kausalitäten ist. Man kann Politik vielleicht als den stets neu zu schaffenden Kompromiß von Macht und Vernunft bezeichnen. Dabei gebrauche ich die Ausdrücke »Macht« und »Vernunft« terminologisch. Macht nenne ich die Akkumulation von Mitteln für Zwecke, eine Willens- und Verstandesleistung der Menschen. Man kann Lebensmittel ansammeln, Werkzeuge, Waffen, Kapital und politische Gefolgschaften. In dem Maße, in dem mit dem Wachstum der Zivilisation und der Menschenzahl nicht mehr die rauhe Natur, sondern der Mitmensch der Gegner ist, erzeugt sich die Machtkonkurrenz. Innerhalb der Machtkonkurrenz ist es für jeden Teilnehmer zweckrational, Macht zu akkumulieren, wenn er nicht untergehen will. Für das Ganze aber kann die ungehemmte Machtkonkurrenz tödlich sein. Vernunft nenne ich, in der Sprache der klassischen deutschen Philosophie, die Wahrnehmung des Ganzen. Politik ist der zu erkämpfende Kompromiß zwischen Macht und Vernunft, also zwischen dem begrenzt-verständigen Interesse des Einzelnen und der Wahrnehmung des Ganzen. Deshalb sagte ich einleitend, ich sehe kein Problem, das nicht durch gemeinsame Anstrengung der Vernunft lösbar wäre, ich sehe aber in unseren realen politischen Ordnungen, in unserem gesellschaftlichen Zustand, in unserer seelischen Verfassung nicht die Durchsetzbarkeit des Willens zur gemeinsamen Vernunft. Meine Analyse des Weltmarktes war eine Analyse der ökonomischen Machtkonkurrenz. In der nationalen Binnenwirtschaft kann der Staat als Vehikel der Wahrnehmung des Ganzen auftreten – jedenfalls wenn er ein liberaler Rechtsstaat ist –; er ermöglicht Konfliktaustrag nach Spielregeln. International existiert ein solches Vehikel heute nicht.

Außenpolitik ist Kompromiß von Macht und Vernunft in jenem Bereich, in dem ein effizientes Vehikel des Gesamtinteresses nicht existiert. Deshalb der Wechsel von Frieden und Krieg, der periodische Griff zur Selbsthilfe. In der zynisch-nüchternen Sprache moderner Darwinisten könnte man auch sagen, in dieser Machtkonkurrenz sei die Politik die Fortführung des Kriegs unter Einmischung anderer Mittel. Von modernen Biologen lernen wir ja, daß nicht nur das Ei das Mittel des Huhns ist, die Hühner fortzupflanzen, sondern daß ebensowohl das Huhn das Mittel des Eis oder des egoistischen Gens ist, die Eier oder Gene fortzupflanzen. Seit Menschen schreiben können, schreiben sie vom Glanz und Jammer der Kriege; das ist die Condition humaine.

Ich sage nun als zweites, daß diese Kausalkette heute überhaupt nicht unterbrochen ist. Es ist eine reine Illusion, sich vorzustellen, das sei heute anders als in den letzten 6000 Jahren. Ich spreche nicht nur von den 130 Kriegen, die man seit 1945 in der Dritten Welt gezählt hat. Außenpolitik als Machtkonkurrenz enthält stets den Anlaß, nach Hegemonie zu streben; denn nur wer stärker ist als alle Konkurrenten, kann hoffen, sich sicher zu fühlen.

1945 waren Deutschland, England und Frankreich aus dem Welt-Hegemonie-Konflikt ausgeschieden. Daß Amerika und Rußland seitdem noch keinen Krieg gegeneinander geführt haben, verdanken wir wohl zu einem guten Teil der Abschreckung durch die Atombombe – das ist aber kein Trost. 1965 habe ich eine politische Prognose gewagt. Ich nannte die erwartete Bewegung den weltpolitischen Zyklus. Damals herrschte in der Welt die gegnerische Bipolarität der beiden Großen, der kalte Krieg. Man sah schon das Heraufkommen einer pluralistischen Struktur, welche die im Clinch der gegenseitigen Abschreckung gefangenen beiden Boxer nicht hindern konnten. Unbotmäßige Verbündete wie de Gaulle und Mao Tse-tung waren aufgetreten. Kissinger beschrieb die stabilere Struktur nach alten europäischen Vorbildern als Pentarchie, als ein »Konzert« von fünf Mächten. Ich erwartete schon damals, daß der Pluralismus ein Bedürfnis der Großmächte an kooperativer Bipolarität erzeugen würde, die man später Entspannung nannte. Entspannung war nicht Freundschaft, sie war Erkenntnis einiger gemeinsamer Interessen. Aber ich erwartete auch, daß die Großmächte bald entdecken würden, wie sehr sie durch ihre jeweils eigenen Machtbedürfnisse zum Hegemoniekonflikt verurteilt sind. Ich erwartete nach rund fünfzehn Jahren den erneut verschärften Konflikt; und um 1980 sah ich ihn mit Entsetzen eintreten.

Nach meinen heutigen Beobachtungen glaube ich, daß keine der beiden soeben amtierenden Regierungen der beiden Supermächte an Abrüstung überhaupt interessiert ist. Sonst würden sie nicht unablässig versichern, sie seien an Entspannung interessiert, und der jeweils andere sei schuld, daß sie nicht zustande kommt; so redet man nur, wenn man nicht interessiert ist. Beide hoffen, den Rüstungswettlauf zu gewinnen, und beide mit rational plausiblen Gründen. Jede der beiden Mächte fühlt sich naturgemäß sicherer, wenn sie militärisch der anderen überlegen ist. Überlegenheit war immer eine bessere Friedensgarantie als Gleichgewicht, als das stets prekäre, stets zur Machtprobe herausfordernde Gleichgewicht der Kräfte. Daß man heute von Gleichgewicht redet, hat diplomatische Gründe, weil man sich nur darauf in Verträgen einigen kann. Amerika kann hoffen, den Wettlauf zu gewinnen, denn es ist technisch und wirtschaftlich weit überlegen. Die Sowjetunion kann hoffen, den Wettlauf zu gewinnen, denn im Unterschied zu Amerika ist sie fähig, eine konsequente Politik zwanzig Jahre lang durchzuhalten. Und die Prämie für erreichte Überlegenheit ist, wenn Krieg vermieden wird, hoch.

Heute wage ich keine Prognose. Aber ich muß auf die reale Gefahr des Dritten Weltkriegs hinweisen, wieder und wieder hinweisen. Die Weltökonomie ist krisenträchtig, die Leidenschaften wachsen. Ein lokaler Krieg könnte einmal durch eine nationale Atomwaffe eines der Teilnehmer in vierundzwanzig Stunden entschieden werden. Wenn aber das nukleare Tabu einmal gebrochen ist, so wird es nicht nur einmal gebrochen werden. Die Supermächte entwickeln nukleare Waffen für begrenzten Einsatz. Das ist technisch möglich und strategisch plausibel. Wird man sie nie einsetzen? Wird der Einsatz begrenzt bleiben? Wird an der Schwelle zur Überlegenheit der einen Macht die andere Macht die Nerven behalten, die politische Kapitulation dem Waffengang vorzuziehen?

Nach dem großen Waffengang aber hätte keines der träumerischen Zukunftsbilder mehr etwas zu bedeuten, über die zu reden ich heute gebeten bin. Ein Teil der Menschheit wäre noch da, aber sein Problem wären Hunger und Krankheit der Überlebenden und ein seelischer Schock, den sich heute niemand ausmalen kann.

Ich sage daher als drittes, daß die Institution des Kriegs überwunden werden muß. Die Bewegung gegen Atomwaffen, die um sich gegriffen hat, ist eine Chance. Sie bezeichnet das Erwachen der Menschen unserer geographischen

Breiten aus dem wahnwitzigen und seligen Traum, in unseren Breiten sei der Krieg schon abgeschafft. Sie zielt aber noch zu kurz. Man kann den geforderten Abbau der Atomwaffen unter zwei Aspekten sehen: als technische Maßnahme oder als Folge und Symptom eines Bewußtseinswandels. Als technische Maßnahme würde der Abbau der Atomwaffen den Schaden im Falle des Kriegs sehr vermindern, würde die Dauer des Kriegs vermutlich erheblich verlängern und würde die Wahrscheinlichkeit seines Ausbrechens wohl eher erhöhen. Gleichwohl muß ich diesen Abbau befürworten, weil der Wunsch nach ihm zugleich Symptom eines Bewußtseinswandels ist, der mehr als die Abschaffung dieser Waffe anstrebt. Welches Ziel wir einem solchen Bewußtseinswandel setzen können, ist meine letzte Frage.

D. Politische Moral

Die politische Moral erfordert heute den Bewußtseinswandel. Was heißt das?

Ich kehre noch einmal zur Erinnerung an das Gespräch in Delhi zurück. Wem habe ich in meinen Diagnosen recht gegeben, dem naiven Amerikaner oder dem weisen Inder? Ich glaube, dem Amerikaner. In der altindischen Kultur ging der Weg der Reifung durch die Inkarnationen des Individuums, nicht durch die Änderung der Gesellschaft. Wir aber haben keine Wahl mehr. Unsere Gesellschaft hat sich schon verändert, und um zu überleben, muß sie sich weiter verändern, radikaler als bisher. Bewußtsein und gesellschaftliche Strukturen haben wir in den Bereichen des Verstandes und des Willens radikal verändert, in Wissenschaft, Technik und Wirtschaft. Die Menschheit kann nicht überleben, wenn sie fortfährt, die neuen Instrumente in den Dienst des alten Bewußtseins und der alten Strukturen des außenpolitischen Machtkampfes zu stellen. Nicht der Kampf der Ideologien ist das Problem. Die Ideologien sind konkurrierende Lösungsvorschläge, und in der Konkurrenz der heute angebotenen kann ich nur die der fortgeschrittensten Gesellschaftsform, derjenigen des liberalen Westens, wählen, trotz aller ihrer Selbstwidersprüche. Aber warum sind die Ideologien in einen tödlichen Kampf gegeneinander verstrickt? Weil sie zugleich die heutigen Masken der uralten Machtkonkurrenz sind, deren Träger je nach historischer Chance wechseln, deren Struktur sich aber gleichbleibt.

Wie kann diese Struktur überwunden werden?

Eine historische Parallele ist die Pax Romana, der Sieg eines der Hegemoniekandidaten. Es ist denkbar, daß eben dies real geschehen wird. Der Weltstaat könnte die vermutlich nach einem Krieg verbleibenden organisatorischen Probleme passabel lösen. Das tiefere, kulturelle Problem hat Rom einst nicht gelöst und würde ein durch Macht entstehender heutiger Weltstaat auch nicht lösen. Und die Katastrophe, die ihn erst ermöglichen würde, kann niemand wünschen.

Man möchte es billiger haben. Ein föderativ entstehender Weltstaat ist ein Wunschtraum von Idealisten. Auch dies ist, abstrakt genommen, denkbar. Freilich, wer soll mißtrauische Todfeinde zu dem Souveränitätsverzicht überreden, ohne den die Föderation kein Staat wäre? Also begnügt man sich mit Föderation ohne Souveränitätsverzicht. Die Vereinten Nationen waren so gedacht. Sie sind heute ein nützliches Gesprächsforum, auf dem die machtlose Mehrheit der mächtigen Minderheit die Meinung sagen darf – mehr sind sie wohl nicht. Man sieht das und lebt der Hoffnung, die Vernunft, die Wahrnehmung des Ganzen, werde ohne organisatorische Bindung den Frieden bewahren. Dergleichen können die skandinavischen Nationen untereinander, seit Schweden und Dänemark keine Großmächte mehr sind. Vielleicht können es heute die Westeuropäer, die der amerikanischen Überlegenheit und der russischen Bedrohung gemeinsam gegenüberstehen. Aber können es echte Hegemoniekandidaten, die füreinander unberechenbar bleiben? Die Geschichte kennt, wenn ich recht sehe, kein Beispiel dafür. Man möchte es so gerne billiger haben; aber man wird es nicht billiger bekommen.

Ich wiederhole: Alle diese Probleme wären in kooperativer Vernunft lösbar. Es ist Mode, sich über die Politiker zu beklagen, aber unsere Politiker haben wir selber gemacht. Die Völker könnten die Politiker zu kooperativer Vernunft zwingen, wenn sie selbst diese Vernunft wollten. Es ist wahr, es gibt unterdrückte Nationen, Nationen unter Fremdherrschaft. Aber in den machtpolitisch führenden Nationen drücken die gewählten Politiker die offenkundigen oder geheimen Wünsche ihrer Wähler aus und die ertragenen Funktionäre die Wünsche oder die Resignation der Regierten. Deshalb ist Bewußtseinswandel eine Vorbedingung des Strukturwandels. Er verlangt eine hohe intellektuelle Anstrengung derer, die dazu fähig sind. Und er kommt nicht ohne ein tiefes Erschrecken. Das ist der Sinn meiner Darstellung.

Eine Schlußbemerkung. Vor zwanzig Jahren habe ich noch gehofft und versucht, politische Zukunftsstrukturen planerisch zu entwerfen. Heute mache ich keine Prognosen und entwerfe keine Strukturen mehr. Es ist vielleicht eine persönliche Insuffizienz. Aber darin könnte auch eine Einsicht stecken. Zu jeder einzelnen politischen Entscheidung kann und soll man versuchen, Stellung zu beziehen. Ich bin für Kernreaktoren und gegen Pershing II eingetreten, jeweils aus detaillierten Gründen. So, auf dem Weg durchs Detail, schafft sich das wache Bewußtsein vielleicht am Ende die notwendigen Strukturen. Die großen Entwürfe können als Antworten auf die Forderungen des erwachten Bewußtseins auftreten. Was aber als Antwort auf eine brennende Frage richtig ist, muß ohne die Frage absurd erscheinen.

Es liegt eine tiefe Weisheit in der Unerklärtheit der moralischen Forderungen. Wenn ich glaube, den Plan des Weltgeistes, den notwendigen Gang der Geschichte zu kennen, dann werde ich mich in seinem Dienste zu jedem Verbrechen ermächtigt fühlen; deshalb soll man die moralischen Gesetze akzeptieren, ohne sie schon erklären zu können. Der undämpfbare, luxurierende Machtkonflikt war das Elend der Menschheit schon vor dreitausend Jahren. Die Hochreligionen haben diesem Konflikt eine undämpfbare, luxurierende moralische Forderung entgegengestellt. Dieser Konflikt ist noch nicht zu Ende. Man lese die Bergpredigt. Wer von ihrer unwidersprechlichen Wahrheit getroffen wird, der wird entsetzt sein, daß er ihr gleichwohl nicht folgt. Dieses Entsetzen ist der Anfang eines Bewußtseinswandels.

2. Über die Krise*

Worüber soll ein Institut für die Wissenschaften vom Menschen arbeiten? Das Thema ist zu umfassend, um erschöpft zu werden. Der Beirat des Instituts, dem ich angehöre, hat auf seiner ersten, viertägigen Sitzung über den Beitrag von vier Wissenschaftsbereichen zum Verständnis des Menschen gesprochen: Naturwissenschaft, Theologie, Philosophie, Geschichte. Das war ein Orientierungsritt. Der Beirat hat sich für die nächste Sitzung eine uns alle betreffende Sachfrage vorgenommen: Krisen, und insbesondere die Krise unserer Zeit. Ich habe diese Themenwahl lebhaft unterstützt. Denn ich vermag die Empfindung nicht zu unterdrücken, daß wir am Beginn einer weltweiten Krise leben, die leicht die entsetzlichste der bisherigen Menschheitsgeschichte werden könnte. Die verbreitete Angst, so scheint mir, hat recht. Aber Angst ist ein schlechter Ratgeber. Der Bergsteiger, der eilen muß, um die Hütte vor Einbruch der Nacht zu erreichen, muß eben darum zuerst Karte und Kompaß in aller Konzentration, in aller Ruhe zu Rate ziehen; sonst rennt er ins Unheil.

Was können die vier Wissenschaftsgruppen zu dieser Besinnung beitragen? Ich versuche heute eine Darstellung meiner subjektiven Sicht dieser Frage. Der Vortrag wird in zwei Teile zerfallen: A. Allgemeines über Ebenen und Krisen, B. Die Krise der Gegenwart.

* Vortrag, zuerst gehalten in Wien 1984 am Institut für die Wissenschaften vom Menschen, wiederholt in Castelgandolfo 1985 auf der Tagung des Beirats dieses Instituts. Veröffentlicht in: Krzysztof Michalski (Hrsg.), *Über die Krise, Castelgandolfo-Gespräche 1985,* Stuttgart 1986.

A. Allgemeines über Ebenen und Krisen

Vier Themenkreise sollen gestreift werden:
a. Ebenen und Krisen in der Wissenschaft,
b. Ebenen, Krisen, Fulgurationen in der Natur,
c. Politische Krisen in stabilen Kulturen,
d. Selbstverständnis und Selbstkritik der Kultur.

a. Ebenen und Krisen in der Wissenschaft

Es wäre die geschichtliche Reihenfolge, mit den Evolutionskrisen der Natur zu beginnen, zu den Krisen der menschlichen Kultur weiterzuschreiten und über die Krisen der Wissenschaft, dieser Spätblüte der Kultur, zur heutigen politischen Krise überzuleiten. Ich beginne statt dessen mit den Krisen der Wissenschaft, weil ich Wissenschaftlern damit etwas Vertrautes sage und weil die wissenschaftstheoretische Debatte heute im öffentlichen Bewußtsein ist.

Ich rede zuerst von meinem eigenen Fach, der Naturwissenschaft. Die europäische Neuzeit ist voller politischer, kultureller, wirtschaftlicher Krisen. Aber als ihr harter Kern erscheint der unaufhaltsame Siegeszug der Naturwissenschaft. Die Wissenschaftstheorie unseres Jahrhunderts hat versucht, die Strategie dieses Siegeszuges zu erkennen. Sie ist bisher damit gescheitert. Die historische Analyse von Thomas Kuhn stellt die Geschichte der Naturwissenschaft dar als eine Abfolge von normal fortschreitender Wissenschaft und wissenschaftlichen Revolutionen. Etwas abstrakter nenne ich das eine Abfolge von Ebenen und Krisen. Die normale Wissenschaft arbeitet mit einem Paradigma, einem Problemlösungsverfahren, dessen letzte Rechtfertigung sie selbst nicht kennt und nicht befragt; sein Kredit beruht auf seinem Erfolg. Die Revolution bereitet sich vor durch wachsende Schwierigkeiten des geltenden Paradigma, durch eine Krisenerfahrung. Beschönigender Optimismus hilft nicht mehr. Nun muß man denken. Bedeutende Geister erkennen die Begründungsmängel des alten Paradigma. Die Krise löst sich in einem neuen Paradigma; eine neue Ebene des Fortschritts eröffnet sich, und bald ist der Grund des neuen Paradigma so vergessen, wie es der des alten war.

Die Zentraldisziplin der Naturwissenschaft ist die theoretische Physik. Heisenberg hat schon fünfzehn Jahre vor Kuhn die Entwicklung der theoretischen Physik als eine Abfolge abgeschlossener Theorien beschrieben. Abgeschlossen nennt er eine Theorie, die durch kleine Änderungen nicht mehr verbessert werden kann. Kuhns Phasen normaler Wissenschaft sind hier die Jahrzehnte oder Jahrhunderte der Herrschaft einer abgeschlossenen Theorie. Die Revolutionen sind eben deshalb keine bloßen Reformen, weil kleine Änderungen die ausgereifte Theorie nicht mehr verbessern; ihre Grundlagen müssen revidiert werden.

Die neue Theorie läßt meist die ältere zwar als »klassisch« gelten; sie erweist damit aber die alten Grundbegriffe als etwas, was nunmehr nur noch ein Vordergrundaspekt oder eine provinzielle Näherungslösung ist, allenfalls eine unvermeidlich gewesene Station auf dem Weg. Heisenberg sagt, nur ein wahrer Konservativer könne ein wahrer Revolutionär sein. Nur der wahre Konservative vermag unter den Selbstwidersprüchen der alten Theorie so zu leiden, daß sich das einzige enge Tor aufschließt, daß ihm der einzig richtige revolutionäre Schritt zu ihrer Überwindung gelingt. Gehet ein durch die enge Pforte!

Gibt es solche Vorgänge auch in anderen Wissenschaften?

Kulturphilosophisch gesehen erscheint mir die Wissenschaft selbst, die Denkform der Theorie, die objektivierende, beweisende, begriffliche Erkenntnis als ein großes Paradigma. Schon die verstehende, hermeneutische Wissenschaft ist ein anderes Paradigma. Und neben der Wissenschaft stehen politische Moral, Kunst, Religion als eigene Wahrnehmungsweisen.

Sowohl Popper wie Kuhn, unerachtet ihres Streits, vergleichen den Fortschritt der Wissenschaft mit der Evolution der Organismen. Erfolg ist die Basis des Kredits, d. h.

der gesellschaftlichen Durchsetzung in einer an ihrem Erfolg orientierten Kultur. In einer pragmatischen Wahrheitstheorie ist die Wahrheit eines Gedankens seine Anpassung an die Wirklichkeit: *adaequatio intellectus ad rem*, aber nicht Adäquation wie des Bildes ans Vorbild, sondern Adaptation wie des Schlüssels ans Schloß. Dieser Vergleich führt uns natürlicherweise zu der Frage, ob es Ebenen und Krisen in der Evolution, überhaupt in der Natur gibt.

b. Ebenen, Krisen, Fulgurationen in der Natur

Die Saurier sind eine Ebene, die Säugetiere sind eine neue Ebene, der Sieg der Säugetiere war eine Krise. Das Baumodell des Sauriers konnte schließlich durch kleine Änderungen nicht mehr verbessert werden; es wurde durch die Revolution der Warmblüter abgelöst. Das Entstehen eines neuen Modells nennt Konrad Lorenz, mit einem an Leibniz anlehnenden Ausdruck, eine Fulguration, einen Blitz. Speziell gebraucht er den Ausdruck für den Übergang von den Gesetzmäßigkeiten einer Schicht, einer Organisationsstufe im Sinne der Systemtheorie, zu den Gesetzmäßigkeiten einer höheren, vorher nicht existierenden Schicht durch den Zusammenschluß mehrerer spezieller Systeme zu einem umfassenden System. So fügen sich Wassermoleküle zum Schneekristall zusammen, Einzeller zum vielzelligen Organismus, Individuen zur verhaltensmäßig integrierten Gesellschaft.

Ebenen und Krisen gibt es überall, schon in der anorganischen Natur. Die Fixsterne, einst das Symbol der Unwandelbarkeit hoch über dem irdischen Getriebe und dem wechselnden Mond, haben eine Lebensgeschichte, die wir heute recht gut kennen. Unsere Sonne strahlt gleichmäßig seit rund fünf Milliarden Jahren, aber nicht seit ewiger Zeit. Die Entstehung eines Sterns in einer Gaswolke kann sich in weniger als einer Million Jahren vollziehen, einem Fünftausendstel des heutigen Sonnenalters. Und die Supernovae sind Sterne, die in wenigen Tagen einen völligen Kollaps durchmachen.

Die Allgegenwart des Phänomens der Ebenen und Krisen fordert zu einer sehr allgemeinen, also abstrakten Erklärung heraus, die nicht aus den speziellen Eigenschaften von Sternen, Organismen, Kulturen hervorgeht, sondern sich in diesen nur jeweils spezifisch verschieden auswirkt. Letztlich wird man dabei auf die Grundstruktur der Zeit, auf das Verhältnis von Faktizität und Möglichkeit, auch Vergangenheit und Zukunft genannt, zurückkommen, auf die Bedingtheit der jeweiligen Möglichkeiten in den jeweiligen Fakten. Darauf lasse ich mich im heutigen Vortrag nicht ein. Für Mathematiker verweise ich darauf, daß nichtlineare Differentialgleichungen Singularitäten, »Katastrophen« im Sinne René Thoms, zur Folge haben, »Bassins«, in welche die Lösungen eingeschlossen sind, die sie nur bei Änderungen der Bedingungen verlassen können. Für den Laien ist schon ein langsam strömender Fluß ein Modell, in dem sich an einem Ufer ein stationärer Wirbel halten kann, in dem das Treibgut tagelang im Kreise schwimmt, ehe es wieder fortgerissen wird. Heute ist die mathematische Theorie der Gestaltbildung, der sogenannten Selbstorganisation, eines der fruchtbarsten Wissenschaftsgebiete.

Nicht jede Krise eröffnet eine neue Ebene in der Zeit; oft führt sie in den Tod. Die vermutlich zutreffende darwinistische Theorie der Evolution wird hochgeschätzt von den Enkeln der Sieger im Kampf ums Dasein, welche die tausendfachen Opfer des Kampfes zu vergessen neigen. Darwin selbst ist aber zu seiner Selektionstheorie angeregt worden durch die pessimistische Ökonomie von Malthus, der lehrte, die Lebewesen, so auch die Menschen, würden sich stets so weit vermehren, bis sie ans Existenzminimum stoßen. Dieser Gedanke ist ein Blick in den Abgrund, den sich die europäische Tradition verborgen hatte. Im christlichen Aristotelismus erscheint Gott wie ein Gärtner oder Hausvater, der all den Seinen genug zuteilt. Vom Blickpunkt des Individuums hat hier Buddha tiefer gesehen und ebenso diejenigen frühchristlichen Traditionen, die die Welt selbst und den Herrn dieser Welt als böse empfanden.

In der Tat hat erst die Evolution den Tod geschaffen. Nach heutiger Kenntnis beginnt die Evolution mit der Selbstvermehrung von Molekülen, die nur eine gewisse chemische Stabilität, aber keine Mittel der Selbsterhaltung haben. Erst in der Konkurrenz der Spezies setzen sich hochdifferenzierte, selbsterhaltende Individuen durch. Erst diese können eigentlich sterben. Erst für sie ist der Tod ein Ereignis, weil sie darauf angelegt sind, sich gegen ihn zu wehren. Aber in der Evolution siegen dann jene Arten, deren Individuen kurzlebig genug sind, neuen Individuen mit der Chance neuer Mutationen Platz zu machen. Das Altern dürfte darum genetisch programmiert sein. Die Eintagsfliege kann und soll nach einem Larvenstadium und einem Hochzeitstag sterben. Der Mensch lebt lange, weil seine Kinder seiner lange bedürfen.

Die Krisen, von denen wir weiterhin sprechen werden, sind nicht bloß Krisen der Individuen, sondern der Gesellschaft, ja der Menschheit. Die Menschheit könnte in der kommenden Krise sterben. Aber die Angst ist meist Angst der Individuen. Daher vielleicht unser aller inadäquate Reaktion auf das Problem, vor dem wir stehen. Recht hatte eine kluge alte Frau, die mir unlängst sagte: »Eine Angst greift nach mir, die nicht Angst um mich ist.«

c. Politische Krisen in stabilen Kulturen

Indem wir zur menschlichen Geschichte kommen, habe ich eine Frage an meine historischen Kollegen: Warum hat es in keiner Hochkultur politische Stabilität gegeben, die länger als wenige hundert Jahre dauerte?

Diese Frage ist komplizierter beschaffen, als sie zunächst klingt. Es fragt sich, worüber man sich eigentlich wundern soll.

Zunächst soll man sich nicht darüber wundern, daß die Herausbildung derjenigen menschlichen Kulturen, denen wir uns zugehörig fühlen, nur wenige Jahrtausende gedauert hat. Dies ist kein biologischer Vorgang. Tierische Spezies können durch Jahrmillionen praktisch unverändert bleiben. Die Spezies *homo sapiens* ist wenigstens hunderttausend Jahre alt. Die Entstehung der Hochkulturen ist aber eine Fulguration, in geologischen Zeitskalen gerechnet ein Blitzschlag. Der Mensch hat die Fähigkeit, erworbene Verhaltensweisen zu vererben. Denn er bedarf dazu nicht des genetischen Apparats, sondern nur seiner Gabe, Traditionen zu schaffen, durch die Sprache, durch soziale Gewohnheiten, durch begriffliches Denken, durch die fast unbegrenzte Akkumulation von Mitteln für offenbleibende Zwecke. Der Mensch ist das sprechende Lebewesen, *ζῷον λόγον ἔχον*. Das Wesentliche dabei ist, daß ihm nicht der Inhalt der Sprache angeboren ist, sondern nur die Fähigkeit und die Nötigung, sprechen zu lernen. Eben darum übernimmt er mit der Sprache das, was seine Vorfahren in eigener Lebensarbeit erworben haben. Und eben darum ist die adäquate Zeiteinheit für die menschliche Geschichte nicht die Jahrmillion, in der man geologische Prozesse mißt, sondern das »Menschenalter«, die dreißig Jahre, welche im Durchschnitt zwei menschliche Generationen trennen.

In dieser Zeitskala gerechnet, sind nun die Hochkulturen erstaunlich langlebig, verblüffend stabil. Wir überblicken dreitausend Jahre, also rund hundert Generationen altägyptischer Geschichte mit einer gewollten und gekonnten Konstanz künstlerischer, religiöser und politischer Stilisierung, die schon die Griechen, die ewigen Kinder, verblüffte. Wir überblicken im Umriß dreitausend Jahre des hinduistischen Kastensystems, vielleicht der stabilsten je erfundenen Sozialordnung. Wir überblicken mehr als dreitausend Jahre der chinesischen Kultur, der Kultur der Mitte, die alle Eroberer zu integrieren vermochte. Und unsere eigene Kultur, sosehr wir uns von ihren Krisen geschüttelt wissen, ist auch etwa dreitausend Jahre alt, einerlei ob wir sie mit Mykene beginnen lassen oder mit Homer, der fünfhundert Jahre später die mykenischen Helden besang. Ackerbau, Stadtkultur, Fernhandel, Territorialstaat sind menschliche Entdeckungen, selbst Fulgurationen, die, einmal gefunden, die erstaunliche Kraft der

Selbstbewahrung und der Resilienz, der stehaufmännischen Wiederherstellung nach Krisen haben.

Nun erst habe ich den Hintergrund meiner anfänglichen Frage erreicht. Sie kehrt den Spieß noch einmal um. Wenn die Hochkultur diese Kraft der Selbststabilisierung hat, warum dann ihre periodischen Krisen? Der Schein der ewig gleichen Pharaonenbilder trügt; die Dynastien wechseln dramatisch. Die Chronisten der alten stabilen Kulturen erzählen, in Wellen, die höchstens dreihundert Jahre dauern, von guten Herrschern, langlebigen Dynastien, schlechten Herrschern, Hungersnot, Revolutionen oder fremden Eroberern, Jahrhunderten der Wirren und einem Neubeginn. Woher diese Figur?

Dies ist meine Frage an die Kollegen. Ich wage selbst eine hypothetische Antwort. Sie ist eine wirtschaftshistorische Hypothese: daß nämlich jede dieser alten Kulturen nur so lange politisch stabil war, als es in ihr ein, wenngleich langsames, Wirtschaftswachstum gab. Ein wachsender Lebensraum erzeugt Ausweichmöglichkeiten, gestattet also das Regieren mit Kompromissen. Ein stagnierender und daher, da es stets Wellen gibt, zeitweilig schrumpfender Lebensraum erzwingt Kompromißlosigkeit und damit seelische und politische Krisen. Nun ist Wachstum, bei begrenzten zivilisatorischen Mitteln, nicht unbegrenzt möglich. Sollten die »guten Herrscher« diejenigen gewesen sein, die beliebt waren, weil sie mit Kompromissen regieren konnten, und die »schlechten Herrscher« die Opfer der Grenzen des Wachstums? War Joseph in Ägypten einer, der diesen Mechanismus rechtzeitig verstand? Sollten die Jahrhunderte der Wirren diejenige Schrumpfung der Ökonomie bedeutet haben, ohne welche in einer technisch etwa konstanten Kultur neues Wachstum nicht beginnen konnte?

Sollte diese Hypothese ein Stück Wirklichkeit korrekt beschreiben, so wäre die erste Folge eine Ernüchterung. Wir müßten dann folgern, daß Hochkulturen, so wie wir sie bisher kennen, weder ohne Wachstum noch mit Wachstum zu permanenter politischer Stabilität fähig sind. Ihre Stabilität wäre nicht die Vermeidung von Krisen, sondern ein periodischer Durchgang durch immer wieder lebensgefährliche Krisen, ein ständiges Stirb und Werde.

Für die politischen Debatten unserer Zeit könnte diese Ernüchterung nützlich sein. Sie könnte uns helfen, einen der häufigsten politischen Fehlschlüsse zu vermeiden, den Fehlschluß der Suche nach dem Schuldigen. Im Logik-Seminar habe ich das den politischen Fehlschluß genannt: »Mein Gegner irrt. Also irre ich nicht«, oder, pragmatisch formuliert: »Was die Regierung tut, kann nicht funktionieren. Also wird das funktionieren, was die Opposition empfiehlt.« Ein strukturelles Problem mag zwar durch dummes oder böswilliges Handeln verschärft werden, aber es verschwindet nicht, wenn man solche Fehler vermeidet. Eine tiefere Einsicht ist nötig.

d. Selbstverständnis und Selbstkritik der Kultur

Urwald und Steppe wachsen im jeweiligen Klima von selbst immer nach. Menschliche Gesellschaft muß von ihren Gliedern gewollt werden, wenn sie dauern soll. Um etwas wollen zu können, muß man eine Vorstellung davon haben. Die menschliche Kultur lebt durch ihr Selbstverständnis. Nun ist die Geschichte der Hochkulturen eine Kette von Aufschwüngen und Krisen. Das Selbstverständnis der Kultur enthält darum zu Recht, soweit wir die Texte auch zurückverfolgen mögen, zugleich stets auch Kulturkritik. Verblüffend ist zunächst die Konstanz der Kritik. Der ägyptische Bauer vom Ende des Alten Reichs, 2000 v. Chr., redet nicht anders als die Sprecher der Unterdrückten unserer Tage. Aber es gibt auch langdauernde Änderungen in der Kultur, neue Ebenen, die betreten werden, nicht nur in Wirtschaft und Technik und der Größe der Räume, sondern auch im Selbstverständnis. Es gibt kulturelle Fulgurationen.

Der erste Ort dieser Blitzschläge war wohl die Religion. Götterkämpfe spiegeln Kulturrevolutionen. In einem neuen Gott lernt ein neuer Mensch sich und seine Welt sehen. Wollen wir diese Ereignisse verstehen, so müssen wir lernen, sie so zu erleben, wie sie sich selbst erlebt haben. Wir müssen die Götter verehren, nicht soziologisch oder psychologisch wegerklären. Ich habe einmal vom Titanismus der Neuzeit gesprochen, ihrer Tendenz, den Olymp zu stürmen und selbst an die Stelle des herrschenden Gottes zu treten. Mein Freund Georg Picht schrieb mir dazu: »Unsere Bilder von den Göttern sind anthropomorph; daraus zu schließen, die Götter selbst seien anthropomorph, ist ein Ausdruck jener titanistischen Verblendung, mit der wir die bisherigen Formen der Aufklärung erkauft haben.« Was das philosophisch bedeutet, ist Gegenstand einer anderen Untersuchung. Hier wollte ich nur auf die Frömmigkeit der Wahrnehmung hinweisen, ohne die wir die Geschichte und auch unsere eigene Krise nicht verstehen werden.

Die größte Wandlung des Selbstverständnisses vor der Neuzeit geschah vor der Mitte des ersten vorchristlichen Jahrtausends. Ihr verdanken wir die neue religiöse Erfahrung der jüdischen Propheten und der griechischen Philosophie, Zarathustras, der Upanischaden und Buddhas, des Taoismus und die Staatsmoral der Konfuzius. In griechischer Tradition gehen aus ihr die drei großen Konzepte hervor, in denen sich noch die europäische Aufklärung bis in unsere Tage selbst versteht: Theorie, politische Moral und Kunst. Heute spreche ich nur von einem Vorgang: dem Konflikt, in den dieses neue Selbstverständnis mit den uralten Formen der Macht und des Machtkampfes geriet.

Mit dem Wort »Macht« möchte ich hier ein Humanum beschreiben, einen Zug der menschlichen Kultur. Der Mensch führt den Kampf ums Dasein, dem er entstammt, gegen seine natürliche Umwelt und zunehmend gegen seinesgleichen mit einem Vermögen, das ihm erst die Kultur anbietet: der Anhäufung von Mitteln für offengehaltene Zwecke. Mittel, z. B. materielle Güter, Waffen, schließlich auch menschliche Gefolgschaften, lassen sich unabhängig von ihrem aktuellen Einsatz akkumulieren. In einer Welt der Konkurrenz und des Mißtrauens führt dies zu einem prinzipiell unbegrenzten Wettlauf. So beschrieb Marx die

Kapitalakkumulation, so erfahren wir heute von neuem die uralte Figur des Rüstungswettlaufs der Staaten. Der Machtwettlauf ist tragisch. Wer in seiner Mitte lebt und sich nicht an ihm beteiligt, läuft Gefahr, unterzugehen. Wer ihn mitmacht, rechtfertigt mit jedem seiner Schritte die Angst seiner Gegner und damit ihre weitere Machtakkumulation. Das normale Ende ist der Krieg. Der Machtwettlauf ist der größte Krisenerzeuger der Weltgeschichte. Wie Macht durch Vernunft auf sinnvolle Funktionen zu beschränken sei, ist das Thema der Politik.

Die Götter der alten Kulturen sind mächtig und sind die Götter der Mächtigen. Darin liegt Vernunft. Der tragisch luxurierende Machtkonflikt wird eingedämmt durch legitimierte Übermacht. Das Ethos des Herrschens und Dienens ist der politische Träger der Hochkulturen. Ihn ihm wird das Prinzip der Rangordnung bejaht, das, wie wir heute wissen, schon tierisches Erbe ist. Der Bessere herrscht; um weiterhin zu herrschen, erweise er sich weiterhin als der Bessere. Aber diese Forderung kündigt schon die Krise der naiven Adelsherrschaft an. Spätestens seit der Sokratischen Philosophie und den jüdischen Propheten muß sich, wer gut sein will, vor einem Kriterium rechtfertigen, das er selbst nicht umhin kann anzuerkennen: dem Gewissen, der machtlosen und unüberhörbaren Stimme Gottes im Herzen.

Kulturell ist diese religiöse Erfahrung ein Gegenluxurieren des Ethos gegen die luxurierende Macht. Der Gott der Bibel erwählt sich ein machtloses Volk. Brahmanen und wandernde Mönche entdecken den ungeheuren Erfahrungsbereich der gewaltlosen Askese. Jesus Christus schließlich verkündet in der apokalyptischen Tradition das baldige Ende dieser Welt der Mächte. Bergpredigt, Gleichnisse und Gerichtsreden sind ein Ganzes, das nur in diesem Sinn zu verstehen ist. Der historische Sieg des Christentums war darum von unvorhersehbarer Ambivalenz. Nicht, wie erwartet, endete das Römische Reich, das Reich der Mächte, in einem Jüngsten Tag, sondern es bestand fort, aber die Christen wurden seine Herren. Sie mußten lernen, was sie am wenigsten erwartet hatten, nämlich Weltverantwortung zu tragen.

Das Bewußtsein, daß die Aufgabe der Weltgeschichte nicht gelöst ist, begleitete das christliche Abendland durch zwei Jahrtausende und brach immer wieder in chiliastische Bewegungen aus. Ihr säkularer Erbe ist der Fortschrittsglaube der Neuzeit. Er griff auf das Gedankengut der griechischen Aufklärung zurück. Die politische Moral schuf das neue Ethos der Freiheit und Gleichheit und die kluge Erfindung des liberalen Rechtsstaats. Als mächtigstes Werkzeug erwies sich die mathematische Theorie der Natur und die durch sie ermöglichte Technik. Im Kulturbewußtsein ist der Fortschrittsglaube eine singuläre Neuerung. Alle anderen Kulturen messen sich am Kriterium der Erhaltung – fast selbstverständlich angesichts der stets wiederkehrenden Krisen. Die Neuzeit hofft den Grund der Krisen zu überwinden.

Wie ist es ihr gelungen?

B. Die Krise der Gegenwart

Ich gliedere diese zweite Hälfte des Vortrags in drei Abschnitte:

a. Die wirtschaftliche Krise,
b. Die militärische Krise,
c. Die geistige Bewegung.

a. Die wirtschaftliche Krise

Wirtschaftliche Krisen kommen und gehen. Es scheint mir aber schwer vorstellbar, daß der Kern unserer heutigen wirtschaftlichen Probleme in der heutigen politischen Struktur der Welt gelöst werden kann. Dieses Thema würde einen eigenen Vortrag erfordern. Ich gebe hier die Resultate meiner Überlegungen in der Form von fünf Thesen, jeweils mit kurzem Kommentar.

1. Die heutige Kultur wächst in eine unbekannte und vermutlich instabile Zukunft hinein.

Das Schlüsselwort dieser These ist »wachsen«. Wir sprechen vom Wachstum der Wirtschaft, der Bevölkerung, der Rüstungen. Ökonomen und Politiker halten Wirtschaftswachstum für gut und notwendig, Ökologen halten es für bedrohlich. Wachstum der eigenen Rüstung halten die meisten Regierungen für nötig; das internationale Ergebnis dieser Bemühungen wird unter dem Namen Rüstungswettlauf verurteilt. All dies ist nicht neu; im ersten Teil des Vortrags habe ich die Vermutung erläutert, daß die Weltgeschichte bisher immer so war.

2. Das Bevölkerungswachstum hat bisher nur durch wirtschaftlichen Wohlstand auf friedlichem Wege verlangsamt werden können.

Nur die reichen Nationen haben bisher ihr Wachstum verlangsamen können. In allen traditionellen armen Gesellschaften ist es ein Vorteil für jede Familie, viele Kinder zu haben; sie sind die einzigen unbezahlten Arbeitskräfte des Armen, und wer, wenn nicht sie, wird die Eltern ernähren, wenn sie alt werden? So ist das Bevölkerungswachstum ein starkes, vielleicht zwingendes Argument für ein noch rascheres Wirtschaftswachstum.

3. Die Umweltbedingungen dürften uns schwerlich mehr als noch wenige Jahrzehnte des Wirtschaftswachstums in bisheriger Form gestatten.

Die Argumente des Klubs von Rom waren teilweise irrig; so wenn der erste Bericht (von Meadows u. a.) die bekannten Rohstoffressourcen mit den künftig noch auffindbaren verwechselte. Aber seine simplen Modelle zeigten doch, daß die vom Menschen erzeugten Veränderungen in unserer Umwelt jetzt der Größenordnung der natürlichen Faktoren nahekommen. Also hängt das Gleichgewicht der Natur jetzt von der Gnade menschlicher Entscheidungen ab. Es gibt bisher keinen politischen Apparat, international die ökologische Vernunft durchzusetzen.

4. Die Vorbedingungen einer stabilen Wirtschaft sind heute international nicht gegeben.

Die heutige Weltwirtschaft ist eine nur wenig regulierte Konkurrenzwirtschaft. Persönlich traue ich dem Markt mehr wirtschaftliche Leistungsfähigkeit zu als allen sozialistischen Systemen. Aber auch nach Adam Smith braucht der Markt den Staat für drei Aufgaben: 1. Schutz des Friedens, 2. Garantie der Rechtsordnung, 3. nichtgewinnbringende Unternehmen (sein Beispiel waren Leuchttürme). Im heutigen Weltmarkt bedeutet Friedensschutz nicht nur eine nationale Armee, sondern ein internationales Friedenssystem: die Rechtsordnung muß international durchsetzbar sein: nichtgewinnbringende Unternehmen bedeuten sowohl Infrastruktur wie Umweltschutz. Wer garantiert all dies heute?

5. Eine politische Weltordnung mit durchsetzbaren Regeln und Entscheidungen ist eine notwendige, wenngleich nicht hinreichende Vorbedingung einer stabilen Weltwirtschaft.

Die Macht, eine solche Ordnung durchzusetzen, liegt heute nur bei den Vereinigten Staaten von Amerika in Kooperation mit Westeuropa und Japan. Aber sie würde den Konsens einer relevanten Mehrheit der Dritten Welt und die Duldung der sozialistischen Staaten verlangen. Eine weltpolitische Aufgabe. Wer löst sie?

b. Die militärische Krise

Ein Weltkrieg noch in unserem Jahrhundert ist sehr wohl möglich. Ich gebe die Begründung in neun weiteren Thesen, von 6. bis 14. weiternumeriert.

6. In allen Hochkulturen hat es Kriege gegeben. Wir haben die Kriegsursachen nicht überwunden.

Der Machtkonflikt ist eine hinreichende Erklärung für Kriege. Wo keine nukleare Abschreckung bestand, hat es seit 1945 mehr als 130 Kriege gegeben. Der größte heutige Machtkonflikt ist derjenige der beiden Supermächte. Kann die nukleare Abschreckung ihren Krieg permanent verhindern?

7. Das Konfliktpotential in der Dritten Welt wird eher zu- als abnehmen.

Die meisten dieser Konflikte haben echt regionale Ursachen. Das Ende des politischen Kolonialismus hinterließ ein Machtvakuum, in dem neue Herrschaftszentren unvermeidlich entstanden. Die ungelösten Probleme der Weltwirtschaft erzeugen einerseits wachsende Armut auf dem Land und in städtischen Slums und lassen andererseits eine neue Klasse von Menschen entstehen, die hinreichend ernährt und ausgebildet sind, um aus ihnen sowohl neue Technokraten wie eine Elite von Revolutionären zu rekrutieren.

8. Die zwei Supermächte sind objektiv in einem Hegemoniekonflikt gefangen.

Ich sage »objektiv«, um anzudeuten, daß es nicht im freien persönlichen Ermessen der Führer einer dieser beiden Mächte steht, ihre Nation aus diesem »Clinch« herauszulösen. Hegemoniekonflikte sind so alt wie die Existenz verschiedener organisierter politischer Einheiten in einer Kultur. Meist sehen beide Gegner in einem solchen Konflikt die eigene Rolle subjektiv ehrlich als defensiv. Der Andere ist immer der Angreifer.

Seit den frühen sechziger Jahren habe ich einen weltpolitischen Zyklus zuerst erwartet und dann ablaufen sehen. Der kalte Krieg, ein System antagonistischer Bipolarität, führte zu einer gegenseitigen außenpolitischen Lähmung beider Supermächte angesichts einer zunehmend pluralistischen Weltstruktur (Mao, de Gaulle, später die OPEC, die erdölexportierenden Staaten). Daher entdeckten die Supermächte ihr Interesse an einem Grad kooperativer Bipolarität, den man Entspannung nannte. Aber es war vorhersehbar, daß sie ihre unausweichliche Hegemoniekonkurrenz wiederentdecken würden, wenn sie sie je vergessen haben sollten. Dies ist die heutige Phase, gefährlicher für den Frieden als einst der kalte Krieg zur Zeit der amerikanischen Überlegenheit.

9. Das sowjetische Imperium ist heute eine Gefahr für die Welt durch seine Kombination militärischer Stärke, politischer Unbeweglichkeit und ökonomischer, demographischer und ideologischer Schwäche.

Rußland hat eine jahrhundertealte Tradition stetiger

und vorsichtiger Machtpolitik. Verteidigung gegen mongolische, polnische, schwedische, französische, deutsche Eroberer ist die russische Geschichtserfahrung. Der Marxismus brachte den Gedanken der Weltrevolution hinzu, der einen Angriff der kapitalistischen Mächte auf die Vormacht des Sozialismus erwarten ließ. Die Sowjetunion, nur militärisch stark, lebt in Furcht und erzeugt Furcht in eben der Welt, von der eingekreist zu werden sie fürchtet. Werden beide Seiten die Fassung bewahren, nicht aus der Furcht in die Aggression zu fliehen?

10. Die gegenwärtige amerikanische Reaktion auf die sowjetische Bedrohung erhöht die Gefahr.

Ein beunruhigender Aspekt der amerikanischen Außenpolitik sind ihre großen Pendelausschläge. Das Sowjetregime hat keinerlei Grund, einen großen Krieg zu beginnen, solange es ohne ihn überleben kann. Aber es ist absurd zu glauben, es werde jemals »mit einem Seufzer« in sich zusammenbrechen. Eine westliche Politik, die das erreichen will, ist gefährlich, selbst wenn sie bloße Rhetorik ist. Der Tiger im Zirkus zieht sich vor den langsamen Bewegungen des Dompteurs zurück, aber wird er in die Ecke getrieben, so springt er und zerfleischt den Dompteur.

11. Die nukleare Abschreckung hat uns nur eine Atempause gewährt. Friede kann permanent nicht technisch, sondern nur politisch stabilisiert werden.

Hierfür zwei Erläuterungen:

12. Wir können einen Kriegsbeginn durch technisches Versagen nicht völlig ausschließen.

Dies habe ich drei Jahrzehnte lang nur für einen sehr unwahrscheinlichen Vorgang gehalten. Wenigstens die Technik haben wir gelernt; unsere Schwächen sind politisch und moralisch. Aber immer kürzere Warnzeiten und wachsende Automatisierung erhöhen das Risiko, und *ein* Irrtum im Jahrhundert genügt.

13. Kleinere Atomwaffen für speziellen Einsatz werden ständig weiterentwickelt. Es ist wahrscheinlich, daß sie eines Tages benützt werden.

Der Zweck ihrer Entwicklung war, die Abschreckung

auf jeder Stufe glaubwürdig zu machen. Aber gerade weil die Eskalation nicht automatisch ist, besteht die Versuchung, diese kleineren Waffen einmal einzusetzen. In einem Krieg in der Dritten Welt könnten solche Waffen sehr wohl einmal erfolgreich ohne nachfolgende Eskalation verwendet werden. Aber damit wäre ein Tabu gebrochen; was würde später einmal folgen, dann selbst in Europa? Der Streit zwischen den Gläubigen der Abschreckung und den Propheten der totalen Vernichtung ist von gefährlicher Oberflächlichkeit. Die wahrscheinlichen, noch immer entsetzlichen Einsätze liegen in der mittleren Ebene.

Ich folgere:

14. Ein nuklearer Weltkrieg in unserem Jahrhundert ist möglich, ja wahrscheinlich.

c. Die geistige Bewegung

Die Analysen der wirtschaftlichen und der militärischen Krise, die ich soeben gegeben habe, sind im Grunde ganz konventionell. Die periodisch wiederkehrenden Wirtschaftskrisen sind ein traditionelles Thema der ökonomischen Wissenschaft, und daß es immer Kriege gegeben hat, weiß jeder, der einmal Geschichte gelernt hat. Ich gebe – wegen der kurzen Zeit eines Vortrags nur im Ansatz – Gründe, warum wir uns nicht einbilden sollen, wir lebten in dieser Hinsicht in einer außergewöhnlichen Zeit. Ich traue mir nach langer Arbeit in einem Institut zur Erforschung unserer Lebensbedingungen zu, diese Gründe im Detail zu erhärten.

Gleichwohl ist unsere Krise etwas ganz anderes als alle früheren Krisen. Sie ist schon ihrer Dimension nach eine Weltkrise, die das Überleben aller Völker bedroht. Wohl gab es schon seit dem Kapitalismus der Medici und Fugger und seit den spanischen Silberflotten etwas wie eine beginnende Weltwirtschaft. Aber erst die heutigen Produktions- und Verkehrsmittel führen dazu, daß das Überleben von den Importen und der Wohlstand von den Exporten abhängt. Und die Zerstörungskraft der Nuklearwaffen heute ist uns allen bekannt. Schließlich könnten nach einem nuklearen Weltkrieg diejenigen, die die Radioaktivität überlebt haben, von dem Hunger hingerafft werden, den ein weitgehender Zusammenbruch der landwirtschaftlichen Produktion und des Verkehrs mit sich brächte.

Es ist kein Thema des heutigen Vortrags, was man politisch tun soll, um das Unheil abzuwehren oder doch begrenzt zu halten. Dieses Thema ist zu verantwortungsvoll, um es in zehn Minuten am Ende eines Vortrags abzuhandeln; anderswo spreche ich darüber, seit langem und ausführlich. Die Frage ist, was die beiden materiell beschriebenen Krisentendenzen für die Selbstbeurteilung der Kultur bedeuten; was sie geistig bedeuten.

Erinnern wir uns an die Krisenstrukturen, die wir zuvor betrachtet haben!

Auch in der Wissenschaft kündigt sich eine Krise durch wachsende Schwierigkeiten des geltenden Paradigma an. Wie habe ich gesagt? Beschönigender Optimismus hilft nicht mehr. Nun muß man denken. Gehet ein durch die enge Pforte. Der wahre Konservative ist nicht der, welcher, wenn er eine Wahl gewonnen hat, eine Wende verkündet, nämlich die Erfüllung der Sehnsucht nach einer Rückwende. Der wahre Konservative liebt den Kern, das Herz der überlieferten Kultur so sehr, daß er, als einziger, unter ihren selbsterzeugten Widersprüchen tief genug zu leiden vermag. Er sieht, daß sie die Krise erzeugt, weil sie gerade nicht das verwirklicht hat, was sie wollte.

Ich sagte, die Wissenschaft selbst, die Denkform der Theorie, sei ein kulturelles Paradigma. Neben ihr stehen in der europäischen Neuzeit die politische Moral, die Kunst und noch immer die Religion als eigene Wahrnehmungsweisen. Sie alle waren einmal neue, unvorhergesehene Fulgurationen. Es scheint mir, daß sich heute eine große, uns noch unfaßbare kulturelle Fulguration vorbereitet, ein Blitzschlag.

Ich knüpfe noch einmal an die militärisch-politische Krise an und vergleiche sie mit einer etwas kleineren, älteren Entwicklung, im Beginn der Neuzeit. Hätte in der alten

Handels-, Herzogs-, Bürger- und zuletzt Kaiserstadt Wien vor sechshundert Jahren, 1385, als der Kaiser noch in Prag residierte, jemand gesagt, der Tag werde kommen, an dem diese Stadt keine Stadtmauern mehr brauchen werde, so hätten ihm die klugen Köpfe geantwortet: »Ja, du Narr, nämlich nach dem Jüngsten Gericht. Denn bis dahin wird sein, wie es schon in der Bibel steht, Krieg und Kriegsgeschrei.« Bis heute währen Krieg und Kriegsgeschrei, aber Wien hat keine Stadtmauern mehr, sondern eine Ringstraße. Und 1385 waren die beiden säkularen Erfindungen schon gemacht, die dazu führen mußten, die Artillerie und der Territorialstaat. Die Artillerie machte die Mauern nutzlos, der Territorialstaat machte sie überflüssig.

Es wäre verführerisch, *per analogiam* zu folgern: die Atombombe mache die nationalen Armeen nutzlos, eine föderative oder hegemoniale Weltordnung werde sie überflüssig machen. Aber unser Problem ist größer. Die Stadtmauern wurden abgeschafft, nachdem Tausende von Burgen und Stadtmauern tatsächlich durch die Artillerie gebrochen worden waren und die Landesherren mit Militärgewalt ihre Herrschaft etabliert hatten. Der Dritte Weltkrieg ist die einzig mögliche Konsequenz aus historischen Parallelen. Ihn aber dürfen wir nicht wollen. Und die Menschheit erwacht langsam zu diesem Bewußtsein.

Was mich heute beschäftigt, ist nicht die Politik der Kriegsverhütung, sondern der Bewußtseinswandel. Unter dem Titel *Wahrnehmung der Neuzeit* habe ich versucht, etwas davon in einem Buch zusammenzufassen. Heute, am Ende dieses Vortrags, kann ich nur, ohne Beweis, ein paar Linien nachzeichnen.

Die drei griechisch-neuzeitlichen Fulgurationen, Theorie, politische Moral, Kunst, vor dem älteren Hintergrund der Religion, haben sich perfektioniert und sind eben dadurch Pointierungen geworden, spitz zulaufende Eiffeltürme. Ihre Leitmotive, das Wahre, das Gute, das Schöne, das Heilige, sind heute nicht mehr vier Weisen, in denen das Eine erscheint, sondern sie stehen einander fremd gegenüber. Wissenschaft will wertfrei sein, politische Moral ist eine Mischung von Planung und Leidenschaft geworden, Kunst museal oder ein verzweifelnder Kulturkritiker, Religion defensiv. Durch diese Isolierung aber verliert jede von ihnen gerade das, was ihr eigenes Leitmotiv gewollt hat. Theorie als bloße Theorie wird unwahr, Moral als selbstgerechte Moral ist abgründig böse, Kunst als ästhetischer Wert wird wesenlos, belanglos privat, defensive Religion wird ungläubig, gottlos, eine bloße Hülle. Und eben dies sich selbst zu verbergen, wird zur Anstrengung jedes der vier.

Wer sich mit historischen Entwicklungen und Krisen beschäftigt hat, soll sich auch hierüber nicht wundern. Jeder Evolution wohnt eine Tendenz zur Spezialisierung inne. Man ist leichter erfolgreich, wenn man sich auf spezielle Problemlösungen hin ausbildet. So ist es schon in der organischen Evolution. Aber am Ende eines nicht mehr fruchtbaren Weges stehen eben darum die Spezialisierungen, die nicht mehr verbessert werden können und dann einer kleineren oder größeren Katastrophe erliegen. Dinosaurier und Säbelzahntiger hatten schließlich keine Zukunft mehr, huschende Spitzmäuse, schmächtige Wildkatzen, kluge Affen hatten sie.

Unser heutiges Problem ist nicht, wie man manchmal hört, daß die Menschheit durch Spezialisierung die Fähigkeit verloren hätte, das Ganze wahrzunehmen. Das ist eine romantische Verklärung der Vergangenheit. In Wahrheit hat – soweit wir die Geschichte kennen – die Menschheit sich als ganze und ihre Lebensbedingungen niemals mit einiger Präzision wahrgenommen. Sie hat dies allenfalls im Herzen erfaßt und in großen mythischen Bildern an den Horizont ihrer alltäglichen Existenz gestellt.

Die eschatologische Erwartung der Juden und der Christen war ein solches Bild, vielleicht das bestmögliche. Ein anderes Bild war das Selbstverständnis – die wohl unerläßliche Selbstvergottung – der großen Imperien, des älteren kleineren ägyptischen, später des römischen und im Osten des chinesischen. Ich sagte vorhin, daß die Christen die Weltverantwortung der Kaiser übernehmen mußten und doch immer um die Vorläufigkeit dieser Verantwortung wußten.

Unser Problem ist, daß die Effizienz der neuzeitlichen Theorie und Technik – auch der Technik der Menschenführung – unsere Weltverantwortung in eine Dimension erweitert hat, auf welche die Menschheit nie vorbereitet war und heute nicht vorbereitet ist. Ich gehe die vier Pointierungen unter diesem Gesichtspunkt noch einmal durch.

Die Kunst ist seit über hundert Jahren der sensibelste Seismograph der kommenden Menschheitskrise. Sir Maurice Bowra hat in einem Essay die Vorhersage des Ersten Weltkrieges in der europäischen Lyrik aller großen Nationen beschrieben. Die Krise, die dieser Seismograph spürte, ist noch nicht vollzogen.

Die Wissenschaft muß erwachsen werden, d. h. sie muß einsehen lernen, daß sie, zwar nicht legal, aber moralisch, die Verantwortung für ihre Folgen selber trägt. Solange wir Wissenschaftler nicht ebensoviel Sorgfalt auf die Folgen unserer Entdeckungen verwenden wie auf die Entdeckungen selbst, werden wir wachsendes Unheil produzieren. Der Verzicht auf Wissenschaft nützt überhaupt nichts; die Rakete, im Flug angehalten, stürzt ab; sie muß ins richtige Ziel gelenkt werden. Das Ziel kann, politisch gesagt, nur eine neue Weltordnung sein.

Eine neue politische Moral ist notwendig. Das vordringliche Ziel ist eine weltweit durchsetzbare Legalität. Der Unterschied von Legalität und Moralität ist eine der größten *moralischen* Errungenschaften der Neuzeit. Es gibt menschliche Instanzen, die über die Legalität der Handlungen ihrer Mitmenschen zu urteilen befugt sind. Es gibt keine menschliche Instanz, die über die Moralität ihrer Mitmenschen zu urteilen befugt ist. Die selbstgerechte Moral, die abgründig böse wird, ist eben diejenige, die diese Unterscheidung nicht macht; die weiß, daß die anderen böse sind, gar das Reich des Bösen.

Die Forderung der weltweit durchsetzbaren Legalität ist die bescheidenste Forderung; ich habe ihre Notwendigkeit an Beispielen erläutert. Sie ernstlich zu wollen, ist aber selbst ein Akt einer hohen, unüblichen Moralität. Und dieses Wollen wird nur durchzuhalten sein durch eine starke affektive Nahrung, durch die Gefühlsnahrung der Nächstenliebe. Wir sind damit zurückgekehrt in den Erfahrungsbereich der Religion. Die Wandlung, die Jesus Christus angekündigt hat, ist möglich, aber sie ist noch nicht geschehen. Ich habe in diesem Vortrag von nichts anderem geredet.

C. Rückblick auf das Gespräch

Am Ende der Tagung wurde vorgeschlagen, jeder der Teilnehmer könne für die Publikation kurz zusammenfassen, was er aus dem Gespräch gelernt zu haben meine. Das schließt eine ausführliche Auseinandersetzung mit den Gesprächsbeiträgen der anderen Teilnehmer aus. Die Frage ist eher: Welche Nuancen würde ich im eigenen Beitrag *nach* dem Gespräch hervorheben oder ihm hinzufügen, wenn ich ihn zu wiederholen hätte? Ich gebe zu meinem eigenen Beitrag fünf solche Erläuterungen.

a. Der Begriff der Krise

In unserem fast rein geisteswissenschaftlichen Kreis stellte sich rasch ein Konsens her, nur das »Krise« zu nennen, was als Krise erfahren wird. Ich möchte das den *subjektiven* Krisenbegriff nennen. In den Bemerkungen b.– e. werde ich ihn selbst benützen.

Mir liegt aber daran, daß ich von einem *objektiven* Krisenbegriff ausgegangen bin, dem ich auch für die feststellbaren Strukturen subjektiver Krisen einen Erklärungswert zuschreibe. Unser Begriff der Krise stammt aus der Medizin. Er bezeichnet dort die Phase, in welcher der Arzt die Entscheidung über Leben und Tod des Kranken diagnostizieren kann. »Krise« ist insofern ein Begriff des Arztes, nicht der Selbstbeschreibung des Kranken, der vielleicht bewußtlos daliegt. Ein Gewißheitsanspruch seitens des

Arztes wird mit dem Wort »objektiv« nicht erhoben, aber der Anspruch, eine Struktur zu beschreiben, die Objekt der Erkenntnis werden kann. Meine These ist, daß die Abfolge von »Ebenen« und »Krisen« eine Eigenschaft fast aller zeitlichen Vorgänge ist. Das zeigt sich schon in den einfachsten Naturvorgängen. Mathematisch drückt es sich in der Nichtlinearität der das Geschehen beschreibenden Differentialgleichungen aus; mein allgemeiner Krisenbegriff ist wesentlich von René Thoms Begriff der »Katastrophe« beeinflußt.

Ökonomen reden, wie Knut Borchardt bemerkt, im Fachjargon nicht von Krisen. Sie überbrücken in ihren mathematischen Modellen die Unstetigkeiten durch Verfeinerung der Beschreibung, d. h. sie benützen Modelle, die den Überschritt über eine im einfacheren Modell unstetige Grenze kontinuierlich darstellen. So wird aus dem, was das Publikum als Krise erlebt, z. B. eine periodische Konjunkturschwankung. Freilich könnte eine Krise Ausmaße annehmen, die das betrachtete System umstoßen oder vernichten.

Unter den drei semantischen Modellen Reinhart Kosellecks (1. »die Weltgeschichte ist das Weltgericht«, 2. »Überschreiten einer Epochenschwelle«, 3. »die letzte Krise der bisherigen Geschichte«, »Jüngstes Gericht«) ist dieser allgemeine Krisenbegriff vom zweiten Typ.

Für den auch von Koselleck benutzten subjektiven Krisenbegriff, der so nur für Menschen gilt, ist kennzeichnend, daß nicht bloß die Empfindung (auch der Hund leidet!!), sondern die begriffliche Reflexion auf die Krise den Krisenvorgang selbst beeinflußt, ihn vielleicht erst schafft oder umgekehrt zu bewältigen gestattet. Beispiele dieser Reflexion sind Kosellecks Typen 1. und 3. Das Anliegen meines objektiven Krisenbegriffs war, diese Reflexion eine Stufe weiterzuführen. Das menschliche Krisenbewußtsein sieht die eigene Krise oft als die einzige. Es kann hilfreich sein zu verstehen, daß Krise ein Merkmal alles wesentlichen Geschehens ist. So etwa die von Erik Erikson herausgearbeiteten Krisen menschlicher Reifung. Freilich genügt in einer konkreten Krise nie der billige Trost: »Das ist eben eine Krise.« Es ist stets nötig, die ungelöste Aufgabe in ihrer Einmaligkeit zu sehen; dies ist der Sinn der subjektiven Krise.

b. Krisen der Gegenwart

Das Motiv, für die Tagung das Thema »Krise« vorzuschlagen, war mein Empfinden, daß wir heute in einem die Menschheit umspannenden krisenhaften Prozeß leben, dessen Entscheidung (»Krisis«) in vermutlich katastrophaler Gestalt noch vor uns liegt. Subjektiv erlebe ich dieses Empfinden als eine elementare Wahrnehmung und die Argumente, die ich dafür anführe, als den nachträglichen Versuch, mir die Wahrnehmung rational verständlich zu machen. In unserem Gesprächskreis bestand über diese Wahrnehmung keine Einhelligkeit, und die vorgebrachten Argumente waren heterogen. Ich bin aber aus dem Gespräch mit einem verstärkten Empfinden der umfassenden Krise der Gegenwart herausgekommen. Die nachfolgenden drei Notizen argumentieren nicht für diese Wahrnehmungsweise, sondern fragen, die Wahrnehmung voraussetzend, nach dem geschichtlichen Grund des Wahrgenommenen.

c. Krisenpotential der Hochkultur

Mein Referat führt den Ursprung der heutigen Krise in der Menschheitsgeschichte auf die »Kette von Aufschwüngen und Krisen« in der Geschichte der Hochkulturen zurück (A, c., d.). In der Tat scheint mir, daß die Entstehung der Hochkultur vor rund 6000 Jahren, also lange nach der biologischen Herausbildung der Spezies *homo sapiens*, die Menschheit vor ein neues Problem gestellt hat, das noch nicht gelöst ist und sich heute zuspitzt. Nennen wir »kleine Gesellschaft« eine Gruppe, in der die Probleme durch persönliche Bekanntschaft ihrer Glieder behandelt werden können, und »große Gesellschaft« diejenige Gesellschaft, in der dies nicht mehr möglich ist, so hat wohl die Hochkultur die Entstehung der großen Gesellschaft mit sich gebracht. In der großen Gesellschaft müssen die Probleme des Zusammenlebens objektiviert und oft quantifiziert werden. Es entsteht abstraktes Wissen, es entsteht Recht, Geld, Macht. In der kleinen Gesellschaft hingegen besteht ein »Quantifizierungsverbot« gerade für die wesentlichen, personalen gegenseitigen Leistungen*.

Ich empfinde, daß wir den humanen Umgang mit diesen objektiven Strukturen noch nicht gelernt haben. Das gilt insbesondere von der Macht. Hier besteht der verhängnisvolle Zirkel, daß das Verhalten, das dem Einzelnen oder der einzelnen Untergesellschaft (bis hin zum einzelnen Staat) in der Machtkonkurrenz nützt, nämlich die Machtakkumulation, der großen Gesellschaft im ganzen (bis hin zur Menschheit) lebensgefährlich wird.

d. Apokalyptik

Die überlieferten Worte Jesu, in Bergpredigt, Gleichnissen, Gerichtsreden, bilden ein einheitliches Gefüge, das nur eschatologisch verstanden werden kann. Das Gericht Gottes über das, was wir der Schöpfung angetan haben, steht unmittelbar bevor. Im Gericht aber kommt das Reich der Himmel. Es ist schon angekommen (*ἤγγικεν*). Es wird die Wiederherstellung der Schöpfung sein, wie sie gemeint war. Ich kann mich der Wahrheit der Sprache dieser Reden nicht entziehen.

Der Geschichtshorizont des Alten Testaments, viertausend Jahre, ist das damalige Alter der Hochkultur. Die Apokalyptik, im Buch Daniel, in der Johannes-Apokalypse, in vielen außerkanonischen Büchern ist eine Geschichtsphilosophie in kosmologischer Gleichnissprache. Die Reiche, deren Sturz vorhergesagt wird, sind die jeweiligen Repräsentanten der hochkulturellen Herrschaftssysteme. Es geht genau um die Krise der Macht.

* C. C. v. Weizsäcker, *Zeit und Geld*, Manuskript 1985.

Die frühchristliche Naherwartung hat sich nicht erfüllt. Das Unerwartetste geschah: Die Christen wurden die Herren der unverwandelten Welt. Die Geschichte der christlichen Kirche aber ist die Geschichte der ungelösten Spannung zwischen der übernommenen Weltverantwortung und der Wahrheit der Sprache Jesu.

e. Wahrnehmung und Grund der Krise der Gegenwart

Die gegenwärtige Krise erscheint mir als die Krise der Hochkultur, in die Unausweichlichkeit getrieben durch den Fortschritt der Technik, der seinerseits durch das für die Hochkultur konstitutive abstrakte Wissen ermöglicht ist. Die akute Krisenwahrnehmung ist jetzt schon über hundert Jahre alt. Zumal die Kunst ist ein Krisenseismograph. Etwa seit der Zeit Baudelaires löst sie sich von der Identifikation mit der Zivilisation ihrer Zeit. Dichter haben vor 1914 den Weltkrieg prophezeit. Den Optimismus nach 1945 hat die schöpferische Kunst nie mitgemacht.

Ich kann aber nicht die Meinung teilen, irgendein Vorgang innerhalb der Geschichte der Hochkultur sei der zur großen Krise führende »Sündenfall«. Die Ursache liegt am Anfang. Die Bibel meint, der Brudermörder Kain habe die erste Stadt gebaut. Ich rede nicht gegen die Hochkultur, aber gegen die Meinung, man habe jemals ihre Probleme gemeistert. Es hat Ruhepausen gegeben und harmonische Selbstinterpretationen dieser Ruhepausen: konfuzianische Moral, aristotelische Weltsicht. Wenn die neuzeitliche Wissenschaft diese Kompromisse wieder auflöste, ohne ihr hohes abstraktes Wissen durch harmonisches Ethos erträglich machen zu können, so enthüllte sie nur das noch ungelöste Menschheitsproblem. Die Wandlung ist möglich, aber noch nicht geschehen.

3. Über den Mut, sich zur eigenen Angst zu bekennen*

Zwei Soldaten sitzen in einem Schützenloch im feindlichen Feuer. Der eine sieht den anderen an: »Mensch, du hast ja Angst!« Darauf der andere: »Wenn du so viel Angst hättest wie ich, wärest du längst weggelaufen.« So erzählte man im Krieg.

Heute hat sich die seit zwanzig Jahren vergessene Angst wieder ausgebreitet. Diese Angst, davon bin ich überzeugt, hat recht. Sie ist die Wahrnehmung einer wirklichen Gefahr, ein schrilles Weckersignal. Aber sie ist kein Ratgeber, kein Wegweiser. Wer Wege in der Gefahr gehen muß, braucht Umsicht und Mut. Er braucht nicht die halberwachte Panik oder Depression, sondern Wachheit. Zur Wachheit gehört freilich, keine Wahrnehmung zu verdrängen. Zu ihr gehört der Mut, sich zur eigenen Angst zu bekennen.

Wir befinden uns in einer Stunde öffentlicher Erregung. Von vielen, mir persönlich meist Unbekannten bin ich aufgefordert worden, mich dazu öffentlich nochmals zu äußern. Ich habe mit Bedacht gezögert. Ich wollte in der entscheidenden Verhandlungsphase unseren Unterhändlern nicht mit öffentlicher Wiederholung meiner oft geäußerten Kritik in den Arm fallen. Was soll nun, am Ende dieser Phase, gesagt werden?

Alle relevanten Argumente für und wider sind öffentlich vorgebracht worden. Warum überzeugt das eine Argument diese, das andere jene Menschen, während eine dritte Gruppe, vielleicht die sensibelste, ratlos zwischen den Argumenten steht? In persönlichen Gesprächen habe ich oft die Erfahrung gemacht, daß nur die offene Enthüllung der

* Aufsatz in der *Süddeutschen Zeitung*, Oktober 1983, eine Woche vor der Bundestagsentscheidung über die Nachrüstung; mit einem Nachtrag 1988.

jeweiligen emotionalen Grundmotive weiterführt, insbesondere der Mut zum Bekenntnis der Angst. Ich bin gebeten worden, diese Offenlegung der eigenen Motive, die ich im Gespräch nicht scheue, auch öffentlich zu vollziehen. Ich folge dieser Aufforderung im ersten Teil des Aufsatzes. Denjenigen Lesern, die meine bisherigen Schriften kennen, kann ich damit im Grunde nichts Neues sagen. Ich spreche nur etwas mehr von Wahrnehmungen, etwas weniger von speziellen Argumenten als sonst. Wer die Argumente nicht kennt, wird sie freilich auch hier finden. Im zweiten Teil sage ich, was wir nach meiner Meinung heute tun sollten.

A. Motive

Ich habe Angst. Diese Angst, davon bin ich überzeugt, ist die Wahrnehmung einer wirklichen Gefahr. Es gibt Wege in der Gefahr. Diese Wege kann man nur gemeinsam gehen, wenn man gemeinsam die Gefahr sieht, also die Angst weder verdrängt noch in Panik umschlagen läßt. Was ich hier schildere, ist der Weg, auf dem sich mir diese Wahrnehmung aufgedrängt hat.

In den ersten zehn Jahren nach dem Zweiten Weltkrieg hatte ich Sorgen, wie wir alle. Ab und zu hatte ich damals – und auch später noch – morgens vor dem Aufwachen einen von zwei Angstträumen. Entweder verhaftete mich die russische Geheimpolizei und verschleppte mich nach Sibirien, von wo ich nie zurückkehren würde. Oder ich sah am klaren Westhimmel ein winziges Wölkchen: den ersten Atompilz des Dritten Weltkriegs, der soeben begonnen hatte.

Die Träume waren Verbildlichungen von Gedanken, die ich auch im Wachsein hatte. Ich suchte die Freiheit. Ich war damals und bin heute, ohne Schwanken, für das westliche Bündnis. Alle meine Sorgen sind auch die Sorgen meiner Freunde und Gesinnungsgenossen in Amerika. Aber diese Sorgen waren schon damals groß. Nachdenken über die Geschichte lehrte mich, wie wahrscheinlich noch in diesem

Jahrhundert der Dritte Weltkrieg sei. Hegemoniekonflikte sind am Ende immer durch Krieg ausgetragen worden. Und wir leben im Hegemoniekonflikt zwischen Amerika und Rußland.

Die Wasserstoffbombe, 1954, ließ mich eine Atempause erwarten. Dieses Entsetzen wirklich werden zu lassen, würden die Mächte so bald nicht wagen. Die Meinung, der Friede sei für immer durch eine gegenseitige technische Drohung zu sichern, schien mir von Anbeginn absurd; der Friede bedarf der Sicherung durch feste politische Strukturen. Aber wir durften nun auf ein paar Jahrzehnte rechnen, in denen solche Strukturen vielleicht entstehen könnten.

Wie diese Strukturen aussehen könnten, wußte freilich niemand genau, ich natürlich auch nicht. Die politische Garantie, daß die Weltmächte nie gegeneinander Krieg führen würden, hätte einen Souveränitätsverzicht der Mächte bedeutet; ein, vielleicht föderativer, Weltstaat wäre das einfachste, gedanklich konservativste Modell gewesen. Aber wie sollte er zustande kommen? Durch Krieg? Das durfte man nicht wollen. Durch Abkommen? Das fand nicht statt, denn keine von beiden Seiten war zum Souveränitätsopfer bereit. Wer hängt der Katze die Schelle um? Ich redete öffentlich über das Problem, um wenigstens das Bewußtsein dafür zu wecken. Kein Friedensschritt kann geschehen, wenn er nicht vom Willen und Verständnis vieler Menschen gefordert und getragen wird.

Wie sieht es in einem Menschen aus, der öffentlich so redet? Ein Freund fragte mich einmal: »Glaubst du eigentlich, daß der Krieg kommt, von dem du so oft sprichst?« Ohne ein Zögern des Nachdenkens hörte ich mich antworten: »Das weiß ich nicht.« Noch immer ohne Zögern: »Das darf ich nicht wissen.« Dann die Überlegung: Was habe ich da gesagt? In der Tat: Wüßte ich gewiß, daß er kommt, oder wüßte ich gewiß, daß er nicht kommt, so würde ich nichts gegen ihn tun; ich soll aber etwas tun.

Die sechziger Jahre brachten mir nicht Trost, sondern Ernüchterung. Die Entspannung bahnte sich langsam an, aber Rüstung und Machtkonflikt gingen weiter. Schon damals erwartete ich den »weltpolitischen Zyklus«: von der gegenseitigen Lähmung der Weltmächte im kalten Krieg über wachsenden Pluralismus in der Welt zu einem begrenzten Einvernehmen der beiden Großen, das in ihrem beiderseitigen Interesse lag und Entspannung genannt wurde; aber von dort zur Wiederentdeckung, daß ihr Hegemoniekonflikt unvermindert anhielt, und zur neuen Konfrontation.

Im Jahre 1968 überfiel mich in einem dramatischen inneren Vorgang die Angst, der Krieg werde unvermeidlich sein – nicht alsbald, aber irgendwann nach 1980. Seitdem ist kein Tag vergangen, an dem diese Angst nicht in mir gewesen wäre. Ich hatte und habe rationale Gründe für eine solche Besorgnis; auf diese Gründe werde ich sofort näher eingehen. Aber der Vorgang, von dem ich rede, entstammt einer seelischen Schicht, die von rationalen Argumenten vielleicht erreicht, aber sicher nicht bestimmt wird. Ich mußte also versuchen, mir darüber klarzuwerden, was ein solcher Vorgang bedeutet, was er »will«.

Ein Wissen der Zukunft gibt es unter uns Menschen nicht. Ich habe aber nur mit solchen Menschen vernünftig über Kriegsverhütung, Schadenbegrenzung und Bewußtseinswandel reden können, die den Schrecken des wahrscheinlichen Kriegs bis in die Tiefe ihrer Seele erfahren haben und nun willens sind, nüchtern zu handeln. Vielleicht ist mir der Schrecken eingepflanzt worden, damit ich das kann. Rechts und links von diesen wirklichen Gesprächspartnern sind die, mit denen man an das wirkliche Problem nicht herankommt. Auf der einen Seite stehen diejenigen, die ihre Vernunft und Leistungsfähigkeit dadurch bewahren, daß sie sich gegen den tiefen Schrecken abschirmen, die Angst verdrängen. Das führt zu einer oft sehr sinnvollen Partnerschaft im Zweitwichtigsten und zu unkorrigierbaren Fehlhandlungen im Zentralen. Auf der anderen Seite stehen die oft naiven Erschrockenen, die nun in ihrer Verzweiflung auf undurchdachte Handlungen illusionäre Hoffnungen setzen oder, noch viel schlimmer, in Lethargie versinken.

Ich hatte und habe starke rationale Gründe für die Besorgnis. Ich habe sie oft öffentlich ausgesprochen und rekapituliere sie hier nur, unter vier Titeln. Sie liegen in der essentiellen Schwäche des sowjetischen Giganten, in der unerleuchteten moralischen Technokratie Amerikas, im wachsenden Konfliktpotential der Dritten Welt und, als gemeinsamer Untergrund, in den ungelösten Selbstwidersprüchen unserer Kultur.

Die essentielle Schwäche des sowjetischen Giganten. Die Kritiker der Entspannung beobachten richtig, daß die Sowjetunion unaufhaltsam weiterrüstet und daß sie überall die Macht übernimmt, wo sie meint, es sich leisten zu können. George F. Kennan hat überzeugend gezeigt, daß sich das sowjetische Regime wie sein zaristischer Vorgänger erst bei Überrüstung gegen seine Gegner gesichert glaubt. Meine entscheidende Schrecksekunde war 1968, als ich eines Augustmorgens am Radio die schon befürchtete Nachricht vom Einmarsch in die Tschechoslowakei erhielt. Meine Reaktion: »Also sind die Sowjets zu schwach, um irgendeine freie Bewegung ihrer Verbündeten zu erlauben; sie sind gezwungen, zu den Waffen zu greifen, und werden das periodisch wieder tun, bis die Welt es nicht mehr erträgt. In den achtziger Jahren wird ihre Rüstung ihren relativen Höhepunkt, verglichen mit dem Westen, erreicht haben. Dann wird die Gefahr am größten sein.« Die heutige schlechte Prognose ihrer Wirtschaft ist mir nur ein Gefahrzeichen mehr. Denn eines wird nicht geschehen: Sie werden nicht »mit einem Seufzer zugrunde gehen«.

Die unerleuchtete moralische Technokratie Amerikas. Amerika vermag zu zweifeln, wer die Guten und wer die Bösen sind; seine Intellektuellen sind dabei zu einer bewundernswerten moralischen Kritik am eigenen Lande fähig. Aber Amerika vermag nicht daran zu zweifeln, daß die Welt in Gute und Böse zerfällt, denn um das Gute zu verwirklichen, sind einst die Pilgrim Fathers ausgezogen. Amerikas Verbündete müssen nun bei jedem neuen Präsidenten lernen, was für die nächsten vier oder acht Jahre das Gute und das Böse ist; ein anstrengender Prozeß. Diese

Moral aber vertraut dann doch lieber einer technischen und wirtschaftlichen Überlegenheit. 1968 war die Aufrüstung mit Nuklearwaffen für begrenzten Einsatz und die Entwicklung der destabilisierenden MIRV unumkehrbar eingeleitet. Das Motiv war, die Abschreckung zuverlässig zu machen. Aber man konnte nur spekulieren, wann das nukleare Tabu ein erstes Mal durch einen zunächst vielleicht erfolgreichen begrenzten nuklearen Einsatz gebrochen werden würde. Noch ist es nicht geschehen. Wie lange noch? Was geschieht nachher?

Das wachsende Konfliktpotential der Dritten Welt. Das Machtvakuum, welches das Ende des politischen Kolonialismus hinterlassen hat, füllt sich wieder mit lokalen Machtzentren, weltweiten Handelsinteressen und unvermeidlichem Ausgreifen der beiden Supermächte; und die Konflikte erzeugen Kriege wie eh und je. Die Supermächte haben viele dieser Konflikte eher gedämpft als angeheizt. Aber ihre Verwicklung in die Konflikte ist unvermeidlich, und es kann, zumal im Nahen Osten, jederzeit zu einem großen Brand kommen. 1968 hatte ich angefangen, mich intensiv um Entwicklungsprobleme zu kümmern, vom Hunger beginnend; die Gefahren waren unverkennbar.

Die ungelösten Selbstwidersprüche unserer Kultur. Dieses Thema überschreitet den Rahmen des jetzigen Aufsatzes. Ich sage nur: Wir haben eine technische Perfektion gelernt, die eine ebensolche Vollkommenheit der politischen Einsicht und des moralischen guten Willens verlangen würde, damit nicht Katastrophen erzeugt werden. Davon sind wir himmelweit entfernt. Heute wird uns das wohl am ökologischen Beispiel am deutlichsten, am fehlenden »Frieden mit der Natur«. 1968 ging ein Protest, eine revolutionäre Bewegung um die Welt. Ich habe den Protest begrüßt, denn eine weniger radikale Änderung der Welt, als er anstrebte, schien mir seit langem unzureichend. Aber was unsere revolutionären Studenten positiv wollten, empfand ich alsbald als ebenso unerleuchtet wie das, wogegen sie sich wandten. Im August 1968 war die überwiegend selbstverschuldete Niederlage des revolutionären Aufschwungs schon besiegelt, und ich wußte das. Eine Genugtuung war es mir nicht; es war für eine ganze Generation das Ende einer Hoffnung.

Man sieht sofort: Diese rationalen Argumente reichen für eine schwer widerlegliche Krisenerwartung aus, nicht aber für eine zweifellose Katastrophenprognose. Ich hätte gehofft, wenigstens in der Krisenerwartung eine breite Gesprächspartnerschaft zu finden. Deshalb waren die siebziger Jahre schwer erträglich für mich. Ich fand mich eingekeilt zwischen einigen Linken, die ihr Scheitern und dessen Gründe noch nicht wahrnahmen, und der offiziellen Majorität, die die herannahende Krise nicht sah, nicht sehen wollte. Die Entspannungspolitik habe ich inhaltlich entschieden unterstützt. Ich war vom Realismus Henry Kissingers noch überzeugter als von den Hoffnungen Willy Brandts. Brandt gehört freilich schon durch den Warschauer Kniefall in die deutsche Geschichte: er zeigte den Völkern Osteuropas in der Unwidersprechlichkeit der spontan symbolischen Geste, daß der gewählte deutsche Bundeskanzler kein Revanchist ist. Aber die Euphorie der Entspannung bei Ungelöstheit aller großen Probleme konnte nur wieder ins Gegenteil umschlagen und hat es seitdem getan. Klüger ist diese Reaktion nicht, als die Euphorie es war.

1976 schrieb ich das Buch *Wege in der Gefahr*. Sein zentrales Kapitel bestand aus fünf Thesen über den Dritten Weltkrieg, mit ausführlichem Kommentar. Die Thesen seien hier nochmals zitiert: »1. Der Dritte Weltkrieg ist wahrscheinlich. 2. Eine Politik, die ihn verhindert, ist möglich und wird heute versucht. 3. Diese Politik stößt auf Hindernisse, die in gesellschaftlichen Strukturen wurzeln. 4. Die Überwindung der Hindernisse erfordert einen umfassenden Bewußtseinswandel. 5. Die kriegverhütende Politik muß so geführt werden, daß sie den Bewußtseinswandel erleichtert und nicht erschwert.«

Im Kommentar zum Bewußtseinswandel sagte ich: »Ein Bewußtseinswandel müßte nicht unsere Meinungen, sondern unsere Wahrnehmungsvermögen verändern. Dies ist möglich, aber der Weg dazu ist fast unerträglich schmerzhaft... Wer das zu wissen meint, was in diesem Buch dargelegt wird, befindet sich in einem ständigen Dilemma bezüglich des von ihm zu verlangenden politischen Verhaltens. Er sieht, daß die politischen Maschinerien, also letztlich seine täglich mit ihm umgehenden Mitmenschen, sich selbst, halb unbewußt, das Elend bereiten, das auf sie wartet und das nicht nötig wäre. Zum Bewußtseinswandel gehört ein tiefer Schreck, dem man, wenn er einmal geschehen ist, nicht mehr entlaufen kann. Man meint oft, man müßte die Menschen anbrüllen, damit sie aufwachen. Aber man weiß, daß sie den, der brüllt, für einen Narren halten. Man wählt dann den Weg nüchterner Darlegung. Dieser wird als professoraler Beitrag zur Debatte freundlich zur Kenntnis genommen.«

Heute bin ich zugleich erleichtert und bedrückt. Bedrückt, weil die Welt so aussieht, wie ich befürchtet hatte. Erleichtert, weil eine breite Menge von Menschen, Alten und zumal Jungen, zur Wahrnehmung der Gefahr erwacht ist. Was aber sollen sie fordern? Was sollen sie tun?

B. Was ist heute zu tun?

Es sei erlaubt, mit dem moralischen Problem zu beginnen.

In der amerikanischen Friedensbewegung, die vielleicht stärker ist als die unsere, spielt der Hirtenbrief der dortigen katholischen Bischöfe eine wichtige Rolle. Er zieht, wenn ich richtig sehe, die einzige mögliche Konsequenz aus der klassischen Lehre vom gerechten Krieg. Diese Lehre besagt: Christen, die in diesem Äon der noch unerfüllten Hoffnung auf eine kommende Welt des Friedens politische Verantwortung tragen, müssen zum Krieg bereit sein unter zwei Bedingungen. Der Krieg muß einer gerechten Sache dienen, und die Mittel müssen der gerechten Sache angemessen sein. Die amerikanischen katholischen Bischöfe haben diese Doktrin ernstgenommen. Sie haben erkannt, daß die Mittel eines nuklearen Kriegs keiner noch so gerechten Sache angemessen sein können. Sie haben ebenfalls erkannt, daß auch die Drohung mit einem Verbrechen nicht moralisch gerechtfertigt werden kann. Sie wissen jedoch außerdem, daß die nukleare Abschreckung in den letzten Jahrzehnten einen Krieg verhindert hat, der sonst, nach historischen Parallelen zu schließen, wahrscheinlich schon stattgefunden hätte. Sie haben den moralischen Mut gehabt, sich diesem Dilemma zu stellen. Sie setzen damit der Politik die Aufgabe, die äußerste Kraft an das Bemühen um eine andere Sicherung des Friedens zu wenden.

Ich sehe keine andere Lösung und begründe das auch technisch. Die Kriegsverhütung durch nukleare Abschrekkung kann niemals absolut gewiß sein. Technische Fehler sind möglich, und ein einziges Versagen der Kontrolle im Jahrhundert genügt zur Katastrophe. Fehlkalkulationen über die Eskalation sind noch wesentlich wahrscheinlicher. Es ist gewiß richtig, daß die Größe des erwarteten Schadens etwa umgekehrt proportional zur Bereitschaft sein wird, ihn zu riskieren. Aber wenn die Kriegswahrscheinlichkeit nicht auf Null sinkt, während der erwartete Schaden über alle Grenzen steigt, so ist das Abschreckungssystem auf die Dauer nicht akzeptabel. Es gewährt eine Atempause, die morgen zu Ende gehen kann. Eine politische Friedenssicherung haben wir nicht erreicht. Also ist eine nichtnukleare Sicherung mindestens schrittweise, aber rasch anzustreben. Das Wenigste und Nötigste ist eine konventionelle Verteidigung, die der Drohung mit dem nuklearen Ersteinsatz nicht bedarf. Das fordern McNamara und seine Freunde. Aber auch die deutsche Bundesregierung hat das Ziel, wenigstens als Wunsch, im Auge. Auch dies ist ein Bewußtseinsfortschritt.

Hier ist aber sofort eine scharfe Unterscheidung notwendig. Nur eine rein defensive konventionelle Rüstung kann besser sein als die nukleare. Dies ist noch nicht ins allgemeine Bewußtsein eingedrungen. Hierauf hinzuweisen ist das wichtigste konkrete rüstungspolitische Ziel dieses Aufsatzes.

Es wäre nämlich verderblich zu glauben, die Eliminierung der nuklearen Drohung mache als solche den Krieg unwahrscheinlicher. Ein Teil der Friedensbewegung lebt noch in diesem Irrtum. Die Atomwaffe ist nicht ausreichend, den Krieg zu verhindern; seine Ursache aber ist sie nicht. Die Rückkehr zu rein oder vorwiegend konventioneller Rüstung könnte sehr leicht die Kriegswahrscheinlichkeit drastisch erhöhen. Der begrenztere Schaden und die Versuchung zu einem Rüstungswettlauf der Tanks und Anti-Tank-Waffen erhöhen die Gefahr. Diese Kritik trifft auch die offiziellen Pläne der Nato zur konventionellen Rüstung.

Wir haben von der Erfindung der nuklearen Waffen eine Lehre empfangen, die wir nie wieder vergessen dürfen, sondern nun auch auf die konventionellen Waffen anwenden müssen: nicht Sieg, sondern Kriegsverhütung ist die Aufgabe. Ich argumentiere auch für diese moralische Forderung technisch. Wenn Friede bleibt, werden die Nuklearwaffen doch weiterhin dasein, physisch und, selbst wenn sie alle verschrottet würden, intellektuell; man wird wissen, wie man sie wieder machen kann. Also können wir uns in unserer für die Großmächte vitalen Region keinen Krieg mehr leisten, auch keinen konventionellen; das nukleare Damoklesschwert hinge stets über ihm. Konventionelle Rüstung muß dann drei Bedingungen erfüllen:

– sie darf keinen Anreiz zu einem Rüstungswettlauf bieten;
– sie muß im Krisenfall stabil sein, d. h. sie darf keine Seite zu raschen »kühnen« Entscheidungen nötigen;
– sie darf keine Ziele bieten, die zu nuklearer Zerstörung herausfordern.

Der Entwurf der »defensiven Verteidigung« von Horst Afheldt und seinen Mitarbeitern erhebt den Anspruch, genau diese Forderungen zu erfüllen. Der Entwurf wurde von Afheldt zuerst 1977 in seinem vorwiegend analytischen Buch *Verteidigung und Friede* als ein Modell einer möglichen Alternative vorgelegt. Es war nie der Anspruch, dieses Modell sei ausgereift; es sollte zum Nachdenken anregen. Inzwischen hat eine Arbeitsgruppe militärischer

Fachleute den Plan, soweit es mit begrenzten Hilfsmitteln möglich ist, im Detail ausgearbeitet. Sie ist auf alle erhobenen Einwände eingegangen. Das Ergebnis der Studien wird soeben vorgelegt.* Es ist notwendig, ihn in seiner heutigen Fassung einer genauen Analyse zu unterziehen.

Ich habe noch kein Wort gesagt über das, was heute unser Land erregt: die Stationierung der neuen Mittelstreckenraketen. Schon im November 1979, vor dem Brüsseler »Doppelbeschluß«, habe ich die Absicht der Stationierung dieser Raketen auf europäischem, speziell deutschem Boden als einen schweren Fehler bezeichnet, und ich denke noch so. Die Landstationierung dieser Raketen ist ein schwer korrigierbarer Schritt in der falschen Richtung: der Schaffung von Zielen in unserem Land, deren nukleare Zerstörung im Krisenfall zwangsläufig die erste Priorität für die sowjetische Streitmacht wäre. *Wenn* die Nato solche Waffen für nötig hält, muß sie sie auf See stationieren. Die technischen Einwände gegen Seestationierung verkennen die überwältigende Wichtigkeit des Arguments, keine nuklearen Ziele im dichtbevölkerten Land zu schaffen. Am Ende waren die realen Einwände gegen Seestationierung nur noch politisch: die Befürworter der Nachrüstung fürchteten, angesichts der wachsenden Opposition Schwäche zu zeigen.

Der Doppelbeschluß ist nicht leichtfertig gefaßt worden. Er hatte in seiner ursprünglichen Konzeption kein aggressives Ziel. Die Angst vor der sowjetischen Überrüstung, sei es durch SS 4 und 5 oder SS 20, war echt; sich zu *dieser* Angst zu bekennen, hatte man den Mut. Man wollte die Sowjets zu Verhandlungen zwingen. Und im überwiegend wahrscheinlichen Fall, daß keine Nullösung erreichbar wäre, wollte man die Lücke in der Eskalationsleiter der Nuklearwaffen, von Gefechtsfeldwaffen bis hinauf zu den Interkontinentalraketen, schließen und so die europäische Nato an die strategische Rüstung der USA fester ankop-

* Horst Afheldt, *Defensive Verteidigung*, Reinbek b. Hbg. 1983; ders., *Atomkrieg*, München 1984.

peln. Ist die Ankopplung hinreichend plausibel gemacht, um abschreckend zu wirken, so ist die Zählung der beiderseitigen Raketen und Sprengköpfe eher von diplomatischer Bedeutung für die Genfer Verhandlungen, da in Vertragsdokumenten Zahlen stehen müssen. Ich habe freilich aus prominentem amerikanischem Munde auch schon die Äußerung gehört, die geplanten Pershing II und Cruise Missiles seien Teile einer Rüstung, welche die unabhängige Verteidigungsfähigkeit des europäischen Raumes garantieren solle. Dies wäre eine für uns und das Bündnis lebensgefährliche Abkopplung.

Pershing II ist keine »Erstschlagwaffe«, d. h. sie reicht nicht aus, die sowjetische Fähigkeit zum nachträglichen Gegenschlag auszuschalten. Aber der Beschluß hat »die Büchse der Pandora geöffnet«. Er war der fast zufällige Anlaß, der den Menschen unseres Landes die seit zwei Jahrzehnten verdrängte berechtigte Angst vor dem Atomkrieg wieder bewußt gemacht hat. Er wurde so schmerzhaft wie jedes Erwachen aus einem süßen Wunschtraum.

Was sollen wir nun tun? Wie jeder an den Tag gekommene Fehler hat der Beschluß eine Krise erzeugt, die nachträglich durch keine Entscheidung mehr unmittelbar gelöst werden kann. Er hat den völlig rationalen und erfüllbaren Wunsch der Menschen unseres Landes nach Risikoverminderung in ein nie gewolltes Bündnis mit den Rüstungsinteressen der Sowjetunion gedrängt. Die entstandene Vertrauenskrise in der Nato ist schwer zu heilen.

Vor wenigen Wochen hatte ich Gelegenheit zu ausführlichen Gesprächen mit amerikanischen Militärexperten. Da konnte man von redlichen Leuten, die aber wenig von Europa verstehen, die Frage hören: »Sagen Sie, hat die kommunistische Unterwanderung nun wirklich schon die halbe Bevölkerung der Bundesrepublik für sich gewonnen? *Will* man den Russen den Weg öffnen?« Mit Staunen hörte man meinen Bericht, daß bei Meinungsumfragen 70% der Bevölkerung gegen eine Raketenstationierung, aber 80% für die Nato sind. Ein sehr kluger und informierter »Falke«, der sich über die sowjetische Gefahr nie Illusionen gemacht hat, sagte aber: »Der Doppelbeschluß war ein völliger Fehlschlag. Die Nato würde Anzahlen von Mittelstreckenraketen haben, zu groß zum Ankoppeln und nicht groß genug, um militärisch von Belang zu sein. Eine Abkopplung Europas von den amerikanischen strategischen Waffen, aber ohne genügende Schlagkraft. Und für diesen fragwürdigen militärischen Nutzen haben wir die größte politische Krise in der Geschichte der Nato riskiert.« Ich fragte: »Und was schlagen Sie vor?« Er: »Verzicht auf die nukleare Nachrüstung und endlich die adäquate konventionelle Rüstung.« Ich: »Sie kommen etwas spät mit diesem Vorschlag.« Er: »Ich weiß. Aber erst jetzt haben sich die Menschen genug aufgeregt, um solchen Argumenten zuzuhören.« Ich: »Für eine gute Sache ist es vielleicht noch nicht zu spät.«

Ich habe trotz meiner großen Bedenken gegen jede landgestützte Stationierung stets in den Gesprächen dieses Jahres dafür plädiert, daß die Bundesrepublik jedem Vertrag über die Raketen zustimmt, auf den Amerikaner und Russen sich wirklich einigen würden, ganz unabhängig von seinem speziellen Inhalt. Die gegenseitige Bindung, sich auf keinen neuen Rüstungswettlauf einzulassen, schien mir wichtiger. Persönlich hatte ich, wie eingangs gesagt, während dieser Verhandlungsphase nicht den Wunsch, unseren Unterhändlern durch eine öffentliche Erklärung für bedingungslose Verweigerung jeder Landstationierung in den Arm zu fallen. In dem Augenblick, in dem ich dieses schreibe, scheint es aber, daß kein solcher Vertrag zustande kommt. Es ist müßig, über die Schuldfrage zu streiten; der vertragslose Zustand als solcher ist ein Unheil.

Selbstverständlich müssen wir unsere Bereitschaft zu weiteren Verhandlungen bekunden. Die Meinung, jetzt stationierte Raketen würden nach weitergehenden Verhandlungen wieder abgebaut werden können, klingt mir aber als ein Kindermärchen zum Trost der öffentlichen Meinung. Ich habe noch nie gesehen, daß fertig installierte Waffen, die der Eigentümer für militärisch wichtig hielt, in Abrüstungsvereinbarungen eliminiert worden wären. Ich sehe heute keine andere rechtfertigbare Entscheidung, als daß wir einen Beschluß, den wir aus rein militärischen Gründen nie hätten fassen sollen, jetzt rückgängig machen und unsere Zustimmung zur Landstationierung der Pershing II verweigern.

Das einzige plausible Argument, das heute für die Zustimmung zur Landstationierung vorgebracht wird, ist bündnispolitisch. Man fürchtet andernfalls eine Krise der Nato, eine Entfremdung von Amerika. Eine Verstimmung wird unvermeidlich sein. Ich meine aber, wir sollten die offene Auseinandersetzung mit der momentan herrschenden amerikanischen Militärdoktrin in voller Loyalität zum Verbündeten riskieren. Wird eine Weltmacht, die ihren Hegemoniekampf so entschieden führt wie heute die Vereinigten Staaten, einen ihrer wichtigsten Verbündeten verstoßen, wenn er selbst sie nicht verlassen will; und das nur, weil er einen Fehlentscheid zu korrigieren entschlossen ist?

C. Nachtrag 1988

Im Unterschied zu den übrigen Texten dieses Kapitels war dieser auf eine tagespolitisch aktuelle Entscheidung bezogen. Deshalb scheint er mir auch als einziger dieser Texte, soweit sie aus den achtziger Jahren stammen*, inhaltlich in einigen Äußerungen überholt. Tagespolitik veraltet rasch. Trotzdem wollte ich seine Argumente im vorliegenden Buch noch einmal wörtlich vorlegen und dann in einem Nachtrag vom heutigen Standpunkt aus überprüfen.

Dieser Nachtrag ist naturgemäß von neuem genötigt, sich auf eine tagespolitische Situation einzulassen, jetzt die vom Anfang des Jahres 1988. Er wird also aller Voraussicht nach wiederum rascher veralten als die anderen Teile des Buches.

* Abschnitt 5 über die »unsichtbare Hand« ist von 1972 und deshalb durch weitergehende wissenschaftliche Erörterung streckenweise veraltet; vergleiche dort den »Nachtrag 1988«.

Um mit der kurzfristigen Aktualität zu beginnen: Die gegenwärtige Verhandlungslage zwischen den Vereinigten Staaten und der Sowjetunion macht wahrscheinlich, daß die beiderseitige Abrüstung der Mittelstreckenraketen einer Reichweite zwischen 500 und 5000 km wirklich stattfinden wird. Meine damalige Empfindung, die Hoffnung auf diesen Verhandlungserfolg klinge mir wie ein Kindermärchen zum Trost der öffentlichen Meinung, wäre damit als unrichtig erwiesen. Helmut Schmidt hatte die Nachrüstung stets als das Mittel dazu angesehen, solche erfolgreichen Verhandlungen herbeizuführen, und er hat konsequenterweise in der Debatte des Jahres 1987 dafür plädiert, die »doppelte Nullösung« nun auch seitens der Bundesrepublik voll anzunehmen. Die Ereignisse haben ihm bisher recht gegeben. Gegenüber einem präzisen Denker wie Schmidt in einer wichtigen konkreten Sachfrage unrecht behalten zu haben, betrachte ich nicht als Schande; ich bekenne gern hier den Irrtum meines damaligen Pessimismus.

Die Frage ist, was dieser Abrüstungsschritt im größeren Zusammenhang bedeutet. Der Schritt ist teils mit Enthusiasmus, teils mit Skepsis, teils mit tiefem Widerwillen aufgenommen worden.

Ich erläutere zunächst die mittlere dieser Reaktionen, die Skepsis. Im Aufsatz habe ich meinen Unglauben an das »Kindermärchen« des künftigen Abbaus dieser Waffen mit dem Satz erläutert: »Ich habe noch nie gesehen, daß fertig installierte Waffen, die der Eigentümer für militärisch wichtig hielt, in Abrüstungsvereinbarungen eliminiert worden wären.« Der Satz könnte auch heute noch wahr sein. Er würde dann besagen, daß die Regierungen beider Supermächte diese Mittelstreckenraketen, 3% des heutigen nuklearen Arsenals, nicht für militärisch wichtig halten. Daß sie also einem politisch spektakulären Schritt zuliebe einen ohnehin für sie selbst belanglosen Teil dieses Arsenals opfern. Die heute der Öffentlichkeit sichtbaren Tatsachen reichen nicht aus, diese Skepsis klar zu widerlegen.

Der Widerwille ist vor allem in Westeuropa geäußert

worden: in Teilen der (amerikanischen) Nato-Führung, stark in Frankreich, auch in England und von einigen deutschen Politikern. Ich zitiere einen Franzosen, der mir im Mai 1987 sagte: »Jetzt entsteht, was wir im Kreis um de Gaulle seit dreißig Jahren kommen sahen und was uns niemand glauben wollte, nämlich die Verschwörung der beiden Supermächte gegen die Freiheit Europas. Amerika gibt seine Waffen auf, die Rußland davon abschrecken, Westeuropa glaubwürdig mit einem Angriff zu bedrohen und dadurch politisch zu erpressen. Wenn dieser Beschluß definitiv gefaßt sein wird, wird man beginnen, Druck auf Frankreich und auf England auszuüben, daß wir unsere eigenen nuklearen Kapazitäten abrüsten. Diese, insbesondere unsere französische Force de frappe, sind aber dann der einzige Schutz der politischen Freiheit Frankreichs und Westeuropas. Wir – Franzosen, Deutsche und Engländer – müssen gemeinsam mit aller Kraft diesem Gang ins Verderben widerstehen.«

Ich halte persönlich an meiner im obigen Aufsatz von 1983 geäußerten Meinung fest, die Bundesrepublik solle jedem Vertrag über die Raketen zustimmen, auf den Amerikaner und Russen sich wirklich einigen können, unabhängig von seinem speziellen Inhalt – dies wegen der Wichtigkeit der Bindung, sich auf keinen neuen Rüstungswettlauf einzulassen. Ich kann aber die Sorge meines französischen Gesprächspartners sehr gut verstehen. Zwar ist die nukleare Abschreckung moralisch tief problematisch und weder technisch noch politisch eine voll zuverlässige Garantie des Friedens. Aber sie hat die Form einer relativen Stabilität geprägt, in der wir in Europa jetzt seit rund vier Jahrzehnten leben. Jede Änderung eines so fundamentalen Faktors einer bestehenden politischen Struktur bringt das ganze Gefüge mindestens zeitweilig ins Schwanken. Neue, hoffentlich bessere Formen der Stabilisierung müssen gefunden werden. Dies ist eine konstruktive Aufgabe, in diesem Fall insbesondere für die Zusammenarbeit der Westeuropäer. Im militärischen Feld halte ich die »defensive Verteidigung« mit konventionellen Waffen weiterhin für einen besonders wichtigen Beitrag, heute auch als »Verteidigung mit struktureller Nichtangriffsfähigkeit« bezeichnet. Sie könnte ein Schritt sein auf dem Weg zu einer viel weitergehenderen politischen Lösung.

Damit komme ich zum Thema einer teilweise enthusiastischen Hoffnung. Der politische Sinn eines Vertrags über den Abbau der Mittelstreckenraketen muß sein, durch die Tat zu beweisen, daß eine Einigung der beiden Großmächte über konkrete gemeinsame Schritte möglich ist. Der Sinn ist also, weitere, inhaltlich wichtigere Schritte einzuleiten. Das öffentliche Argument ist dabei vor allem auf die Hoffnung eines fortschreitenden, vielleicht am Ende totalen Abbaus der Atomwaffen gerichtet. Diese sind nun Waffen, die nicht nur für eine bestimmte westeuropäische Wahrnehmung, sondern für die Wahrnehmung der Supermächte selbst militärisch und folglich politisch größte Wichtigkeit haben. Sie sind ein fundamentaler Faktor des Systems der relativen Stabilität in der Beziehung zwischen den Supermächten seit bald vierzig Jahren. Ihre Abschaffung ohne sonstige Entwicklung in der internationalen Politik könnte dieses System in tieferes Schwanken bringen, als mein französischer Gesprächspartner für Europa fürchtete. Im Blick auf diese Waffen, aber zugleich im Blick auf die Erfahrungen aller mir bekannten Abrüstungsbemühungen in früheren Zeiten habe ich in der Vergangenheit oft gesagt: Abrüstung ist nicht der Weg zum Frieden, sondern allenfalls seine Folge.*

Nun meldet sich aber eine Chance zum Frieden. Im obigen Aufsatz habe ich bezüglich der beiden Supermächte zwei Gründe zur Besorgnis gegenüber der Kriegsgefahr genannt: die Schwäche des sowjetischen Giganten und die unerleuchtete moralische Technokratie Amerikas. Beide Faktoren haben sich in den Jahrzehnten seit 1945 gegenseitig gesteigert. Die essentielle Schwäche des russischen Reichs hat den Schutz stets in Überrüstung gesucht. Diese Überrüstung bestätigte dem amerikanischen Moralismus

* Vgl. *Der bedrohte Friede*, München [4]1983, S. 574, 622.

die Überzeugung vom bösen Willen der Sowjetunion. Die resultierende technokratische Rüstungspolitik Amerikas bestätigte den Russen ihre Sorge. Die daraus folgenden Militärausgaben entzogen dem zivilen Sektor der Sowjetgesellschaft ständig Ressourcen und technischen Sachverstand; so vertieften sie die innere Schwäche des Giganten.

Die Chance könnte darin liegen, daß (nach einem noch zu kurzen Vorspiel im Generalsekretariat Andropows 1981-83) der gegenwärtige Generalsekretär Gorbatschow, nach seinen Äußerungen und Handlungen zu schließen, den verhängnisvollen Zirkel dieses Vorgangs durchschaut. Er kennt die Schwäche des Giganten. Gerade sein innenpolitisches Motiv, eine funktionierende Wirtschaft auf die Beine zu stellen, muß ihn zum Wunsch nach Abbau der Rüstungsausgaben nötigen. Westliche »Falken« reagieren hierauf mit der selbstverständlichen Feststellung, daß er offenkundig nicht die Abschaffung des Kommunismus, sondern die Stärkung des sowjetischen Systems anstrebt. Es wäre ein wenig sonderbar, wenn in Moskau jemand an die Spitze der regierenden Partei gelangte, der die umgekehrte Absicht hätte. Die Reaktion der »Falken« (*hawks*, was eigentlich »Habichte« heißt), ihm eben darum in seinem Wunsch nach Abrüstung nicht entgegenzukommen, scheint mir aber genau dieselbe Fehlkalkulation zu enthalten wie die russische Überrüstung. Dieser Falkenwunsch ist Mangel an Selbstvertrauen. Der schwache Gigant wird zur Ursache der Kriegsgefahr, da er sich ständig zu kleinen, unter Umständen zu großen Verzweiflungsakten gedrängt sieht. Der gesundende Gigant bliebe noch immer auf unabsehbare Zeit schwächer als die überlegene Wirtschaftsform und Könnenstradition des Westens; aber er wäre, gerade wenn er freiheitliches Handeln als Überlebensbedingung seines eigenen Sozialismus kennenlernt, in eine friedlichere Weltordnung integrierbar.

Enthusiasmus drückt diese durch tagespolitische Fakten begrenzte Analyse nicht aus, aber einen Hoffnungsschein.

4. Der Rahmen und das Bild: Europa unter den Weltkulturen, zwischen den Weltmächten, auf dem Weltmarkt*

Es ist eine Ehre, eine Freude und eine Verpflichtung für mich, heute auf dem 11. Europatag in Freiburg, in der Schweiz, über unsere gemeinsame Heimat Europa zu reden. Eine Ehre, nach zehn so bedeutenden Europäern, die hier seit 1976 gesprochen haben. Eine Freude, da mich mit der Schweiz mehr und persönlichere Bande verknüpfen als mit irgendeinem Lande außer meiner engeren deutschen Heimat. Eine Verpflichtung, denn die Zukunft Europas ist ungesichert; sie stellt uns vor Aufgaben, die wir gemeinsam durchdenken müssen. Mein Vortrag wird daher in zwei Hälften geteilt sein, mit den Themen

A. Der Befund,
B. Drei Aufgaben.

Erlauben Sie mir, zuerst den Titel zu erläutern, unter dem ich den Vortrag angekündigt habe.

Die Überschrift des Titels lautet: Der Rahmen und das Bild. Das Bild ist Europa, so wie wir es heute zu sehen vermögen. Der Rahmen ist die heutige Menschheit, unter dreifachem Aspekt gesehen: kulturell, politisch, ökonomisch. Ich habe das Wort »der Rahmen« vorangestellt, denn das Bild Europa ist unverständlich ohne den Menschheitsrahmen, in dem Europa entstanden ist und in dem allein es leben kann. Europa ohne die Menschheit zu sehen, wäre Provinzialismus und wäre heute tödlich.

Die drei Aspekte der Kultur, der Politik, der Ökonomie werde ich in der ersten Hälfte des Vortrags in dieser Reihen-

* Vortrag, gehalten auf dem Europatag der Universität Freiburg in der Schweiz im Mai 1986. Veröffentlicht im Universitätsverlag Freiburg/Schweiz 1986.

folge durchlaufen, in der zweiten Hälfte noch einmal in umgekehrter Folge. So ergeben sich sechs Untertitel:

A. Der Befund

a. Europa unter den Weltkulturen
b. Europa zwischen den Weltmächten
c. Europa auf dem Weltmarkt

B. Drei Aufgaben

c. Markt, Freiheit und soziale Gerechtigkeit
b. Macht und Friede
a. Kultur und Natur

A. Der Befund

a. Europa unter den Weltkulturen

Wer ist Europa?

Europa war eine phönizische, also westasiatische Prinzessin, die Zeus in Gestalt eines Stiers auf seinem Rücken nach Kreta trug. Die Sage spiegelt die Tatsache, daß die europäische Kultur eine junge Kultur ist, noch keine viertausend Jahre alt, jünger als Ägypten, Mesopotamien, Indien und China. Auch diese alten Hochkulturen sind freilich, in den Jahrhunderttausenden der Menschheitsgeschichte gesehen, spätgekommene, labile Schöpfungen. Wir werden auf die Labilität aller Hochkulturen in unseren Überlegungen zurückkommen.

Europäische Historiker der letzten Jahrhunderte haben die europäische Geschichte, der sie den Namen »Weltgeschichte« gaben, in drei Epochen eingeteilt: Antike, Mittelalter, Neuzeit.

In der Antike bildete sich heraus, was seitdem Europa heißt, und zwar in drei Schritten: als der Bereich der griechischen Kultur, dann der römischen Herrschaft, schließlich der christlichen Religion. Das Mittelmeer trägt in unseren Sprachen seinen Namen daher, daß es die Mitte des Bereichs dieser Kultur, Herrschaft und Religion war. Europa erreichte im Alexanderzug einmal Indien, im Römischen Reich dauernd die Sahara, den Rhein und die Donau. Meine schwäbische Heimat war, wie die Schweiz, einst römischer Boden; man fühlt das noch heute.

Das Mittelalter sah den Verlust des Ostens und Südens an den Islam, der den Europäern militärisch und über Jahrhunderte kulturell überlegen war. Das Mittelalter sah germanischen Adel als Herren im Weströmischen Reich und sah die Christianisierung des Kontinents bis zum Nordmeer und zum Ural. Kulturell war das Mittelalter die tausendjährige Schulzeit der Germanen und Slawen. Die Dynamik der gelernten Lektion beginnt sich etwa um 1200 fühlbar zu machen. Was war gelernt? Antikes Kulturgut. Welchen Gebrauch hat Europa von ihm gemacht?

Die Neuzeit beginnt in unserer historischen Konvention mit dem Ereignis, das die Europäer als die Entdeckung Amerikas bezeichnet haben; als ob dort nicht vorher Menschen gelebt, Hochkulturen geblüht hätten. Die Reisen von Kolumbus und Vasco da Gama sind die Ankündigungssignale der zuerst militärischen, dann ökonomischen und schließlich, in gewissem Umfang, kulturellen Welteroberung durch die Europäer. Auf Militär und Ökonomie komme ich alsbald zurück. Was ist die heutige Rolle der europäischen Kultur unter den Weltkulturen?

Es ist der gefährliche Fehler der Welteroberer, alles mit ihren eigenen Wertmaßstäben zu messen. Die großen außereuropäischen Kulturen sind untereinander so verschieden wie jede unter ihnen von der europäischen. Ich selbst besitze keine transkulturellen, sondern nur europäische Begriffe, um ihre Unterschiede zu bezeichnen. Deshalb deute ich die Unterschiede und Beziehungen lieber durch drei Anekdoten an.

Ein deutscher Arzt lebte mit seiner Familie sechs Jahre in Ostafrika. Die afrikanischen Patienten und Nachbarn sagten: »Der weiße Doktor und seine Frau und Kinder sind gewiß nette Leute. Der kleinste Sohn ist aber ein Afrikaner.« Auf die erstaunte Frage: »Wieso?« war die Antwort: »Er weiß, wie man sich benimmt.« Das nichtverbale Ritual menschlichen Umgangs, das nur das Kind noch lernt, definiert eine Kultur.

Der Inder Homi Bhabha, als Physiker, Maler und Organisator gleich begabt, sagte mir: »Nur in der Naturwissenschaft und in der Musik habt ihr Europäer alle anderen Kulturen übertroffen.« Inder und Japaner haben mir gesagt: »Eure Stärke und Grenze ist euer Glaube an die aristotelische Logik.« Ein Inder fügte hinzu: »Die niedrigeren Dämonen habt ihr gut in eure Gewalt bekommen.«

Japanische christliche Theologen, katholischer wie evangelischer Konfession, haben mir gesagt: »Unsere jetzige Aufgabe ist nicht, unsere japanischen Landsleute zu Christen zu machen, sondern ihnen zu helfen, daß sie wieder Buddhisten werden.« Jesus, so meine ich, hätte diese Theologen auf beide Wangen geküßt.

Die Anekdoten sollten andeuten, wie uns die Anderen sehen. Wie sehen wir uns selbst?

Das Spezifikum der europäischen Kultur ist zunächst wohl das dreifache antike Erbe: griechisches Denken, christlicher Glaube, römisches Recht. Das römische Recht fand seine historisch wirksame Formulierung im Hellenismus. So bleiben die beiden großen Geschenke der Griechen und der Juden an die Menschheit: die griechische Unterscheidung von Wahr und Falsch, die jüdische Unterscheidung von Gut und Böse. Die Europäer sind die Unterscheidenden von Ja und Nein. Aber beide Unterscheidungen haben einen religiösen Hintergrund und ein versöhnendes Ziel. Ich komme darauf zurück.

Die christlichen Europäer wußten, was alle Religionen wissen, daß menschliches Leben Endlichkeit, Leiden und Schuld ist. Das Europa der Neuzeit aber ist gekennzeichnet durch radikale Entwürfe und durch Glücksorientierung. Radikale Entwürfe sind der abstrakte Rechtsstaat der absoluten Monarchen und der Liberalen, die säkulare Eschatologie der Technokraten und der Sozialisten. Was die Entwürfe anstreben und was der heutige Bürger für sein gutes Recht hält, ist diesseitiges Glück. Derjenige radikale Entwurf aber, der mit dem sicheren Schritt der römischen Legionen die heutige Welt erobert, ist das naturwissenschaftliche Denken und die ihm gemäße Technik.

b. Europa zwischen den Weltmächten

Durch technisch-militärische Überlegenheit haben die Europäer die halbe Erde erobert: Süd- und Nordamerika, Sibirien, Australien und Ozeanien; zeitweilig sogar Indien, Indochina, Indonesien und Afrika. Ich schränke jetzt die Verwendung des Namens »Europa« auf denjenigen Bereich ein, der wohl im Begriff »Europatag« gemeint ist: auf den alten Kontinent zwischen den beiden einzigen Weltmächten unserer Tage, genauer zwischen dem von Amerika beherrschten Atlantik und der russischen Westgrenze. Das ist eine Beschreibung einer zeitweiligen politischen Konfiguration, die freilich ihre historischen Gründe hat. Hier gilt der Satz: Der Rahmen bestimmt das Bild.

Es kommt in der Weltgeschichte öfter vor, daß ein kulturell und politisch aktiver und eben darum hochdifferenzierter Bereich so lange in sich zerstritten bleibt, bis sich an seinen Grenzen, wo noch Expansion möglich ist, überlegene Mächte gebildet haben. So einst an den Grenzen der griechischen Welt Makedonien und Rom, an den Grenzen des alten deutschen Reichs Österreich und Preußen, und nun, durch die zwei Weltkriege unseres Jahrhunderts, in den Außenposten der europäischen Kultur Amerika und Rußland.

Dieser Rahmen bestimmt heute das Bild Europas. Durch die militärische Überlegenheit und den politischen Gegensatz der beiden Weltmächte ist das alte Europa jetzt in zwei Hälften gespalten. Osteuropa ist in ein politisches, militärisches und ökonomisches Bündnis mit der Sowjetunion eingespannt, aus dem es auf absehbare Zeit kein Entrinnen gibt. Westeuropa aber befindet sich auf halbem

Wege zu derjenigen Einheit der Willensbildung, ohne die es die Krisen der kommenden Jahre schwerlich bestehen wird. Was sind die Voraussetzungen, und was sind die Ziele dieser Willensbildung? Ich spreche zuerst von den inneren, dann von den äußeren Voraussetzungen.

Die inneren Voraussetzungen können wir an der Geschichte Europas ablesen. Der Reichtum Europas, wie einst der Reichtum Griechenlands und, ich wage den Vergleich, noch heute der Reichtum der Schweiz, ist die Vielfalt. Was wäre die Kultur Europas ohne die Vielfalt der italienischen Städte des Spätmittelalters und der Renaissance? Was wäre Europa ohne die drei großen Halbinseln des Mittelmeers, ohne die skandinavischen Nationen, die Niederlande, die Schweiz? Auch die politische Großmachtstruktur in Europa war pluralistisch. Die Historiker haben beobachtet, daß die europäische politische Ordnung durch das schwebende Gleichgewicht, das »Konzert« von meist fünf großen Mächten aufrechterhalten wurde, die sich in periodischen Kriegen und wechselnden Koalitionen so arrangierten, daß keine die dauernde Hegemonie gewann. Im Anfang unseres Jahrhunderts waren es England, Frankreich, Deutschland, Österreich, Rußland. Nach zwei Weltkriegen ist von diesen nur Rußland als Weltmacht übriggeblieben. Die ökonomisch-maritime Weltherrschaft Englands ist an Amerika übergegangen. Der jahrhundertealte Zwist zwischen England und Frankreich ist schon 1904 durch die Entente cordiale gegen das aufstrebende Deutschland beendet worden. Heute ist die Erbfeindschaft zwischen Frankreich und Deutschland verschwunden, von der noch die Generation meiner Großeltern sprach. Deutschland, zu spät gekommen in der europäischen Weltmachtkonkurrenz, im zweiten Anlauf ausgebrochen in Verbrechen, die nicht vergessen werden können, solange Geschichte geschrieben wird, hat nun die Lektion des Weltmachtverzichts gelernt. Die Voraussetzungen der Kooperation sind da. Wirklich entstanden ist die Kooperation nur militärisch mit Amerika in Besorgnis vor der russischen Macht, zögernd im wirtschaftlichen Gemeininteresse, und politisch in fast vergeblichen Versuchen, die realen Interessen- und Auffassungsdifferenzen gegen den amerikanischen Partner zu artikulieren – von Durchsetzung bisher ganz zu schweigen.

Wir sehen: Der Grad der Einigung Europas ist bedingt durch seine Beziehungen zu den Weltmächten; der Rahmen bestimmt das Bild. Wollen wir richtig handeln, so müssen wir uns die Motive und Interessen der beiden Weltmächte deutlich machen. Ich beginne wieder mit der Geschichte, jetzt Rußlands und Amerikas.

Beide Nationen sind geprägt durch Expansion, durch die geschichtliche Besiedlung eines nach europäischen Begriffen endlosen Raumes. Beider heutige Ideologien sind bestimmt durch einen radikalen europäischen Entwurf, den Gedanken und Vollzug der Revolution, 1776 und 1917. Tief verschieden aber ist beider innen- und außenpolitische Geschichte.

Die Russen sind ein europäisches Volk mit einem gewaltigen Siedlungs- und Herrschaftsgebiet in Asien. Ihre außenpolitischen Überlebensbedingungen durch ein Jahrtausend hat George F. Kennan genau beschrieben. Ein Ackerbauernvolk in einer von Natur grenzenlosen Ebene, im Westen begrenzt von überlegener Zivilisation, im Osten von Nomaden auf schnellen Pferden. Sie konnten nur bestehen, wenn sie jederzeit allen Nachbarn letztlich militärisch überlegen waren. Militärische Überrüstung ist russische Tradition, ebenso eine subjektiv als defensiv empfundene Expansion, bis man an unüberwindliche Grenzen stößt. Druck und Gegendruck der Macht ist die politische Grunderfahrung der Russen. Innenpolitisch hat Rußland, als einzige europäische Nation, politische Freiheit, gar Demokratie, nie gekannt. Es wurde als Staat gegründet von einer skandinavischen Herrenschicht, kulturell geprägt vom byzantinischen Cäsaropapismus. Ein seelisch reiches, gefühlsstarkes, leidensfähig frommes Volk. Mit der Öffnung nach dem Westen entsteht im 19. Jahrhundert eine überwältigend bedeutende russische Literatur. Die progressiven Ideen werden absorbiert, es kommt zur Revolution. Aber auch der Staat der Revolution kennt die Freiheit nicht. Er kennt Druck und Gegendruck der Macht, außenpolitisch die langhingezogene Schachpartie.

Nordamerika wurde, nicht ohne das Gewehr, erobert und besiedelt von Europäern, die ihre Freiheit suchten. Die Unabhängigkeitserklärung von 1776 spricht drei unveräußerliche Menschenrechte aus: das Recht auf Leben, auf Freiheit und auf das Streben nach Glück. Keinen Anteil zu haben an den verwerflichen Machtkämpfen der europäischen Fürsten, das ist das ursprüngliche außenpolitische Pathos der Vereinigten Staaten, ermöglicht durch die Isolation zwischen zwei Weltmeeren. Die Freiheit des Marktes und die Größe des Landes ließen dann Amerika zur größten Wirtschaftsmacht der Erde werden. Die Selbstzerfleischung Europas in unserem Jahrhundert nötigte die Vereinigten Staaten in die Rolle der politischen Welthegemonialmacht. Wenn ich recht sehe, hat keine imperialistische Macht in der Geschichte diese Rolle so widerstrebend übernommen wie die Amerikaner; vielleicht sind sie deshalb so unerfahren im Spielen der Rolle.

c. *Europa auf dem Weltmarkt*

Europa, militärisch im zweiten Rang, politisch entscheidungsschwach, ist ökonomisch noch einmal zur Weltmacht geworden. Macht bedeutet stets auch Abhängigkeit; Abhängigkeit vom Felde, von der Basis der Macht. Auch hier bestimmt der Rahmen das Bild.

Gewiß ist die Basis unserer wirtschaftlichen Position unsere Produktionskapazität. Aber wir haben es geschehen lassen, daß unsere wirtschaftliche Existenz von der weltweiten Verflechtung abhängt. Wir erzeugen agrarische Überschüsse, aber mit Öl aus dem Süden. Wir kaufen Konsumgüter und unentbehrliche Rohstoffe mit dem Erlös unserer Exportüberschüsse ein. Der Weltmarkt ist uns zur Existenzbedingung geworden.

Der Weltmarkt ist freilich schon eine alte Struktur. Er war nicht erst die Folge, sondern schon das erste bewußte

Motiv der europäischen Welteroberung. Kolumbus und Vasco da Gama suchten den Seehandelsweg nach Indien, da der Landweg zeitweilig durch das türkische Reich blockiert war. Der sukzessive Reichtum Spaniens, der Niederlande und Großbritanniens hing wesentlich mit überseeischen Gütern zusammen. Dabei hat sich das Gewicht, im Sinne wachsender wirtschaftlicher Rationalität, von Edelmetallen über Genußmittel auf industrielle Rohstoffe verlagert.

Der heutige Weltmarkt ist ein Markt, d. h. ein Feld der Konkurrenz. Anders als in vielen nationalen Binnenwirtschaften gibt es keine weltweite Planwirtschaft, keine weltweiten Staatsmonopole, denn es gibt keinen Weltstaat. Auch nennenswerte echte private Monopole gibt es auf ihm nicht. Es gibt freilich zeitweilig marktbeherrschende Positionen, wie die gewisser multinationaler Oligopole oder die heute gefährdete der OPEC. Sprechen heute Europäer von ihren Sorgen auf dem Weltmarkt, so sprechen sie, wie es in Konkurrenzwirtschaften üblich ist, vorwiegend von ihren Konkurrenten; also entweder voneinander oder, und vor allem, von den USA und Japan. In diese sorgenvollen Gespräche kann und will ich mich nicht einmischen. Ich erlaube mir aber in dieser speziellen Frage eine längerfristig optimistische Einstellung. Wenn es gelänge, die drei großen Weltprobleme zu lösen: die Wirtschaft des Südens, die Schaffung des Friedens und die Bewahrung der Natur, so würde ich der alterprobten Erfindungskraft und Initiative unserer europäischen Landsleute zutrauen, daß sie in der Exportkonkurrenz noch lange bestehen.

Soeben habe ich die Wirtschaft des Südens als eines der drei großen ungelösten Weltprobleme genannt; und von seiner Lösung hängt auch ein wichtiger Teil der europäischen Wirtschaftsblüte ab. Der Entwicklungsoptimismus der sechziger und noch der siebziger Jahre hat sich als überzogen erwiesen. Gewiß gibt es Erfolge. In kleinen, wohlorganisierten Zentren billiger Arbeitskraft sind große Produktionen entstanden. Ich nenne Singapur, Hongkong, Taiwan, zugleich offenbar als Kompliment für den chinesischen Nationalcharakter. In manchen Ländern, die man heute gerne Schwellenländer nennt, ist moderne Industrie aufgebaut worden. Die Menge der Armen aber, zumal in den unermeßlichen Slums der neuen Vielmillionenstädte, nimmt noch immer zu; an Folgen des Hungers sterben mehr Menschen als in allen Kriegen. Und die Industrialisierung ist mit einer Schuldenlast erkauft worden, die den Finanzmarkt der Welt zum Erliegen zu bringen droht. Um es vorerst vereinfacht zu sagen: Werden die Schulden nicht erlassen, so erstickt voraussichtlich die südliche Wirtschaft und mit ihr das zarte Pflänzchen der südlichen Demokratie. Werden die Schulden erlassen, so müssen die Vereinigten Staaten ihre Budgetpolitik, d. h. ihr Rüstungsprogramm, radikal ändern, um ihre Banken retten zu können. So innig hängen die Weltprobleme zusammen.

B. Drei Aufgaben

Soeben habe ich den Ton meiner Rede geändert. Ich bin übergegangen von einer historischen Beschreibung, der man vielleicht geduldig folgen kann, zu Forderungen, die ihren Zweck nur erfüllen, wenn sie weh tun. Ich bin übergegangen vom Befund zu den Aufgaben. Aber auch hier will ich mehr Zeit auf den Versuch einer historischen Kausalanalyse verwenden als auf die speziellen Forderungen, die eines weiteren Vortrags zur kohärenten Darlegung bedürften. Zwischen den Befund und die Therapie gehört die Diagnose.

Ich habe drei ungelöste Weltprobleme genannt: die Wirtschaft des Südens, die Schaffung des Friedens und die Bewahrung der Natur. Damit habe ich mich an einen Themenkatalog angelehnt, den der Ökumenische Rat der Kirchen auf seiner Vollversammlung in Vancouver 1983 beschlossen hat. Ihm lag der Antrag vor, ein Friedenskonzil der christlichen Kirchen einzuberufen. Er erweichte den Namen und erweiterte den Themenkatalog. Jetzt geht es um eine Weltversammlung der Kirchen für Gerechtigkeit,

Frieden und Bewahrung der Schöpfung. Diesem Themenkatalog folgen die letzten drei Abschnitte meines Vortrags.

c. *Markt, Freiheit und soziale Gerechtigkeit*

Gerechtigkeit ist das Schlüsselwort. Im heutigen politischen Gebrauch bedeutet es entweder soziale Gerechtigkeit oder Gewährung der persönlichen, der Menschenrechte. Zu den Menschenrechten gehört die Freiheit. Diese Bedeutungen von Gerechtigkeit hängen in der realen Welt miteinander zusammen. Die Menschenrechte zu verletzen, die Freiheit zu unterdrücken, ist eine unwiderstehliche Versuchung für Regierungen, die ihren Völkern mißtrauen. Eine Regierung muß ihrem Volk mißtrauen, wenn sie da ist, um eine Klassenherrschaft aufrechtzuerhalten, sei es die des individuellen Reichtums, sei es die der bürokratischen Privilegien.

Was hat dies mit dem Markt zu tun? In dieser Sache sitzen wir Westeuropäer mit den Nordamerikanern in einem Boot. In europäisch-amerikanischer Optik unterscheidet man heute drei Welten nach Himmelsrichtungen: die erste Welt im Westen, die zweite im Osten, die dritte im Süden. Ich bespreche zunächst das Verhältnis der beiden ersten Welten, also die innere Spannung des Nordens, in dem heute die Herren der Erde leben. Der Westen bezeichnet sich selbst als den Bereich der Freiheit, der Osten als den Bereich des Sozialismus, d. h. der Gerechtigkeit. Ich muß hier sofort persönlich Farbe bekennen: In diesem Gegensatz stehe ich fraglos auf der Seite des Westens. Aber der Sinn der Begriffe Freiheit und Gerechtigkeit und ihr Zusammenhang müssen klargestellt werden.

Politische Freiheit ist nicht Willkür. Die Willkür ist eingeschränkt durch das Recht, das in unserer Gesellschaft der Staat zu garantieren hat. Freiheit in der Rechtsordnung kann ich nur dann in Anspruch nehmen, wenn ich sie zugleich dem Anderen gewähre. Für die neuzeitliche europäische Gesellschaft ist es unerläßlich zum Überleben, daß nicht nur die Glücksorientierung, sondern vor allem die

Wahrheitsorientierung der politischen Freiheit gesehen wird. Eine komplizierte Gesellschaft in raschem Wandel wie die unsere kann nicht überleben, geschweige denn die besten Wege finden ohne Einsicht. Einsicht aber wird uns nicht im Schlaf gegeben, wenigstens nicht ohne vorherige äußerste Anstrengung der Wahrheitssuche. Gesellschaftliche Suche nach der richtigen Einsicht gibt es nicht ohne Meinungsstreit. Meinungsstreit kann es nur in dem Rahmen geben, in dem es Äußerungsfreiheit gibt. Jeder Wissenschaftler kennt die Unerläßlichkeit des Meinungsstreits und den lähmenden Charakter, den eine herrschende Schule annehmen kann. Ich bin überzeugt, daß der wichtigste Grund der Funktionsprobleme des sogenannten real existierenden Sozialismus in Osteuropa die fehlende Meinungsfreiheit ist. Um mit einer Kantischen Formel zu schließen: Freiheit ist das Dasein der Wahrheit. Denn Wahrheit ist nicht diktierte, sondern gesuchte und stets nur partiell gefundene Wahrheit.

Von Adam Smith haben wir nun gelernt, daß auch die Wirtschaft am besten floriert, wenn in einem transparenten Markt jeder Marktteilnehmer sein eigenes Interesse und damit seinen eigenen Verstand betätigt. Der Erfolg ist seit zwei Jahrhunderten evident, und die Ursache des Erfolgs ist einfach: Der gesammelte Verstand so vieler Marktteilnehmer fördert mehr gute Gedanken zutage als eine zentrale Planungsstelle. Und es gibt eine Rückkoppelung vom freien Markt auf die politische Freiheit: Der Markt ist eine Einübung freien Handelns.

Was ich bis hierher geschildert habe, war der Idealtypus der freiheitlichen Politik und des freien Marktes. Die Realität trägt aber auch ganz andere Züge. Der Markt erzeugt hohe Sozialprodukte, aber er erzeugt keine ökonomische Gleichheit. Dies tangiert auch die Rückkoppelung auf die Politik. Ökonomische Abhängigkeit kann die gesetzlich garantierte politische Freiheit zur Fiktion werden lassen. Aus der Optik eines politisch und ökonomisch so äquilibrierten Landes, wie es seit langem die Schweiz und erstaunlicherweise momentan sogar die Bundesrepublik

Deutschland ist, bekommt man die Härte dieses Problems nur schwer zu Gesicht. Eine Reise durch Südamerika kann genügen, uns die Augen dafür zu öffnen, wenn wir nicht nur die Kollegen, sondern auch die Slums besuchen. Dieselbe Belehrung aber bringen die Schwarzenviertel in den Städten der USA, die Arbeitslosen in Großbritannien oder die Türkenviertel in Westberlin.

Klassenherrschaft, soziale Ungleichheit gibt es, seit es Hochkulturen gibt. Die reichen Herren haben Dokumente ihres Glanzes hinterlassen. Aber es gibt schriftlich die Klage des armen Bauern im alten Ägypten, es gibt die Stimme der jüdischen Propheten: Gott will nicht Brandopfer, sondern daß ihr die Witwen und Waisen besucht. Jesus ist zu den Armen gekommen. Eher geht ein schatzbeladenes Kamel durch das Fußgängertörchen, welches Nadelöhr hieß, als ein Reicher in das auf Erden kommende Reich Gottes gelangen wird. Wir in diesem Saal gehören zu den Reichen: was werden wir tun?

Eine Belehrung können wir ebenso aus der klassischen Nationalökonomie wie aus dem genuinen Marxismus ziehen: daß nicht einfach der moralische Appell, sondern die Analyse der objektiven Ursachen gefordert ist. Marx spinnt den aufklärerischen Gedanken Hegels weiter, daß die Freiheit, die ohne ökonomische Basis nicht möglich ist, erst dem Monarchen, dann dem Adel, dann, nach der bürgerlichen Revolution, dem Bürger, dem Kapitalisten zugänglich war und es, so Marx, nach einer letzten, proletarischen Revolution, allen Menschen der Gesellschaft sein wird. Die Revolutionsprognose von Marx hat sich jedoch als falsch erwiesen. In den hochindustrialisierten Ländern ist die Verelendung der Massen nicht eingetreten. Sie wurde, im Schutz des Rechtsstaats, durch die Arbeiterbewegung, durch die Schaffung von Kaufkraft der Massen, durch Sozialgesetzgebung aufgefangen. Eine Revolution des Industrieproletariats hat nirgends stattgefunden. 1917 in Rußland war ein Staatsstreich kommunistischer Kader in einem im breiten noch vorbürgerlichen Land; 1948 in China war der Sieg einer von kommunistischen Kadern geführten Bauernrevolution.

Prognosen sind schwer. Aber ich fürchte, wir haben wenig Hoffnung, daß sich die günstige soziale Entwicklung der nordwestlichen Industrieländer im Süden wiederholt. Die technische Modernisierung, bei uns in Jahrhunderten gewachsen, kommt heute in Jahrzehnten über die Völker des Südens; wie sollen sie sich anpassen? Das Bevölkerungswachstum ist zugleich Folge und Verstärkung der Armut. Der Rechtsstaat, der bei uns die soziale Entwicklung ermöglicht hat, existiert weltweit nicht; wo er national existiert, ist doch die Nation selbst nur einer der Konkurrenten auf dem Weltmarkt, gegen die großen Finanzinteressen kaum durchsetzungsfähig.

Der Streit zwischen marktwirtschaftlichen und sozialistischen Universalkuren erinnert mich an mein Lieblingsbeispiel für einen Fehlschluß aus dem Logik-Seminar. Der »politische Fehlschluß« lautet: »Der Vorschlag meines Gegners kann nicht funktionieren; daraus folgt, daß mein Vorschlag funktionieren wird.« Vorbedingung der unvermeidlichen Politik der kleinen Schritte ist eine zugleich fundamentale Analyse und detaillierte Sachkenntnis. Hier nun fällt m. E. uns Europäern eine entscheidend wichtige Aufgabe zu. Die offizielle amerikanische Politik ist im Augenblick blind für einen wesentlichen Ausschnitt der Realitäten. In Europa sind alle Sachkompetenzen vorhanden; sie müßten politisch ins Spiel gebracht werden. Auf die Gefahr hin, durch zu kurze Äußerung nur Widerspruch zu erzeugen, nenne ich zwei Beispiele, ein südliches und ein nördliches.

Das südliche Beispiel knüpft noch einmal an die Schuldenkrise an. Will man die Schulden langfristig rückzahlbar machen, so scheint mir die gegenwärtige Forderung, dies isoliert durch gesteigerte Exportorientierung der Schuldnerländer zu erreichen, sozial selbstzerstörend; sie wird die Kluft zwischen Reich und Arm vergrößern, denn sie nötigt zum Export der Substanz. Will man den Weg gehen, der die nördlichen Industrienationen zur sozialen Stabilität geführt hat, so muß man die Produktion und die Kaufkraft der Massen auf dem Binnenmarkt steigern. Dies ist eine

Anfrage an den Internationalen Währungsfonds und an die Regierungen, von denen er abhängt. Wer den Kommunismus im Süden fürchtet, möge dies bedenken. Es ist leicht, die Demokratie dort zu zerstören, indem man ihr die soziale Erfolgschance nimmt.

Das nördliche Beispiel ist die Arbeitslosigkeit und die damit verbundene Marginalisierung der ökonomisch untersten 10% der Bevölkerung, verschärft durch das unvermeidliche Eindrängen der Armen des Südens in den Norden. Abstrakt gesehen ist die Arbeitslosigkeit nur ein sozialer Betriebsunfall auf dem Wege der Industrialisierung, der auf die Dauer nicht mehr durch Wachstum, wohl aber durch rationale Verteilung der Arbeitszeit zu überwinden wäre. Die monopolistische Verhandlungsposition der Gewerkschaften, einst für den sozialen Ausgleich zugunsten der arbeitenden Mehrheit so wichtig, treibt heute die Unternehmer in eine Jagd nach arbeitssparenden Techniken; ein Beispiel für die Gefahr, die Monopole für den Markt, hier den Arbeitsmarkt, darstellen. Eine besitzende Mehrheit kann mit einer marginalisierten Unterschicht scheinbar sehr wohl leben, solange sie diese, durch Trennung der Wohnquartiere, nicht ständig zu sehen bekommt. Die überall steigende Verbrechensquote, über die sich der gerechte Bürger wundert und empört, ist jedoch ein Symptom der Realität. Dieses Beispiel zur Erwägung.

b. Macht und Friede

Friede ist das Schlüsselwort. Naturwissenschaft und Technik, die kulturell die Welt erobern, haben die politischen Bedingungen unseres Überlebens bereits radikal verändert. Es ist notwendig geworden, die politische Institution des Kriegs zu überwinden. Das ist eine weitgehende These, die differenziert zu betrachten ist.

Nach allen mir bekannten historischen Parallelen wird eine Hegemoniekonkurrenz wie die heutige zwischen Amerika und Rußland nur durch Krieg beendet. Im technischen Zeitalter, dessen waffentechnisches Symbol die Atombombe ist, wäre dieser Krieg selbstmörderisch. Wir stehen damit vor einer ungelösten Aufgabe. Die heute noch bestehenden überlieferten politischen Strukturen sind der Aufgabe, die Institution des Kriegs zu überwinden, nicht angepaßt. Der Mehrheitsbürger der nördlichen Staaten reagiert auf dieses Problem mit selbstwidersprechenden Anschauungen. Er lebt so, als werde hierzulande nie mehr ein Krieg kommen; theoretisch aber glaubt er nicht, daß man die menschliche Natur abändern und den Krieg abschaffen könne, und als Beweis verweist er z. B. auf die Araber.

Ich glaube, daß beide Ansichten falsch sind. Der Krieg als politische Institution folgt nicht aus der menschlichen Natur, sondern aus der Geschichte der Hochkulturen; die Geschichte wird ihn überwinden können. Der Ausbruch eines Dritten Weltkrieges aber ist unter den heutigen politischen und technischen Bedingungen möglich, ja wahrscheinlich.

Auf das historisch-anthropologische Argument komme ich im nächsten Abschnitt zurück. Ich verweise vorerst nur auf die Tatsache, daß der Krieg von Burg zu Burg, von Stadt zu Stadt in unseren Ländern seit langem verschwunden ist; unter einer Rechtsordnung kann man ohne organisierten Krieg zusammenleben, auch wenn man den Nachbarn beneidet oder haßt. Jetzt ein Wort zur aktuellen Weltlage und zu Europas Rolle in ihr.

Die Atomwaffe ist nicht die Ursache der Kriegsgefahr; im Gegenteil, Krieg ist auf der Erde seit vierzig Jahren nur dort geführt worden, wo gewiß schien, daß er nicht nuklear werden würde. Aber die nukleare Abschreckung durch gesicherte Zweitschlagskapazitäten, eine kluge Erfindung amerikanischer Wissenschaftler, ist nicht geeignet und war nie dazu bestimmt, das Problem der Kriegsverhütung endgültig zu lösen. Sie sollte uns eine Atempause gewähren, in welcher eine politische Friedenssicherung zu schaffen wäre. Präsident Reagan hat in seiner Rede vom März 1983 öffentlich ausgesprochen, was vermutlich alle seine Vorgänger ebensogut wußten: daß die nukleare Abschreckung weder letztlich moralisch zu rechtfertigen noch hinreichend zuverlässig ist. Inzwischen wissen freilich alle Experten, daß sein Vorschlag einer technischen Weltraumverteidigung die Atomwaffen nicht, wie er hoffte, wirkungslos und obsolet machen wird. SDI ist einfach ein neuer Schritt im Rüstungswettlauf, dessen kontroverse spezifische Vor- und Nachteile ich jetzt nicht zu diskutieren habe. Die Wahrheit ist, daß der Weltfriede überhaupt nicht technisch, sondern nur politisch gesichert werden kann.

In der heutigen weltpolitischen Struktur kann man die relative Friedenssicherung leider auch nur in einer Politik der kleinen Schritte versuchen. Einer der intelligentesten Entwürfe dafür, freilich nur im nördlichen Rahmen, war derjenige Kissingers Anfang der siebziger Jahre. Analog dem alten Europa dachte er an eine Balance von fünf Mächten: USA, Westeuropa, Sowjetrußland, China, Japan. Von diesen sind Westeuropa und Japan nur wirtschaftliche Großmächte, China ist eine virtuelle Weltmacht durch die unüberwindliche pragmatische Dynamik seiner vielen Menschen. So läuft das Problem heute doch wieder darauf hinaus, ob Amerika und Rußland als die einzigen militärischen Großmächte einen permanenten friedlichen Modus vivendi miteinander finden können.

Hier ist eines der größten Hindernisse die gegenseitige Perzeption, die Art, wie sie einander wahrnehmen. Der Gegensatz ihrer Ideologien ist – davon bin ich überzeugt – nicht der tiefste Grund ihres elementaren und banalen Machtkonflikts; er ist vielmehr die Art, wie beide Seiten sich selbst psychisch erträglich machen, den Machtkonflikt fortzuführen. Machtkonflikte der Staaten sind ein Erbe der Hochkultur. Ihr tiefster Grund dürfte die gegenseitige Angst sein, eine Angst, die durch jede aus Angst geborene Rüstung oder Aggression des jeweiligen Gegners neue Nahrung erhält. Ich behaupte natürlich nicht, daß der Konflikt der Ideologien belanglos sei: sie stammen beide aus demselben radikalen europäischen Entwurf, dem der politischen Revolution; aber auf verschiedenem Boden, in verschiedenen historischen Phasen, mit verschiedenem Inhalt.

Die bürgerlich-freiheitliche amerikanische Revolution von 1776, glücklicherer Vorläufer der französischen von 1789, verkündet noch heute den Menschen der Erde dort, wo die ökonomischen Vorbedingungen der Freiheit bestehen, eine frohe Botschaft. Gegenüber den sozialen Auswirkungen ihrer ökonomischen Dominanz, zumal im Süden, sind die Amerikaner freilich meistens blind. Die russische Revolution von 1917 entstand unter der eschatologisch-marxistischen Hoffnung auf Befreiung aller Menschen der Erde, aber in einem Lande, in dem nach präziser marxistischer Doktrin noch nicht einmal die Reife für die bürgerliche Revolution erreicht war. Das antikapitalistische Pathos dieser Revolution mußte die Amerikaner und Westeuropäer tief erschrecken, der blutige Machtkampf und die folgende bürokratische Unterdrückung entfremdeten ihr die meisten, die ihre Opfer wurden oder zu werden fürchteten. Seit vierzig Jahren nehmen beide einander so nur als Gegner wahr, indem sie die an sich begrenzten Machtinteressen der Gegenseite durch Wörtlichnehmen der Ideologie des Gegners ins Unerträgliche überhöhen.

Eine besonders bedrohliche Nebenwirkung: beide Seiten nehmen den Süden in wachsendem Maße nur als einen Teil des Schachbretts ihres Machtkampfes wahr. Sie begreifen nur schwer, wie sie sich hierdurch beide gleichermaßen bei den Völkern des Südens verhaßt machen. Und der Süden ist die Region, deren zunehmende Instabilität eines Tages auf den Norden zurückschlagen wird. Der Terrorismus ist ein Symptom, ein Warnsignal an uns, an die Mächtigen.

Europa ist grundsätzlich sowohl fähig, den Süden zu sehen, wie auch die Begrenztheit der realen legitimierbaren Machtinteressen beider Supermächte zu durchschauen. Auf Europa liegt heute eine große weltpolitische Verantwortung. Möge es ihr gemäß handeln! Bedingung dafür ist Erkenntnis der tödlichen Bedrohung in der gegenwärtigen Lage. Bedingung ist die Fähigkeit, die Vernunft auch beim Gegner wahrzunehmen und ihr mit Vernunft zu begegnen. Bedingung ist der feste Wille, auch dem Verbündeten zu widerstehen, wenn er in den Schwenkungen seiner Politik das Maß einer konsensfähigen Außen- und Wirtschaftspolitik verläßt. Und, wie der alte Attinghausen im 4. Akt des *Wilhelm Tell* sagt: Seid einig – einig – einig!

a. Kultur und Natur

In einem Rückblick versuche ich schließlich, auch unser europäisches Bild von der Natur dem Rahmen der kulturellen Geschichte einzuordnen; wiederum um handeln zu lernen.

In der üblichen Optik sieht man zuerst die Natur als den Rahmen, in dem sich das Bild der menschlichen Kultur entfaltet hat. Die Evolutionstheorie lehrt uns, daß der Mensch selbst ein Kind der Natur ist. Wenn ich sagte, die politische Institution des Krieges folge nicht aus der menschlichen Natur, sondern aus der Geschichte der Hochkulturen, so habe ich dabei das Wort »Natur des Menschen« im Sinne einer älteren Philosophie als Bezeichnung eines als unabänderlich angesehenen Wesens des Menschen gebraucht. Natur und Geschichte gehören aber enger zusammen; die Natur selbst ist geschichtlich. Freilich hat man auch die Evolutionslehre schon als Rechtfertigung von Krieg und Rassenkampf in Anspruch genommen; die im Kampf ums Dasein überlegene Spezies oder Rasse, so sagt man dann, überlebt und soll überleben. Hier hat sich aber das Verhältnis von Bild und Rahmen umgekehrt; kulturgeschichtlich läßt sich erkennen, daß solche Lehren ein Bild von der Natur entwerfen, das ihre eigenen gesellschaftlichen Voraussetzungen wiedergibt: Konkurrenzgesellschaft, Militarismus, Rassenkonflikt. Es ist ein Weltbild der zeitweiligen Sieger; es ist schlechte Naturwissenschaft.

Die Wirklichkeit ist sehr viel differenzierter. Es ist wahr, daß in der Evolution tausend Wesen zugrunde gehen, indem eine Gattung siegt. Der Tod ist eine Erfindung des Lebens. Die buddhistische Lehre, Leben sei Durst und Leiden, ist der Geschichte der Natur näher als abendländische Harmonismen. Aber nichts in diesen Erkenntnissen rechtfertigt die Heroisierung des Mords. Eine Spezies überlebt nur, wenn in ihr die Tötungshemmung gegen Artgenossen und Blutsverwandte in angemessenem Grade wirkt. Und eine Spezies, die ihren Lebensraum kahlfrißt, wird untergehen oder nur in Abwechslung von Aufschwüngen und Hungerkatastrophen überleben. Jahrhunderttausendelang hat die in Kleingruppen lebende frühe Menschheit ohne Zweifel diesen Gesetzmäßigkeiten allen Lebens angepaßt gelebt; sie konnte nicht anders. Seit erst rund zehntausend Jahren haben Ackerbau, Städtegründungen, Flußtalkulturen, Großreiche eine neue, hohe und labile Kultur geschaffen, in deren Stabilisierungskrisen wir noch heute leben.

Ein Wort über den Ackerbau. Späte Städter nannten den Bauern naturverbunden. Dies ist eine ambivalente Wahrheit. Einerseits ist die Landschaft des Ackerbaus selbst ein Kulturprodukt. Unser feinster Seismograph, der ästhetische Sinn, reagiert auf eine alteuropäische Kulturlandschaft, sagen wir am Genfer See, soweit sie noch nicht vom Verkehr zerstört ist, oder in Umbrien, gerade deshalb so stark, weil dort jeder Baum, jede Rebe da steht, wo der Mensch es gewollt hat; diese Natur ist schon ein Kunstwerk. Das alte Japan ist ein anderes erstaunliches Beispiel. Andererseits hat erst die Agrikulturwissenschaft des 19. Jahrhunderts viele Formen bäuerlicher Naturzerstörung erkannt und geheilt. Daß die damit gewonnene neue Manipulierbarkeit der Natur neue Zerstörung durch die oft unbewußte Arroganz der Macht mit sich bringt, ist eine Lehre unseres Jahrhunderts. Wie werden spätere Zeiten ästhetisch und moralisch über die sichtbaren Zeichen dieser Arroganz urteilen, die eckigen Quader, die unsere Architektur als Herrschaftssymbole der Technik in die Landschaft stellt?

Städte und Reiche bilden seit jenen frühen Jahrtausenden große Gesellschaften, in denen Kooperation und Rangordnung der Menschen nicht mehr durch persönliche Bekanntschaft geregelt werden konnten. Man objektivierte die menschlichen Beziehungen durch Arbeitsteilung, durch Tausch- und Geldwirtschaft, durch Recht, das die Wirtschaft ermöglichte, durch Herrschaft, die das Recht garantierte, durch Macht, die die Herrschaft stabilisierte, und schließlich durch Krieg, der die Folge der gegenseitig bedrohlichen Machtakkumulation war. Die großen Religionen und Philosophien haben diesen Zusammenhang durchschaut. Die europäischen Ja-Nein-Entscheidungen, vielfach ein bloßes Machtinstrument, hatten einen religiösen Hintergrund, ein versöhnendes Ziel. Das Wahre, das die Griechen dem Falschen gegenüberstellten, ist die Offenbarkeit des Lebens; im griechischen Sinne sagt Hegel: »Das Wahre ist das Ganze.« Das Gute, das die Juden dem Bösen gegenüberstellten, ist der Friede der Gerechtigkeit: »Wenn ihr das Gute tut, werdet ihr leben«, sagen die Propheten.

Die Menschheit der Macht wuchs dann in eine Natur hinein, deren Ressourcen sich immer wieder als endlich erwiesen. Die Kultur übertrug ihre eigene Labilität auf ihren Lebensraum, auf die Natur. Die Aufgabe der heutigen Menschheit ist, diese Zusammenhänge erneut zu erkennen und der Erkenntnis gemäß zu handeln, und zwar sofort.

Auch beim Schutz der natürlichen Umwelt ergibt sich für Europa die spezifische Chance, im Weltrahmen exemplarisch mitzuarbeiten. Im nationalen Rahmen hat man begonnen, der Zerstörung Einhalt zu gebieten; der Starnberger See und der Zürichsee sind heute sauberer als vor zwanzig Jahren. Die großen Probleme wie die industrielle Luftverschmutzung sind grenzüberschreitend. Hier ist europäische Zusammenarbeit möglich und geboten. Einige der schlimmsten Gefahren, wie die Abholzung der tropischen Regenwälder, liegen wieder im Süden. Wie aber wollen wir mit dem Süden reden und rechten, ehe wir unser eigenes Haus in Ordnung gebracht haben?

Ich bin am Ende. Drei schwere Aufgaben habe ich genannt, in denen Europa exemplarisch mitwirken kann:

die Schaffung einer Marktform, welche soziale Gerechtigkeit und dadurch Freiheit ermöglicht,

die Umwandlung des heutigen Waffenstillstandes der Weltmächte in einen politischen Frieden,

die Versöhnung der Technik mit der Natur.

Ich danke Ihnen nicht nur für die Geduld Ihres Zuhörens. Ich bitte Sie vielmehr um Mitarbeit an diesen Aufgaben, jeden nach seinen Kräften.

5. Was ist die unsichtbare Hand?*

A. Diskussionsbeitrag 1972**

In der durch den Marxismus angeregten Diskussion erscheint als ein charakterisierendes Merkmal des Kapitalismus das Prinzip der Profitmaximierung. Diese Redewendung kann meiner Beobachtung nach in zwei wesentlich verschiedenen Weisen gebraucht werden, die ich als die primitive und als die aufgeklärte Verwendung unterscheiden möchte.

Die primitive Verwendung nimmt das Faktum der Profitmaximierung im Kapitalismus als evident und verknüpft diese Feststellung unmittelbar mit dem als evident empfundenen Werturteil, daß dieses Prinzip der Maximierung eines Privatinteresses dem Gesamtinteresse der Gesellschaft abträglich sein muß oder zum mindesten nicht optimal förderlich sein kann. Genau dieses Werturteil als naiv zu entlarven, ist der Sinn des von Adam Smith formulierten Prinzips der unsichtbaren Hand. Nach Smith regelt sich – wenn gewisse Bedingungen erfüllt sind – der Wirtschaftsprozeß automatisch so, daß das Gesamtinteresse gerade dann optimal erfüllt wird, wenn jeder Beteiligte sein Partikularinteresse optimal wahrnimmt. Die Einsicht in den Mechanismus des Ganzen ist dabei für jeden einzelnen Teilnehmer an dem Vorgang überflüssig; das Optimum

* Unveröffentlichter Beitrag zur Diskussion im Max-Planck-Institut zur Erforschung der Lebensbedingungen der wissenschaftlich-technischen Welt, Starnberg 1972; mit einem Nachtrag 1988.

** Dieser Aufsatz ist aus einigen Gesprächen der letzten Monate mit Vertretern einander entgegengesetzter Ansichten hervorgegangen. Er beruht nirgends auf eigenen Detailstudien der berührten historischen und systematischen Fragen. Er ist eher eine Anfrage an meine Gesprächspartner, ob ich die erörterten Probleme richtig aufgefaßt habe und in welcher Richtung eine weitere Diskussion nötig und möglich wäre. (Fußnote von 1972.)

stellt sich ein, so als ob eine allen Teilnehmern unsichtbare Hand es herstellte. Als eine aufgeklärte Verwendung der Redeweise von der Profitmaximierung würde ich eine Argumentation ansehen, die in voller Kenntnis der gedanklichen Struktur des Smithschen Prinzips dieses zu überwinden oder, dialektisch gesagt, aufzuheben sucht.

Marx' eigene Verwendung der Rede von der Profitmaximierung war ohne Zweifel der Intention nach aufgeklärt; sie basierte ja gerade auf der detaillierten Kritik der klassischen Ökonomie. Mir als ökonomischem Laien drängt sich freilich die Frage auf, ob er nicht dort, wo seine konkreten Prognosen sich kurz- und mittelfristig nicht erfüllt haben, die reale Kraft der »unsichtbaren Hand« unterschätzt hat. Sollte das zutreffen, so müßte sich eine Wiederaufnahme der Kapitalismuskritik rund hundert Jahre nach Marx zunächst vergewissern, ob sie dem Argument der verborgenen Hand auf dem ihm angemessenen intellektuellen Niveau zu begegnen vermag. Die vorliegenden Notizen stellen sich daher die eingeschränkte Aufgabe, die systematische Struktur und den möglichen geschichtlichen Ort des Smithschen Arguments zu besprechen. Sie sind weder Verteidigung noch Kritik des Kapitalismus, sondern der Versuch, das bei einer solchen Debatte benutzte begriffliche Handwerkszeug zu verstehen.

Es dient vermutlich der Klarheit, wenn der Verfasser einer solchen Notiz die in seiner persönlichen Biographie begründeten Vorurteile soweit explizit ausspricht, als sie ihm selbst klargeworden sind. Als Kind einer bürgerlichen, christlich-liberalen Familie bin ich in die kapitalistische Gesellschaftsordnung zunächst wie in eine Selbstverständlichkeit hineingewachsen, war mir aber über ihre moralische Rechtfertigung von Kindheit an und über ihre Überlebensfähigkeit seit der Wirtschaftskrise von 1929 im Zweifel. Nach dem Ende des Zweiten Weltkrieges war es für viele bürgerliche Europäer meiner Generation eine Art Erleuchtungserlebnis, um wieviel effizienter und durchsichtiger eine Marktwirtschaft arbeitet als alle Versuche staatlich gelenkter Wirtschaften, die wir gesehen hatten.

(Die heute manchmal als Argument für zentrale Planung angeführte gewaltige Leistungsfähigkeit der Kriegswirtschaften war für den, der in ihrer Mitte leben mußte, milde gesagt, ambivalent. Einmal gelang diese Anstrengung nur um der Produktion einer Art von Gütern willen, deren Nichtverwendung man aufs dringlichste wünschen mußte. Zweitens war der Grad des Leerlaufs unter dem Schutz der Ausführung gegebener Befehle und der angeblich notwendigen Geheimhaltung sehr groß; es gab einen Slogan: »Daß wir den Krieg nicht schon längst verloren haben, kommt nur daher, daß die Gegenseite vermutlich genauso schlecht arbeitet wie wir.« Schließlich war die Kriegswirtschaft eine kurzfristige staatliche Verwendung eines in privater Initiative entstandenen Potentials, vielleicht ein Aufzehren von gesammelten Reserven.)

Das Erleuchtungserlebnis des marktwirtschaftlichen Denkens blieb für mich die Entdeckung eines hochinteressanten Partialprinzips. Daß die Weltordnung, die sich nach 1945 wiederherstellte, ihre großen Probleme wie Krieg, Unmenschlichkeit, Kulturzerstörung würde lösen können, war mir zutiefst zweifelhaft, und jedenfalls setzte ich in diesen Fragen die Hoffnung nicht auf den Markt. Euphorie und Zynismus der kapitalistischen Gesellschaft haben nun, im Gegenschlag, der Generation meiner Kinder das Erleuchtungserlebnis des Sozialismus beschert. Ich werde das Gefühl nicht los, daß es sich hier wieder einmal um die Entdeckung einer Halbwahrheit handelt. Die berechtigte Kapitalismuskritik beweist nicht, daß ein besseres Prinzip gefunden wäre. Wo der sozialistische Impuls die Naivität einer spontanen moralischen Reaktion hat, ist er wahrscheinlich richtiger als alle seine bisherigen theoretischen Selbstdeutungen. Seine moralische Gefahr ist die ideologische Selbstgerechtigkeit, die in sozialistischen Regierungssystemen oft genug in die nackte Lüge umschlägt. Ich empfinde im Sozialismus eine noch uneingelöste, weil wahrscheinlich noch unverstandene moralische Hoffnung.

Die gegenwärtigen Notizen stehen vor dem Hintergrund dieser zentralen Fragen politischer Moral, thematisieren sie aber nicht. Sie stellen, auf meine Generation bezogen, die Frage, was der Wahrheitsgehalt und die Grenzen des für uns so wichtig gewordenen marktwirtschaftlichen Denkens sind. An diejenigen, denen die Kritik daran heute zur Selbstverständlichkeit geworden ist, richten sie die Aufforderung, rational begreiflich zu machen, ob und wieweit diese Kritik haltbar ist. Beides geschieht wiederum nicht in empirischer Breite, sondern in abstrakter Zuspitzung auf theoretische Leitgedanken.

Das Prinzip der unsichtbaren Hand läßt sich in eine ideale und eine reale Behauptung aufspalten. Die ideale Behauptung beschreibt die Wirkungsweise eines idealen Marktes. Die reale Behauptung läßt wiederum eine normative und eine historische Version zu. Normativ besagt sie, das wirtschaftliche Optimum wäre zu erreichen, wenn ein idealer Markt realisiert würde, und darum sei dieser anzustreben. Historisch behauptet sie, der faktische Erfolg der neuzeitlich-westlichen Wirtschaft beruhe auf dem Marktprinzip, und sie behauptet eventuell, darüber hinaus, die Mängel und Krisen dieses Erfolgs beruhten gerade nicht auf dem Marktprinzip, sondern auf dessen Verletzung.

Die ideale Behauptung läßt sich, wenn ich richtig gelernt habe, in moderner Sprache z. B. auf die Formel bringen: Ein idealer Markt führt zu einer Pareto-optimalen Güterverteilung. (Pareto-optimal heißt ein Zustand, in dem keiner der Beteiligten noch einen Vorteil erhalten könnte, ohne daß wenigstens einer der Beteiligten einen Nachteil erlitte.) Unter Prämissen, die ich nicht explizit aufzuzählen vermag, ist dieser Satz mathematisch beweisbar. Zum idealen Markt gehört jedenfalls die volle Transparenz: jedem Beteiligten müssen alle ihn interessierenden Angebote und Nachfragen bekannt sein. Dazu gehört ferner die volle Freiwilligkeit der Kaufs- und Verkaufsabschlüsse. Ferner gehört dazu die polypolistische Struktur: kein Beteiligter hat einen Marktanteil, der ihm gestatten würde, durch individuelles Handeln die Preise nennenswert zu verändern. Der Begriff der Optimalität ist dabei auf eben diejenigen subjektiven Nutzenfunktionen bezogen, durch welche die Beteiligten ihre Angebote und Nachfragen bestimmen. Es ist die Pointe der unsichtbaren Hand, den Menschen zu einem Maximum eben desjenigen Glücks zu verhelfen, das sie selbst subjektiv begehren. Ich lasse die Prämissen dieser idealen Beschreibung zunächst undiskutiert, um mich der geschichtlichen Rolle ihres realen Korrelats zuzuwenden.

Die vorklassische, ganz besonders die merkantilistische ökonomische Theorie beruhte implizit auf derjenigen Auffassung vom Regieren, die ihre zugespitzteste Form in Platons These von den Philosophenkönigen gefunden hatte. Ich gliedere diese Auffassung in drei Thesen auf: a. Die wohlverstandenen Einzelinteressen werden am besten erfüllt, wenn vor allem das Gesamtinteresse am besten erfüllt wird. b. Um das Gesamtinteresse erfüllen zu können, muß man es, zusammen mit den Bedingungen seiner Realisierung, explizit denken. c. Die Verwirklichung des Gesamtinteresses muß in den Händen derjenigen liegen, die es denken können. Dies ist die Gedankenwelt jeder paternalistischen Regierung, aber ebenso aller derjenigen Reformer und Revolutionäre, die das Gesamtwohl durch eine besser gehandhabte Regierungsgewalt realisieren wollen. Es ist dies die Denkweise elitärer Konservativer, Reformer und Revolutionäre, wobei letztere sich beschönigend avantgardistisch zu nennen pflegen. Mit einer egalitären Denkweise ist sie nur dann vereinbar, wenn plausibel gemacht werden kann, daß alle das Gesamtinteresse explizit zu denken und zu wollen vermögen. Diese Spannung führt u. a. zu dem pädagogischen Impetus der Demokraten.

Adam Smith leugnet die Prämisse: das Gesamtwohl stellt sich nicht dadurch ein, daß jemand es denkt, sondern gerade, obwohl niemand es denkt. Wenn das wahr ist, sind Freiheit und Gleichheit unter Menschen, so wie sie faktisch sind, möglich. Der Professor, der mit Kaufleuten befreundet war, leiht hier den Praktikern die Stimme der Theorie: Laßt uns doch machen, und wir werden es besser machen, als wenn ihr uns reglementiert. Für Hegel ist dieser Gedanke das große Beispiel der List der Idee. Er dient der

Kritik am Ideal des Philosophenkönigs. Die Theorie, die Eule der Minerva, beginnt ihren Flug erst in der Abenddämmerung. Das Sein geht dem Bewußtsein voran.

Smith gebraucht sein Prinzip normativ, als Verteidigung der Selbstbestimmung des Menschen. Er formuliert zugleich Grenzen seiner Wirksamkeit. Dreierlei muß der Staat weiterhin übernehmen: 1. den Schutz der Nation nach außen, 2. die Garantie der Rechtsordnung, 3. Leistungen, die keinen Profit einbringen. Der Evolutionismus des 19. Jahrhunderts verallgemeinert das Prinzip über diese vorsichtig gezogenen Grenzen hinaus. Die unsichtbare Hand ist ja nur den am Prozeß Beteiligten verborgen, der Theoretiker hingegen muß von sich verlangen, ihr Wirken kausal durchsichtig zu machen. So formuliert das Prinzip der Selektion im Kampf ums Dasein, des »survival of the fittest«, die allgemeinste mögliche Formel der unsichtbaren Hand. Sie entbehrt nun aber eben wegen ihrer Allgemeinheit der moralischen Qualität, des liberal-egalitären Anspruchs der klassischen Markttheorie; sie würde auch den erfolgreichen Tyrannen rechtfertigen. Es ist also evolutionistisch keineswegs selbstverständlich, daß der Anspruch der Markttheorie historisch eingelöst werden kann; sie hat eine viel größere Beweispflicht als der Darwinismus. Auch bei Hegel ist das Marktprinzip natürlich nicht das letzte Wort; der Staat tritt der bürgerlichen Gesellschaft als notwendiger Repräsentant des Ganzen gegenüber.

Marx übernimmt, wenn ich richtig sehe, das Prinzip der unsichtbaren Hand, insofern die Profitmaximierung des einzelnen Kapitalisten keineswegs nur ihm als Person, sondern der ganzen Kapitalistenklasse einen maximalen Profit gewährt. Dem Gesamtinteresse ist damit genau so lange gedient, als die Bourgeois hierbei die Produktivität der Gesellschaft entwickeln und, gegenüber dem feudalen System, das Gesamtinteresse verkörpern.

Eben darum bedarf es besonderer nicht rein ökonomischer und keineswegs selbstverständlicher Überlegungen bei Marx und im modernen Marxismus, um nachzuweisen, daß diese förderliche Wirkung des Marktes nicht oder nicht hinreichend auf die Beziehungen zwischen Kapital und Arbeit verallgemeinert werden kann, und um zu begründen, warum dem Kapitalismus eine unvermeidliche Krisentendenz innewohnen soll. Meinem Eindruck nach sind die heutigen Theoretiker des Sozialismus nur über die Konklusion einig, die bewiesen werden soll, aber überhaupt nicht über die Mittel des Beweises. Ich vermeide nur schwer das Empfinden, daß hier ein berechtigter moralischer Impuls vergeblich zu beweisen sucht, daß nicht sein kann, was nicht sein darf.

Ich spreche diese Bedenken in der Hoffnung aus, meine marxistischen Freunde herauszufordern, daß sie ihre Gründe knapp formulieren, die ihnen Anlaß geben, eine Krise des kapitalistischen Systems nicht nur zu erhoffen, sondern zu erwarten. Dazu kommt als zweites die Frage, welche Argumente es gibt, eine zentrale, an den obigen Prinzipien a, b, c orientierte Ordnung der Wirtschaft auch unter der Berücksichtigung der konkreten Bedingungen ihrer Realisierung für effizienter und gerechter zu halten als eine im Sinne der unvollkommenen Märkte des heutigen Kapitalismus dezentralisierte Entscheidungsstruktur.

Als Versuch eines eigenen Beitrags zur Antwort komme ich noch einmal auf die Beweislast der Markttheorie zurück. Was ist in den oben zitierten Bedingungen des idealen Marktes impliziert? Zwanglosigkeit, Polypol, Transparenz bezeichnen eine Gesellschaft freier, gleicher, denkender Menschen. Die drei Bedingungen von Adam Smith bezeichnen reale Bedingungen der Aufrechterhaltung von Freiheit (1. und 2.) und Gleichheit (2.) sowie die Entlastung von dem moralischen Anspruch freiwilliger individueller Handlung im Gesamtinteresse (3.). Die Anforderungen an das Denkvermögen und an die Moral dieser Bürger werden damit eingeschränkt auf die Einsicht in die Notwendigkeit eines liberalen Rechtsstaates mit der Bereitschaft, ihm die erforderlichen Opfer zu bringen, und auf die Einsicht in die Mittel zur Erfüllung der subjektiven Bedürfnisse. Vermutlich liegt die Schwäche dieses Modells darin, daß es einen hohen Anspruch an die Einsichtsfähigkeit der Menschen mit einer rein formellen subjektiven Nutzentheorie koppelt. Man kann aber die Kategorie der Einsicht in den wahren Wert oder Nutzen ökonomischer Handlungen nicht entbehren. Eine subjektive Nutzentheorie muß auch im subjektiven Nutzen einen hinreichend großen Kern echter Einsicht voraussetzen, während doch die Realität der kapitalistischen Überschußgesellschaft und fast aller politischen Vorgänge uns über das Bestehen und die bewußte Produktion objektiv absurder subjektiver Nutzenfunktionen belehrt.

Dies aber erscheint als eine Kritik an den Grundlagen der These von der unsichtbaren Hand. Die Menschen scheinen eben gerade nicht zur Selbstentscheidung fähig zu sein, jedenfalls nicht unter der Herrschaft kapitalistischer Interessen. Damit ist natürlich wiederum nicht gezeigt, daß irgendein anderes System sie dazu besser befähigt. Vermutlich sind alle schlicht optimistischen Gesellschaftstheorien falsch, weil sie zu einfach sind (und alle schlicht pessimistischen falsch aus demselben Grunde). Unter diesen Umständen mag es nützlich sein, sich die Verknüpfung der These von der unsichtbaren Hand mit dem Evolutionismus zu verdeutlichen. Man könnte die These folgendermaßen aus dem Evolutionismus herleiten:

Alle biologischen Spezies mit festen Verhaltensmerkmalen, die heute leben, haben eben dadurch ihre Überlebensfähigkeit bewiesen. Eine soziale Spezies muß also angeborene oder fest überlieferte Verhaltensweisen haben, die den Fortbestand ihrer Gesellschaft gewährleistet; andernfalls würden wir sie nicht vorfinden. Der Mensch ist ein soziales Wesen. Also überlasse man die Menschen ihren Verhaltensweisen, und ihre Gesellschaft wird überleben. Insbesondere mißbillige man nicht den verständigen Egoismus im Wettbewerb.

Für eine wesentlich durch angeborenes Verhalten bestimmte Tiergesellschaft wäre dieses Argument nahezu zwingend. Beim Menschen darf man vielleicht annehmen, daß es für alle diejenigen Verhaltensarten gilt, die mit den elementaren Lebensbedürfnissen zusammenhängen. Ebendiese nennen wir ökonomisches Verhalten. Es gibt also eine biologische Vermutung zugunsten der unsichtbaren Hand im primitiv ökonomischen Bereich. Nun sind aber in der Industriegesellschaft die ökonomischen Bedürfnisse mit hochkulturellen Leistungen untrennbar verwoben. Es erscheint schwierig, aus einer so komplexen Situation andere Folgerungen zu ziehen, als daß es nötig wird, die unsichtbare Hand soweit als möglich zu einer sichtbaren zu machen. D. h. wir werden genötigt, auf die Entlastung durch formale Prinzipien in wachsendem Maße zugunsten direkter Einsicht in die Sachverhalte zu verzichten.

Zur Einsicht in die Sachverhalte gehört natürlich auch die Einsicht in übergreifende oder oft wiederholte Strukturen, also die Theorie. Eine Theorie kann formale Prinzipien wie Marktwirtschaft, demokratische Entscheidungsfindung, Sozialisierung von Produktionsmitteln, die nicht automatisch evident sind, als Prinzipien von begrenztem Anwendungsbereich begründen. Sie wird auch eine Einsicht in die Entlastungsfunktion formaler Prinzipien begründen und mit der real undurchführbaren Forderung nach inhaltlich begründeter Entscheidung in jedem Einzelfalle ausgleichen müssen. Insofern Theorie selbst formal ist, muß sie sich selbst als »Komplexitätsverminderung«, d. h. als Entlastung von einem konkreten Wahrheitsanspruch beurteilen und damit relativieren lernen. Die gegenwärtigen Notizen suchen nur bewußt zu machen, wieweit sowohl in der neoklassischen Ökonomie wie im Marxismus theoretische Allgemeinbehauptungen selbst in entlastender Funktion, also ohne Einlösung ihres Wahrheitsanspruches gebraucht werden.

B. Nachtrag 1988

Den obigen Aufsatz habe ich handschriftlich und nur in der ersten Hälfte in einem mit der Maschine abgeschriebenen Text unter meinen Papieren aus der frühen Zeit des Instituts vorgefunden. Offenbar kam er mir damals nicht hinreichend ausgereift vor, um ihn den Mitarbeitern des Instituts schriftlich in die Hand zu geben. Ich erinnere mich freilich gut, die hier gesammelten Argumente in vielen Gesprächen benützt zu haben. Die Debatte zwischen den theoretischen Ansätzen der Marktökonomie und des Sozialismus ist nun aber für manche Überlegungen des vorliegenden Buches wichtig. Ich habe mich daher entschlossen, den Aufsatz hier abzudrucken. In der Zwischenzeit haben sich freilich die objektive Wirtschaftslage auf unserem Planeten und auch die Theorie der streitenden Richtungen weiterentwickelt. Ich habe zumal die theoretische Entwicklung nur sehr lückenhaft zu verfolgen vermocht. Gleichwohl sollte ich, so scheint mir, von meinem heutigen Standpunkt aus einen Rückblick auf die damaligen Argumente hinzufügen.

Die Adressaten des Aufsatzes sind offensichtlich Neo-Marxisten aus der »Neuen Linken« nach 1968, und, als ihre Gesprächspartner, ihre markttheoretischen Gegner. Der Aufsatz endet skeptisch gegenüber beiden Seiten. Formal endet er im Gestrüpp ungeklärter theoretischer Voraussetzungen beider Seiten. In freundlicher Form bietet er aber beiden Seiten an, ihre jeweils eigene Argumentationsweise wiederzuerkennen in der Figur des »politischen Fehlschlusses«: »Was mein Gegner vorschlägt, kann nicht funktionieren; daraus folgt, daß mein Vorschlag funktionieren wird.«

Man kann die gegenseitigen Kritiken in zwei knappe Behauptungen zusammenfassen:

A. Die sozialistischen Planwirtschaften funktionieren erkennbar schlechter als der offene kapitalistische Markt; und dies ist kein Wunder, denn der freie Markt profitiert vom selbständigen Denken aller Marktteilnehmer, eine Planwirtschaft aber muß sich den Grenzen des Denkvermögens und den Klasseninteressen einer kleinen Gruppe von Bürokraten unterwerfen.

B. Die Smithschen Voraussetzungen des Marktes sind im heutigen Kapitalismus überhaupt nicht erfüllt, denn der Markt ist nicht polypolistisch, sondern von der ständig wachsenden Macht weniger Riesenfirmen bestimmt.

Ich lasse diese Behauptungen zunächst stehen und suche einen Überblick über die tatsächliche heutige Lage. Vor wenigen Jahren, vielleicht 1984, hörte ich einen Vortrag des amerikanischen Wirtschaftshistorikers Immanuel Wallerstein, dessen theoretische Auffassungen vielleicht als ein höchst undogmatischer Marxismus bezeichnet werden könnten. Ich folge hier dem Schema des Vortrags, fülle es aber mit meinen subjektiven Eindrücken von der Sachlage aus.

Wallerstein benutzte die übliche Einteilung in drei »Welten«: die »erste« Welt des heute von Nordamerika dominierten Nordwestens, die »zweite« Welt, die von der Sowjetunion dominiert ist, und die »dritte« Welt, die keiner der beiden anderen angehört. Japan, Australien, Neuseeland gehören heute zur ersten Welt, China rechnet sich zur dritten. Wallerstein betrachtet dann die politische Geschichte der drei Welten etwa seit dem frühen 19. Jahrhundert in globaler Vereinfachung. In allen drei Welten traten revolutionäre Bewegungen hervor, die in der je eigenen Weise die Freiheit suchten. Bis spätestens 1960 hatten alle drei Revolutionen ihre bewußten Ziele erreicht. Seitdem zeigt sich, daß sie aber damit nicht das erreicht haben, was sie eigentlich angestrebt hatten.

Im Nordwesten setzte sich die bürgerliche Revolution durch und ließ den liberalen Rechtsstaat entstehen; die letzten Rückschläge, in marxistischer Sprache »Faschismus« genannt, waren 1945 zusammengebrochen. Auch die Arbeiterklasse wurde in einen kleinbürgerlichen Wohlstand integriert, und zwar ohne neue Revolution; das war der Sieg der Sozialdemokratie.

Im Nordosten wurde der Zarismus ohne bürgerliche Zwischenphase durch einen direkten Sieg des Sozialismus abgelöst; dieser Sieg ist spätestens seit 1945 politisch-militärisch stabilisiert.

Die Dritte Welt kam im 19. Jahrhundert wachsend unter nördliche Kolonialherrschaft. Der Machtverlust Europas durch die zwei Weltkriege führte 1945 bis 1960 fast überall zum Ende der politischen Kolonialherrschaft.

Alle drei Welten mußten seitdem erkennen, daß ihre wahren Ziele nicht erreicht waren. Wir gehen für diese Überlegung in der umgekehrten Reihenfolge vor.

Die Dritte Welt steht unter einer vollen wirtschaftlichen Herrschaft des Nordwestens. Ihre sozialen Probleme nehmen zu.

Im Nordosten ist keine politische Freiheit gegenüber der herrschenden Partei erreicht, und das wirtschaftliche System funktioniert, entgegen den sozialistischen Hoffnungen, schlechter als dasjenige des Kapitalismus.

Im Nordwesten zeigte – gemäß Wallerstein – die Bewegung von 1968 die tiefe Unbefriedigtheit der Jugend durch das Erreichte. Objektiv lassen sich drei ungelöste Probleme aufzeigen: die Marginalisierung einer Unterschicht, die Fortdauer der Kriegsgefahr, die fortschreitende Zerstörung der Natur.

Ich bespreche alle diese Sachprobleme in anderen Teilen des Buches. Was die Wirtschaftstheorien betrifft, ziehe ich zwei Folgerungen:

Die Kritik A. an den sozialistischen Bürokratien scheint mir schlicht richtig. Die Reformtendenzen in China und in der Sowjetunion bezeugen, daß man den Mangel auch dort bemerkt. Gerade unter marxistischem Blickwinkel sind diese Systeme kein Sozialismus, sondern Herrschaft einer Klasse mit sozialistischer Ideologie. Der Weg zum Sozialismus über das von der Sozialdemokratie Erreichte hinaus ist nirgends gefunden worden.

Die Kritik B. spricht ein unbestreitbares Faktum aus. Die Frage ist, wie relevant dieses Faktum ist. In der optimistisch-marktwirtschaftlichen Theorie ist deshalb inzwischen der Rekurs auf die Bedingungen des Polypols und der Transparenz zurückgetreten. Es ist aber eine Theorie entwickelt worden, die den Optimismus der Evolutionstheorie auf den Markt überträgt.* Nach dieser Theorie erzeugen, kurz gesagt, eben diejenigen Strukturen das

* R. H. Coase, *The problem of social cost*, Journ. Law & Econ. (1960).

Optimum, die sich im zwanglosen Markt von selbst entwickeln, also z. B. auch das Oligopol der großen Firmen. Ich habe nicht die Zeit gehabt, mich mit den Details dieser Argumentation zu befassen. Daher unterstelle ich hier, daß sie korrekt seien. Dann aber kann sie doch nur zeigen, was auch die Evolutionstheorie des organischen Lebens bestenfalls behaupten kann. Dort heißt es: Eine Spezies, die überlebt, ist ihren Lebensbedingungen angepaßt; man kann das vielleicht optimal nennen. Aber für jede Spezies, die sich neu entwickelt, besteht eine erhebliche Wahrscheinlichkeit, daß sie nicht überlebt. Für die Wirtschaftsform hieße das: der freie Markt ist den menschlichen Lebensbedingungen angepaßt, sofern er nicht zu einer tödlichen Krise führt. D. h. diese Theorie steckt den Optimismus in ihre Prämissen hinein. Unser wahres Problem ist eben die Krise. Und die These schon des obigen Aufsatzes läßt sich in die Gestalt bringen, daß dieses Überleben nicht der unsichtbaren Hand allein überlassen werden kann, sondern des Bewußtseinswandels bedarf. Bei einem hinreichenden Maß gemeinsamer politischer Vernunft kann dann der freie Markt eine nützliche Spielregel sein.

6. Technik als Menschheitsproblem*

»Literatur im Industriezeitalter« ist der Name der umfangreichen und interessanten Ausstellung, die heute hier in Marbach eröffnet wird. Der Einladung, den Eröffnungsvortrag zu halten, bin ich gerne gefolgt. Ich habe ihm den Titel *Technik als Menschheitsproblem* gegeben. Es sei erlaubt, zunächst das Verhältnis zwischen diesen beiden Titeln zu erläutern.

Der Vortragstitel ist thematisch eine Ausweitung gegenüber dem Namen und Gegenstand der Ausstellung. Eine Ausstellung muß sich thematisch beschränken, wenn sie ihren Gegenstand einigermaßen komplett präsentieren will. Der Vortrag versucht den Horizont zu bezeichnen, innerhalb dessen das Thema der Ausstellung zu verstehen ist.

Ich beschreibe die Selbstbeschränkung der Ausstellung zunächst durch drei noch relativ äußerliche Kategorien. Gegenständlich beschränkt sie sich, der Marbacher Tradition gemäß, auf Literatur, also auf eine Kunstgattung. National oder regional beschränkt sie sich zwar nicht vollständig, aber doch vorwiegend, auf Literatur in deutscher Sprache. Geschichtlich thematisiert sie die Literatur durch die Bezeichnung »im Industriezeitalter«. Das ist eine doppelte Eingrenzung: auf Industrie und die zwei letzten Jahrhunderte als das Zeitalter der Industrie.

Industrie ist das sachliche Thema der Ausstellung. Industrie ist eine gesellschaftliche Erscheinungsform eines uralten menschlichen Verhaltens, das wir Technik nennen können; eine Erscheinungsform, die im abendländischen 19. Jahrhundert großgeworden ist. Die Industrie wurde von ihren Zeitgenossen seit den Anfängen ambivalent betrachtet: mit Hoffnung und Stolz oder aber mit Furcht und

* Vortrag zur Eröffnung der Ausstellung »Literatur im Industriezeitalter« in Marbach am Neckar, 9. Mai 1987. Als Sonderdruck gedruckt von der Deutschen Schillergesellschaft, Marbach 1987.

Haß. In der literarischen Spiegelung, die unsere Ausstellung zeigt, überwiegt der kritische Ton. Auch diese ambivalente Reaktion auf die Technik ist uralt. Ich spreche deshalb von Technik als einem Menschheitsproblem. Sie ist insbesondere ein Problem, vielleicht *das* Problem unserer eigenen Zukunft. Das Wort »Problem« bezeichnet in der klassischen Sprache der Mathematik eine vorgelegte Aufgabe: *pro-ballo*, ich werfe oder lege vor, *pro-blema*, das Vorgelegte. Machen wir uns an die Aufgabe, die uns vorliegt!

Man lernt das Allgemeine zunächst am speziellen Beispiel sehen; dann aber lernt man das Beispiel durch Erwägung des Allgemeinen besser verstehen und behandeln. So möchte ich das Spezielle, das diese Ausstellung bietet, als Beispiel des Menschheitsproblems der Technik lesen. Betrachten wir noch einmal die drei Selbstbeschränkungen!

Ich nannte die Literatur eine Kunstgattung. So wie uns Literatur in dieser Ausstellung begegnet, ist sie selbst eine gesellschaftliche Erscheinungsform eines uralten menschlichen Verhaltens, der Poesie. Auch sie ist, als diese Erscheinungsform, erst durch das 19. Jahrhundert möglich geworden. Auf der Leipziger Buchmesse des mittleren 18. Jahrhunderts gab es, so habe ich gehört, rund 300 neue Titel pro Jahr: das konnte ein fleißiger Leser in einem Jahr durchlesen. Und die Verfasser waren Professoren, Kleriker, vielleicht Hauslehrer in adligen Häusern oder selbst Grundbesitzer. Hingegen Literatur als Brotberuf, die unüberblickbare Breite der Produktion, das Vorwiegen der erzählenden Prosa, die Blüte des Romans als Form gesellschaftlicher und introspektiver Reflexion – all dies sind selbst Phänomene des Industriezeitalters. Literatur im Industriezeitalter ist ökonomisch ein Kind der Industrie, auch wo sie thematisch die Industrie kritisiert. Die Thematik, die unsere Ausstellung präsentiert, könnte ebensogut den Namen tragen: »Industrie im Literaturzeitalter«.

Der englische Naturwissenschaftler und Romanautor C. P. Snow hat die zwei Seelen in seiner Brust als Vorkämpfer zweier »Kulturen« verstanden, die in der heutigen Gesellschaft gleichzeitig leben: der wissenschaftlich-technischen und der humanistisch-literarischen Kultur. Stilisierend meint Snow, jede der beiden Kulturen sei stolz darauf, die andere nicht zu verstehen. Das Verhältnis zwischen beiden ist aber nicht symmetrisch. Die Denkeinstellung der wissenschaftlich-technischen Kultur ist direkt-gegenständlich. Um ihr zu folgen, muß man fähig und willens sein, komplexe außermenschliche Kausalzusammenhänge im Detail zu durchdenken. Die Abwehr gegen diese Kultur nimmt die Form an, sie entweder für irrelevant oder für gefährlich zu halten. Das Thema der humanistisch-literarischen Kultur hingegen ist der Mensch selbst. Der Mensch ist viel komplizierter als die außermenschliche, zumal als die anorganische Natur; er ist kausal fast undurchschaubar. Er ist mit einer angeborenen Anlage zur zwischenmenschlichen Kommunikation ausgestattet, die dem Einzelnen, meist auf dem Umweg über ein Verständnis der Mitmenschen, am Ende sogar ein kleines Stück Weisheit der Selbsterkenntnis zu vermitteln vermag. So ist der literarischen Kultur auch ein Stück Selbstkritik der Gesellschaft aufgetragen. Wenn es zwischen beiden Kulturen zum Konflikt kommt, so führt die Ungleichheit der Waffen meist nur zur Fortdauer des Nebeneinanderherlebens. Durchschauen technischer Kausalitäten verleiht stumme reale Macht. Die Waffe der Literatur hingegen ist das Wort. So pflegt die Technik die reale Entscheidung zu behalten, die Literatur aber behält das letzte Wort. Beides ist unzureichend, wenn es um das Menschheitsproblem der Technik geht.

Ehe ich mich dem Sachproblem zuwende, ein Wort zur zweiten Selbstbeschränkung, der Einschränkung auf den deutschen Sprachraum. Die neuzeitliche ökonomisch-technische Entwicklung, die zur Industriegesellschaft führte, hat ihren Ursprung nicht in Deutschland, sondern in Westeuropa. Der Durchbruch geschah, seit der zweiten Hälfte des 18. Jahrhunderts, in England. Ich habe mir einmal erlaubt, die neuzeitliche, schon im späten Mittelalter beginnende europäische Kulturentwicklung »titanisch« zu nennen. In der Ebene politischer und ökonomischer Macht waren die Deutschen von dieser Entwicklung durch drei Ereignisse ferngehalten: durch den Sturz des staufischen Kaisertums im 13. Jahrhundert, dem nach und nach die Konsolidierung der nationalen Monarchien in Frankreich, England und Spanien folgte; durch die Verlagerung des ökonomischen Gewichts nach Westeuropa mit der Erschließung der Weltmeere seit 1500; durch die deutsche Selbstzerfleischung des Dreißigjährigen Kriegs im 17. Jahrhundert. Im Denken und Schreiben aber vollzogen die Deutschen den Titanismus radikaler als der Westen: in Luther, einem Titanen religiöser Erfahrung, in universalen Systemen, wie dem des Kusaners, von Leibniz, Kant, Hegel, in der Musik Beethovens und Wagners, im kritischen Entwurf von Marx und von Nietzsche, um nur einige Namen zu nennen. Eine Ausstellung deutscher Literatur kann nicht umhin, dieses gebrochene Verhältnis der Deutschen zur Macht zu spiegeln. Man wird vermuten dürfen, daß Hitler in einer Nation mit real eingeübtem, der Selbstkontrolle vertrauten Verhältnis zur Macht nicht möglich geworden wäre. Was die Deutschen den Konflikt zwischen Geist und Macht genannt haben, läßt beide, Geist sowohl wie die Macht, irrealer werden als nötig. Wir sollten bei den Texten dieser Ausstellung das spezifisch deutsche Problem behutsam vom Menschheitsproblem zu sondern lernen, im Interesse des deutschen wie des grundsätzlichen Problems.

Nun aber das grundsätzliche Problem! Ich darf, neben den vielen bekannten Texten hierzu, vielleicht auf einen noch ungedruckten Vortrag von Rolf Peter Sieferle von der Universität Konstanz verweisen, der mir vor kurzem in die Hand gekommen ist, unter dem Titel *Alte und neue Muster der Technikkritik. Wege aus der Krise?*

Technikkritik – darauf verweist Sieferle – scheint so alt zu sein wie die Technik selbst. Ich gebe ein paar Beispiele.

In unserer Ausstellung finden Sie eine von Werner Heisenberg zitierte taoistische Erzählung von einem Weisen, der keinen Ziehbrunnen benützte, sondern mit dem Eimer zum Wasser hinunterstieg und wieder herauf. Denn wer eine Maschine benutzt, bekommt eine Maschinenseele.

Eine andere taoistische Erzählung: »In der seligen Vorzeit hörte man von einem Dorf zum nächsten die Hähne krähen und die Hunde bellen; aber nie war ein Mensch aus dem einen Dorf im anderen Dorf gewesen. So blieben die Menschen glücklich.«

In der griechischen Sage schmieden die Götter den Prometheus, der den Menschen das Feuer gebracht hat, als Empörer an den Felsen des Kaukasus. Im Chorlied der *Antigone* von Sophokles übersetze ich, den vieldeutigen, unübersetzbaren Ausdruck einseitig verschärfend, *deinós* mit »entsetzlich«, und dann lautet der Anfang: »Vieles Entsetzliche gibt es, doch nichts / Ist entsetzlicher als der Mensch.« Denn er versklavt die Tiere, die Natur; sich selbst jedoch weiß er nicht zu beherrschen.

Die ersten elf Kapitel der Bibel sind, indem sie überlieferte Sagen erzählend anordnen, eine theologische Kritik an der Hochkultur. Die Zeitskala ist präzise. Addiert man die Patriarchen-Lebensalter, so kommt man für den Sündenfall etwa auf die Zeit, zu der nach unserer heutigen Kenntnis die ersten Städte gegründet wurden. Die Schlange hat die Wahrheit gesagt: nachdem Adam und Eva den Apfel gegessen haben, wissen sie, was gut und böse ist; mit diesem Wissen haben sie nun zu leben. Kain, der Brudermörder, war Ackerbauer und gründete die erste Stadt. Kains Nachkommen aber erfanden die Viehzucht, die Musik und die Metallbearbeitung. Die Sintflut vernichtete die Gottkönige der Großreiche. Der Turmbau von Babel symbolisiert technisch die Selbstherrlichkeit menschlicher Macht; die Zerstreuung der Menschen durch Gott schafft dann die Vielzahl der Sprachen, also wohl auch die Literatur.

Was beweisen diese Texte? Historisch stammen sie alle aus dem 1. Jahrtausend v. Chr. Das heißt, sie sind von uns Heutigen keine dreitausend Jahre entfernt, sie stehen uns zeitlich näher, als sie dem von ihnen kritisierten Beginn der Hochkultur stehen, den wir auf wenigstens sechstausend Jahre vor unserer Zeit anzusetzen haben. Sie sind Ausdruck einer Selbstkritik der Hochkultur in einem schon späten Zeitalter. Sie sind uns schriftlich überliefert; sie stammen aus einer literarisch werdenden Zeit. Ist ihr Gehalt nur die Spannung zwischen technischer und literarischer Kultur noch einmal, ein paar kleine Jahrtausende früher als heute?

Wollen wir die noch älteren, meist nichtschriftlichen Dokumente der Menschheit deuten, so sind wir aufs Nachdenken angewiesen. In bin kein Historiker, zumal kein Prähistoriker; so versuche ich mich an den uns Heutigen zugänglichen Begriffen zu orientieren. Wir haben Literatur und Industrie einander gegenübergestellt. Literatur war uns eine gesellschaftliche Form von Kunst, Industrie eine gesellschaftliche Form von Technik. Was ist nun das Verhältnis von Kunst und Technik? Was bedeuten die beiden Vokabeln? »Kunst« kommt von »können«. Das griechische Wort *techne* übersetzt das große griechisch-englische Lexikon von Liddell und Scott mit *art, craft,* was beides auf deutsch »Kunst« oder »Handwerk«, kurz »Können« bedeutet. Die beiden Wörter »Kunst« und »Technik« bedeuten also, ihrer Herkunft nach, genau dasselbe. Bei den Griechen war der Künstler ein Handwerker. Schuhe machen ist eine Kunst, Statuen aushauen ist eine Technik. Was bedeutet dann, im heutigen Wortgebrauch, der Unterschied von Kunst und Technik? Ich will der Frage in zwei Stufen nachgehen: zuerst gleichsam anthropologisch, im Blick auf die volle Spanne der Kulturgeschichte, und dann speziell, im Blick auf das Industriezeitalter und unsere eigene Zukunft.

Zuerst also die Frage im Rahmen geschichtlicher Anthropologie.

Technik, so würde ich sagen, bedeutet Bereitstellung von Mitteln für Zwecke. Es gibt eine anthropologische Auffassung, die den Menschen als Homo faber vom Tier abgrenzt. In der Formel »Bereitstellung von Mitteln für Zwecke« sind das Wort »bereit« und der Plural »Zwecke« wichtig. Nach einem angeborenen Verhaltensschema baut die Biene ihre Wabe, der Vogel sein Nest; und Immanuel Kant war bereit, vor einem Vogelnest anbetend auf die

Knie zu fallen, aber nicht vor der Einsicht des Vogels, sondern vor der dem Vogel durch seine erbliche Natur vermittelten göttlichen Zwecksetzung. Ein Zweckbewußtsein des Tieres ist beim Nestbau so wenig erforderlich wie beim Essen, beim Trinken und beim Sexualakt. Mir liegt nichts daran, den Menschen hier scharf gegen die Tiere, zumal gegen die Primaten abzugrenzen. Aber das Phänomen der erfinderischen, weitgehend sprachlich vermittelten kulturellen Tradition beim Menschen ist unterscheidbar von den Phänomenen auch kommunikativ hochdifferenzierten tierischen Verhaltens.

Menschliche Zwecke sind freigehaltene Zwecke. Die Mittel sind geschaffen, ich kann sie für einen Zweck benutzen, ich kann es aber auch unterlassen, aufschieben, durch anderes ersetzen. Zwischen Reiz und Reaktion tritt beim zweckmäßigen Handeln ein Hiatus, eine Pause, die das Urteil erlaubt: »So ist der Sachverhalt; so wünsche ich nunmehr zu handeln; so dient es dem ins Auge gefaßten Zweck.« Mittel für freigehaltene Zwecke zu haben, bedeutet Verfügungsgewalt, es bedeutet Macht. Ich habe mir angewöhnt, »Macht« als »Akkumulation von Mitteln für freigehaltene Zwecke« zu definieren. Nach dieser Definition ist Technik ein Mittel der Macht.

Die eigentliche Frage, welche alle technikkritischen Texte stellen, richtet sich darauf, welche Zwecke wir uns denn setzen sollen, ja, ob nicht die Macht als solche schon den Menschen dazu verführt, unzuträgliche, unerlaubte, verbrecherische Zwecke zu verfolgen, oder unter der Illusion von Zwecken blinden Trieben nachzugeben. Ist Macht eine Sucht?

Ehe wir diesem Problem nachgehen, stellen wir die Frage, was denn nun Kunst im Unterschied zur Technik bedeute. Auch hierfür habe ich mir eine Definition zurechtgelegt. Ich nenne Kunst die Wahrnehmung von Gestalt durch die Schaffung von Gestalt; manchmal sage ich: die beseligende oder auch die seismographische Wahrnehmung von Gestalt durch die Schaffung von Gestalt.

Was heißt hier »Gestalt«? In unserer Ausstellung zum

Beispiel ist es die sprachliche Gestalt der Texte, beim Bildhauer ist es die sichtbar ausgehauene Statue, beim Musiker das Tongefüge im Ablauf der Zeit. Die philosophische Frage nach diesem Gestaltbegriff will ich im heutigen Vortrag nicht vertiefen. Der Weg dieser Frage würde uns, mit einer Einkehr bei Goethe, zunächst zu Platon führen, dort aber nicht enden, sondern in die geschichtliche Welt zurückführen, wie sie auch die heutige Naturwissenschaft sieht.

Wichtig an der Definition ist mir die Doppelung: Wahrnehmung durch Schaffung. Auf dieselbe Doppelung wird heute die Semiotik geführt, die Lehre von gemachten Zeichen, die etwas bedeuten. Ich erinnere dabei gerne an meinen Onkel, den Künstler Fritz von Graevenitz, der nicht weit von hier, auf der Solitude bei Stuttgart, seine Bildhauer- und Malerwerkstatt hatte. Er konnte vor einer Landschaft, die sich bei einem Spaziergang zeigte, ausrufen: »Diese Landschaft ist ein Geschenk von Corot.« Seit nämlich Corot Landschaft so gemalt hat, können wir Landschaft so sehen.

Ich zitiere noch eine andere Äußerung zur Kunst, von Georg Picht in seiner Vorlesung *Kunst und Mythos*: »Kunst kann nicht lügen.« Diesem Satz auf den Grund zu gehen, würde heute zu weit führen; er ist vielleicht eine tiefsinnige schöne Übertreibung. Aber der Grund läßt sich andeuten. Eine Gestalt so zu schaffen, daß sie echte Wahrnehmung vermittelt, ist zu schwer, als daß man sich dabei den Luxus, den Selbstwiderspruch der Lüge leisten könnte. Die Macht großer Kunst, im heutigen Thema also großer Literatur, beruht gerade auf dieser ihrer für den Künstler oft unerträglichen Abhängigkeit von der Wahrheit. Unwahrheit erweist sich fast immer zugleich als ein künstlerisches Versagen. Darum ist auch umgekehrt gerade die inhaltlich engagierte Kunst zwar oft menschlich eindrucksvoll, aber künstlerisch problematisch und – darauf will die These hinaus – gerade infolge ihrer gewollten Engagiertheit unwahr. Picht, der der Lüge in unserer Gesellschaft mit tiefem Abscheu gegenüberstand, sagte eben darum: »Kunst ist schon durch ihre Form gesellschaftskritisch.« Sich auf ihre engagierten Inhalte zu berufen, kann zu großen Irrtümern führen. Sie vermitteln oft genug gerade nicht Wahrnehmung, sondern vorgefaßte Meinung.

Mit dieser Erklärung von Kunst, von Literatur kehren wir zu den alten Erzählungen zurück. Die Weise, in welcher die frühe Kultur sich durch Schaffung von Gestalt ihre eigenen Lebensbedingungen zur Wahrnehmung brachte, nennt man heute gerne Mythos, mythisches Denken. Das griechische Wort *mythos* bedeutet »Wort« oder »Erzählung«. Die Wahrnehmung durch den Mythos fällt offenkundig auch unter die sehr allgemeine Definition von Kunst, die ich soeben gegeben habe. Die mythische Erzählung vermittelt Wahrnehmung der Mächte, die unser Leben bestimmen. Anschauung solcher Mächte vermittelt auch eine Götterstatue, Teilhabe an ihnen eine religiöse Liturgie, wohl auch ein ritueller Tanz: lauter von Menschen geschaffene Gestalten. Mir liegt nicht daran, den Mythos in aller Schärfe gegen das abzugrenzen, was wir in der heutigen Kultur Kunst nennen, aber den Unterschied zu sehen ist wichtig. Den Künstler stellen wir uns etwas naiv als denjenigen vor, der machen kann, was er will; daher das Wort »Kunst«. Der Schriftsteller setzt sich an den Schreibtisch und schreibt eine Erzählung, die er sich ausgedacht hat. Der Bildhauer, der Architekt übernimmt einen Auftrag. Im heutigen Jargon gibt es Liedermacher, Filmemacher: eine absichtliche Ausdrucksweise, um die technische Absichtlichkeit der Kunst zu pointieren. Der Mythos hingegen läßt sehen, was er nicht gemacht hat: Mächte in der Gestalt von Göttern oder auch von exemplarischen, traditionsgründenden Menschen. Der Plural »Mächte« bezeichnet das, was gerade nicht in unserer Macht steht.

Wollen wir die mythische Wahrnehmung des Lebens verstehen, so müssen wir uns von der bürgerlichen, Rousseauschen Romantik des harmonischen Naturzustandes freimachen; andernfalls können wir auch die echte ökologische Aufgabe der Gegenwart nicht verstehen. Die vorgeschichtlichen Jäger und Sammler lebten gewiß eingebettet in die langen Atemzüge der Natur. Aber diese Atemzüge hießen Nahrung und Gefahr, Geburt und früher Tod. Die Gleichnisse göttlichen Wirkens gehen dann in den Mythen der Hochkultur immer mehr von Geburt und Geschlechterfolge in das politische und technische Handeln menschlicher Herrscher über. Der junge Gott, der im babylonischen Mythos die Welt aus dem Leib des erschlagenen Urdrachens baut, spiegelt noch die Entstehung unserer Behausung aus furchtbaren Kämpfen. Die spätere, hochrationale biblische Schöpfungsgeschichte schildert einen Gott, der ohne einen Gegner die Welt baut wie ein Architekt, um sie zu verwalten wie ein Hausvater; den Menschen formt er wie ein plastisches Kunstwerk, nach seinem eigenen Bilde, also doch so, daß der Mensch göttliche Macht in seiner eigenen Naturverwaltung wiedererkennen kann.

Diese Ursprungsmythen sind keineswegs technikfeindlich. Sie erkennen selbstverständlich die gemachte Ordnung an, in welcher der Mensch der Hochkultur allein leben kann. Es gibt besondere Götter für die besonderen Gaben der Kultur; bei den Griechen zum Beispiel Demeter, das heißt Erdmutter, für den Ackerbau, den jungen, hinkenden Hephaistos für die Metallbearbeitung. Das griechische Wort *oikos* heißt Haus, Gehöft. Es ist mit dem lateinischen *vicus*, Dorf, Siedlung, verwandt und noch im veralteten deutschen Wort »Weichbild« gegenwärtig, das das Innere, Wohnliche einer Stadt bezeichnet. *Logos* heißt vernünftige Rede; Ökologie ist die vernünftige Lehre von der Hauswirtschaft. Die Welt wird mit einem Wohnhaus verglichen. Ökologie ist dann vernünftige Verwaltung des Wohnens in der Welt.

Aber die Texte aus dem ersten vorchristlichen Jahrtausend spiegeln eine menschheitsweite Gegenbewegung gegen den Exzeß menschlicher Macht. Ist technische Macht, mag sie auch für den Menschen zum Überleben in der Natur nötig sein, doch eine Sucht, eine Droge? Macht über Menschen und Versklavung der Natur? Mythos und Literatur, deren Thema nicht die physischen und ökonomischen Kausalzusammenhänge, sondern die menschlichen

Motive sind, können genau dieses Bild vermitteln. Ich glaube aber, daß die Droge Macht erst verstanden werden kann, wenn wir die objektiven wirtschaftlichen und gesellschaftlichen Kausalitäten sehen, in deren Schmerzen wir nach diesem Opium greifen.

Schon in der Antike ist der Gedanke aufgekommen, der Mensch sei ein physisch schwaches Mängelwesen und dadurch zur Zivilisation gezwungen. Mit Konrad Lorenz halte ich das, in der Evolution gesehen, für einen Fehlschluß. In der Evolution muß jede Phase lebensfähig sein. Um ein Beispiel zu geben: Braucht der Mensch Kleider, weil Mutter Natur ihn unbehaart, nackt zur Welt kommen läßt? Wie lange konnte aber eine nackte Menschheit überleben, ehe sie die Kleider erfand? Ich kenne den heutigen Stand der frühanthropologischen Forschung nicht. Ich habe von einer Hypothese erzählen hören, die Nacktheit sei die Anpassung an eine lange Phase des Lebens am Ufer ostafrikanischer Seen mit Fluchtchance ins Wasser gewesen. Für mein Argument ist dies nicht wichtig. Der Mensch der höheren Zivilisation, so scheint mir, konnte viele Klimate der Erde bewohnen lernen, weil er die Kleider erfunden hatte, die man an- und ausziehen kann, und er konnte die Kleider besser tragen, wenn er sein Haarkleid reduzierte. Das heißt, die Technik ist früher als die angebliche menschliche Schwäche; die Macht steht am Anfang der menschlichen Geschichte.

Eben darum aber ist die mitgebrachte Instinktausstattung des Menschen immer von neuem den Zuständen nicht angepaßt, die er durch seine wachsende Macht erzeugt. Tradition ergänzt und korrigiert die Instinkte. Aber auch Tradition ist, wenn sie bloße Tradition wird, blind. Einsicht, spontane Vernunft ist nötig. Vernunft aber bedarf einer affektiven Basis, um Handlungsmotiv zu werden. Die Hochreligion nennt diese Basis Nächstenliebe. Wo sie versagt, tritt an ihre Stelle die Verwandlung der lebensnotwendigen Macht in einen Affekt, in eine Droge. Hiervon, in kulturell wechselnder Einkleidung, sprechen die Texte, die ich zitiert habe.

Die objektiven wirtschaftlichen und gesellschaftlichen Kausalitäten in der Hochkultur sind komplex. Sie schaffen Nahrung, wo Hunger war, wie auch Hunger, wo Nahrung war. Die komplizierte Kausalität des Bevölkerungswachstums, die ich heute nicht im einzelnen beschreiben will, ist ein Beispiel. Ich vermute, daß die alle paar Jahrhunderte wiederkehrenden tiefen Krisen in langfristig so stabil erscheinenden Hochkulturen wie der altägyptischen, der chinesischen, auch der abendländischen, davon herrühren, daß die Kultur jeweils wieder an gewisse, ihrem jeweiligen technischen Können entstammende Grenzen des Wachstums stößt. Klug ist, wer dann Vorsorge zu treffen weiß: Joseph in Ägypten. Ein kulturelles System, das auf solche Grenzen aufläuft, kann man oft noch eine Weile durch rigorose politische Macht stabilisieren. Wer das kann, den nennen dann die Chronisten einen bösen Herrscher; wer es nicht kann, den nennen sie einen schwachen Herrscher. Erkennen wir in solchen Schuldzuweisungen auch Krisen der Gegenwart wieder?

Warum habe ich Macht, unter besonderen Umständen, eine Droge genannt? Während des Zweiten Weltkriegs behandelte mein Kollege und Freund, der Historiker Hermann Heimpel, im Seminar in Straßburg die Geschichtsbetrachtung Jacob Burckhardts. Burckhardt sagt, die Macht sei an sich böse. Ein Seminarteilnehmer, ein katholischer Geistlicher, sagte: »Gott ist doch mächtig, Gott ist sogar allmächtig; wie kann da Macht an sich böse sein?« Ich wende Burckhardts Satz gern so: »Macht an sich ist böse«, also isolierte Macht, Macht, die Selbstzweck wird, was meist aus verdrängter Angst geschieht. Die Christen, die an einen allmächtigen Gott glauben, glauben ihn auch allwissend und allgütig. Gütige, wissende Macht, so dürfen wir glauben, ist nicht böse. Aber auf den Menschen im realen geschichtlichen Prozeß angewandt, kommt diese harmonisierende Betrachtungsweise zu früh. Sie ist eine unerfüllte Forderung.

Ich habe Macht die Akkumulation von Mitteln für freigehaltene Zwecke genannt. Akkumulation hat eine Tendenz zur Grenzenlosigkeit. So hat Marx die Macht im Beispiel des Kapitalismus beschrieben; heute real existierende bürokratische Herrschaftssysteme bieten ein anderes Beispiel. Der Drang nach Macht ist rational durch die Angst vor dem Gegner gerechtfertigt, und die Angst durch den Drang des Gegners nach Macht. Hier wird der Drang nach Macht ein isolierter Trieb, »Macht an sich«. Die menschliche Kulturentwicklung isoliert vielfach die angeborenen instinktiven Triebe von ihrem älteren biologischen Zweck. Dasselbe geschieht mit Hunger, Durst und Sexualität, die, altdeutsch gesagt, ins Fressen, Saufen, Huren entgleisen. Dabei ist die Loslösung vom alten biologischen Zweck selbst nicht das Unglück, sondern die Undifferenziertheit. In der organischen Evolution kommt es wohl vor, daß Organe ihrem Herkunftszweck entfremdet und einem reicheren Zweck zugeführt werden, so die Schwimmblase der Fische, die sich in eine Lunge verwandeln konnte. Gemeinsames Essen und Trinken kann Stilisierung einer hohen gesellschaftlichen Umgangsform sein. Die erotische Liebe in ihren tausend Gestalten ist einer der größten seelischen Reichtümer der Menschheit; wo wäre die Kunst, die Literatur ohne sie? Allmachtträume im Kindesalter können einem hochbegabten Kinde in der Grenzenlosigkeit der Phantasie das schon vorgaukeln, was es, erwachsen geworden, in vernünftiger Begrenztheit zu leisten haben wird, »kindliches Königtum«. Die Träume des Erwachsenen aber, der nur noch reale Macht akkumuliert, sind Angstträume. Die bloße, nicht mehr begrenzt-produktive Befriedigung eines elementaren Triebs nimmt die Gestalt der Sucht an; so wandelt sich die vernünftige Bereitstellung von Mitteln zur Droge der Macht.

Ich wende mich zum Abschluß wieder der Literatur im Industriezeitalter, der Industrie im Literaturzeitalter zu.

Sieferle unterscheidet in seinem Vortrag vier unterschiedliche Phasen der Technikkritik:

1. Technikkontrolle in der traditionellen Gesellschaft;
2. Übergangskonflikte im Prozeß der Industrialisierung;

3. konservativ-kulturkritische Ablehnung von Technisierung, Ökonomisierung und Massengesellschaft;

4. die moderne Protest- und Umweltbewegung.

Diese Einteilung hat etwas unmittelbar Einleuchtendes. Ich folge ihr in lockerer Anordnung einiger Bemerkungen.

Als Beispiel der traditionellen Gesellschaft beschreibt Sieferle die Handwerker als anerkannten Stand im alten »normintegrierten« Gesellschaftstypus. Von der Industriegesellschaft her gesehen heißt diese Gesellschaft zu Recht »traditionell«. Tradierte Normen bewahren eine gesellschaftliche Ordnung, gerade weil sie unerklärt gelten. Wer eine Norm erklärt, der denkt damit bereits die Möglichkeit einer Abweichung von ihr, also einer Norm, die den Anspruch erheben könnte, besser zu sein. Die Tradition wird nicht um des Inhalts ihrer Normen willen bewahrt, sondern die Normen werden bewahrt, weil sie Tradition, also Bewahrung der Ordnung ist.

Wir aber haben zu bedenken, daß auch diese Traditionen einmal entstanden sind, und wohl unter intelligenten Leuten. In Zünften organisiertes Handwerk ist Stadtkultur, der Bauernstand ist neolithisches Erbe, das zudem durch viele Verwandlungen gegangen ist. Selbst die taoistischen Zivilisationskritiker setzen Technik voraus: der Weise, der den Ziehbrunnen verschmäht, hat einen Eimer, die Bauern, die nie im Nachbardorf waren, ernähren Hunde und Hühner, gebrauchen Pflüge und Eggen. Was aber entstanden ist, kann geändert werden; es entwickelt sich oder verfällt. Der Konservative hat immer Anlaß zur schmerzlichen Melancholie, der Progressive hat immer Anlaß zum Zorn. Beide Gesellschaftskritiken treffen sich in der Denkfigur der Reformation: der gute alte Zustand soll wiederhergestellt werden. Das Idealbild der Vergangenheit ist eine Maske des Zukunftstraums.

Wodurch ist die Dynamik entstanden, die aus diesen traditionellen Spannungen in die moderne Industriegesellschaft führt? Sie beginnt im Abendland spätestens im Hochmittelalter. Es war fortschrittliche Technik, welche den Ritterherren der Kreuzzüge gestattete, über See zeitweilig das Heilige Land zu erobern. Der Sieg italienischer Städte über deutsche Kaiser ist ein Sieg der Modernität; in Venedig, Mailand, Florenz, so könnte man sagen, wurde die Neuzeit erfunden. Ich wage zu sagen, daß auch Technik gemäß meiner Definition eine Kunst ist. Bereitstellung von Mitteln ist Schaffung von Gestalt. Welche Gestalt wird dabei und dadurch wahrgenommen? Die Gestalt kausaler und mathematischer Zusammenhänge. Nicht die schimmernde Faszination blanker technischer Geräte macht die Technik zur Kunst; das ist nur ihre Politur. Ihr Erkenntnisgehalt macht sie zur Kunst, zum Wahrnehmenlernen. So wird die Naturwissenschaft zum harten Kern der Neuzeit. Vom neuen kausalen Denken macht dann auch die Organisation der Staaten seit dem Absolutismus Gebrauch, und die Theorie politischer Phänomene seit der engagierten Nüchternheit des italienischen Patrioten Machiavelli.

Die Technikkritik im Prozeß der Industrialisierung dürfte dreifache Gründe gehabt haben: soziale, kulturelle, ökologische, oft alle drei in komplexer Mischung.

Soziale Gründe: Wenn Fuldaschiffer Papins Dampfboot zerstörten, so fürchteten sie um ihr Brot. Im 19. Jahrhundert hat der Sozialismus diese Gründe zum Thema einer nicht mehr konservativ-schmerzlichen, sondern zornig-radikalen Bewegung gemacht. Nicht nur die heimarbeitenden Weber werden außer Brot gesetzt, auch das neugeschaffene Industrieproletariat ist auf dem Wege der Verelendung. Die Not, die Engels schildert, ist real. Marx sieht klarer als die utopischen Sozialisten, mögen sie Träumer von damals oder Staatschefs von heute sein, daß nicht der Appell ans Bewußtsein und nicht der Befehl des Staates die Produktivkräfte schafft, sondern, gemäß der Kausalität, welche die klassische Nationalökonomie durchschaut hat, das Eigeninteresse der Marktteilnehmer. Aber Marx sucht auch die negativen Konsequenzen der Akkumulation ökonomischer Macht zu Ende zu denken: eben die Fortbildung der Klassenherrschaft, das Elend der Arbeiter. Seine dialektische Konsequenz ist der revolutionäre Umschlag der Machtverhältnisse, die sozialistische Umverteilung der durch die kapitalistische Phase ermöglichten Produkte.

Die historische Entwicklung verlief aber in den Trägernationen der großen industriellen Entwicklung ohne politische Revolution. Die Verbreiterung der industriellen Produktion und die gewerkschaftliche Bewegung, die im Rahmen des liberalen Rechtsstaats möglich wurde, gestatteten die Entstehung von Kaufkraft der Arbeiterschaft und ihren Übergang in einen kleinbürgerlichen Status. Unter dem Titel »Literatur im Industriezeitalter« ist es interessant, die Selbstzeugnisse von Unternehmern zu sehen, die diese Entwicklung selbst vorangetrieben haben, etwa Werner Siemens, im Herzen ein Wissenschaftler, Walther Rathenau, im Herzen ein Intellektueller, Robert Bosch, ein Metallhandwerker, der zu unternehmerischer und sozialer Verantwortung aufstieg. Die heutigen Schwierigkeiten der Sozialdemokratie sind strukturell sehr ähnlich den Schwierigkeiten, welche die liberalen Parteien seit bald sechzig Jahren haben. Beide kranken an den Folgen des zwar nicht totalen, aber weitgehenden Siegs ihrer Programme. Sowohl der liberale Rechtsstaat wie der Sozialstaat sind heute auch von den Konservativen programmatisch übernommen worden. Ehrwürdige Programme wurden so zur Maske bloßer Interessengegensätze von Gruppen, und in einer Phase angstvoller Saturiertheit hält sich die Menschheit dann gerne an die saturierten Konservativen, denen die Tugend des wahren Konservativen, der Schmerz um das Verblassen der wahren Güter, fremd geworden ist. Dabei gibt es doch evidente unbehobene, soziale, kulturelle, ökologische Gefahren.

Das unbehobene soziale Problem ist heute in den Industriestaaten das Elend, die »Marginalisierung« einer Minderheit von Arbeitslosen und Ausländern, das auch die wahre Quelle der vom saturierten Bürger so gefürchteten wachsenden Kriminalität ist. Das hängt mit dem Elend gewaltiger Volksmassen im Süden zusammen – ein Thema für eine andere Rede als die heutige.

Die kulturelle Gefahr tritt in der Einteilung von Sieferle

vorwiegend unter dem Titel konservativer Kulturkritik auf. Der alte Goethe, politisch unter die Konservativen eingeordnet, läßt seinen Wilhelm Meister in der Rahmenerzählung der *Wanderjahre* umherziehen und eine Auswanderergruppe zusammenstellen, die nach Amerika übersiedeln will, um dem in Europa um sich greifenden »Maschinenwesen« zu entgehen. Goethe hatte noch das Amerika Jeffersons vor Augen. Spätere literarische Kritik wirft dem technischen Zeitalter seine titanische Hybris vor, den Rausch der Droge Macht.

»Ihr baut verbrechende an maass und grenze:
›Was hoch ist kann auch höher!‹ doch kein fund
Kein stütz und flick mehr dient . . . es wankt der bau.«
(Stefan George, *Der Stern des Bundes*)

Unsere Ausstellung zeigt Fontanes grandioses Gedicht über die Brücke am Tay, die im Sturm zusammenbrach:

»Tand, Tand ist das Gebilde von Menschenhand.«

Ich bekenne mich zu dieser Kritik, erlaube mir aber noch drei Bemerkungen: eine Wendung der Gerechtigkeit für die Ingenieure, eine Notiz über Maß und Askese und noch einen Hinweis auf Goethe.

Zur Wendung der Gerechtigkeit: Als Kind habe ich Max Eyth gelesen, gewiß kein großer, aber ein begabter und seines technischen Berufs kundiger Autor. Er schildert den Zusammenbruch der Brücke am Tay in seiner Erzählung *Berufstragik* (in *Hinter Pflug und Schraubstock*). Während der Bauzeit begegnet der Erzähler dem Ingenieur, der die Brücke baut: »Ein leichter Abendwind hatte sich erhoben. Er hielt – eine Gewohnheitsbewegung, die ich schon mehrmals an ihm beobachtet hatte – einen Vorderarm in die Höhe und ließ, die Hand senkrecht gegen die Luftströmung emporhaltend, den Wind durch die geöffneten Finger wehen. Seine Frau zog seinen Arm herunter.« Das heißt, der Brückenbauer weiß um die Unsicherheit der vorausgesetzten Berechnung des Winddrucks, und die Geschichte erzählt, wie er, vom Unternehmer zu noch kühnerem Bau gezwungen, im Lauf der Baujahre in objektive Verzweiflung über die Stabilität seines Werks gerät; zuletzt sitzt er in dem Eisenbahnzug, mit dem die Brücke ins Meer stürzt. Das heißt, für den sachkundigen Ingenieur Eyth ist nicht »Tand das Gebilde von Menschenhand«, sondern neue Brücken werden gebaut werden, aber Sorgfalt ist geboten in diesem verantwortungsvollen Beruf. Heutige Reaktortechniker reagieren auf Tschernobyl nicht anders. Sagen Sie mir, meine Zuhörer: Wissen Sie, wer da recht hat? Wagen Sie es zu wissen?

Eine Bemerkung über Maß und Askese: Vor Jahren hat sich mir die Frage aufgedrängt, ob wir nicht mit Recht und Notwendigkeit einer asketischen Weltkultur entgegengehen. Askese habe ich dabei als Verzicht auf Güter bezeichnet, die man haben könnte. In der alten ständischen Gesellschaft, unter dem Ethos des Herrschens und Dienens, gab es gleichsam drei Stufen der Askese: die Bescheidenheit der Dienenden, die Selbstbeherrschung der Herrschenden und die große Askese der Entsagenden. Bescheidenheit und Selbstbeherrschung waren erkennbar als praktische Bedingungen einer stabilen Gesellschaft. Die Askese der Entsagenden aber, im religiösen Rahmen zum Beispiel der Mönche, war das große Gegenpathos gegen das Pathos der Sucht nach Besitz, der Droge der Macht. Die Frage ist: Kann eine moderne Gesellschaft ohne ihr angemessene Formen der Bescheidenheit, der Selbstbeherrschung und der symbolischen echten Askese überhaupt stabil sein? Sind wir ohne dies nicht notwendigerweise »Verbrechende an Maß und Grenze«? Ist aber demokratische Askese überhaupt möglich? Gesehen habe ich sie noch nicht.

Der Hinweis auf Goethe: Der junge Goethe hat der neuzeitlichen Dynamik Symbole gegeben wie Prometheus und Faust. Je reifer er wurde, je besser er sich selbst kennenlernte, desto fremder stand er in den Konflikten der Neuzeit. Eben die Gegensätze, in denen die Neuzeit sich abarbeitet, sind für ihn eigentlich Mißverständnisse, seiner Seele fremd, so der Gegensatz zwischen Mensch und Natur, zwischen Kunst und Naturwissenschaft. Der Zufall hat mir in den letzten Wochen zwei Bücher über Goethe auf den Schreibtisch gelegt. Das erste von Jeremy Adler hat den Titel *Eine fast magische Anziehungskraft. Goethes »Wahlverwandtschaften« und die Chemie seiner Zeit*. Hier wird gezeigt, wie Goethe mit Begriffen der Chemie die Tragödie der »Wahlverwandtschaften« zwischen vier Menschen schreibt, eine Tragödie, in welcher sich die Natur als der einzige unbestechliche Partner erweist. Das zweite Buch, von dem Ökonomen Hans Christoph Binswanger, heißt *Geld und Magie. Deutung und Kritik der modernen Wirtschaft*. Dies ist eine Auslegung von Goethes Faust als »ein alchemistisches Drama von Anfang bis Ende« (C. G. Jung). Alchemie ist ebensowohl frühe Naturwissenschaft wie frühe Psychologie. Für den Ökonomen Binswanger zentral ist hier das magisch-mühelose Werk der Geldschöpfung im 1. Akt des Zweiten Teils der Tragödie, mit dem Schlüsselsatz: »Das Gelingen des alchemistischen Prozesses ist die Ursache seines Scheiterns.« Ich kann, in der Begrenztheit eines Vortrags, dem an Goethe und der Sache interessierten Zuhörer nur sagen: Nimm und lies. Literatur im Industriezeitalter.

Zuletzt die ökologische Gefahr. Inhaltlich brauche ich sie nicht zu schildern, kann es auch nicht, denn dies ist eine Forderung unermeßlichen, der Sorgfaltspflicht unterliegenden Details. Nur eine grundsätzliche Bemerkung: Die Meinung, man müsse alles, was technisch machbar ist, auch wirklich machen, ist ein kindlicher Allmachtstraum, rührend bei einem Kind, verbrecherisch bei einem Erwachsenen. Diese Meinung ist insbesondere Ausdruck einer prinzipiell untechnischen Mentalität. Technik ist Bereitstellung von Mitteln für Zwecke. Wo kein Zweck ist, ist das Mittel unnötig. Wer die Zwecke nicht erwägt, handelt gegen den Geist vernünftiger Technik. Alles Machbare zu machen ist Drogenmißbrauch, Mißbrauch der Droge Macht. Es verdient nicht den Namen Technik. Technik meint erwachsene Genauigkeit.

Verzicht auf Technik ist genausowenig die Lösung wie der technische Allmachtstraum. Die Zwecke liegen vor. Wollen wir die Kinder, die wir zum Leben verurteilt haben, ernähren oder nicht? Die *adäquaten* Mittel sind zu suchen.

Der Erfolg dieser Suche ist uns freilich nicht garantiert. Manchmal treten unlösbare Probleme auf. Oder Probleme, die unlösbar werden, solange wir sie leichthin für lösbar halten.

Eines ist gewiß: die technisch-ökologischen Probleme werden nicht gelöst werden, solange wir die politischen Vorbedingungen für ihre Lösung nicht schaffen. Giftige Gaswolken machen an keiner Polizeigrenze halt. Reaktoren und Wiederaufarbeitungsanlagen sind am verletzlichsten durch Krieg. Man kann nicht moderne Technik mit politischen Strukturen vereinbaren, die, vor sechstausend Jahren entstanden, schon zur Halbzeit des bisherigen Alters der Hochkultur mit Recht als unmenschlich kritisiert worden sind. Es ist ebenso falsch, zu glauben, diese Strukturen seien unabänderlich, wie zu glauben, wir könnten mit ihrer Fortdauer leben. Hiervon, so meine ich, spricht im Grunde die Erregtheit der Literatur im Industriezeitalter.

Drittes Kapitel
Politik und Bewußtsein

1. Öffentliches Bewußtsein: Politische Vernunft

Die Texte des Zweiten Kapitels verweigern sich ebenso dem beruhigten Optimismus wie dem verzagenden Pessimismus. Sie fordern zum Handeln auf. In jedem der Felder – der Ökonomie, der Ökologie, der Außenpolitik – warten Gefahren auf uns, die tödlich werden können. Aber der Satz wird mehrfach wiederholt: Keines dieser Probleme wäre unlösbar, wenn es in gemeinsam angewandter Vernunft angefaßt würde. Diese Vernunft aber ist heute nicht hinreichend wirksam. Sie bedarf eines Wandels des öffentlichen Bewußtseins.

Was ist hier mit »Vernunft« gemeint? Was soll »gemeinsam angewandte Vernunft«, was soll »öffentliches Bewußtsein« heißen? Wie kann ein »Wandel des öffentlichen Bewußtseins« zustande kommen? Diesen Fragen geht das jetzige Kapitel nach.

Zur Worterklärung: Das Wort »Vernunft« gebrauche ich hier zunächst im Anklang an die alltägliche Verwendung des Wörtchens »vernünftig«: »Sei doch vernünftig!«, »Unser Freund handelt leider unvernünftig.« »Vernunft« nenne ich hier also nicht eine Fähigkeit zur Theorie, sondern eine Fähigkeit zu wachem Handeln. Wer wach ist, kann seine Umwelt und sich selbst wahrnehmen. Deutliche Wahrnehmung der ganzen Situation ist nötig für vernünftiges Handeln. So definiere ich »Vernunft« gerne auch als »Wahrnehmung eines Ganzen«. Wie dieser Wortgebrauch mit dem philosophischen Vernunftbegriff zusammenhängt, werden wir an einigen späteren Stellen in diesem Buch sehen. Vorerst sei der Alltagsbegriff der Vernunft erlaubt.

Politisches Handeln geschieht jeweils in einer menschlichen Gesellschaft. Oft ist es gemeinsames Handeln einiger oder aller Glieder der Gesellschaft. Wenn dieses Handeln vernünftig geschieht, rede ich von »gemeinsam angewandter Vernunft«. Was denjenigen, die gemeinsam handeln (oder gemeinsam zu handeln versäumen), von ihrem gemeinsamen Handeln bewußt ist, nenne ich »öffentliches Bewußtsein«. Es geht dabei also nicht um bloße persönliche »Bewußtseinsinhalte«, sondern um die Verhaltensweise einer Gruppe, um ein soziales Verhalten, freilich ein durch Realitätswahrnehmung gesteuertes Verhalten. In meinen eigenen politischen Äußerungen hat sich mir dieser Wortgebrauch von öffentlichem Bewußtsein und Bewußtseinswandel, von politischer Vernunft gleichsam naiv aufgedrängt.

In der Tat haben Gesellschaften nie ohne gemeinsame, der Umwelt und der inneren Struktur der Gesellschaft angepaßte Verhaltensformen überleben können. Das gilt schon von tierischen Lebensgemeinschaften, von Familien, Rudeln, Herden, Schwärmen. Es gilt von menschlichen Gemeinschaften, von Familien, Stämmen, Städten, Völkern. Dieses angepaßte Verhalten funktioniert im einzelnen in ständiger Reaktion auf ständig wechselnde Umstände, auf Umweltgeschehnisse, auf Begegnungen innerhalb der Gruppe, also in einer Verhaltensweise, die so etwas wie Wahrnehmung voraussetzt.

Diese erfolgreich angepaßte Wahrnehmung aber werden wir noch nicht Vernunft nennen. Denn das durch Wahrnehmung gesteuerte Verhalten braucht nicht zu wissen, was es tut. Bei den Tieren ist das angeborene Verhalten gewiß älter in der Evolution als die Lernfähigkeit. Und auch beim Menschen ist ein großer Teil des kulturell geprägten Verhaltens, wo es nicht angeboren ist, doch durch Tradition überliefert: die heutige Generation überlebt weitgehend nicht durch Einsicht, sondern weil sie das Verhalten übernimmt, mittels dessen schon die früheren Generationen überlebt haben. In den alten Kulturtraditionen führte man Sitten und Gesetze oft auf meist schon sagenhaft gewordene frühe Gesetzgeber zurück. Es genügt, daß diese Gesetzgeber die Einsicht gehabt haben; und vielfach dürften Sitten sich durch Versuch und Irrtum herausgebildet haben, ohne daß je ein Mensch gelebt hat, der den Grund ihres Erfolges voll durchschaute. Ein verblüffendes modernes Beispiel zur

Überlieferung, die den Grund ihres eigenen Erfolges höchst unvollständig versteht, ist die von Thomas Kuhn beschriebene »normale Wissenschaft« (vgl. oben im Aufsatz *Über die Krise*, S. 45-70), die nach einem Problemlösungsmodell, von Kuhn »Paradigma« genannt, ihre Einzelfragen beantwortet, ohne das Paradigma selbst zu hinterfragen.

Im Unterschied zu dieser unreflektierten Orientiertheit des Verhaltens könnten wir Vernunft schärfer als »begriffsfähige Wahrnehmung eines Ganzen« definieren. Was hier »Begriff« heißt, werden wir im Abschnitt 3 unter dem Titel *Öffentliches Bewußtsein: Kultur* näher betrachten. Hier möge es genügen zu sagen, daß die so verstandene Vernunft »weiß, was sie tut«. Sie reagiert nicht nach einem Schema, sondern sie unterbricht den Übergang vom Wahrnehmen zum Handeln durch ein Nachdenken und ein Urteil; sie ist nicht genötigt, zu re-agieren, sondern fähig zu agieren. Solche Vernunft, gemeinsam angewandt, fordern wir heute als Bedingung des Überlebens.

Ob aber der Mensch, die Gesellschaft solcher Vernunft fähig sind, daran zu zweifeln hatte die Menschheit seit jeher Anlaß. Man kann vielleicht vier Typen der Antwort auf diese Frage unterscheiden, die im Lauf der Geschichte aufgetreten sind: die konservative, die pessimistische, die fortschrittsoptimistische, die apokalyptische. Die vier Auffassungen zeigen freilich vielfache Überschneidungen.

Die *konservative* Auffassung war in den Jahrtausenden menschlicher politischer Geschichte meist die herrschende. Sie schließt an die über Jahrhunderttausende dauernde Stabilität tierischer und frühmenschlicher Verhaltensmuster an: stabil in der Geschichte sind Populationen, welche die Verhaltensweisen beibehalten, die durch Hunderte oder Tausende von Generationen erfolgreich waren. Konservatismus als bewußtes politisches Programm ist eine defensive Haltung, vielfach aus nüchtern-pessimistischer Menschenbeurteilung hervorgehend, oft mit einem melancholischen oder nostalgischen Unterton: Die heutigen Zustände sind wohl nicht gut, aber besser können sie, so wie die Menschen nun einmal sind, nicht werden – versuchen wir, sie wenigstens so zu bewahren, wie sie sind. Es ist eine alte Kritik, daß zu derart konservativem Denken vor allem die Besitzenden neigen. Aber diese Kritik trifft historisch nicht immer zu. In Gesellschaften, in denen das ebenfalls uralte Ethos des Herrschens und Dienens selbst eine überkommene und beibehaltene Verhaltensform ist, ist die dienende Klasse oft konservativer als die zu Experimenten fähigen, zu neuen Einfällen freigesetzten Herren. Und im Elend tiefer Armut fehlt meist die Kraft, überhaupt politische Aktivität oder Phantasie zu entfalten; man versucht zu überleben.

Die *pessimistische* Auffassung ist diejenige konservative, die die Hoffnung verloren hat; oder, in seltenen Fällen, die am Erfolg verzweifelnde fortschrittliche. Bedenkt man die erdgeschichtlich kurzen Lebensdauern von wenigen Jahrhunderten oder allenfalls Jahrtausenden, die wir bisher an hochkulturellen politischen Organisationen – Städten, Nationen, Imperien, Kulturkreisen – beobachten können, so hat eine solche pessimistische Auffassung oft eine gute Chance, recht zu behalten. Kassandra und Jeremia sagten voraus, was dann wirklich geschah. Sie hatten zwar darin recht, daß das Unheil vermeidbar, also selbstverschuldet war, aber sie änderten dadurch das Schicksal nicht. Freilich sind sie diejenigen, von denen wir noch wissen, weil ihre starke innere Haltung das äußere Schicksal überdauert hat; die eigentlichen Pessimisten versinken meist namenlos.

Die *fortschrittsoptimistische* Haltung ist die tragende Kraft der neuzeitlich europäischen Entwicklung. Sie glaubt, daß sich die Gesellschaft zum Besseren verwandeln kann. Wo sie überhaupt politisch denkt, glaubt sie damit auch an einen Wandel des politischen Bewußtseins. Sie ist der Adressat der Aufforderung zu gemeinsam angewandter Vernunft. Wir müssen freilich mehrere Formen dieses Optimismus unterscheiden. Man findet, roh gesprochen, einen elitären, einen liberal-demokratischen und einen sozialistischen Fortschrittsoptimismus vor.

Die *elitär-optimistische* Haltung ist der konservativen

am nächsten. Sie hat aus Erfahrung gelernt, daß es in jeder Kunst nur wenige gibt, die diese Kunst wirklich beherrschen. Als Wissenschaftler weiß ich, wovon ich rede: wie wenige Zeitgenossen verstehen z. B. die Physik! Ja, und sogar: wie relativ wenig Physiker verstehen selbst, was sie tun! Das elitäre politische Ideal ist das Platonische: die Wissenden sollen regieren. Wer das Unheil anschaut, das in der Geschichte ständig von regierenden Toren angerichtet wird, versteht diese Forderung und sieht zugleich den phantastischen Optimismus in der Hoffnung, sie werde erfüllt werden.

Wer aber glaubt, Politik könne *demokratisch*, vom Volk, bestimmt werden, braucht den ebenso phantastischen Optimismus, eines von beiden zu glauben: entweder, Politik sei gar keine so schwere Kunst und bedürfe nur des jedem verfügbaren Verstandes, des *common sense*; oder aber, gerade diese Kunst lasse sich in einem Wandel des öffentlichen Bewußtseins von allen lernen. Die liberale und die sozialistische Hoffnung wählen zwei verschiedene Auswege aus diesem Dilemma.

Die intelligenteste Analyse der Hoffnung des politischen *Liberalismus* ist wohl die Lehre von der unsichtbaren Hand; deshalb habe ich einen alten Text hierüber ins Zweite Kapitel dieses Buches aufgenommen (Abschnitt 5). Wenigstens damit ökonomischer Wohlstand möglich wird, ist niemand nötig, der die Wege zu ihm explizit versteht; die Wahrnehmung des Ganzen durch einen Menschen oder eine Bürokratie ist überflüssig, ihre Anmaßung ist schädlich. Die Wahrnehmung des Ganzen befindet sich nicht in *einem* Bewußtsein, sondern im objektiven Zusammenspiel der egoistischen Orientiertheiten *aller* Marktteilnehmer. Hegel hat dieses Modell zur Kritik des Platonischen Staatsideals benutzt.

Aber das Marktmodell fordert wenigstens *einen* politischen Bewußtseinswandel: die Erkenntnis seiner Richtigkeit und die Durchsetzung der Bedingungen, deren es zum Funktionieren bedarf. Diese Bedingungen jedoch: Friede, Rechtsordnung, Infrastruktur und Umweltschutz, verlangen in der modernen Menschheit einen höchst komplizierten Apparat; wer versteht die Kunst, ihn zu bedienen? Als die funktional wichtigste Komponente des liberalen Staats erscheint mir die durch Meinungsfreiheit zu ermöglichende öffentliche Debatte, die »gemeinsame Wahrheitssuche«, ein Schritt zur gemeinsam angewandten Vernunft.*

Die *sozialistische* Hoffnung, in ihrer wirkungsvollsten, von Marx stammenden Form, geht von einer ausdrücklichen Analyse der Vorbedingungen für Bewußtsein und Bewußtseinswandel aus. Das Sein geht dem Bewußtsein voraus. Frei denken kann nur, wer frei leben kann, und das kann nur der ökonomisch Unabhängige. Ökonomische Unabhängigkeit aller aber gibt es – so Marx – in der Industriegesellschaft nur durch kollektives Eigentum an den Produktionsmitteln. Damit dies erreicht werden und nachher funktionieren kann, ist Solidarität als höchstes Prinzip politischer Ethik notwendig. Dies ist nun freilich wieder eine direkte Forderung an das politische Bewußtsein. In der Kampfphase der Arbeiterbewegung ist, wie in Freiheitskämpfen oft, eine echte Solidaritätserfahrung entstanden. Dem Marxschen Schema gemäß müßte sich die Solidarität als Bewußtseinsform von selbst stabilisieren, wenn die Hindernisse wegfallen, die ihr die materiellen, die Eigentumsverhältnisse der Klassengesellschaft in den Weg legen. Dann wären die Funktionen nicht mehr nötig, welche der Liberalismus dem Staat noch zuerkennen mußte; der Staat könnte »absterben«.

Wer diese Hoffnungen mit dem heutigen Sozialismus vergleicht, wird sich des Eindrucks nicht erwehren können, daß sie Träumereien waren. In den kommunistisch regierten Staaten ist die Funktionseinheit von Staat und Partei mächtiger als einst der vorbürgerliche Verwaltungsstaat der absoluten Monarchie, und die Einhaltung der obrigkeitlichen Wirtschaftspläne verlangt unablässigen Appell an das solidaritätspflichtige Bewußtsein; so als ginge, in exakter Umkehrung von Marx, das Bewußtsein dem Sein

* Vgl. in meinem Essay *Die Zeit drängt*, München 1986, S. 31.

voraus. Und in den liberalen Staaten des Westens haben sich die konservativen Parteien den Wirtschaftsliberalismus zu eigen gemacht, die Sozialdemokratie aber ficht unablässig für mehr Staat; dies zudem in ihrer unbequemen defensiven Position, die entsteht, seit sich die Konservativen wenigstens grundsätzlich auch das Prinzip des Sozialstaats zu eigen gemacht haben.

Man kann nicht bestreiten, daß den verschiedenen politischen Richtungen der Gegenwart die Notwendigkeit bewußt ist, das politische Bewußtsein im breiten Rahmen zu bilden. Daß jede Richtung dies in ihrem eigenen Sinne betreibt, ist natürlich, und vielleicht dient gerade der politische Meinungsstreit der Ausbildung öffentlichen Bewußtseins, wenn auch naturgemäß dabei eine skeptische Grundhaltung entsteht: »Die reden ja alle nur von ihren eigenen Interessen. Wer hat denn recht?« Aber wenn wir uns auf die ungelösten Probleme des Weltmarktes, der Naturbewahrung, des Friedens besinnen, so ist diese Bewußtseinsbildung heute noch manifest unzureichend.

So ist es nicht überraschend, daß *apokalyptische* Erwartungen entstehen. Im nächsten Kapitel, unter dem Titel der Religion, müssen wir ausführlich von ihnen reden. Hier sei nur die Struktur dieses Denkens angedeutet. »Apokalypse« heißt Enthüllung; historisch verstand man darunter die Enthüllung des Willens Gottes über das Schicksal der Welt. In den »apokalyptischen« Schriften aus der Zeit vor und nach Jesus war dies die große Hoffnung auf eine radikale Veränderung der Welt zum Guten, nicht durch unsere Taten, sondern durch den direkten Eingriff Gottes. Dieser Neuschöpfung aber geht die Strafe der Sünder, die Zerstörung der heutigen Herrschaften auf dieser Erde voraus. Von daher hat im Sprachschatz unserer eigenen Tage das Wort »apokalyptisch« die Bedeutung einer Totalzerstörung bekommen, da man an das danach vorausgesagte Heil weniger zu glauben vermag als an die Katastrophe, die man in der gegenwärtigen Welt erwartet.

Dieses Spektrum des heutigen öffentlichen Bewußtseins wirft uns auf die Frage zurück: Was sind die realen seelischen Bedingungen eines Bewußtseinswandels? Wir müssen von der öffentlichen Sphäre auf die persönlichen Bedingungen zurückgehen, unter denen Bewußtseinshaltungen entstehen.

2. Persönliches Bewußtsein

Wie entstehen Bewußtseinshaltungen?

In vier Schritten versuchen wir von außen nach innen weiterzufragen: Erziehung, Reifung, Heilung, Umkehr.

Erziehung. Gemeinsam ist der konservativen und der fortschrittsoptimistischen Haltung der Glaube an die Wichtigkeit der Erziehung. Erziehung kann Verschiedenes vermitteln. Roh gesagt: sie kann gemeinsame Verhaltensweisen weitergeben oder aber die Fähigkeit zu eigenem Urteil ausbilden. In der modernen Gesellschaft wird die Funktion der Erziehung in zunehmendem Maße der Familie aus der Hand genommen und der Schule übertragen. Was die Schule lehrt, ist in erster Linie Wissen: vom Lesen, Schreiben, Zahlenrechnen fortschreitend über Sprachen und Sachgehalte bis hin zur Berufs- und Hochschulausbildung. Was aber vermittelt dieses Wissen: Verhaltensweisen oder Urteil? Und was bedeutet überhaupt diese rohe Unterscheidung der Erziehungsziele?

Die *konservative Erziehung* wollte den Menschen zu der Leistung des Lebensstandes befähigen, in den er durch Geburt hineinwuchs oder den zu erreichen ihm seine Herkunft und Begabung erlaubte: das Mädchen zur Hausfrau und Mutter, den Bauernsohn zum Bauern, aber auch den begabten Jungen, den der Dorfpfarrer aufspürte, zum geistlichen Stand. Zur Sitte mußte erzogen werden, ohne welche die Gesellschaft zerfallen, zerbrochen wäre. Der zu führender Funktion Heranwachsende mußte die Fähigkeiten einsichtiger und normmäßiger Führung ausbilden: ritterliche Tugenden oder kaufmännischen Überblick oder die pädagogische Weitergabe der klassischen Bildung. Das Gymnasium lehrte die alten Sprachen, weil die antike Kultur die Vorbilder menschlichen Handelns darbot. Die Stärke dieser Erziehung lag gerade in der hohen Stilisierung, die sie früh dem noch prägsamen Verhalten und Bewußtsein des

Heranwachsenden vermittelte. Heute sehen wir die Kulturbedingtheit dieser Gehalte, also eben ihren Charakter als Stilisierung. Aber ob Thora oder Cicero, ob Konfuzius und Lyrik oder die Veden gelernt wurden, die Wirkung war, eine Kultur auf hohem Niveau des Selbstverständnisses zu stabilisieren.

Die Stabilität war freilich stets bedroht. In den Texten der alten Kulturen, die uns überliefert sind, erscheint die stabile, wohlgeordnete Gesellschaft fast nur unter dem nostalgischen Bilde der »guten alten Zeit«. Die ständige Wiederkehr dieser Figur läßt fast nur zwei mögliche Deutungen zu. Entweder hat es die gute alte Zeit nie gegeben, war sie nur ein Traumbild der Sehnsucht, oder aber die literarische Kultur, die überhaupt überlieferbare Texte produzieren konnte, war selbst schon Symptom einer Verfallszeit. Ich gehe dieser Frage hier nicht nach. Im Zweiten Kapitel haben wir unter mehrfachen Aspekten die Krisen der Hochkulturen angeschaut. Mehrfach habe ich dort (am ausführlichsten wohl in 2 A, c) eine ökonomisch-ökologische Vermutung über die Krisenursachen erörtert, den Anprall an die der jeweiligen Kultur immanenten Grenzen des Wachstums. Dabei habe ich, ebenfalls als Vermutung, eine Voraussetzung über die Stabilitätsbedingungen großer Gesellschaften gemacht: sie sind nur regierbar bei mildem Wirtschaftswachstum. Diese Bedingung erweist sich immer wieder als unerfüllbar. Eben darum predigt die konservative Erziehung in allen großen Kulturen die Genügsamkeit als eine der hohen Tugenden. Aber immer wieder erweist sich diese Erziehung als machtlos gegen das reale Verhalten der Menschen, gegen die undurchschaute Macht der Verhältnisse.

Die *fortschrittsoptimistische Erziehung* geht von der Überzeugung aus, daß die Menschen zur Einsicht erzogen werden können und daß die Einsicht die Welt verändert. Alphabetisierung der Bevölkerung, Lesen- und Schreibenlernen, ist der erste Schritt zur neuen Gesellschaft. Das Wissen, das, in der traditionellen Gesellschaft, der Oberschicht vorbehalten war und das sie zur Machtausübung befähigte, soll nun allen zugänglich werden und sie zur Weltveränderung befähigen. Die radikale Veränderung der Menschheit in unseren Tagen ist in weitem Umfang eine Wissensrevolution. In der Geschichte der Sowjetunion war vielleicht Lunatscharskij, der in den zwanziger Jahren die Volksbildung organisierte, die wichtigste Figur nach Lenin. Das weltweit nach gleichartigen Schemata entstehende Bildungswesen ist wohl der gründlichste Sieg der europäischen Kultur; unter der Maske des objektiven Wissens prägt sie ihre eigene Selbststilisierung den anderen, historisch oft ehrwürdigeren Kulturen auf.

Dieses Buch würde nicht geschrieben, wenn nicht die Ambivalenz dieses Vorgangs in die Augen spränge. Was in einer oder zwei Generationen in aller Breite gelehrt werden kann, das sind nicht tief im Unbewußten verankerte Verhaltensschemata, es ist aber ebensowenig die Fähigkeit vernünftig wahrnehmenden Denkens. Wissensstoff auswendig zu lernen, ist ein verhältnismäßig primitives Verhaltensmuster. Abgelegte Examina fixieren auf dem Weg über das Berechtigungswesen die soziale Ungleichheit. Der Alphabetisierte liest die Sensationspresse; die technische Errungenschaft des Fernsehens dressiert ihm oft genug das erlernte Lesen wieder ab und ersetzt den kreativen Handlungstrieb durch die Droge des Zuschauens. Ist dies eine Übergangskrise, oder war es ein falscher Weg? War es richtig, Erziehung als Wissensvermittlung und, wenn es hoch kommt, als Wachstumsreiz für den Intellekt anzubieten?

Reifung. »Bewußtsein ist ein unbewußter Akt.«* Dieser Satz geht wohl auf William James zurück. Ein noch älteres Zitat: »Das Bewußtsein ist nicht ein ruhender Zustand, sondern ein Prozeß, ein stetiges Bewußtwerden. Daß dieser geistige Prozeß, dem das Bewußtsein seine Entstehung verdankt, nicht unmittelbar vom Bewußtsein des Beobachters

* In meinem Buch *Wahrnehmung der Neuzeit*, München [5]1984: »Bohr und Heisenberg«, S. 141; »Begriffe«, S. 359.

erfaßt werden kann, versteht sich von selbst, denn das, was erst das Bewußtsein erzeugt, muß natürlich hinter dem Bewußtsein liegen und der bewußten Selbstbeobachtung unzugänglich sein.«* Durch Sigmund Freud ist der Begriff des Unbewußten in den Wortschatz und die Denkgewohnheiten aller modernen Intellektuellen eingegangen. Wir haben gelernt, daß unbewußte Prägungen und unbewußte Prozesse unsere Handlungen in einer Weise bestimmen, die uns oft verborgen bleibt, ja durch eine selbst sich verbergende psychische Zensur verborgen, »verdrängt« gehalten wird. Wie könnten wir hoffen, die Vorgänge im öffentlichen, politischen Bewußtsein zu verstehen, wenn wir nicht zu entdecken lernen, von welchen unbewußten Tendenzen sie gesteuert sind?

Ich möchte diese psychologische Fragestellung in zwei getrennten Abschnitten behandeln, unter den Titeln »Reifung« und »Heilung«, die offenkundig an die Vorstellung anschließen, daß es normale und krankhafte seelische Vorgänge gebe. Diese Vorstellung ist freilich mit Vorsicht zu gebrauchen. Denn gerade in politischen Kontroversen ist es höchst verführerisch, dem jeweiligen Gegner psychische Fehlhaltungen vorzuwerfen. Die Psychologie als Waffe in der Debatte ist eine spezifisch unfaire Argumentationsweise, denn sie ist ein Mittel, das Sachargument der Gegenseite nicht ernst zu nehmen. In dieser Mißbrauchbarkeit verbirgt sich aber ein objektives Problem. Die Trennlinie zwischen normalem und abnormem psychischen Verhalten kann dem Wesen des Seelischen nach nur unscharf sein.** Auch krankhaftes Verhalten ist auf gewisse Normen einreguliert, die wir aber als der Wirklichkeit nicht angepaßt ansehen. In gewissem Umfang ist es eine von außen gesetzte Norm, eine Selbststilisierung der Gesellschaft, welches Verhalten als normal, als wirklichkeitsangepaßt gilt.

* Eduard von Hartmann, *Philosophie des Unbewußten*, Kap. III, 1869. Ich verdanke dieses Zitat Frau Michiko Franklin, Chicago.

** Vgl. in meinem Buch *Die Einheit der Natur*, München [5]1979: »Modelle des Gesunden und Kranken, Guten und Bösen, Wahren und Falschen«, S. 320 ff.

Die Kraft eines Glaubens, der entgegen der herrschenden Gewohnheit die Zukunft für sich hat oder zu haben verdient, ist nicht mühelos von einer Neurose oder einer Wahnidee zu unterscheiden. Mit dieser Mahnung zur Vorsicht will ich nun doch den normalen Vorgang der seelischen Reifung von den heilungsbedürftigen seelischen Zuständen unterscheiden; der Zusammenhang beider wird sich uns von selbst ergeben.

Daß es etwas wie seelische Reifung im Lauf eines menschlichen Lebens gibt, ist wohl allgemein anerkannt. Unbestreitbar ist es in der Kindheit, etwa vom Säuglingsalter bis zur Pubertät. Die mit der Pubertät eintretende konfliktbereite Selbstsuche und Selbstbehauptung bringen es mit sich, daß alle späteren Entwicklungsphasen ambivalent beurteilt werden: sind die Alten weise, sind sie feige, oder sind sie schlicht dumm geworden? Dies ist von neuem ein Beispiel für die psychisch bedingte Strittigkeit psychologischer Urteile. Deskriptiv kann man aber gewissen Phasen des kindlichen, jugendlichen und erwachsenen Alters gewisse typische seelische Entwicklungen zuordnen; ich erinnere z. B. an die Phasen, die Erik Erikson beschreibt. Uns haben hier nicht die Einzelheiten zu interessieren, sondern die allgemeine Struktur des Vorgangs.

Auch die seelische Entwicklung eines individuellen Menschen im Laufe seines Lebens scheint sich in der Abfolge von Ebenen und Krisen zu vollziehen, die im Zweiten Kapitel, 2 A, beschrieben wurde. Etwas dramatisch gesagt, ist jede der größeren Lebenskrisen eine Krise auf Leben und Tod; sanfter ausgedrückt führt sie entweder zum Übergang in eine neue Reife oder zum kaum mehr aufhebbaren Versagen dieses Übergangs. Dieses oft wahrzunehmende Versagen ist es, das die Reifung in den Phasen mit und seit der Pubertät zu einem so fragwürdigen Begriff macht. Ein geläufiges Beispiel aus dem Erfahrungsbereich heutiger Intellektueller ist die *midlife crisis*. Hier ist die Ursache der Krise relativ leicht rational nachzukonstruieren. Bis zur »Mitte des Lebens« kann ich auf die offene Zukunft hin leben; was sich noch nicht erfüllt hat an Leistung und

Erfolg, an Liebe und Glück, das kann ja noch vor mir liegen. Schließlich aber tritt die lange vorbereitete Einsicht hervor, die Einsicht darüber, was sich nicht mehr erfüllen wird. Eine Erfahrung gescheiterten Lebens, eine Todeserfahrung. In dieser Erfahrung liegt jedoch eine ungeheure Chance. Sie kann mich erkennen lassen, was es hieß: »Werde, der du bist!« Sie kann mich lehren, meine Träume an die Wirklichkeit anzupassen, und es kommt vor, daß mir erst damit die Kraft zufließt, in der Wirklichkeit das zu empfangen und das zu tun, wovon ich bis dahin nur geträumt habe; dies in unvorhersehbarer Weise. Aber die Krise kann auch in Resignation auslaufen, in ein Versiegen der Kraft, ein Erstarren; oder in einen Verzweiflungsakt.

Diese spätere Krise ist, wenigstens beim Mann, weniger evident an physiologische Entwicklungen gekoppelt als die der Jugend; eben darum sind die jugendlichen Krisen vom Bewußtsein weniger beeinflußbar. Aber in allen diesen Krisen tauchen die Kräfte der Zerstörung oder der Reifung, oder die Kraftlosigkeit des Versagens, aus dem unbewußten Bereich auf. Das Bewußtsein kann fragen und bitten; die Antwort wird ihm gegeben.

Was können wir aus einer solchen biographischen Psychologie des Individuums für das politische Bewußtsein lernen?

Hier ist zunächst eine Versuchung abzuweisen. Es ist die Versuchung einer direkten Analogie zwischen dem Lebenslauf eines Individuums einerseits und dem Lebenslauf einer Nation, einer Kultur, der Menschheit, einer organischen Spezies andererseits. Diese Analogie war – davon bin ich überzeugt – der Fehler Spenglers, in subtilerer Weise auch Toynbees. Bleiben wir zunächst beim durchsichtigsten Fall, bei der falschen biologischen Analogie von Individuum und Spezies. Ein Individuum wird geboren, wächst, reift, altert und stirbt in einem genetisch vorgeplanten Zeitrhythmus. Auch das Altern ist genetisch vorgeplant, denn im Evolutionswettlauf der Arten ist für jede Art die relative Kurzlebigkeit ihrer Individuen ein Selektionsvorteil, da sie Raum schafft für neue Individuen, die unter Umständen neue Mutationen »ausprobieren«. Das notwendige Altern von biologischen Arten, von Spezies, aber gibt es nicht. Schlagen sie nachteilige Entwicklungswege ein, so sterben sie aus; sie räumen das Feld für die angepaßtere ursprüngliche Form oder für neue, überlegene Arten. Die Mondraute, ein Pflänzchen, das noch heute in den Alpen wächst, stammt aus dem Devon (vor etwa 300 Millionen Jahren). Die Saurier wurden in der Evolution von den Säugetieren überholt und haben uns doch die lebensfähigen Spezies der Krokodile und Eidechsen hinterlassen.

So ist auch kein direkt biologischer Grund dafür zu sehen, warum eine Nation oder eine Kultur altern sollten. Wenn hochkulturelle Gesellschaften es gleichwohl nur auf Lebensdauern von wenigen Jahrtausenden zu bringen scheinen, so wäre evolutionstheoretisch zu vermuten, daß sie noch keine stabile Struktur darstellen: daß sie an ihren eigenen Fehlern zugrunde gehen (zu denen höchstens sekundär vielleicht eine kulturbedingte Zuchtwahl lebensungeeigneten Erbguts gehören könnte). Aber wir haben dann umgekehrt zunächst auch keine Aussicht auf eine biologisch eingeplante Reifung des politischen Bewußtseins.

Gleichwohl wage ich, den Ausdruck »Reifung« für den unerläßlichen politischen Bewußtseinswandel zu gebrauchen. Die Personen, die das politische Bewußtsein tragen, haben *als* Personen die Möglichkeit zu reifen. Nun ist die Reifung des menschlichen Individuums vom Augenblick des Sprechenlernens, ja, schon von der liebenden Zuwendung der Mutter zum Säugling an, auf die Gaben der Umwelt angewiesen. Die gesellschaftliche Einbettung des Kleinkindes, das verständige Lernen des Sechsjährigen, der Bewußtseinssprung der Pubertät, die lange Rezeptivität der Schul- und Fachausbildung, alle bieten dem jungen Menschen eben diejenigen Inhalte und Verhaltensweisen an, die sich die Gesellschaft erworben hat. Eine Reifung der Lehrenden, also letztlich aller Meinungsträger in der Gesellschaft, kann den Lernenden reifere Inhalte vermitteln.

Bloß im Sinne einer verständlichen Ähnlichkeit darf man

also wohl Ausdrücke aus der Biographie von Individuen auch gebrauchen, um das öffentliche Bewußtsein zu beschreiben. Ich erlaube mir ein Beispiel. Die Technik und die angewandte Naturwissenschaft unseres Jahrhunderts erinnern mich in ihrem Sozialverhalten ein wenig an Kinder, vielleicht Sechsjährige. Sie können ihren Verstand schon gebrauchen (mathematische Begabung ist nach meinen Beobachtungen schon bei Fünfjährigen deutlich zu erkennen). Sie haben aber noch nicht gut verstanden, daß man mit einem Spielzeug nicht alles anfangen darf, was man mit ihm anfangen kann. Die Vorstellung, alles technisch Machbare solle auch gemacht werden, widerspricht dem Sinn der Technik als Bereitstellung von Mitteln für Zwecke (Zweites Kapitel, 6). Und eine Wissenschaft, die nicht dieselbe Sorgfalt auf die Folgen ihres Handelns verwendet wie auf die Suche ihrer Resultate, ist noch nicht erwachsen. Denn sie könnte diese Sorgfalt anwenden, wenn sie wollte; und sie würde es wollen, wenn sie die heutige Welt verstände.

Reifung ist möglich.

Heilung. Reifung ist möglich. Warum geschieht sie nicht? Ehe wir nach der Reifung des politischen Bewußtseins fragen, wenden wir uns wieder dem persönlichen Bewußtsein zu. Warum mißlingt persönliche Reifung?

Erinnern wir uns an Freuds Auffassung der Neurosen. Eine frühe Verletzung der Seele bleibt dem bewußten Ich verborgen, weil es diese nicht ertragen würde. Deshalb treten unbewußte Versuche der Gegenwehr auf, die wirkungslos bleiben müssen. Die Psyche wird auf eine »falsche Norm« einreguliert. Die Heilung der Neurose kann geschehen, wenn das Ich ihre Ursache erkennt und ertragen lernt. Ich muß die Schuld auch für dasjenige in meinen Handlungen auf mich nehmen, was ich nicht bewußt gewollt habe. Jedes Abschieben der Schuld verhindert die Heilung. Freud dehnt dieses Prinzip auf alles soziale Handeln aus: »Wenn ich die in mir vorfindlichen Strebungen nach sozialen Maßstäben in gute und böse klassifizieren will, so muß ich für beide Arten die Verantwortlichkeit tragen, und wenn ich abwehrend sage, was unbekannt, unbewußt und verdrängt in mir ist, das sei nicht mein ›Ich‹, so stehe ich nicht auf dem Boden der Psychoanalyse, habe ihre Aufschlüsse nicht angenommen und kann durch die Kritik meiner Nebenmenschen, durch die Störungen meiner Handlungen und die Verwirrungen meiner Gefühle eines Besseren belehrt werden.«* All dies bin ich.

Die Spezialitäten der Neurosentherapie sind hier nicht unser Anliegen, sondern eben diese Durchwobenheit meines ganzen Verhaltens von Motiven, die ich als die meinen anerkennen würde, wenn ich ertrüge, sie anzuschauen, die aber unbehandelbar bleiben ohne diese schmerzhafte Aufrichtigkeit. Und im Grunde kann nur ich selbst sie entdecken. Wenn der Therapeut sie mir ins Gesicht sagt, werde ich Gegenwehr leisten. Er kann mich nur verstehend, als Freund, auf dem Weg der Selbsterkenntnis begleiten.

Ist es anders im politischen Bewußtsein? Ist es nicht genauso? Jede Partei »weiß«, daß sie recht hat. Sie weiß, daß der Gegner unrecht hat. Sie weiß, daß er das Böse will und darum überwunden oder wenigstens bekehrt werden muß. Wenn die Partei Psychologie oder Ideologiekritik gelernt hat, so weiß sie, daß der Gegner sich selbst belügt. Und dieses mein eigenes Wissen um die Bosheit des Gegners ist in mir gerade darum so unerschütterlich, weil ich im Grunde weiß, aber nicht wissen will, daß ich mich belüge, daß ich meine Schuld nicht anerkennen will. Die Reduktion politischer Probleme auf moralische Probleme macht sie unlösbar; »Moral an sich« ist unbelehrbar böse.

Es ist aber auch nicht wahr, daß die politischen Probleme keine moralischen Probleme wären. Sie sind in hohem Grade moralisch. Aber nicht meine Gegner, sondern ich selbst bedarf der moralischen Kritik. Und ebendies ist nicht Ausdruck eines Selbsthasses, einer moralischen Perversion. Es ist, in Freuds Denkweise, die nüchterne Erkenntnis

* S. Freud, *Gesammelte Werke* I, S. 567; vgl. auch in meinem Buch *Der Garten des Menschlichen*, München [9]1984, S. 273.

eines seelischen Sachverhalts. Ihn sehen zu können, heißt, daß ich lerne, mich selbst zu lieben, nicht wie ich sein möchte, sondern wie ich bin. Und lieben wir einen Menschen wirklich, wenn wir ihn stilisieren und nicht so lieben, wie er nach unserer besten Erkenntnis ist?

Primär sind die politischen Probleme freilich noch keine moralischen Probleme. Wir können sie in drei Stufen sehen: als Sachprobleme, als Machtprobleme, und am Ende als Probleme der Ethik. Als Sachprobleme wären sie in der Mehrzahl der Fälle in gemeinsam angewandter Vernunft lösbar. Macht ist Akkumulation von Mitteln für freigehaltene Zwecke (Zweites Kapitel, 2 A,d). Diese Machtkonkurrenz als einziges Motiv macht die Sachprobleme unlösbar; sie ist, in ihrer Isoliertheit, gleichsam eine kollektive Zwangsneurose. Das ethische Problem ist, diesen neurotischen Charakter der Machtkonkurrenz sehen zu lernen. Zuerst sieht man ihn beim Gegner. Die Leistung ist, daß ich ihn auch bei mir erkenne und damit bei uns allen. Dies zu sehen, wäre Bewußtseinswandel in der Tiefe. Eine schwere Leistung, eine Heilung.

Heilung ist möglich, leicht ist sie nicht.

Umkehr. Ich habe soeben in bewußter gedanklicher Askese in z. T. wörtlicher Anlehnung an Freud argumentiert. Freud verstand seine Theorie als eine nüchterne Naturwissenschaft der Seele, zumal der unbewußten Seele. Von der Religion hielt er weiten, ich wage zu sagen, schreckerfüllten Abstand. »Religion ist, wenn einer nachts im einsamen Wald zu singen anfängt, um seine Angst zu übertäuben.« Eine, wir mir scheint, sehr zutreffende Beschreibung eines Grundmotivs der positiven Religionen.

Wer aber weiß, was in der Sprache des Neuen Testaments »Umkehr« (*metanoia*) heißt, ohne die nach den Worten von Johannes dem Täufer und von Jesus der Mensch nicht in das auf ihn wartende »Reich der Himmel« kommen kann, ohne die er nach Paulus nicht vor Gott gerechtfertigt werden kann, der erkennt in ihr genau dieselbe formale Struktur. »Darum, o Mensch, kannst du dich nicht entschuldigen, wer du auch bist, der da richtet. Denn worin du einen anderen richtest, verdammst du dich selbst; da du eben dasselbe tust, was du richtest« (*Römer 2,1*). »Denn das Gute, das ich will, das tue ich nicht; sondern das Böse, das ich nicht will, das tue ich« (*Römer 7,19*). Die Interpretation durch Paulus ist von der durch Freud um zwei Jahrtausende getrennt. Die Erfahrung ist im Prinzip dieselbe.

Wenn wir von Bewußtseinswandel reden, werden wir nicht umhinkönnen, uns der Religion als einer der ältesten und tiefsten Bewußtseinsprägungen und Selbsterfahrungen des Menschen zuzuwenden. Aber dieses Buch wendet sich zunächst nicht an Gläubige einer überlieferten Religion, sondern an Zeitgenossen in der heutigen säkularen Welt. Ich gehe daher nun in einem dritten Schritt dieses Kapitels über zu den kulturellen Voraussetzungen unserer persönlichen Bewußtseinshaltungen. In diesem breiteren Rahmen wird uns die Religion von neuem begegnen, um dann im Vierten Kapitel zum Thema zu werden.

3. Öffentliches Bewußtsein: Kultur

Der Mensch ist das Lebewesen, das sprechen lernt.

Dieser Satz, der uns selbstverständlich erscheint, nimmt eine alte Definition des Menschen mit einer Präzisierung wieder auf. Aristoteles definiert den Menschen als das *zoon logon echon*, wörtlich: das Lebewesen (*zoon*), das den Logos hat (*echon* = habend). Das übersetzt die lateinische Tradition als *animal rationale*, das vernünftige Lebewesen. *Logos* aber heißt im Griechischen zunächst die Rede, freilich nicht ein Gestammel oder Geschwätz, sondern die sinnvolle, die »vernünftige« Rede. Der Mensch ist »das sprechende Tier«. Er ist aber, und darin liegt die Präzisierung, das Lebewesen, das sprechen *lernt*. Die Fähigkeit, sprechen zu lernen, ist dem Menschenkind angeboren. Welche Sprache es lernt, bestimmt jedoch die Kultur, in die es hineingeboren wird; es lernt zunächst die Umgangssprache dieser Kultur. Ist seine Umwelt zweisprachig, so kann das Kind alsbald zweisprachig aufwachsen; so sehr ist es von der Überlieferung bestimmt, in die es geraten ist. Die Phase des Sprechenlernens ist eine der frühesten und wichtigsten Phasen des menschlichen Reifungsprozesses.

Was bedeutet dieser Schritt in unserer Erwägung über Politik und Bewußtsein?

Wir haben mit der Notwendigkeit einer gemeinsam angewandten politischen Vernunft begonnen, mit dem »öffentlichen Bewußtsein«. Wir wurden auf die persönlichen Voraussetzungen dieser Vernunft geführt. Das öffentliche Bewußtsein hat seine Existenzgrundlage im persönlichen Bewußtsein jedes Einzelnen, jedes Gliedes der Gesellschaft. Die Hoffnung auf Erziehung führte uns weiter auf die unbewußten Vorbedingungen der Erziehbarkeit, auf Reifung und Heilung des Bewußtseins. Keine Bewußtseinsreifung geschieht aber ohne den Anteil der Sprache. Die Sprache jedoch ist Besitz keines Einzelnen. Er hätte sie nicht ohne die Gesellschaft. Das persönliche Bewußtsein hat seine Entfaltungsgrundlage im öffentlichen Bewußtsein, in der Kultur, der es angehört.

Mit welchen Begriffen sollen wir nun Kultur beschreiben? Ich erlaube mir, hier ein Denkmodell noch einmal zu skizzieren, das ich schon öfter benutzt habe.* Ich nenne es das »Baugerüst«. D. h. es beansprucht nicht zu sagen, was Kultur wirklich ist, es beansprucht nicht, das »Haus« zu sein, das eine echte Theorie der Kultur für unsere Fragestellung bedeuten könnte. Wenn man ein Haus baut, errichtet man ein Gerüst, das zum Wiederabriß bestimmt ist, wenn die Mauern stehen und das Dach gedeckt ist. Soweit sind wir heute noch nicht.

Das Thema des »Baugerüsts« ist menschliches Verhalten in der Kultur. Die Kultur, von der hier die Rede ist, ist eine spezielle Kultur, unsere eigene, die abendländische Kultur. An ihr versuchen wir einige Züge unseres Verhaltens abzulesen. Wir werden erkennen, daß andere Kulturen andere Züge zeigen, daß sie mit einem anderen Baugerüst zu rekonstruieren wären. Diese Einsicht wird wesentlich sein für unser politisches Verhalten in der heutigen Welt, in der diese Kulturen aktiv zusammenleben müssen.

Das »Baugerüst« besteht aus vier »Stockwerken«. Ich numeriere sie von unten nach oben. Denn man kann in einen erst zu errichtenden Bau nur von unten einsteigen. Aber ich stelle es vorweg im Entwurf so dar, daß das Obere, als Nummer 4, oben steht und das Untere, die Eingangsnummer 1, unten.

»Baugerüst«

4. Das Bild der Einheit: Mythos, Religion, Philosophie.
3. Kulturelle Pointierungen: Moral, Theorie, Kunst.
2. Zweckrationalität: Handlung und Urteil.
1. Die Einheit des Verhaltens: Wahrnehmung, Urteil, Affekt, Handlung.

* In *Wahrnehmung der Neuzeit*, München [5]1984: »Nietzsche, 7. das Baugerüst«; »Wozu Meditation?«; »Begriffe: Theorie«, S. 84 ff., S. 316 ff., S. 384 ff.

Nun die Erläuterung. Wir beginnen von unten.

1. Die Einheit des Verhaltens. Das Tier lebt weitgehend in der Einheit von Wahrnehmen und Bewegen, von Reiz und Reaktion. Wir Menschen legen uns diese Einheit in vier Glieder auseinander. Die Katze sieht das laufende Etwas (Wahrnehmung), »eine Maus!« (Urteil), »eine Beute!« (Affekt), sie ergreift die Beute (Handlung). Die Maus sieht das lauernde Wesen (Wahrnehmung), »eine Katze!« (Urteil), »Gefahr!« (Affekt), sie läuft davon (Handlung). Die Einheit der Glieder: Schon die Wahrnehmung urteilt (»laufend«, »lauernd«), schon das Urteil ist affektiv (»Maus« ist »Beute«, »Katze« ist »lebensgefährlich«), der Affekt schlägt unmittelbar in Handlung um. Wir Menschen verhalten uns ebenso, wo immer wir spontan sind, wo wir die Einheit nicht durch einen Hiatus, durch eine Askese vom Handeln, unterbrechen.

2. Zweckrationalität. Schon das Tier kann innehalten. Die Katze lauert, sie schleicht heran. Die Maus schaut vorsichtig aus dem Loch. Beim Menschen ist das größte Mittel dieser Trennung von Wahrnehmen und Handeln die Sprache. Freilich ist die Sprache anfänglich ein Glied der Verhaltenseinheit, als Zuruf und Aufforderung. Imperativ und Optativ dürften frühere Sprachanwendungen bezeichnen als der konstatierende Indikativ. Aber in der entwickelten Sprache unserer Kultur ist die Aussage, die einen Sachverhalt ausspricht, eine Grundfigur; neuere Sprachanalytiker unterscheiden in jedem vollständigen Satz einen propositionalen (aussagenden) von einem illokutiven (den Partner anredenden) Bestandteil. Die Trennung des Urteils von der Handlung macht es erst möglich, daß die Handlung nicht bloße Reaktion bleibt, sondern gewollte, freie Aktion wird. Der Hiatus, die Distanz zwischen Urteilen und Handeln ermöglicht dem Menschen, Zwecke bewußt zu verfolgen: dieses auf Urteil gestützte Handeln ist »zweckrational«.

Wir werden sehen, daß im Baugerüst stets die oberen Stockwerke zwar auf den unteren aufruhen, daß aber unsere Art, die unteren Stockwerke zu beschreiben, erst aus den Gehalten der oberen Stockwerke möglich und verständlich wird. Nur wer Urteil und Handlung zweckrational zu trennen versteht, wird im Verhalten der Katze und der Maus die vermutlichen Urteile (»eine Maus!«, »eine Katze!«) von der Handlung des Ergreifens oder Davonlaufens trennen. Schaut er näher hin, so unterscheidet er im menschlichen Verhalten noch die Wahrnehmung als Grund des Urteils vom Urteil selbst und den Affekt als Grund der Handlung von der Handlung selbst.

Was aber sind die Zwecke? Was erstrebt die Handlung? Befriedigung der Affekte? Oder sind nicht vielmehr die Affekte unsere subjektive Wahrnehmung des Zuträglichen? Und was ist uns zuträglich, nicht nur dem Individuum, sondern der Gesellschaft, ohne die das Individuum nicht leben könnte? Was sind die Werte? Auf der Stufe der Zweckrationalität eine unbeantwortbare Frage. In dem Augenblick, in dem die Werte nicht mehr selbstverständlich sind, fordert die Zweckrationalität eine höhere, ihr übergeordnete Stufe der Einsicht.

3. Kulturelle Pointierungen. Die Frage nach den Werten, die unser Handeln bestimmen oder doch bestimmen sollten, ist eine nachträgliche Frage. Das Kind begehrt, ehe es urteilen kann. Elementares Wünschen ist der Untergrund menschlicher Handlung bis ins Greisenalter; und die Gegenstände der Wünsche ändern sich mit den Reifungsstufen. Das zweckrationale Urteil erkennt zwischen dem Wunsch und seinem Gegenstand die notwendigen Wege, die Mittel zum Zweck. Dies hebt den elementaren Charakter des Begehrens noch nicht auf. Aber das Kind wird erzogen; es muß lernen, auf Wünsche zu verzichten; es muß wünschen lernen, was es nicht elementar begehrt hätte. Aber auch die gesellschaftlichen Normen, sagen wir kurz die Forderungen der *Moral*, gelten unerklärt. Sie sind für die Gesellschaften eine elementare, meist nicht hinterfragte Tradition. Die Frage nach den Werten, die Frage, was denn eigentlich gilt, drückt aus, daß diese Selbstverständlichkeit erschüttert ist, sei es durch erlebte Konflikte zwischen den eigenen Wünschen, sei es durch den Konflikt zwischen Wünschen und geforderten Normen, sei es, daß die Konflikte zwischen den Normen entdeckt werden.

Der Titel »Kulturelle Pointierungen« drückt aus, daß die Antwort auf die Frage, was gilt, von der jeweiligen Kultur abhängig ist. Jede Kultur stilisiert ihre Normen, ihre Werte. Mit einem Ausdruck der Evolutionstheorie kann man diese Stilisierung auch ein Luxurieren bestimmter Verhaltensmuster nennen. Organe können luxurieren: der Mammutzahn, der Pfauenschweif. Solche Organausbildungen sind meist mit luxurierenden Mustern des Verhaltens gegenüber Artgenossen verbunden: dem Rangordnungskampf, dem Liebeswerben. Die Entwicklung einer Kultur, in welcher die Tradition erworbenes Verhalten an die späteren Generationen weitergibt, verläuft sehr viel schneller als die organische Evolution. In ihr können neue Verhaltensmuster entstehen und in wenigen Jahrhunderten – selbst einmal in wenigen Jahrzehnten – luxurieren. Ich habe solche kulturellen Stilisierungen auch »Pointierungen« genannt oder, in bildlicher Rede, »Eiffeltürme«. Sie wurzeln breit im Boden der Realität, aber sie laufen in der dünnen Luft der Hochstilisierung in schmale Spitzen aus, zwischen denen der Kontakt abzureißen droht.

In den älteren Darstellungen des Baugerüsts habe ich als die wohl wichtigsten drei Pointierungen der neuzeitlichen abendländischen Kultur Theorie, Praxis und Kunst bezeichnet. Diese Namen weisen auf drei von den Griechen her überlieferte Werte hin: das Wahre, das Gute, das Schöne. Die Einteilung schließt sich an Aristoteles an, der Theorie, Praxis und Poiesis unterscheidet, was deutsch wiederzugeben wäre als Anschauen, Handeln und Machen. Da soeben von Politik die Rede ist, habe ich jetzt die Praxis an die Spitze gestellt und habe ihren klassischen Namen, der das in sich sinnvolle Handeln bedeutet, durch eine ihrer normativen Stilisierungen, durch den Namen »Moral« ersetzt.

Hier mag eine Worterklärung am Platze sein. Aristoteles

unterscheidet Praxis als ein Handeln, das seinen Sinn in sich selbst trägt, von Poiesis, einem Machen, das seinen Sinn in einem außerhalb seines selbst liegenden Werk findet. Poiesis umfaßt das Handwerk und die Kunst. Für die Griechen war auch der Künstler ein Handwerker. Die Neuzeit sieht den leitenden Wert des Handwerks und der Technik im Nutzen für vorgegebene Zwecke, ordnet Handwerk und Technik also der Zweckrationalität ein. Dadurch wird die Kunst – ein Begriff, der erst um 1800 geprägt wurde, um die Gesamtheit der »schönen Künste« zu bezeichnen – zu einem eigenständigen Bereich.

Wie wurzeln nun diese Gestalten der Kultur breit im Boden der Realität, und wie laufen sie in stilisierte Spitzen aus? Jeder der drei Leitwerte hat einen normativen Charakter, jeder sucht seinen Gegensatz auszuschließen. Nach üblicher Sprechweise steht dem Wahren das Falsche gegenüber, dem Guten das Schlechte, dem Schönen das Häßliche.

Wir beginnen mit der Praxis. Das griechische Gegensatzpaar lautet »gut« (*agathon*) und »schlecht« (*kakon*). Das Wort »gut« bezeichnet auch in der heutigen deutschen Umgangssprache keineswegs nur das moralisch Gute. Ein Schuh ist gut, wenn er sitzt, ein Fußballer ist gut, wenn er mit seiner Mannschaft kooperiert und dabei erreicht, daß sie Tore schießt oder verhindert, ein Forscher ist gut, wenn er interessante Ergebnisse zutage fördert. Dies sind Normen spezieller Bereiche, die »ihren Sinn in sich selbst tragen«, oder doch solchem Sinne dienen. Es gibt aber auch allgemeine Normen menschlichen Verhaltens. Hier ist für das Abendland seit dem Sieg des Christentums ein anderes Gegensatzpaar wichtig geworden, das »Geschenk der Juden an die Menschheit«, der Gegensatz von »Gut« und »Böse«. Ein schlechter Schuh, Fußballer, Forscher ist deshalb nicht böse. Das Böse ist eine Qualität des Willens: böse sein heißt, das Gute nicht wollen. Hier wird die Ethik personalisiert. Das Gute ist dem Volke von seinem Gott geboten, damit das Volk leben kann. Böse sein heißt dann, Gott zu widerstreben. Das Böse aber macht letztlich das

Leben unmöglich: »Der Tod ist der Sünde Sold« (*Römer 6,23*).

Diese menschlichen Erfahrungen deuten die Breite der Realität an, in der das abendländische Verständnis der Praxis, der Ethik, der Moral wurzelt. Ihre normative Stilisierung geschieht sowohl in der Tradition des Judentums wie unter der Wirkung griechischer Philosophie. Die überlieferte Moral gilt unerklärt. Wer sie auch noch erklärt haben will, rückt in den Verdacht, er wolle sie so abändern, daß sie seinen persönlichen Wünschen einen Freiraum gewährt. In der jüdischen Geschichte wurden die Normen gegen diese Bedrohung dadurch geschützt, daß sie als positive Gebote Gottes bis zu einem streng ritualisierten System einzelner Vorschriften, gemäß der Heiligen Schrift, festgelegt wurden. Das christliche Abendland hat die Details dieser Normen, als dem »Alten Bund« zugehörig, beiseite gelassen. Aber es bedurfte der ethischen Normierung wie jede Kultur, und hier überwog dann bald der Einfluß des heroischen Unternehmens der griechischen Philosophie, die sittlichen Normen dadurch festzulegen, daß es sie aus ihrer Unerklärtheit befreite, daß es ihren Sinn rational verstand.

Entscheidend wird hier nun der Einfluß eines großen »Geschenks der Griechen an die Menschheit«, der *Theorie*, der Unterscheidung von »Wahr« und »Falsch«. Im Blick auf die gleichzeitig entstehende deduktive Mathematik entwickelte die klassische griechische Philosophie die Logik, die man als die strukturelle Mathematik des Wahren und Falschen bezeichnen könnte. Auf den metaphysisch-religiösen Kern der griechischen Philosophie kommen wir später zurück. Ihr im Ablauf von zwei Jahrtausenden wohl immer wachsender struktureller Einfluß auf das ethische Denken war die Auffassung auch ethischer Aussagen als Sätze, die wahr und nicht falsch sein sollen. Einen entscheidenden Durchbruch erzielte diese Denkweise, nach Vorspielen in der frühchristlichen Dogmatik und der mittelalterlichen Scholastik, in der neuzeitlichen Aufklärung.

Hier spielte der Inhalt der ethischen Normen eine entscheidende Rolle. Es gibt wohl vor allem zwei Bereiche, die stets mit Argusaugen betrachtet wurden: politisch-soziale Moral und Geschlechtsmoral. Die politisch-soziale Moral ist Gegenstand dieses Buchs. Es sollte nur nicht vergessen werden, daß die Sexualmoral, über die der Verdrängung ausgesetzten Tiefenschichten des Bewußtseins, einen nicht minder tiefen Einfluß auf die Kultur ausübt.

Inhaltlich steuert die politisch-soziale Moral seit der europäischen Aufklärung dem Übergang vom überlieferten Ethos des Herrschens und Dienens in ein Ethos der Freiheit und Gleichheit zu. Damit verliert aber das mythische Bild von Gott als unserem Herrn die sinnenfällige Illustration in den weltlichen Herrschern, denen wir gehorchen; und die unerklärte traditionelle Moral wird als Einschränkung der Freiheit empfunden. Die unerläßliche politisch-soziale Moral muß nun durch Erkenntnis ihrer Notwendigkeit für die Gesellschaft erklärt werden. Das ist schon in Platons *Staat* unternommen worden. Die neuzeitlich reifste Form des Gedankens ist wohl Kants kategorischer Imperativ, ein Gesetz, das sich die Vernunft selbst gibt: »Handle so, daß die Maxime deines Willens jederzeit zugleich als Prinzip einer allgemeinen Gesetzgebung gelten könne.«* Konsequent schreitet Kants Denken bis zur Altersschrift *Vom ewigen Frieden* fort (vgl. dazu das Gedicht von Karl Kraus am Ende dieses Buches). Der Friede ist nun eine notwendige Forderung der praktischen Vernunft.

Gleichwohl geraten wir mit dieser Entwicklung in die dünne Luft, die um die Spitzen von Eiffeltürmen weht. Was ist die Wahrheit normativer Sätze? Sie sagen – so die nachkantische Ausdrucksweise – nicht aus, was *ist*, sondern was sein *soll*. Was ist aber die Wahrheit des Sollens? Woher kennen wir sie? Der kategorische Imperativ ist ein tiefdringender philosophischer Satz und ein Kriterium zur Erziehung unseres ethischen Wahrnehmungsvermögens. Positive Normen haben sich aus ihm nicht politisch wirksam herleiten lassen.

* *Kritik der praktischen Vernunft*, § 7; A 54.

Hier liegt eine Schwäche nicht nur der theorieförmigen Ethik, sondern der Theorie selbst, wie sie heute verstanden wird. »Sein« und »Sollen« isolieren die beiden Momente des Urteils und der Handlung; Wahrnehmung und Affekt entschwinden ins undeutliche Umfeld. Theorie ist bei uns heute nur als begrifflich arbeitende Wissenschaft allgemein anerkannt. Dieses Vermögen begrifflichen Denkens nennt Kant »Verstand«, im Unterschied zur »Vernunft«, die ein Vermögen der Totalität, ein umfassender Blick ist. Auch dies wollte ich mit der Definition der Vernunft als »Wahrnehmung eines Ganzen« ausdrücken. Jetzt aber versuchen wir, die Leistung und die Grenzen des rein begrifflichen Denkens zu bezeichnen; es handelt sich um die Verstandesleistung der wissenschaftlichen Theorie.

Schon die sinnliche Wahrnehmung orientiert uns im Ganzen des jeweiligen Zusammenhanges. Ich sehe nicht »Rot im Grünen«, sondern eine Rose im Garten, oder ein Auto unter einem Baum. Insofern ist die Wahrnehmung selbst schon prädikativ, sie ist partiell begrifflich aussprechbar. Der reine Begriff aber führt uns aus dem begrenzten Ganzen der gegenwärtigen Wahrnehmung in die ungegenwärtige Allgemeinheit seines speziellen Anwendungsbereiches; der Begriff bezeichnet, wenn man so sagen darf, etwas »spezielles Allgemeines«. Der Begriff »Regen« bezeichnet das allgemeine, d. h. stets wiederkehrende Phänomen, daß Wasser in Tropfen aus den Wolken fällt. Der Begriff »Geld« bezeichnet ein in einer Gesellschaft allgemein akzeptiertes meßbares Tauschobjekt. Um Begriffe zu erklären, brauchen wir schon andere Begriffe. So für »Regen« die Begriffe »Wasser«, »Tropfen«, »fallen«; für »Geld« die Begriffe »Gesellschaft«, »Tausch«, »akzeptieren«. Der Begriff ist ein Werk der menschlichen Gesellschaft, geschaffen aus der schon tierischen Fähigkeit der Gestaltwahrnehmung durch die dem Menschen verfügbare symbolische Funktion der Sprache. Uns gehen im jetzigen Text nicht die philosophischen Abgründe an, in welche uns die Rückfrage nach dem Wesen von »Gestalt«, »Gestaltwahrnehmung«, »symbolische Funktion«, »Sprache« führen würde. Wir wollen sehen, wie das begriffliche Denken in der Gesellschaft, in der Politik wirkt.

Der Begriff führt uns aus der naiven Orientiertheit in der jeweiligen Situation hinaus. Begriffe wie »Regen« oder »Geld« erinnern uns an die vielen Beispiele von Regennässe oder von Bezahlung, die wir schon erlebt und noch zu gewärtigen haben. Wer begrifflich denkt, lernt Instrumente schaffen, die vorweg auf wiederkehrende Situationen anwendbar sind: ein Dach, einen Regenmantel oder Schirm; Geld ist selbst schon ein Instrument des gesellschaftlichen Güteraustauschs. Begriffliches Denken und instrumentales Handeln stehen einander nahe. Und instrumentales Handeln verwandelt die Welt.

Aber der Begriff, der uns mit fernen, allgemeinen Strukturen vertraut macht, entfernt uns eben dadurch aus der Vertrautheit mit dem Ganzen unserer realen Situation. Der Begriff, der Fernes verknüpft, zerlegt das Gegenwärtige, nimmt es nicht als Ganzes wahr. »Hier ist Geld zu verdienen« – und ich vergesse, daß ich damit meinen Nachbarn schädige. »Der Verkehr verlangt hier eine Durchgangsstraße« – was geht die Verkehrsbehörde der Wald an, den man dafür abholzen muß?

Wahrnehmung und Affekt werden durch begriffliches Denken und moralische Normen ins Abseits gedrängt. Sie bilden eine unanalysierte Restkategorie. Eine Zuflucht finden sie in der modernen Welt bei der *Kunst*. Man kann Kunst definieren als beseligende oder schmerzlich seismographische Wahrnehmung von Gestalt durch die Schaffung von Gestalt.* In den Höhlenzeichnungen der Steinzeit können wir Heutigen noch ahnen, was die damaligen Menschen als Wesentliches ihrer Lebenswelt wahrgenommen haben. In Götterbildern stellt die frühe Kultur die bestimmenden Mächte ihres Lebens dar. Musik steigert die Bewegung der Seele, indem sie sie darstellt. Im Epos vom Trojanischen Krieg erkannten die Griechen durch Jahr-

* Vgl. *Wahrnehmung der Neuzeit*, München [5]1984: »Begriffe: Kunst«, S. 402.

hunderte ihre politische Identität wieder. Ein Liebeslied spricht wiederholbar aus, was die Seele jedes einzelnen Liebenden bewegt. Ein Tempel, ein Palast stellen die herrschende Ordnung unausweichlich dar. Die Tragödien des Ödipus, der Antigone, des Macbeth, des Hamlet enthüllen den Abgrund, über dem diese Ordnung errichtet ist.

Wenn ich von der Stilisierung einer Kultur gesprochen habe, so habe ich die Kultur mit einem kunstgeschichtlichen Begriff (»Stil«) beschrieben. Ich habe eine Kultur selbst gleichsam wie ein großes Kunstwerk dargestellt: in den Gestalten, die sie geschaffen hat, nimmt sie sich selbst wahr. Das konservative Denken hält an diesen Gestalten fest, die ihm die Identität des eigenen Lebens verbürgen. Der Fortschrittsoptimismus steht vor dem Problem, neue Gestalten schaffen zu müssen, in denen er seine Identität wiedererkennen kann. Wie wichtig waren einst die politischen Lieder: die Marseillaise, die Internationale! Die Skyline von New York ist nicht durch die Grundstückspreise von Manhattan allein zu erklären: sie ist das Symbol der siegreichen Technik, der neue Turmbau von Babel.*

Die Entwicklung der Kunst als gesellschaftliche Institution spiegelt die Entwicklung der Kultur. In der politischen Welt des Herrschens und Dienens prägt die Kunst die Lebenskreise in ihrer Getrenntheit und ihrem Zusammenhang aus. Es gibt den Sänger des Fürsten, und es gibt das Volkslied; der Ikonenmaler dient den Bischöfen und dem armen Betenden vor der Ikone. Die Bauhütte, der Hofmaler, der wandernde Musikant konnten, schlecht und recht, von der Kunst leben. Im Industriezeitalter entwickelt sich auch die Kunst zu einem »Erwerbszweig« (Zweites Kapitel, 6). In dem Maße, in dem die technische Zivilisation nur noch die Herrschaft ihrer Zweckrationalität darstellt, wird dann die Kunst die Zuflucht von Wahrnehmung und Affekt. Im Beruf verwandelt man technisch die Welt, privat treibt man Hausmusik, schenkt sich Schallplatten,

* Aus einem Gedicht im Magazin *The New Yorker*: »And you can watch the Chrysler spire / bisect the Morning Star.«

liest Romane, besucht Ausstellungen. Seit dem 19. Jahrhundert wird die Kunst auch zunehmend zum Sprecher der Kultur- und Gesellschaftskritik: Dickens, Baudelaire, Zola, Dostojewskij, Tolstoi. Im Deutschland meiner Jugendzeit so gegensätzliche Dichter wie George und Brecht. Aber auch die gesellschaftskritische Kunst ist Teil der Gesellschaft. Sie muß nach Brot gehen: auch sie wird ein Erwerbszweig. Beseligung und schmerzliche Seismographie, Wahrnehmung des nahen Erdbebens erfüllen echte Bedürfnisse. Und sie werden, so wie die legitime Nachfrage nach ihnen besteht, von den Formen der Nachfrage mitgeprägt.

Die sehr allgemeine Definition von Kunst als Wahrnehmung von Gestalt durch Schaffung von Gestalt läßt sich auch auf die anderen kulturellen Pointierungen anwenden. Theorie habe ich gerne als ein »Kunstwerk der Griechen« bezeichnet. Die Wahrheit, die gesehen, empfunden, erlitten werden kann, nimmt hier die hochstilisierte Form verteidigbarer Sätze an. So auch die Moral. Aus dem spontanen Handeln, das sich selbst versteht, aus der fürsorgenden Zuwendung zum Mitmenschen, der erzieherischen Kritik, der tief schmerzenden Selbstkritik wird ein Regelgefüge. Sein Sinn ist es, die Gestalten der Spontaneität sichtbar werden zu lassen, dadurch die Spontaneität zu belehren.

In all diesen geschaffenen Gestalten aber lauert die Gefahr, daß die Stilisierung nicht mehr ein Hinweis für die Wahrnehmung und das Handeln wird, sondern ein Selbstzweck. Das ist mit dem Gleichnis des Eiffelturms gemeint. Beachten wir, selbst diesen Vorgang stilisierend, wo die Spitzen so auslaufen, daß jede der Stilisierungen sich selbst widerspricht!

Theorie, die sich selbst für zweckfrei hält, gerät eben dadurch in den Dienst von Mächten, die sehr wohl wissen, was sie wollen. Sie tritt in diesen Dienst ebensowohl als Bereitstellung technischer Mittel wie als Ideologie. Sie wird unwahr, wenn sie sich diesen Sachverhalt verbirgt.

Moral nötigt die Menschen, sich vor sich selber zu rechtfertigen. Wo ihnen das normgetreu zu gelingen scheint, macht die Selbstgerechtigkeit die Moral abgrundtief böse.

Kunst stellt das Wesentliche dar. Das nötigt sie, seismographisch auch die Lüge, den Gegenpol des Wesens darzustellen. Kunst aber als Selbstzweck kann Zuflucht vor dem Leben werden; sie wird abgehoben, wesenlos.

4. Das Bild der Einheit. Was ich soeben kurz geschildert habe, ist, in einer Stilisierung, ein Bild der vierten der im Zweiten Kapitel genannten Krisen: der Krise unserer Kultur. Ich habe den Kern der Krise nicht dort gesucht, wo konservative, an sich berechtigte Werturteile ihn suchen: im Gleichgültigwerden der überlieferten Normen der Wahrheit, Sittlichkeit, Schönheit. Die Normen verlieren ihre Kraft eben dort, wo ihre faktische Unwahrheit der wachen Wahrnehmung nicht verborgen bleiben kann. Wir waren vom subjektiven Bewußtsein zur Kultur übergegangen, deren Leistung es ist, der Subjektivität des einzelnen Menschen den objektiven, gesellschaftlichen Boden realen Verhaltens zu bieten. Eben darum enthüllt sich uns die Krise des Bewußtseins als eine Krise der kulturellen Normen.

Ich habe diese Krise in einer Form beschrieben, in der man sie vielleicht erst im 19. und 20. Jahrhundert wahrnehmen konnte. An sich ist die Unwahrhaftigkeit gesellschaftlich-kultureller Normen eine uralte, immer wiederkehrende Erfahrung. Als Leiden war und ist diese Erfahrung jedem wachen Menschen zugänglich. Es sind aber in der Geschichte immer wieder auch Bilder aufgetaucht, in denen sich eine bewußte Wahrnehmung des Ganzen ausdrückte, der immer gefährdeten und wieder anzustrebenden Einheit der Kultur. Drei Gestalten solcher Bilder habe ich in der Skizze des Baugerüsts genannt: Mythos, Religion, Philosophie.

Von ihnen müssen wir nun reden.

Viertes Kapitel
Die unvollendete Religion

1. Was ist Religion?

Das öffentliche politische Bewußtsein wurzelt im persönlichen Bewußtsein. Das persönliche Bewußtsein des Einzelnen findet sich eingebettet vor im öffentlichen Bewußtsein einer Kultur. Die Krise der Gegenwart, die sich in den drei Feldern der Wirtschaft, der Natur, der Außenpolitik zeigt, hat ihren Untergrund in einer Krise der Kultur. Die Krise der Kultur hat sich uns als eine Krise ihres Selbstverständnisses, ihrer spontanen Identität, ihrer Einheit dargestellt. Als überlieferte Bilder der Einheit wurden am Ende des vorigen Kapitels Mythos, Religion und Philosophie genannt. Was soll uns ein solcher Verweis nützen? Welchen Zugang haben wir noch zu diesen veralteten Formen des Bewußtseins?

Der Titel des jetzigen Kapitels hebt aus jenen drei Namen den der Religion heraus und bezeichnet diese als unvollendet. Damit soll gesagt sein: Die Religion ist veraltet, weil sie eine unvollendete Arbeit ist. In der europäischen Neuzeit hat ihr die Aufklärung die Stafette abgenommen. Die Religion wurde dadurch in eine fruchtlose Form des Konservatismus abgedrängt, in die, oft angstvolle, Bewahrung einer unvollendeten Gestalt. Die Pointierungen der abendländischen Aufklärung aber, nämlich die wissenschaftliche Theorie, die politische Moral und die Kunst, haben die Einheit nicht festhalten können. Die Aufklärung ist so unvollendet wie die Religion.

Zunächst die Bedeutungen der drei Vokabeln: Mythos, Religion, Philosophie. *Mythos* bedeutet im ursprünglichen Griechisch, nahe benachbart zu Logos, ein Wort mit Sinn, eine Rede, auch eine erzählte Geschichte. Die aufkommende Denkweise der Theorie setzte sich dann unter dem Namen Logos als vernünftig einsehbar von den erzählten Geschichten der überlieferten Religion ab. Bei Platon ist Mythos eine Kunstform geworden: die Gleichnisrede, die das sichtbar macht, was die rationale Argumentation des

Dialogs nicht mehr aussprechen kann. *Religion* bedeutet im Lateinischen wörtlich Rückbindung (*re-ligio*), nämlich Rückbindung des Menschen an das Göttliche, auch des täglichen Lebens an den überlieferten Kultus – eine Lebensform. *Philosophie* ist die Selbstbezeichnung der griechischen Theorie als Liebe zum Wissen (*philo-sophía*). Sophia heißt Wissen. Der Schuhmacher, der weiß, wie man gute Schuhe macht, hat die handwerkliche Sophia; das französische Wort *savant* für den Wissenschaftler hält diese Bedeutung fest. Aber die höchste Theorie ist Anschauung des Einen, das die Volksreligion unter dem Bilde Gottes darstellt. Diese höchste Weisheit kann man sich freilich als Mensch nicht anmaßen; man kann nur nach ihr liebend begehren. Deshalb die Selbstbezeichnung nicht als *sophós*, als Weiser, sondern als *philó-sophos*, als Liebhaber der Weisheit.

Was nun ist Religion, so wie unser modernes Bewußtsein sie noch wahrnehmen kann? Als ich einmal konkreten Anlaß hatte, diese Frage ausdrücklich zu stellen*, drängten sich mir ohne systematischen Anspruch vier Aspekte der Religion auf:

1. Religion als Träger einer Kultur,
2. Religion als Grund einer radikalen Ethik,
3. Religion als innere Erfahrung,
4. Religion als Theologie.

Dies war zunächst beschreibend gemeint. Ich erlaube mir, hier die beschreibende Erläuterung der vier Aspekte aus dem damaligen Vortrag wörtlich zu zitieren:

»Religion als Element einer Kultur, ja als Träger einer Kultur war das Christentum in den vergangenen zweitausend Jahren. Religion als Träger einer Kultur formt das soziale Leben, gliedert die Zeiten, bestimmt oder rechtfer-

* »Gedanken eines Nichttheologen zur theologischen Entwicklung Dietrich Bonhoeffers«, Genf 1976, in *Der Garten des Menschlichen*, München [9]1984, S. 472.

tigt die Moral, interpretiert die Ängste, gestaltet die Freuden, tröstet die Hilflosen, deutet die Welt. Die überlieferte Form dieser Religion ist es, die dem modernen Bewußtsein entgleitet.

Religion als Grund einer radikalen Ethik steht kritisch und darum oft verfolgt in ihrer Kultur. Überall, wo man die Bergpredigt oder wenigstens die Zehn Gebote beim Wort genommen hat, war die Religion Grund einer radikalen Ethik.

Religion als innere Erfahrung ist in gewisser Weise jedes subjektive Erleben der beiden vorgenannten Momente. Sie ist das bewußte Leben im Glauben. Sie ist aber insbesondere das Gebet, die Meditation, die Mystik.

Religion als Theologie ist der Versuch, die Erfahrung der drei anderen Momente gedanklich zu verstehen. Was wir in diesem Vortrag miteinander zu denken suchen, ist ein Stück Theologie.«

Später bin ich mehrfach auf diese Beschreibung zurückgekommen* und habe versucht, einen systematischen Zusammenhang in ihr aufzuspüren. Ich kann das dort Gesagte nicht in der Breite wiederholen und fasse nur kurz zusammen: Der erste Aspekt, Religion als Träger einer Kultur, ist ein Ausdruck der Retrospektive. Als die Religion unsere Kultur trug, wurde sie nicht funktional als Kulturträger verstanden, sondern direkt als Wahrheit, als die Gegenwart des Göttlichen: einst der Götter, später Gottes, der Engel, der Heiligen. Die angemessene Sprache dieser Wahrheit war das, was wir heute Mythos nennen. Auch der Mythos fällt unter die sehr allgemeine Definition von Kunst: auch er ist Wahrnehmung von Gestalt durch Schaffung von Gestalt. Indem er eine große Geschichte erzählt, läßt er uns eine Wirklichkeit sehen, die in der Alltagssprache nicht mitgeteilt werden könnte.

Die drei anderen Aspekte sind in der Rolle der Religion

* Etwa in *Wahrnehmung der Neuzeit*, München [4]1983: »Wozu Meditation?«, S. 322-323; »Begriffe: Religion und Philosophie«, S. 414-421.

als Träger einer Kultur enthalten, differenzieren sich aber für unseren Blick klarer heraus in dem großen religiösen Bewußtseinswandel, der seinen Höhepunkt vor der Mitte des ersten vorchristlichen Jahrtausends hatte. Sie versuchen in dreifach verschiedener Weise das Wesentliche der Religion zu bezeichnen, dasjenige also, worauf es in jenem Bewußtseinswandel ankam, den wir manchmal als die Entstehung neuer »Hochreligionen« beschreiben. Dabei ist ihre Dreiheit, die sich mir spontan aufgedrängt hatte, vermutlich eine spezifisch moderne Denkfigur. Nochmaliges Nachdenken ließ mich in ihnen eben die drei »kulturellen Pointierungen« wiedererkennen, mit denen ich die neuzeitliche Kultur beschrieben habe. Radikale Ethik ist das Ernstnehmen dessen, was dort Praxis oder Moral hieß; Theologie ist der Versuch, in der Sprache der Theorie zu sagen, wovon die Religion handelt; und innere Erfahrung ist wieder jene Restkategorie, in welche die affektive Wahrnehmung abgedrängt wird, die in der Neuzeit nur in der Kunst noch eine kulturelle Zuflucht findet. Wenn es aber wahr ist, daß das neuzeitliche Denken dem Phänomen der unvollendeten, in die konservative Defensive gedrängten Religion mit einer gewissen Ratlosigkeit gegenübersteht, so ist zu vermuten, daß der Schlüssel zu diesem ungehobenen Schatz in dem Bereich liegt, den die neuzeitliche Zweckrationalität selbst verdrängt hat. Das ist der Bereich, der hier »innere Erfahrung« genannt wurde. Das »Innere« bezeichnet in heutiger Sprechweise oft etwas, was man für »nur subjektiv« hält.

Mir liegt daran, hier weder mit theoretischen Behauptungen noch mit moralischen Forderungen zu beginnen. Beide drängen sich uns heute, angesichts der Weltprobleme, fast von selbst auf und lassen uns dann doch, wenn wir uns nicht in eine selbstgerechte Pose retten, meist mit Ratlosigkeit zurück. Wenn Religion jemals Erfahrung war, so kann und wird sie auch heute Erfahrung sein, sofern wir bereit sind, uns ihr zu öffnen. Neu aber ist, daß in der heutigen Gegenwart jedenfalls Intellektuelle, die ein Buch wie dieses lesen, nicht mehr naiv in der speziellen Kultur leben, deren Träger die spezielle Religion ihrer Vorfahren war. Die Begegnung der Weltkulturen ist durch die moderne Technik erzwungen. Die Begegnung der großen Religionen, früher ein seltenes oder ein oft verzweifelt kämpferisches Ereignis, tritt unausweichlich ein. Auch dies ist ein Teil des heutigen Bewußtseinswandels.

Wohin dieser Vorgang führen wird, ist dem Verfasser dieses Buches nicht geoffenbart. Ich möchte dem Leser des Buchs daher keine Lösung aufdrängen, sondern ihm nur eine Sichtweise zeigen, zu der ich im Laufe einiger Jahrzehnte gekommen bin, eben auf die unvollendete Religion. Er wird selbst dasjenige ausmachen, woran weiterzuarbeiten er sich fähig fühlt. Ich versuche also, nur in ganz knappen Stichworten, auf einige der historischen Religionen hinzuweisen, denen ich selbst begegnet bin. Ich bin kein Religionswissenschaftler. Ich stütze mich auf eigene Anschauungsfragmente, auf Gespräche und auf lückenhafte Lektüre. Damit möchte ich die oben genannten vier Aspekte der Religion einen Schritt weit aus ihrer neuzeitlich-abendländischen Prägung befreien, damit ihr Wahrnehmungsgehalt freier und deutlicher werden kann.

2. Was war Religion? (I)

Die Religionen, von denen nun, jeweils nur in kurzer Andeutung, die Rede sein soll, bestehen fast alle heute noch. Sie haben aber eine lange, oft jahrtausendealte Geschichte. Den Blick auf diese Geschichte soll das »war« im Titel dieses Abschnitts bezeichnen: In wie vielfacher Weise war das, was wir mit der abendländischen Abstraktion »Religion« bezeichnen, in der menschlichen Geschichte gegenwärtig?

Naturreligionen. Mit diesem vagen Namen bezeichnet man eine unermeßliche Fülle früher und auch noch heute lebendiger religiöser Lebensformen. Vielleicht kann man sie als diejenigen Religionsgestalten abgrenzen, die ihre Mitte nicht in Stadtkulturen haben. Ihren hohen seelischen Rang, ihre subtile Lebensgestaltung beginnt man bei uns vielfach erst heute wahrzunehmen. Der Papst lud schwarzafrikanische und amerikanisch-indianische Religionen zum Weltgebetstag für den Frieden 1986 nach Assisi ein. Können wir in ihnen die vier Aspekte wiederfinden?

Gewiß sind diese Religionen Elemente, ja Träger ihrer jeweiligen Kulturen. Sie gestalten, gliedern, deuten das Leben und den Tod. Sie regeln das Verhalten, wobei ethische und kultische Verhaltensweisen nicht in der uns geläufigen Weise getrennt werden. Von strengen Normen kann man hier sehr wohl sprechen, aber schwerlich mit der Verschärfungstendenz »radikaler« Ethik. Ebensowenig speziell von »innerer« Erfahrung im Gegensatz zu äußerer: die göttliche oder dämonische Wirklichkeit ist um uns ebenso wie in uns. Man spricht auch von »animistischer« Religion. Das ist wiederum eine abendländisch-neuzeitliche Ausdrucksweise. *Animus* oder *anima* heißt bei *uns* Geist oder Seele, die wir »in« uns vorzufinden meinen; der »Animismus« nimmt die seelische Wirklichkeit selbstverständlich schon außerhalb des Ich wahr. Wenn man »Theologie«

wörtlich als »Reden von Göttern« übersetzt, so gibt es hier eine mythisch darstellende Theologie. Magische Praktiken, Totemgestalten, Bilder und geheiligte Erzählungen sind lebenswirksame Wahrnehmung von Gestalt durch Schaffung von Gestalt. Wir verstehen nichts von Religion, wenn wir nicht sehen, daß es sich hier um Wahrnehmung von Wirklichkeit handelt, die nur nicht in unserer modernen Denkweise gedeutet wird.

Frühe Stadt- und Reichsreligionen. Dem heutigen westlichen Museumsbesucher sind die grandiosen Bildwerke der ägyptischen und mesopotamischen Kultur geläufig: Götter- und Herrscher-, Menschen-, Tier- und Pflanzenbilder. Die Pyramiden, größer als die größten Tempel, scheinen als Grabmäler den Herrscher des Reichs mit der jenseitigen Unvergänglichkeit der Götter zu verbinden. Auch von der religiösen Vielgestalt der frühen Hochkultur kann ich nur summarisch sprechen.

Städte und Reiche sind »große« Gesellschaften, durch Recht, Herrschaft, Macht stabilisiert. Religion als Träger der Kultur zeigt hier herrschende Götter und die Weihung der Herrschaft durch den Gott. Ethos und Kultus sind auch hier verbunden. Aber die Regsamkeit der Stadt, der Handel, die Erfindung der Schrift lassen Vielgestaltigkeit entstehen, die durch gegebene Gesetze reguliert wird; es entsteht Legalität. Die Wahrnehmung nimmt vielfach schon die Form der Kunst an. Die Theologie spricht sich in großen Mythen aus, uns z. T. in Form des Gedichts oder Hymnus überliefert. Der babylonische »Schöpfungsmythos« z. B., ein Kultgesang, verflicht miteinander den Ursprung der Welt, den Bau von Himmel und Erde, die Schaffung des Menschen, die Gründung der Stadt Babylon, den Preis ihres Reichsgottes. Und wie Mythen des Ursprungs gibt es Mythen des Untergangs. In denselben Städten und Reichen gibt es Handwerker, Bauern, gibt es hochentwickelte Mathematik und Gestirnskunde als Schicksalserforschung. Die Sterne sind Götter oder die Wohnung der Götter.

Hindu. Der Hinduismus ist unter den heutigen »Weltreligionen« die einzige, die sich ungebrochen aus der religiösen Tradition früher Hochkultur weiterentwickelt hat. Er bietet uns ein ganz anderes Bild, als wir uns im modernen Westen von Religion zu machen pflegen.*

»Hindu« ist ursprünglich der persische Name des Flusses, den wir Indus nennen, und dann des Landes, durch das er fließt, und seiner Menschen. Erst Europäer, die Volk und Religion zu unterscheiden gewohnt waren, trennten seit dem 16. Jahrhundert christlicher Ära die Hindu-Religion in der Benennung vom Volk der Inder. Ich würde zu sagen wagen: Hinduismus ist primär die religiös gesicherte Sozialordnung des indischen Subkontinents, die wohl stabilste Sozialstruktur in der bisherigen Geschichte der Hochkulturen. Sie basiert auf dem Kastensystem, und ihre religiöse Sicherung zeigt sich u. a. darin, daß diejenige Kaste, der die religiösen Funktionen obliegen, die der Brahmanen, den höchsten Rang hat. Nicht was man »glaubt«, ist hier der Kern der Religion, sondern wie man kultisch, ethisch, wahrnehmend lebt. Hier ist in der Tat Religion Träger der Kultur.

Und diese Kultur ist eine der reichsten, die in der bisherigen Menschheitsgeschichte entstanden sind. Wie jeder echte Reichtum zeigt sie, je nach der Sichtweise des Fragenden, sehr verschiedene Aspekte. Politisch-sozial war Indien nie expansiv. Seine alte Sozialordnung darf, auch wenn sie Entwicklungen und tiefe Krisen durchgemacht hat, als essentiell konservativ gelten. Es hat auf dem Subkontinent große Reiche gegeben, aber vor der britischen Herrschaft nie seine volle politische Einheit und kein eroberndes Ausgreifen. Der »Hinduismus« (eine europäische Wortprägung für eine Mehrzahl einander tolerierender religiöser Gemeinschaften) war als Religion nicht »missionarisch«. Aber aus seiner Mitte gingen der Buddhismus des östlichen Asiens und ein tiefer geistiger Einfluß auch auf Westasien und Europa hervor.

* Vgl. H. v. Stietencron, *Hinduistische Perspektiven*, in: H. Küng (Hrsg.), *Christentum und Weltreligionen*, München 1984.

Von den drei Momenten der Ethik, der Wahrnehmung und der Theologie war hier die Wahrnehmung das Führende. Hier muß man nun von »innerer« Erfahrung reden. Schon die vorarische Industalkultur scheint die meditative Praxis gekannt zu haben. Die Lebensformen des Waldeinsiedlers oder wandernden Mönchs, die vierte Lebensstufe des Brahmanen, sind der versenkenden Erfahrung geweiht, die in der Wirklichkeit der Einheit meines tiefen Selbst mit dem göttlichen Einen gipfelt. Radikale Ethik gibt es hier sehr wohl. Aber ihr Ziel ist nicht Verwandlung der Gesellschaft, sondern Reinigung der Seele. Diese wird in der Lehre der Wiederverkörperung als Karma von einem zum nächsten Leben weitergegeben, dem Ziel der vollzogenen Einheit entgegen. Eben deshalb kann die soziale Ungleichheit der Kasten ertragen werden, denn das Individuum wird je nach seinen Taten in neuen Stufen wiedergeboren. Die Theologie schließlich, auf einem höchst differenzierten Gerüst logischer Argumentation aufruhend, ist Auslegung dieser Sicht einer essentiell seelischen, dem Geist entstammenden und ihm wieder zustrebenden Wirklichkeit. Die Weltgeschichte hat kein Ziel, sie ist zyklisch; der Mensch aber hat durch die Kette seiner Existenzen das Ziel der Vereinigung mit der Einen Wirklichkeit.

Ich habe versucht, hier wenigstens einen Ausschnitt aus der indischen Fülle zu beschreiben.

Buddha. Der Buddha ist einer der großen Einzelnen, welche den Bewußtseinswandel der Menschheit geführt haben, den wir die Geschichte der Religion nennen.* Der indische Adelssohn Gautama verließ Haus und Familie und ging in die Hauslosigkeit, um die Wahrheit zu finden. Lehrer und jahrelange Askese enttäuschten ihn. In einer Nacht innerer Wahrnehmung fand er den Weg. Um ihn bildete sich ein Orden wandernder Mönche. Seine Anhänger nannten ihn den Tathagata, den »so Gegangenen«, und den Buddha,

* Vgl. H. Bechert, *Buddhistische Perspektiven*, in: H. Küng (Hrsg.), l. c.

den Erleuchteten, den vollkommen Erwachten. Im Laufe von zwei Jahrtausenden breitete sich die Lehre im ganzen mittleren und östlichen Asien aus, durchdrang ältere Kulturen und gestaltete sie um.

Die vier Momente, die wir als Aspekte der Religion bezeichnet haben, lassen sich auch im Buddhismus finden, aber mit anderer Gewichtsverteilung und so, daß schon die Namen der Aspekte geändert werden müssen. Was Buddha bringt, ist nicht Religion, sondern Lehre, und nicht Autorität, sondern das Angebot: »Sieh selbst!« »Wenn deine Einsicht meiner Lehre widerspricht, mußt du deiner Einsicht folgen und nicht meiner Lehre.« Der Ausgangspunkt der Lehre ist die Illusionslosigkeit, ihr Ziel ist die Befreiung. »Das ist das Leiden; das ist die Ursache des Leidens; das ist die Überwindung der Ursache des Leidens; das ist der zur Überwindung der Ursache des Leidens führende Weg.« Dasein ist Leiden. Gewiß wechseln die Empfindungen zwischen Freude, Neutralität, Schmerz. Aber sie alle sind abhängig, und sie alle sind veränderlich. Die Dinge sind vergänglich, das Ich ist vergänglich, die Welt ist kein Ding. Kenner der euro-asiatischen Philosophiegeschichte haben mir versichert, daß die tiefe Kluft zwischen West und Ost längs der Grenze des Hindu-Denkens gegen das buddhistische Denken verläuft. Inder, Juden und Griechen glauben an ein letztes Seiendes; an dies gebunden zu bleiben, ist Religion. Für Buddha sind Götter langlebende, zeitweilig wohl selige Wesen, der Erlösung bedürftig wie wir. Die Ursache des Leidens aber ist der Durst, die nach ständiger Erfüllung gierende Daseinsangst. Die Überwindung des Durstes ist in diesem Leben möglich; das hat der Buddha an sich erfahren, und er bekundet es nun. Es ist das Abfallen der Illusion, das vollkommene Erwachen, das begehrensfreie und insofern freudlose und leidlose Sehen, damit das Herausgelöstsein aus dem dürstenden Verlangen nach Wiedergeburt; es wird Nirwana genannt. Der Weg zur Überwindung des Durstes schließlich ist der »edle achtfache Pfad«, die Klärung der Seele durch rechte Ansicht, rechtes Handeln, rechte Versenkung.

Der Kern dieser Lehre ist also die innere Erfahrung. Die Lehre steht im hellen Licht der Rationalität; nur ist diese Rationalität nicht »Theologie« im westlichen Sinne. Und nicht die Argumentation, nur die eigene und insofern »innere« Erfahrung führt schließlich zum Erwachen. Radikale Ethik gibt es hier sehr wohl. Das Wort »radikal« bedeutet »an die Wurzel gehend«, und eben dies nimmt der Buddhismus für sich in Anspruch. Die einheitliche Wurzel der Ethik stellt sich zwiefach dar: als die Läuterung der eigenen Seele, des eigenen Verhaltens, auf dem Weg zur Überwindung des Durstes, und als das Miterleben, Mit-leiden mit allen anderen Wesen, guten und bösen, glücklichen und unglücklichen, bewußten und dumpfen, welches Miterleben ihnen zu einem Schritt auf ihrem eigenen Wege verhilft.

Den Träger einer Kultur zu schaffen, war nicht die primäre Absicht des Buddha. Er verließ seine eigene Gesellschaft, lebte von Almosen, gründete einen Mönchsorden, ließ einen Nonnenorden zu. Aber in seinen Reden erwog er sachverständig auch die Lebensbedingungen derer, die »im Hause geblieben« sind. Wer Almosen annimmt, weiß, daß er noch von der Gesellschaft ernährt wird. Es ist indische Überzeugung, daß der Empfangende dem Geber des Almosens Gelegenheit zu einem guten Werk gibt. Und in dem Maße, in dem der Buddhismus die großen Kulturen durchdrang und veränderte, wurde er doch zu einem ihrer Träger. Es kann nicht das letzte Ziel des Buddhismus sein, die Welt auch politisch zu verändern. Denn die Welt bleibt das endlose Entstehen und Vergehen; nicht die Welt, nur der Einzelne kann erlöst werden. Aber gute soziale Verhältnisse können allen, die in ihnen leben, bessere Bedingungen auch für ihren inneren Weg bieten; sie können die Dämonen zeitweilig dämpfen. Und der Wille, gute soziale Bedingungen zu schaffen, ist selbst gut, selbst eine Hilfe für den, der ihn hat und ausübt.

Konfuzius. China ist ein kultureller Kosmos in sich; vielleicht, sofern die Nordhalbkugel überlebt, derjenige mit der größten Zukunft. Unter dem Aspekt der Religion stellt sich

China sehr viel nüchterner dar als Indien und auch als die hebräisch-griechische Tradition. Für China selbst, und auch für das neuzeitliche Europa seit der China-Begeisterung der Aufklärung war Konfuzius die Symbolgestalt der sittlichen Ordnung dieses Kosmos.

Konfuzius war, vor nun zweieinhalb Jahrtausenden, ein konservativer Staats- und Gesellschaftsreformer. In ihm begegnet uns, im jetzigen Gedankengang, zum erstenmal das Gegenluxurieren des Ethos gegen die luxurierenden Machtkämpfe als ein selbst politisches Programm. Ein politisches Programm: d. h. Konfuzius wollte die Politik nicht abschaffen und ihr nicht entfliehen, sondern sie einbinden in die sittliche Ordnung, wie sie seit den sagenhaften Kaisern der Frühzeit überliefert war. Das Grundschema dieser Ordnung ist religiös im Sinne der kosmischen Harmonie von Himmel und Erde, auf welche alle irdischen Verhältnisse abzustimmen sind. Diese Religion ist essentiell Träger einer Kultur; man würde zu sagen wagen, dies sei ihr einziger Sinn. Die Weise, wie sie die Kultur trägt, ist »Musik und Sitte«, ein nüchtern-symbolischer Kultus mit künstlerischen Formen im Alltag und eine tief ernstgenommene Ethik. Die Sitte bindet sich an die gesellschaftlichen Realitäten, so im Respekt vor dem Himmel, dem Kaiser, dem Vater, dem Ehemann, dem älteren Bruder. Radikal sind nicht ihre Formen, aber das Bestehen auf ihr. Die innere Erfahrung ist im Grunde wieder sittlich oder aber hochkünstlerisch: die Lyrik, die herrlichen Tuschzeichnungen konfuzianischer Zeiten. Gegen metaphysische Erleuchtungen bewahrt man die Kraft heiterer Skepsis. Personalisierte Theologie gibt es eigentlich nicht: der Kaiser ist der Sohn des Himmels, nicht Sohn oder Günstling eines Gottes. Es gibt aber die symbolische Vergegenwärtigung kosmischer Ordnungen. Und daneben gibt es frühe zweckrationale Technik und Wissenschaft.

Tao. Der Konfuzianismus ist die große Selbststilisierung Chinas. In anderen Stilisierungen wurden andere Motive eingefangen, so im Taoismus, der erst in unserem Jahrhundert das Bewußtsein der europäisch-amerikanischen Intellektuellen erreicht. Neben der Magie der Volksreligion gibt es hier mystische Erfahrung, die derjenigen der Inder zur Seite gestellt werden darf. Bei den literarischen Klassikern spricht sie sich freilich nicht in den endlos wiederholten Atemzügen indischen Psalmodierens aus, sondern in chinesisch prägnanter Kürze, mit Glanz und Witz. Die Ethik ist nicht konfuzianisches Normensystem, sondern selbst auf Spontaneität verwiesen, und dem Welterhaltungsanspruch der Konfuzianer begegnet hier, umgekehrt, heitere Skepsis. Ich könnte mir denken, daß die spezifisch chinesische Ausprägung des Buddhismus im Zen ohne taoistische Vorerfahrungen nicht möglich gewesen wäre.

Shinto. Es wäre nötig, hier von Japan zu sprechen, aber ich kann nur auf meinen Aufsatz »Besuch in Japan«* verweisen. Die originär japanische Religion ist nicht der hochentwickelte Buddhismus, sondern Shinto. Das wenige, was ich davon gesehen habe, ist eine weltgeschichtlich wohl einmalige Synthese des Natürlichen und des Ästhetischen. Die japanische Kultur ist wohl die ästhetischste unter den großen Kulturen. Wie hängt diese Stilisierung mit der ebenso hohen Stilisierung der Willenskraft zusammen? Was haben wir daraus für die Korrektur unserer Begriffe von Kunst und Ästhetik zu lernen?

Zarathustra. Die Religionsreform Zarathustras, älter als Konfuzius und Buddha, hat über ihre iranische Heimat hinaus eine gleichsam symbolische Rolle für den Bereich westlich Indiens bis zum Mittelmeer hin gespielt, nicht nur als die Religion des persischen Weltreichs, das wieder verging; noch der heutige Islam folgt Mohammed, der die Zoroastrier als die erste »Religion des Buches« anerkannte. Wenn die Grenze zwischen West und Ost in der Beurteilung des Seins zwischen Hindu und Buddhismus liegt, so verläuft sie in der Rolle der Ja-Nein-Entscheidungen zwischen

* In *Der bedrohte Friede*, München [3]1982, S. 342-346.

den zoroastrischen, jüdischen oder griechischen Traditionen und dem gesamten östlicheren Asien. Westliche Gläubige ertragen in der indischen und weiter östlichen Religiosität die »Vielgötterei« nicht – und das darin manifestierte Dulden von Widersprüchen. Östlich sensible Menschen ertragen ebensowenig den »Aberglauben« der Westler an die Ausschließung des Widerspruchs, an das reine Ja und das reine Nein.

Zarathustra verwarf den überlieferten Polytheismus zugunsten einer ethisch determinierten Lehre von nur zwei Göttern, einem guten und einem bösen. Die kosmische Geschichte und das menschliche Leben sind der Kampf zwischen diesen Mächten, in dem wir aufgerufen sind, Partei zu ergreifen. In diesem Sinne wird hier die radikale Ethik zum Kern der Religion und, da sie politisch-soziale Forderungen stellt, zum Träger der Kultur. Die seelische Nähe zur jüdischen Ja-Nein-Entscheidung spiegelt sich vielleicht darin, daß der zoroastrische Perserkönig Kyros den exilierten Juden die Heimkehr aus Babylon nach Jerusalem erlaubte. Die Theologie zweier kämpfender Götter ist freilich wesentlich von dem theoretischen Monotheismus verschieden, zu dem sich das Judentum entwickelte und den es seinen Folgereligionen vererbte. Dieser Monotheismus kam allerdings schließlich nicht ohne die in ihm paradoxe Gestalt Satans aus. Und der entschlossene »manichäische« Dualismus blieb in der christlichen Geschichte eine wichtige Unterströmung, von der Biographie Augustinus' bis zu den mittelalterlichen Albigenserverfolgungen.

Die zoroastrische Religion wurde schließlich militärisch vom Islam niedergeworfen. In Indien sind die »Parsen« noch heute eine kulturell und ökonomisch einflußreiche Minderheit. Eine schöne deutsche literarische Spiegelung ihrer geduldeten Rolle im späten persischen Islam ist Goethes Gedicht »Vermächtnis altpersischen Glaubens« aus dem *West-östlichen Divan*.

Zwischenbemerkung. Wir kommen nun zu den Quellen unserer eigenen, jüdisch-griechisch-christlichen Tradition.

In die Darstellung der Vielgestalt geschichtlicher Religion, die sich zunächst an das akademisch distanzierte Bewußtsein des modernen Intellektuellen richtet, füge ich hier zwei Texte ein, die einer großen, in ihrer Mehrheit wohl bewußt christlichen Hörerschaft vorgetragen wurden, sogenannte »Bibelarbeiten« von zwei evangelischen Kirchentagen. Dies bedingt eine etwas andere Diktion im Ausgangspunkt. Freilich setzen auch diese Vorträge nicht einen naiven, von moderner Skepsis unberührten christlichen Glauben voraus und versuchen ebensowenig, einen solchen naiven Glauben wiederherzustellen. Sie versuchen vielmehr, die zweitausend Jahre alten Bibeltexte genau dadurch für den heutigen Leser wieder zum Leuchten zu bringen, daß sie in ihrem Abstand von unserer heutigen Denkweise, aber in der Fülle ihrer eigenen Lebenswelt gelesen werden; nicht als autoritative Forderung an uns, sondern als lebendige Gesprächspartner über zwei Jahrtausende hinweg. Ein Partner hat uns gerade dann etwas zu sagen, wenn seine Situation nicht genau die unsere ist, sich uns aber als eine menschliche Situation verständlich erschließt. Dann werden diese großen alten Texte unvollendete, also zukunftsträchtige Religion.

3. Die biblische Schöpfungsgeschichte*

Liebe Freunde, gerade ging mir durch den Sinn, wenn man ein Lied von Paul Gerhardt, wie dieses, gesungen hat, was soll man da selber noch sagen? Da ist ja alles gesagt. Aber, ich habe den Auftrag übernommen und will versuchen, ihn auszuführen, etwas über die Schöpfungsgeschichte der Bibel zu sagen.

Ich lese den Text: *Genesis 1,1-2,4a.* Es ist im wesentlichen der Lutherische Text, die Lutherische Übersetzung, so wie sie heute modern angepaßt gebraucht wird.

Am Anfang schuf Gott Himmel und Erde. Und die Erde war wüst und leer, und es war finster auf der Tiefe; und der Geist Gottes schwebte auf dem Wasser.

Und Gott sprach: Es werde Licht! Und es ward Licht. Und Gott sah, daß das Licht gut war. Da schied Gott das Licht von der Finsternis und nannte das Licht Tag und die Finsternis Nacht. Da ward aus Abend und Morgen der erste Tag.

Und Gott sprach: Es werde eine Feste zwischen den Wassern, die da scheide zwischen den Wassern. Da machte Gott die Feste und schied das Wasser unter der Feste von dem Wasser über der Feste. Und es geschah so. Und Gott nannte die Feste Himmel. Da ward aus Abend und Morgen der zweite Tag.

Und Gott sprach: Es sammle sich das Wasser unter dem Himmel an besondere Orte, daß man das Trockene sehe. Und es geschah so. Und Gott nannte das Trockene Erde, und die Sammlung der Wasser nannte er Meer. Und Gott sah, daß es gut war.

Und Gott sprach: Es lasse die Erde aufgehen Gras und Kraut, das Samen bringe, und fruchtbare Bäume auf Erden, die ein jeder nach seiner Art Früchte tragen, in denen ihr Same ist. Und es geschah so. Und die Erde ließ aufgehen Gras und Kraut, das Samen bringt, ein jedes nach seiner Art, und Bäume, die da Früchte tragen, in denen ihr Same ist, ein jeder nach seiner Art. Und Gott sah, daß es gut war. Da ward aus Abend und Morgen der dritte Tag.

* Bibelarbeit auf dem Deutschen Evangelischen Kirchentag, Frankfurt am Main 1987. Vom Verfasser redigierte Tonbandnachschrift eines ohne Manuskript gehaltenen Vortrags. Der Ton der freien Rede ist z. T. beibehalten.

Und Gott sprach: Es werden Lichter an der Feste des Himmels, die da scheiden Tag und Nacht und geben Zeichen, Zeiten, Tage und Jahre und seien Lichter an der Feste des Himmels, daß sie scheinen auf die Erde. Und es geschah so.

Und Gott machte zwei große Lichter: ein großes Licht, das den Tag regiere, und ein kleines Licht, das die Nacht regiere, dazu auch die Sterne.

Und Gott setzte sie an die Feste des Himmels, daß sie schienen auf die Erde und den Tag und die Nacht regierten und schieden Licht und Finsternis. Und Gott sah, daß es gut war. Da ward aus Abend und Morgen der vierte Tag.

Und Gott sprach: Es wimmle das Wasser von lebendigem Getier, und Vögel sollen fliegen auf Erden unter der Feste des Himmels. Und Gott schuf große Walfische und alles Getier, das da lebt und webt, davon das Wasser wimmelt, ein jedes nach seiner Art, und alle gefiederten Vögel, einen jeden nach seiner Art. Und Gott sah, daß es gut war. Und Gott segnete sie und sprach: Seid fruchtbar und mehret euch und erfüllet das Wasser im Meer, und die Vögel sollen sich mehren auf Erden.

Da ward aus Abend und Morgen der fünfte Tag.

Und Gott sprach: Die Erde bringe hervor lebendiges Getier, ein jedes nach seiner Art: Vieh, Gewürm und Tiere des Feldes, ein jedes nach seiner Art. Und es geschah so. Und Gott machte die Tiere des Feldes, ein jedes nach seiner Art, und das Vieh nach seiner Art und alles Gewürm des Erdbodens nach seiner Art. Und Gott sah, daß es gut war.

Und Gott sprach: Lasset uns Menschen machen, ein Bild, das uns gleich sei, die da herrschen über die Fische im Meer und über die Vögel unter dem Himmel und über das Vieh und über alle Tiere des Feldes und über alles Gewürm, das auf Erden kriecht. Und *Gott schuf den Menschen zu seinem Bilde, zum Bilde Gottes schuf er ihn; und schuf sie als Mann und Weib*. Und Gott segnete sie und sprach zu ihnen: Seid fruchtbar und mehret euch und füllet die Erde und machet sie euch untertan und herrschet über die Fische im Meer und über die Vögel unter dem Himmel und über das Vieh und über alles Getier, das auf Erden kriecht.

Und Gott sprach: Sehet da, ich habe euch gegeben alle Pflanzen, die Samen bringen, auf der ganzen Erde, und alle Bäume mit Früchten, die Samen bringen, zu eurer Speise.

Aber allen Tieren auf Erden und allen Vögeln unter dem Himmel und allem Gewürm, das auf Erden lebt, habe ich alles grüne Kraut zur Nahrung gegeben. Und es geschah so.

Und *Gott sah an alles, was er gemacht hatte, und siehe, es war sehr gut*. Da ward aus Abend und Morgen der sechste Tag.

So wurden vollendet Himmel und Erde mit ihrem ganzen Heer.

Und so vollendete Gott am siebenten Tage seine Werke, die er machte, und ruhte am siebenten Tage von allen seinen Werken, die er gemacht hatte.

Und Gott segnete den siebenten Tag und heiligte ihn, weil er an ihm ruhte von allen seinen Werken, die Gott geschaffen und gemacht hatte.

So sind Himmel und Erde geworden, als sie geschaffen wurden.

Ich habe nun versprochen, über diesen Text zu reden, und möchte das in verschiedene Teile einteilen: Zuerst ein paar Betrachtungen über den Text selbst, dann einiges über ein paar – wie ich meine – ein wenig veraltete Streitigkeiten, die es darüber gegeben hat, und dann möchte ich gerne tiefer eingehen auf die Geschichte, in deren Rahmen dieser Text steht, weil wir vermutlich erst in diesem Rahmen begreifen, wovon die Rede ist.

Was geht durch ein Gemüt, während man den Text laut liest, wie ich es gerade getan habe? Was geht durch mein Gemüt? Das ist ein würdiger Text, ein ehrwürdiger Text, würde ich sagen. Es ist ein wohlgebauter Text. Er ist hellrational, alles ist sorgfältig abgewogen. Die Leute, die diesen Text dann als Theologen zu deuten gehabt haben, haben darauf hingewiesen, daß alles deutlich gegliedert ist. In 6 Tagen hat man 8 verschiedene Schöpfungswerke gezählt, in einem gewissen Rhythmus: 1 – 1 – 2, 1 – 1 – 2. So werden am letzten Tag zuerst die Tiere auf dem Felde geschaffen als *ein* Schöpfungswerk, und dann wird auch noch am 6. Tag untergebracht der Mensch. Es ist eine wohlgeordnete, nüchterne und zugleich feierliche Sprache. So klingt mir das. Wer mit diesem Text im Laufe seines Lebens umgegangen ist, hat natürlich damit viele, auch z. T. ästhetische Erfahrungen gemacht. Mir ist unvergeßlich der Klang davon, wie Haydn in seiner Musik über die Schöpfung das Ausbrechen des Lichts musikalisch schildert: »Und Gott sprach, es werde Licht, und es ward Licht.« Also die Menschen konnten ihre Erlebnisse – so etwas wie z. B. Was ist Licht? – in diesem Text wiederfinden.

Ich beginne nun, indem ich eine Frage nicht zu verschweigen, aber in ihrer letztlichen Unwichtigkeit darzustellen suche: das ist die Frage, um die es ein paar Jahrhunderte lang Streit gegeben hat, seit die moderne Naturwissenschaft weiß, daß es doch im Detail nicht so zugegangen ist, wie hier steht. Um das ein bißchen zu artikulieren, erzähle ich eine Geschichte, die ich selbst erlebt habe. Ich war im Jahr 1949 zum erstenmal in meinem Leben in Amerika. Einmal wurde ich zusammen mit meiner Frau eingeladen, aus Chicago, wo ich damals Gastvorlesungen hielt, in die University of Wisconsin in Madison/Wisconsin, in einem Staat, in dem viele Lutheraner skandinavischer, auch deutscher und anderer Herkunft leben. Ich war eingeladen vom lutherischen Studentenpfarrer, um mit seinen Studenten zu reden. Wir waren vielleicht fünfzehn Menschen oder zwanzig in einem kleinen Raum, und ein sehr nettes junges Mädchen – eine Studentin – fragte mich: »Well, Professor, tell me – sagen Sie mir, wie alt ist die Welt?« Ich war damals Astrophysiker und sagte: »Nun, wir schätzen vielleicht fünf Milliarden Jahre, es könnten aber auch zehn Milliarden Jahre sein.« Das waren die damaligen Schätzungen. Heute hat man noch etwas längere Zeitskalen. »Ah so, also sind Sie kein Christ.« – »Wieso?« Ich verstand nicht. »Wieso?« – »Ja, Sie glauben ja nicht an Gottes Wort.« – »Wieso?« – ich verstand es immer noch nicht. Da sagte sie: »Man kann doch aus dem Alter der Patriarchen ausrechnen, wann die Schöpfung gewesen ist. Sie ist vor nicht ganz 6000 Jahren gewesen. Sie aber reden von Milliarden von Jahren. Sie glauben nicht an Gottes Wort, denn die Bibel ist Gottes Wort und sagt, daß die Welt vor 6000 Jahren erschaffen ist.« Solche Ansichten gibt es auch heute noch. Es gibt sie z. T. sogar bei uns.

Ich habe nun versucht, diesem netten Mädchen zu erklären, ich hielte mich für einen Christen in dem Maß, in dem man die Anmaßung haben darf, von sich zu behaupten, man sei ein Christ – was ja eigentlich eine ungeheure Behauptung ist –, aber die Schwierigkeit ist nicht, ob ich das glaube oder nicht glaube, sondern ob ich tue, was Jesus gesagt hat. Und die Bibel ist doch nicht als naturwissenschaftliches Lehrbuch geschrieben, sondern sie spricht zu Menschen, die das wußten, was man damals eben wissen konnte. Der Pfarrer war mir dankbar. Er hat mir nachher gestanden, er habe mich eingeladen, damit ich das seinen Studenten erzähle.

Aber ich möchte natürlich die Ernsthaftigkeit eines Bemühens achten, das Wort Gottes als Wort Gottes zu verstehen. Wir wissen nicht einmal – wir können nicht einmal beweisen, daß die Welt nicht 6000 Jahre alt ist. Es gibt eine sonderbare Theorie, die man, glaube ich, Kreationismus nennt: die Welt sei vor 6000 Jahren von Gott so geschaffen, daß in ihr alle Dokumente einer milliardenlangen früheren Existenz mitgeschaffen sind, so daß sie aussieht, als sei sie Milliarden von Jahren alt. Das kann ich nicht widerlegen. Ich muß nur sagen, ich kann *auch* nicht widerlegen, wenn mir jemand sagen würde, wir alle zusammen, die wir hier in diesem Saal sind, sind heute um Mitternacht geschaffen worden mit allen Erinnerungen an ein früheres Leben, die mit uns mitgeschaffen sind, so daß wir sie glauben. Bitte – ich will eigentlich damit nicht ironisieren, ich will nur sagen, es gibt Dinge, die man so streng gar nicht beweisen kann. Einiges, die Vergangenheit nämlich, ist uns nicht mehr zugänglich. Wir können sie nicht wiederherstellen. Nur aus ihren Dokumenten, aus unserer Erinnerung, aus eben dem, was sie geschaffen hat, können wir sie erschließen. So einfach ist das nicht. Aber einiges kann man doch mit Sicherheit sagen, z. B. die heutigen Raumfahrer wissen, daß nicht da oben eine Feste ist, ein festes Gewölbe, an das man heranfliegen kann oder durch das man gar durchfliegen könnte. Und unser Text – wenn man genau sieht – weiß ja nicht einmal, daß die Erde eine Kugel ist. Wie konnte mein amerikanisches Mädchen um den halben Erdball herum von mir entfernt nicht wissen, daß die Erde eine Kugel ist? Also realiter ist dieser Text geschrieben aus dem naturwissenschaftlichen Wissen oder dem Naturwissen seiner Zeit, und wir dürfen ihn lesen als geschrieben von Leuten, die es eben so angesehen haben. Jetzt bringe ich aber eine zweite Geschichte, und die habe ich frei erfunden. Ich weiß nicht, ob sie wahr ist.

Ich stelle mir vor, in der babylonischen Gefangenschaft der Juden – sagen wir 550 v. Chr., damals nämlich war nach Auskunft der heutigen alttestamentlichen Wissenschaft dieser Text wohl in der sogenannten Priesterschrift verfaßt worden – sei zu dem Rabbi, der, sicher nach Jahrhunderten der Vorbereitung, schließlich diesen Text niedergeschrieben hat, ein junger Jude gekommen und habe gesagt: »Rabbi, hier in dieser großen Stadt Babylon« – das ist, was heute New York ist, die modernste Großstadt der Welt, wimmelnd von Menschen und von Leben und von Gedanken – »Rabbi, glaubst du eigentlich wirklich, daß Gott die Welt genau in sechs Tagen geschaffen hat?« Und ich nehme an, daß der Rabbi geantwortet hat: »Bist du noch so naiv, hast du noch nicht verstanden, was Gleichnisrede ist?« Ich möchte gerne annehmen, daß dies die wirkliche Auffassung der Verfasser dieser Texte war.

Gleichnisrede – und wenn wir meinen, wir wüßten heute ja, wie die Welt entstanden ist, dann ist das ja genauso nur eine Gleichnisrede. Nun nur ein Mythos in der Sprache dessen, was *wir* glauben. Ganz gewiß – ich habe selbst damals über die Entstehung des Planetensystems gearbeitet –, daß unsere Erde ziemlich genau 4½ Milliarden Jahre alt ist, das wissen wir schon, das können wir sehr gut belegen. Aber wie die Welt im Ganzen zustande gekommen ist, da sagt man heute: der Urknall vor rund 20 Milliarden Jahren. Dafür gibt es empirische Gründe, die sind nicht schlecht. Trotzdem würde ich sagen, mir kommt der Urknall immer so vor wie der Weltentstehungsmythos desjenigen Jahrhunderts, in dem die Atombombe explodiert ist. Man soll doch nicht meinen, daß die Bilder, die wir uns machen, frei sind von dem, was uns unterschwellig emotional ständig bewegt. Also reden wir aus dem, was wir eben wissen, mit dem, was jene haben sagen wollen.

Und nun ist die Frage: Was haben sie denn sagen wollen? Da möchte ich nun zunächst sagen, daß es mir eine große Hilfe gewesen ist, in meinem Leben einmal mit der Wissenschaft vom Alten Testament in enge Berührung zu kommen und diese Texte, die ich teils als Schüler, teils einmal ganz durchgehend als Student gelesen habe, gedeutet zu bekommen in ihrem eigenen zeitlichen Zusammenhang.

Ich sagte, dieser Text ist vermutlich geschrieben etwa im 6. Jahrhundert v. Chr. Die Alttestamentler zerlegen gerade den Pentateuch, die fünf Bücher Mose, sorgfältig in Quellenschriften. Ich nehme an, daß das eine recht gut begründete Zerlegung ist. In diesen Quellenschriften unterscheiden sie drei Große. Den Jahwisten, der den Gottesnamen Jahwe benützt, der 400 Jahre früher geschrieben hat, in der aufgeklärten Zeit des Königs Salomon vermutlich – von ihm stammt die Struktur der ganzen Anlage, insbesondere der größere Teil des Anfangs der Bücher Mose. Dann den Elohisten, der den Gottesnamen Elohim benützt, von dem ich heute nicht zu reden habe; und schließlich die Priesterschrift. Während der Jahwist ein genialer Erzähler ist, ist die Priesterschrift eine sorgfältig gebaute Schrift, die die Lehre weitergibt. Und so etwas kommt immer am Ende einer historischen Entwicklung. Die Priesterschrift ist also der letzte Bestandteil der Bücher Mose, fast der letzte Bestandteil der erzählenden Schriften des Alten Testaments. Das ist nützlich zu wissen.

Wovon redet nun unser Text? Er redet nicht von dem, was für jeden Juden natürlicherweise der Anfang war. Das Natürliche im täglichen Leben der Juden, an die dieses Buch gerichtet ist, war ihre Nation, war ihre Gemeinschaft, ihre Lebensgemeinschaft. Und diese Lebensgemeinschaft hatte ein besonderer Gott unter den Hunderten von Göttern, die es gibt, nämlich der Gott, der den Namen hatte, den Juden nicht mehr aussprechen dürfen, weil er zu heilig ist, den aber die christlichen Theologen wieder auszusprechen wagen, Jahwe oder Jehova – dieser Gott hatte dieses Volk erwählt und hatte gesagt: »Du sollst anders sein als die anderen Völker. Du sollst nicht wie sie zwischen Gut und Böse gar nicht zu unterscheiden wissen, und lieber zwischen Schön und Nichtschön, Angenehm und Unangenehm, Fruchtbar und Unfruchtbar unterscheiden. Du sollst nicht zahllosen Göttern dienen, die die zahllosen Mächte deines Lebens, deiner Seele, der Gemeinschaft der

Völker, der Natur verkörpern. Du gehorche dem einen Gott, der am Sinai zu dir gesprochen hat und der gesagt hat, wie dieses Volk leben muß, wenn es überleben soll, wenn es überhaupt menschenwürdig leben soll.« Das ist in den Zehn Geboten gesagt. Das ist in immer neuen Formen ausgesprochen. Es ist von den Propheten bestätigt worden, und nach den großen Propheten – später als Jesaja und Jeremia – kommt erst die Priesterschrift. Immerhin, der Jahwist, der ja schon zur Zeit Salomons schreibt – ich wiederhole, in einer hoch aufgeklärten Zeit, einer Frühaufklärung –, beginnt auch schon mit der Schaffung der Welt und insbesondere des Menschen, aber nicht in der Ausführlichkeit wie unser Text. Das kommt dann im 2. Kapitel des 1. Buches Mose, in dem, was ich nicht mehr gelesen habe.

Also: man setzt vor die Geschichte des Volks, die eigentlich mit der Gesetzgebung beginnt, die alten Sagen, von der Abstammung des Volks von Ahnherrn – Abraham, Isaak, Jakob – mit dem Namen Israel; diese alten Sagen werden weitergegeben als der Grundbestand, in dem sich die Erwählung des Volks ausspricht, die Erwählung in dem Sinne: Du sollst das Gute tun, und wenn du's nicht tust, wirst du sterben; und du wirst sterben, weil nur das Gute das ist, was das Leben überhaupt möglich macht. Und nun lernt man, daß dieser Gott, der das geboten hat, doch nicht ein Gott unter vielen ist, sondern daß er offenbar der einzige ist, der weiß, wovon die Rede sein muß, der einzige wirkliche Gott. Und letztlich wird auch dieser Gott die ganze Welt geschaffen haben. So muß es doch sein. Und wenn es so sein muß, dann setzt man vor die alten Schriften, die sagen, wie wir in unserem Volke leben sollen, die Texte, die sagen, wie es dazu gekommen ist.

Der Anfang dieser Texte ist das, was ich soeben vorgelesen habe. Da wird erklärt – ja nun was? –, wie die Welt gemeint war, wie sie denn sein sollte. Nun, um das zu erklären, muß man aber auf der anderen Seite die Vorgeschichte sehen, wenn die Juden damals in Babylon leben. Dies ist geschrieben zu einer Zeit, als es in Griechenland schon mit den ersten Philosophen begann, das ist später als

Homer und Hesiod, das ist fast schon gleichzeitig mit dem Beginn der mathematischen Naturwissenschaft bei den Pythagoreern und bei Platon. Es ist also in einem der hohen Rationalität fähigen Zeitalter geschrieben. Aber noch immer hat man damals zweifellos am Frühjahrsfest die uralten babylonischen Welterschaffungsmythen zelebriert. Von denen möchte ich jetzt ein paar Worte sagen, denn wir werden unseren Text, da wo er historisch hingehört und von wo aus allein er uns dann auch wirklich zu sagen hat, was er uns sagen soll – wir werden ihn nur dann verstehen, wenn wir verstehen, daß er menschheitsgeschichtlich gesehen ein später Text ist. Für uns liegt er natürlich sehr früh und weit zurück.

Er ist in Wahrheit ein später Text. Der Beginn der Hochkultur liegt etwa 6000 Jahre vor der jetzigen Zeit, in gewisser Weise auch noch früher – der Ackerbau hat noch früher begonnen, ein paar Städte hat es schon früher gegeben, Großreiche begannen ungefähr damals. Ich habe jetzt wieder 6000 Jahre gesagt, und aus den ersten Kapiteln des 1. Buches Mose hat meine liebe Amerikanerin übernommen, daß die Welt vor heute 6000 Jahren geschaffen ist, also vor damals nicht ganz 4000 Jahren. Und ich möchte behaupten: was in diesen Büchern besprochen wird, das ist eben die Geschichte der Hochkultur. Darum geht es.

In der Geschichte der Hochkultur ist das Auftreten einer solchen Religion, die zugleich ein Volk war wie die jüdische, eine Reaktion etwa um die Mitte der Zeit, die bis heute die Hochkultur gedauert hat – also eine recht späte Reaktion. Wie hat es denn vorher ausgesehen? Was hat denn in diesem alten babylonischen Schöpfungsmythos geklungen? Ich kann kein Hebräisch, erst recht kein Akkadisch. Ich habe die Texte aus einer Übersetzung übernommen. Das beginnt – vergleichen Sie es mit dem, was wir gerade vor uns haben – folgendermaßen:

»Als droben der Himmel nicht genannt war, drunten die Feste einen Namen nicht trug, Apsu, der Uranfängliche, ihr Erzeuger, Mumu und Tiamat, die Gebärerin von ihnen allen, ihre Wasser in eins vermischten, das Strauchwerk sich nicht untereinander verknüpfte,

Rohrdickicht nicht zu sehen war, als die Götter nicht existierten, niemand, als sie mit Namen nicht genannt, Geschicke ihnen nicht bestimmt waren, da wurden die Götter in ihrer Mitte erschaffen.« Das sind die Götter, die die Welt in ihrer ursprünglichen Potenz, in ihrer ursprünglichen Kraft *sind.* Ich kann nicht das Ganze lesen. Es kommen Göttergenerationen, alte Götter, jüngere Götter, und die jungen Götter ärgern die alten Götter. Der alte Gott Apsu sagt zu Tiamat: »Am Tage habe ich nicht Ruhe, nachts schlafe ich nicht. Ich will sie verderben. Ich will ihre Wege zerstreuen. Stille soll hergestellt werden. Wir wollen schlafen.« Die Unruhe wehrt sich gegen die wilde Bewegung der späteren Zeit. Dann wird schließlich nach längeren Kämpfen Marduk geboren, der Stadtgott Babylons: »Was für ein Kind, was für ein Kind – ein Sonnenkind, ein Göttersonnenkind.« Und er kämpft gegen Tiamat, die die jungen Götter zerstören will. Er macht ein Netz, Tiamat darin zu fangen. »Die vier Winde ließ er anfassen, damit nichts von ihr entgehe. Er schuf einen bösen Sturm, einen Wirbelwind, einen Orkan, den Vierwind, den Siebenwind, den verwirrenden Wind, den Unheilswind.« Das ist der Götterkampf. Und nachdem Tiamat erschlagen ist, halbiert er ihren Leib und macht aus der einen Hälfte den Himmel und aus der andern Hälfte die Erde. Und das wird jedes Jahr im Frühjahrsfest von neuem vorgetragen.

Das ist die Weltschöpfung, die zugleich die Schöpfung der immer neuen Jahreszeiten ist und die Gründung der Stadt Babylon. Das ist ein politischer, ein Naturmythos, der darstellt, wie die Menschen ihr Leben erlebt haben. *So* haben sie doch offenbar die Natur und die Kultur erlebt, wie sie es hier geschildert haben. Die Natur ist nicht ursprünglich harmonisch. Das ist eine spätbürgerliche Mythifikation. *Wir* haben die Pflicht – wenn wir es können –, dafür zu sorgen, daß die Natur harmonisch sein könne.

Ich sage nun: die ersten elf Kapitel des 1. Buches Mose, des Buches Genesis, sind – wenn man es genau liest – eine Kritik der Hochkultur. Ich kann darauf nicht im einzelnen eingehen. Das würde für heute zu weit führen. Ich weise nur auf ein paar Stationen hin.

Zuerst also ist die Paradiesvorstellung – das ist schon aus dem jahwistischen Text, 2. Kapitel –, und im Paradies sind Adam und Eva, und sie werden daraus vertrieben – zu was? – zum Ackerbau. »Im Schweiß deines Angesichts sollst du dein Brot schaffen.« Kain, der erste Brudermörder, erschlägt seinen Bruder – und zwar der Ackerbauer den Hirten –, und dann geht er hinaus, von Gott behütet, Kain, und baut die erste Stadt. Der Brudermörder ist der Gründer der ersten Stadt. Seine Nachkommen erfinden die Viehzucht, erfinden die Musik und erfinden die Metallbearbeitung: Kains, des Brudermörders Nachkommen. Dann kommen die Söhne Gottes, die sich mit den Töchtern der Menschen einlassen und Halbgötter erzeugen. Das sind die Gottkönige der großen Reiche, und deren Sünden schreien so zum Himmel, daß Gott beschließt, die ganze Menschheit zu vernichten mit Ausnahme von einem Paar jeden Tieres und einer Familie von Menschen. D. h. – hier wird unablässig erzählt und noch einmal in dem Übermut des Turmbaus von Babel: die Hochkultur ist etwas, was Entsetzen hervorruft. Das ist das Problem der Macht, denn ohne Macht ist Hochkultur nicht zu schaffen. Und davon spricht in Wirklichkeit der Anfang der Bibel. D. h. er ist historisch ganz genau, auch wenn die Einzelheiten Legenden sind. Denn die Legenden drücken aus, was wirklich der Fall war. In diesen Anfang hinein ist nun gesetzt das Bild der wohlgeordneten Welt, wie Gott sie gewollt hat und wie er sie durch die Kraft seines Wortes gemacht hat. Das ist das, was ich anfangs vorgelesen habe.

Dieser Text sagt nichts darüber, wie es dann weitergegangen ist. Er erzählt nicht den Sündenfall; aber die Schlußredaktion, die noch nach der Priesterschrift vollzogen werden muß, die die verschiedenen Quellen in eins vereinigt hat, diese Schlußredaktion setzt diesen Text vor den Sündenfall, vor den Beginn des Elends, das in der Hochkultur ständig abläuft. Aber andererseits ist das, was hier gesagt wird, ganz sicher nicht ein Aufruf zurück – wie man sagt – zur Natur. Es wird hier zwar gesagt, wie die Menschen mit der Natur umgehen sollen, und darüber sage ich gleich noch etwas. Aber ich kann den Sinn der Bibel, so wie sie damals für das Volk Israel geschrieben wurde, nicht so verstehen, daß es Völker mit Königen und was es alles gab nicht mehr geben soll. Israel selbst war ein solches Volk. Es sollte *nicht* wieder zurückgekehrt werden in die für jene Leute gar nicht mehr geläufige Jäger- und Sammlerkultur. Aber es sollte in der Hochkultur die Macht der Macht gebändigt werden durch das, was als Wille Gottes ausgesprochen ist.

Nun, in dem Zusammenhang die Schilderungen darüber, wie die einzelnen Teile der Welt geschaffen worden sind. Zuerst das Licht und drei Tage später die Gestirne. Warum? Weil Sonne und Mond Götter sind – Götter der Völker in der Umgebung des Volks Israel; und hier werden sie nur als Lampen bezeichnet, als Lichter. Der göttliche Charakter wird ihnen genommen, denn dieser eine Gott ist der Einzige, davon soll ja geredet werden. Nachdem das alles geschildert ist, kommt zum Schluß als zweite Hälfte des letzten Tages noch der Mensch. Aber immerhin, Gott sagt: »Lasset uns Menschen machen, ein Bild, das *uns* gleich sei«, und die deshalb herrschen – nach dem Bilde Gottes geschaffen.

Ich möchte hier eine kleine Erinnerung einfügen, die wiederum nicht genau mit diesem Text zusammenhängt – nur insofern mit ihm zusammenhängt, als sie aus ihm hergeleitet ist. Ich bin Physiker, ich bin Naturwissenschaftler, und unter den Naturwissenschaftlern der Neuzeit ist derjenige, den ich wohl am meisten liebe, Johannes Kepler. Johannes Kepler war ein christlicher Neuplatoniker, und er verstand die Naturwissenschaft als das Nachdenken der Schöpfungsgedanken Gottes, welches dem Menschen möglich ist, weil er von Gott nach dem Bilde Gottes geschaffen ist. Also als Gottesdienst. Aber dies bedeutet natürlich nicht primär als Herrschaft.

Nun kommt der Anstoß, der heute vielfach genommen wird, indem gesagt wird, Gott segnete sie und sprach zu ihnen: »Seid fruchtbar und mehret euch und füllet die Erde und machet sie euch untertan und herrschet über die Fische im Meer und über die Vögel« usw. Und da wird nun gesagt, gerade von heutiger Umweltbewußtheit aus, von dem Gedanken des Friedens mit der Natur: Da sieht man ja, die jüdische und dann die christliche Religion, die sind diejenigen, die eigentlich schuld sind an dem, was wir Späteren dann auch getan haben, nämlich an der Zerstörung der Natur, indem wir uns einbildeten, man könne sie beherrschen.

Ich möchte das nicht ganz ausschließen und doch auch nicht ganz zustimmen. Die Dinge sind meist etwas komplizierter, und die Einsicht in die Unterschiede ist eine Hilfe dazu, sich richtig zu verhalten.

Zunächst zur Auslegung dieses Textes: Dieser Text ist zu einer Zeit geschrieben worden, in der die einzige soziale Form, die einzige Gesellschaftsform, die man überhaupt kannte, regiert war vom Ethos des Herrschens und Dienens – von der sittlichen Pflicht, unter den gegebenen Umständen, unter denen es die Oberen und die Unteren eben einfach gab, daß die Oberen ihre Pflicht erfüllen, für die Unteren zu sorgen, und die Unteren ihre Pflicht erfüllen, das zu tun, was für das Überleben des Ganzen unerläßlich ist. Die Vorstellung eines Ethos der Freiheit und Gleichheit, das mit voller Lautstärke so überhaupt erst von der Französischen Revolution verkündet worden ist – kaum 200 Jahre vor unserer Zeit –, ist jener Zeit unbekannt. Man liest deshalb – so scheint mir – richtig, wenn man sagt: »Machet euch die Erde untertan und herrschet über sie, so wie ich, der ich sie gemacht habe, damit sie gut sei. Herrschet, damit sie gut sei, damit sie ihre Ordnung bewahre.« – Das muß hier gemeint sein.

Ich leugne nicht, daß dieser Text von gewissen Problemen, die wir heute haben, sozusagen gar keine Ahnung hat. Er ist ein wesentlich ungeschichtlicher Text. Er spricht von einem Zustand, der geschaffen worden ist und bleiben soll. Die späteren Teile der Bibel – bereits die Geschichte vom Sündenfall – sprechen vom geschichtlichen Vorgang, wie Gershom Scholem einmal in meiner Gegenwart gesagt hat: »Die Schlange hatte vollkommen recht, als sie sagte, wenn ihr von dem Baum esset, werdet ihr wissen, was Gut und Böse ist; und sie aßen davon, und dann wußten sie, was Gut und Böse ist, denn sie wußten, daß sie das Böse getan hatten, und dadurch erfährt man es.« Und dann hat Gott sie aus dem Paradies gejagt; »raus aus dem Paradies, rin in die Geschichte«, hat Scholem gesagt. Das Paradies, wie dort geschildert, ist eine rein mythische Vorstellung, das es, soweit *wir* die Menschheitsgeschichte kennen, *nicht* gegeben hat. Die Geschichte aber hat es gegeben, und sie ist in unserem Text nicht thematisiert. Also ich sage nicht, daß dieser Text das Volle sagt, was wir zu unseren heutigen Problemen zu sagen haben. Man wird ihm aber nicht gerecht, wenn man nicht sieht, in welchem Rahmen und in welchem Sinn er gemeint war. Daß später das Christentum – in gewissem Umfang auch schon seine jüdischen Vorläufer – eine Art neurotischer Naturferne gehabt hat, leugne ich überhaupt nicht. Aber das ist nicht das, was dieser Text gewollt hätte. Das ist eine weitere, in der historischen Entwicklung wirklich eingetretene Entartung. Mit dieser haben wir uns heute auseinanderzusetzen, und ich glaube, das ist schon heute nicht mehr das Hauptproblem. Unser Problem ist, wie wir mit den Machtmitteln unserer Herrschaft zurechtkommen.

Diskussion

Teilnehmer: Herr Professor, es geht bei allen Fragen eigentlich nur darum, daß Sie weiterreden!

Vielleicht das Stichwort: Ähnlichkeit mit Gott. Sicher nicht sehen wir so aus, sicherlich haben wir auch nicht so viel Macht. – Hat es was mit Liebe zu tun, daß die Ähnlichkeit zwischen Gott und Mensch darin liegt, daß wir lieben dürfen, können, nicht in unserer Macht, sondern in unserer Liebesmöglichkeit?

Carl F. von Weizsäcker: Es ist gut, daß eine bestimmte Frage gestellt wird. Ich möchte hier zunächst auch wieder etwas sagen über die geschichtliche Situation damals. Daß es Götter gibt, war jedermann bekannt. Daß es nur einen Gott gäbe, war damals vermutlich ein neuer Gedanke. Diesen Gott haben sich die Menschen natürlich nach ihrem eignen Bilde vorgestellt. Die Götterbilder stellen zunächst vielfach in Fetischform Tiere oder sonst etwas dar, aber auch Menschen. Und wenn nun in dem Text gesagt wird, Gott hat den Menschen nach seinem Bilde geschaffen, dann ist nichts Selbstverständliches gesagt, sondern es ist gesagt: Schau hin, die Wirklichkeit ist doch immer die umgekehrte, das Göttliche ist zuerst da, und insofern der Mensch daran Anteil hat, gehört er diesem Gott an. Das ist auch in den Vielgötterreligionen so. Verschiedene Menschen folgen dann verschiedenen Göttern. Hier also diesem.

Wie ist uns nun dieser Gott geschildert? An dieser Stelle ist er eigentlich nicht mit dem Ton, der das Wort Liebe bezeichnet, geschildert, sondern als wissend und als einer, der weiß was gut ist: Und Gott sah, daß es gut war, was er gemacht hatte. Es ist auch sehr kennzeichnend, daß dieser Gott zuerst spricht, und durch sein Sprechen geschieht es – als Folge des Sprechens, wie immer. Erst sagt er, laßt uns Menschen schaffen, und dann schafft er Menschen. Das alles haben Menschen dann in der Tat auch in ihrem eigenen Verhalten wiedergefunden, denn auch bei uns geht meistens der Gedanke der Tat voraus und oft das Wort dem Gedanken. Letzteres ist vielleicht nicht, was man genau wünscht, aber es ist doch eine Hilfe. So würde ich es zunächst verstehen. Dieser Gott will eine schöne, große, gute Ordnung. Nun, wenn wir nach allem, was nachher schon im Alten Testament von Liebe gesagt ist und was Jesus von Liebe sagt, hier das Wort Liebe hineinbringen – Johannes-Evangelium: »Gott ist Liebe« –, dann haben wir in der Tat, meine ich, in der Entwicklung des Verständnisses von Gott, die sich gezeigt hat, das Rechte getan. Insofern möchte ich Ihnen gerne zustimmen.

T.: Ich hätte eine Frage, die sich an die Unterscheidung Feste und Wasser anknüpft. Kann man das nicht so verstehen, daß Feste das bezeichnet, was wir mit unseren Gedanken zu fassen meinen, das Universum, die Erde und alle Gegebenheiten. Der Gegensatz zur Feste, das ist, was wir nicht sehen können, was ich vielleicht dann mit der Seele oder im weiteren mit Liebe umschreiben würde. Wie sehen Sie auch die gedankliche Verbindung zwischen dieser Liebe, die uns fehlt und die uns Gott eingehaucht hat?

C. F. v. W.: Da würde ich zunächst sagen: Ich habe diesen Text ziemlich direkt so gedeutet, wie er spricht, und ich glaube in der Tat, daß er, auch wenn ich dem Verfasser unterstelle, daß er weiß, was Gleichnisrede ist, doch in der Tat dies auch meint – die Feste, das ist nämlich der Himmel, nicht die Erde. Im babylonischen Text war die Erde mit Feste bezeichnet, im deutschen, den ich vorgelesen habe, aber ist die Feste der Himmel, auf der Gott thront (dann im Bild) – daß er damit also in der Tat eben dasjenige gemeint hat, was durch Gottes Willen fest ist, »firmamentum«. Und das Wasser ist das Fließende. Nun darf man davon ausgehen, daß auch in jener Zeit die Tiefensymbolik natürlich gegenwärtig war, eine Symbolik, die heute gerne bei Psychologen dargestellt wird, etwa in der Tradition von C. G. Jung. Das war nicht in dieser psychologischen Form vorhanden, aber es war vorhanden in der Form des Wissens von göttlichen Mächten. Und Elohim ist ja ein Plural. Auch im Alten Testament gibt es göttliche Mächte im Plural. Nun – es gibt dort zwei Unterschiede. Es gibt den Unterschied zwischen Licht und Finsternis; und es gibt den Unterschied der Feste und des Wassers. Ich wage nicht, dem Verfasser, den ich nicht gekannt habe, zu unterstellen, daß er sich genau das gedacht hat, was Sie gerade gesagt haben. Aber ich meine, daß man – wenn man weiß, was die Symbolik des Wassers als des Lebendigen, Belebenden ist – sehr wohl in dieser Richtung weiterdichten darf.

T.: Ich möchte eine Frage stellen, die mich schon eine Weile bewegt. Es geht um folgendes: Sie sagten doch, Adam und Eva würden aus dem Paradies vertrieben werden, nachdem sie den Apfel gegessen haben und vom Baum der Erkenntnis aßen. Nun stellt sich aber folgendes Problem: Ein bißchen weiter in der Bibel heißt es, daß sie vertrieben wurden, damit sie nicht vom Baum des ewigen Lebens äßen. Warum wurden sie denn eigentlich vertrieben? Wissen Sie darauf eine Antwort?

C. F. v. W.: Ich habe hier nicht über die Sündenfallgeschichte gesprochen, darüber hätte ich genauso lange reden können. Aber das war nicht mein Auftrag. Ich zitiere noch einmal diesen klugen – ich möchte sagen genialen – Interpreten des jüdischen Denkens, Gershom Scholem, den ich persönlich gekannt habe. Er hat mit seiner Berliner Schnauze die Sache so erzählt, wie sie vielleicht dem *erzählerischen* Habitus der jahwistischen Schrift, aus der das stammt, recht gut entspricht. Ich habe das vorhin nur weggelassen. Er hat gesagt: »Und dann kommt Gott gelaufen und sagt, um Gottes willen, da passiert ein Unglück in meinem Paradies. Jetzt essen die auch noch vom Baum des ewigen Lebens und werden so wie ich. Das darf nicht passieren, also raus aus dem Paradies, rin in die Geschichte!« So hat das Scholem geschildert. Warum erzähle ich es so, fast ein bißchen das Zynische liebend? Weil der Jahwist ganz im Unterschied zur Priesterschaft nicht dogmatisiert, sondern erzählt. Ich glaube, es gibt Dinge, die kann man nur im Erzählen sagen. Kaum versucht man, dogmatisch zu sagen, was erzählt war, so hat man bereits die Erzählung verfälscht. Natürlich kann man doch weiterfahren und kann sagen: der Gott Jahwe, von dem der Jahwist erzählt, ist – wie es heißt – ein eifersüchtiger Gott. Er will, daß die Menschen keine anderen Götter neben ihm haben; und diese Eifersucht ist nicht eine schlechte Eigenschaft, sondern er will, daß sie sich an den Unterschied des Guten und Bösen wirklich halten. Wenn diese Menschen, die schon angefangen haben, nicht das zu tun, was ich ihnen gesagt habe, dann auch noch die Gabe des ewigen Lebens hätten, dann würden sie die Welt in Unordnung bringen. Solange sie nicht besser sind, als sie sind, mögen sie bitte auch sterben. Sonst kommt die Welt nicht zurecht. So etwa lese ich die Geschichte. Aber die Geschichte zu erzählen ist in solchen Fällen immer besser, als sie auszulegen.

T.: Ich lebe in der Nähe eines Atomkraftwerks, erlebe, wie milliardenfach täglich die Bausteine der Schöpfung, die Atome, gespalten werden. Mich macht das Wissen ängstlich und unruhig, daß bis heute keine Lösung gefunden ist, wie diese strahlende Materie, die dann übrigbleibt – selbst wenn sie entsorgt wird, bleiben immer Reste –, wie dieses Problem gelöst werden kann. Daß es noch nicht gelöst ist, macht mich ängstlich und treibt mich um. Meine Frage jetzt aufgrund Ihrer Ausführung: Sie sagten, daß die Schöpfungsgeschichte und die biblische Tradition uns helfen sollen, uns zu retten und das zulässige Handeln nur so eingegrenzt verstanden werden darf, daß es gut sei. Halten Sie die Spaltung der Atome jetzt in dem Keplerschen naturwissenschaftlichen Verständnis für gut – wenn wir den Schöpfungsgedanken Gottes versuchen nachzudenken? Halten Sie dieses Tun von Menschen gut im schöpfungstheologischen Sinne?

C. F. v. W.: Das ist wieder eine Frage ganz anderer Art; und es ist eine Frage im Grunde über die moderne Wissenschaft und die moderne Technik, und ich behaupte, über die moderne Politik. Ich will damit folgendes sagen: Ich teile nicht die Meinung, Atome zu spalten, sei gleichsam naturfeindlich – speziell Atome zu spalten. Ich habe Otto Hahn sehr gut gekannt. Er war einer – wenn man so simpel sagen soll – der nettesten Menschen, die ich je getroffen habe, auf eine ganz einfache, unkomplizierte Weise sogar ein weiser Mensch. Hahn hat sein Leben lang etwas getan, was er nie gewagt haben würde, Gottesdienst zu nennen, weil er zu bescheiden war. Aber er hätte nicht geleugnet, daß er dankbar entgegennahm, daß ihm die menschliche Gesellschaft erlaubte, wie jeder Wissenschaftler das darf, seine kindliche Neugier bis ins hohe Alter zu bewahren. Er wollte gerne wissen. Dann kommt heraus, daß er Atome gespalten hat, ohne die Absicht zu haben, das zu tun. Er hat Atomreaktionen studiert, und es kam die Spaltung des Urans zu seiner großen Überraschung an den Tag. Nun ist die Frage bei einem also ethisch völlig einwandfreien Verhalten – und er war nachher tief bedrückt darüber –, daß seine Entdeckung solche Folgen hat. Was ist zu tun? Man könnte auch sagen, aktuell ist sicher die Zerstörung der Umwelt durch die Abgase der fossilen Brennstoffe viel größer als alles, was bisher Nuklearenergie angerichtet hat. Gleichwohl kann ich Ihre Sorge nur teilen. Und da ist nun mein Hauptgrund nicht so sehr, daß ich die Unfälle fürchte. Denn was bisher an Unfällen geschehen ist, war ja doch mehr panikerzeugend als so gefährlich, wie es schon allein der Straßenverkehr ist [*Pfeifkonzert*] – ich freue mich natürlich auch, mal etwas zu sagen, was Widerspruch findet –; aber ich sage: die Panik – wie Panik sehr häufig – hatte z. T. verbunden mit Angst vor der falschen Sache im Grunde doch recht. Denn solange wir nicht den Frieden auf der Erde garantiert haben, können wir nicht wissen, was mit den Kernkraftwerken oder gar den Wiederaufarbeitungsanlagen geschieht, wenn einmal Waffen gegen sie eingesetzt werden. Deshalb ist meine Meinung, die Entwicklung der modernen Naturwissenschaft, die in sich – wie man sagt – ambivalent ist, die ich liebe, ohne sie in allem, was in ihr geschieht, verteidigen zu können und zu wollen – diese Entwicklung zwingt uns zu einer radikalen Veränderung der politischen Struktur der Menschheit – billiger geht es nicht! Davon soll ich am Samstag noch mal reden, und da höre ich jetzt auf.

T.: Eine Frage, etwas persönlicherer Art: An welche Art von Schöpfung glauben Sie? Können Sie als Professor der Naturwissenschaft überhaupt an eine biblische Schöpfung glauben hundertprozentig?

C. F. v. W.: Um diese Frage zu beantworten, habe ich die Geschichte von dem Rabbi erzählt. Ich will sie aber noch auslegen:

Glauben – das christliche Wort Glauben – ich gebrauche jetzt das Wort Glauben in der christlichen Tradition, denn jedes Wort hat viele Bedeutungen: Das christliche Wort Glauben, lateinisch *fides*, griechisch *pístis*, heißt Zuversicht, Treue, Vertrauen. Es heißt *nicht*, eine Behauptung für wahr halten! Ich mache hier eine kleine Bemerkung über Martin Luther. Luther hat im Gefolge von Paulus gesagt: »Nicht die Werke machen uns gerecht, sondern der Glaube«, und der Glaube in dem Sinn, wie ich es gerade gebraucht habe. Wenn dann in der Tradition und der Berufung auf Luther gemeint wurde, das gute Werk, daß man die richtigen Sätze auch behauptet und die falschen nicht glaubt, mache gerecht, so ist dies schlimmste Werkgerechtigkeit und nicht Rechtfertigung durch den Glauben. Also konkret gesagt: das Wort Schöpfung ist eine menschliche Vokabel, um etwas auszudrücken, was jenseits der bisherigen Reichweite unseres menschlichen Wissens liegt. Jener biblische Text hat in wunderbarer Weise davon gesprochen, wie Menschen versuchen können, von so etwas zu reden. Die heutigen Naturwissenschaftler haben es nicht fertiggebracht, von dem, worum es hier geht, besser zu reden. In diesem Sinne halte ich Treue zur biblischen Schöpfungsgeschichte.

T.: Ich möchte bei Ihrem letzten Wort anknüpfen, wie es gelingen kann, daß die Gewalt oder die Macht mit den Herrschaftssystemen unserer Welt fertig werden. In Indien muß es wohl einmal passiert sein, daß Kriegervölker Kulturen überlagert haben und nachher die Brahmanen, die Weisen, die Herrscher wurden. Dies Problem scheint mir das Kardinalproblem unserer gesamten Wissenschaft zu sein. Und viele Ihrer Ausführungen schienen mir so auszulegen zu sein, daß die Demokratien in der westlichen Welt, wie wir sie gegenwärtig haben, nicht ausreichen, sondern daß wir zu so etwas wie einer Herrschaft, bzw. einer ratgebenden Macht der Weisen kommen müssen.

C. F. v. W.: Also wenn das so weitergeht, werde ich ja über alle Fragen der Welt noch etwas sagen müssen. Aber ich will es mal probieren:

Ich bin in der Tat der Meinung, daß das Problem des richtigen Umgangs mit der Macht, die die Menschen mindestens seit der Entstehung der Hochkultur besitzen, niemals in der Geschichte der Hochkultur wirklich gelöst worden ist, aber doch besser oder schlechter. Nun erlaube ich mir zu sagen, daß 6000 Jahre eine sehr kurze Zeit sind, wenn man einmal vergleicht mit Zeitskalen, in denen das Leben sich entwickelt. Und in diesen 6000 Jahren ist sehr viel Neues gefunden und gesagt worden, so z. B. die christliche Botschaft. So aber auch die Naturwissenschaft. So die große Dichtung. Ich glaube, daß mit dem Anwachsen der Macht, das uns die Technik und letztlich also die Naturwissenschaft gebracht haben, eine viel radikalere Veränderung der politischen Strukturen notwendig ist als vorher – das habe ich gesagt. Ob das die Form hat, der Demokratie einen Rat der Weisen gegenüberzustellen, ist schwierig, und es ist nicht das, was ich zuerst beabsichtigt habe zu sagen. Ich habe die politische Freiheit, die innenpolitische Freiheit, die wir als ein wesentliches Element der Demokratie ansehen – nicht als das einzige –, insbesondere immer verteidigt oder gelobt unter dem Gesichtspunkt, daß sie die öffentliche gemeinsame Wahrheitssuche möglich macht – daß man öffentlich seine Meinung sagen kann, auch wenn sie den Obenstehenden nicht paßt –, weil sonst nur das Unheil unter den Teppich gekehrt wird, wodurch nichts besser wird. Aber in dem, was ich sagte, war das Wort *Wahrheitssuche* enthalten; und wer die Wahrheit nicht sucht, tut nicht das, wofür die Freiheit da ist. In der Wissenschaft, in meinem eigenen Fach, da sind wir ganz elitär. Man sagt natürlich, »Na ja, der Einstein war halt ein sehr großer Physiker, und die anderen sind kleinere«, und kein Mensch käme auf die Idee, seine Überlegenheit nicht anerkennen zu wollen. Auch hier ging es um Wahrheitssuche, und für Wahrheit gibt es relativ strenge Kriterien, die manchmal im Erfolg erst etwas zu spät an den Tag treten. Ich würde also nicht so sehr konzentrieren auf die Frage Demokratie oder ein übergeordnetes politisches strukturelles System, das es heute ja auch gibt, sondern ich würde zunächst mehr insistieren auf der Wichtigkeit der Wahrheitsfrage. Aber daß man dann nachher konkrete politische Gestalten finden muß, das ist klar. Darüber würde ich auch bereit sein zu reden, aber jetzt nicht mehr!

Diskussionsleiter: Letzte Frage, da ist eine ältere Kirchentagsbesucherin, bitte ganz kurz . . .

T.: Vielen Dank. Ich möchte auf die Frage zurückkommen, die vorhin geäußert wurde. Die Deutschen haben für die Liebe nur eine einzige Bezeichnung und verstehen sie ständig miß – mißverstehen sich also ständig. Die Griechen haben schon drei Begriffe: *eros, sexos* und *agape*. Da verstehn wir uns schon besser. Die Israeli haben elf Begriffe. Ich hätte gern gewußt, wie diese elf Begriffe für Liebe heißen, so daß wir sie wirklich in der ganzen Welt verstehen.

C. F. v. W.: Meine Antwort: Ich kann leider kein Hebräisch.

T.: Aber vielleicht wissen Sie die deutschen Begriffe?

C. F. v. W.: Ich habe den Eindruck, daß zwischen dem, wovon die Rede sein soll, wenn wir von Liebe reden, wie es mir vorhin ja vorgeschlagen und von mir angenommen wurde, daß also zwischen Liebe in diesem Sinn und ihrem Begriff eine Feindschaft besteht. Und ein Begriff der Liebe ist nicht mehr Liebe. Man kann das vorleben!

4. Was war Religion? (II)

*Juden.** Die jüdische Religion ist zunächst das Leben eines Volks unter der Herrschaft *eines*, eben seines Gottes. Sie ist insofern nicht in dem etwas vagen Sinn Träger einer Kultur, sondern Lebensträger eines Volks, einer Nation. Stammes-, Stadt- und Nationalgötter hat es in der Religionsgeschichte oft gegeben. In der Bewußtseinsentfaltung, welche die historischen und vor allem die prophetischen Schriften des Alten Testaments dokumentieren, erkennt dieses Volk aber in seinem Gott *den* einen Gott, den Herrn der Geschichte, den Schöpfer der Welt. In den Kategorien einer noch blassen Religionsphilosophie nannte man daher das Judentum eine monotheistische Religion. Entscheidend ist aber, was dieser Gott von den Menschen fordert. Es ist eine Ja-Nein-Entscheidung, die Entscheidung zwischen Gut und Böse. Diese Entscheidung konstituiert recht eigentlich das, was wir im Rahmen eines abendländischen Selbstverständnisses radikale Ethik genannt haben. Hier wird die von Gott gebotene Ethik Träger der Kultur; »geboten« heißt hier sowohl »befohlen« wie »angeboten«, d. h. als Möglichkeit des Menschseins eröffnet. Der Kampf des Elia gegen die Baalspriester ist ein Gegenluxurieren des Ethos gegen Natur- und Reichsreligionen, ein Kampf, der freilich selbst mit Machtmitteln geführt wird. Aus einer noch früheren, luziden, aufgeklärten Phase stammen die »jahwistische« Erzählung vom Sündenfall: »Ihr werdet wissen, was Gut und Böse ist«, und die subtile Menschenschilderung in den Erzählungen vom jungen und vom alten David in den beiden Samuel-Büchern.

Die Theologie des alttestamentlichen Judentums ist nicht Spekulation, sondern Interpretation. Sie ist Anerkennung des gesprochenen und geschriebenen Wortes.** Die

* Vgl. G. v. Rad, *Theologie des Alten Testaments*, München 1958.

** Goethe, *West-östlicher Divan*, Hegire: »Wie das Wort so wichtig dort war, weil es ein gesprochen Wort war.«

innere Erfahrung ist zunächst nicht Mystik; Mystik und Spekulation treten später, zumal in der Kabbala auf. Die innere Erfahrung ist das Gebet, das sich nicht mit Gott vereint, sondern sich bittend an ihn wendet und sich seinem Willen unterwirft. Innere Erfahrung ist die Anerkennung der eigenen Sünde. Sünde ist in ihrer Tiefe nicht die Verletzung positiver Normen, wie ein enggewordener Moralismus meint, sondern die Abwendung des Willens vom Guten. Die Propheten lehren das kommende Unheil als Strafe, man darf modern sagen: als unausweichliche Folge der Sünde, des Nichtwollens des Guten.

Die Geschichte des jüdischen Volks ist in dieser Spannung durchwoben von Leiden. Das Volk kennt sich gleichsam von Anfang an im Exil: Abraham verläßt auf Gottes Gebot hin seine Familie und seine Freunde und geht in ein Land, das Gott ihm verheißen hat, das aber anderen, älteren Einwohnern gehört. Abrahams Nachkommen wachsen in Ägypten zum Volk heran und kehren als Eroberer in das verheißene Land zurück. Historisch steht hinter diesen Erzählungen wohl die Durchdringung des Ackerbaulandes Kanaan durch die einwandernden hebräischen Nomaden (in der jüdischen Brudermorderzählung ist der Mörder Kain ein Ackerbauer, Abel ein Nomade). Nach Zeiten der Bedrängnis, von denen das Buch der Richter erzählt, folgt ein politisch und geistig glanzvolles Jahrhundert des Großreiches von David und Salomo, danach der politische Rückgang, die Zerstörung einer Volkshälfte durch die Assyrer, die babylonische Gefangenschaft der Oberschicht der anderen Volkshälfte, erneute Rückkehr und erneutes Exil seit der Zerstörung Jerusalems durch die Römer. Stets hatten die Juden zwei Feinde: den äußeren Feind, der sie haßte, weil sie anders waren, und anders zu sein als die unrecht handelnden Völker hatte ihnen Gott geboten; und den Ungehorsam gegen das Gebot des Guten in der eigenen Seele. Nirgends ist moralische Sensitivität so hoch entwickelt worden wie im jüdischen Volk.

Ohne die Haltung, die dieses Leiden erzeugte und ertrug,

gäbe es heute noch Nachkommen ehemaliger Juden, aber keine Juden mehr.

Griechen. Die Religion, von der hier die Rede sein soll, ist die griechische Philosophie.* Die Form, in welcher uns Heutigen die klassische griechische Religion meist vor Augen steht, der olympische Götterkreis, ist selbst schon das Ergebnis einer dichterischen Rationalisierung vielfacher Kulte verschiedenen Ursprungs.** Die Rationalisierung schritt fort. Vielleicht waren die attischen Tragiker und Philosophen wie Parmenides, Sokrates, Platon ihre wichtigsten Träger. Das Christentum fand in der Spätantike diese philosophische Religion vor allem in der Form der Stoa und des Neuplatonismus vor.

Man wird sagen dürfen, daß in dieser hochrationalen Religion die Theologie führend war. »Theologie« ist ein griechisches Wort, und es bezeichnet die metaphysische Kerndoktrin der Philosophie. *Theós*, »Gott«, ist ein Ausdruck aus der Volksreligion, deren *theoí*, Götter, für den Philosophen seelische Naturkräfte bildlich darstellen. Die höchste göttliche Wirklichkeit kann *ho theós*, »der Gott« genannt werden. Aber die Personifikation ist hier nur noch ein Gleichnis eines Überpersönlichen, von dem Platon im grammatischen Neutrum als dem Einen (*hen*) oder dem Guten (*agathón*) spricht. Im Neuplatonismus schaut der göttliche Geist (*nūs*) ewig das Eine an. Die Seele (*psychē*), die man erläuternd die Weltseele nennen kann, führt das Göttliche in zeitliche Bewegung hinaus; unsere menschlichen Seelen sind Teil der Weltseele. Um an dieser Schau teilhaben zu können, müssen wir – so Plotin – unsere Seelen reinigen, damit sie ihrer Teilhabe an *der* Seele und letztlich am Nus innewerden können. Das ist hier die innere Erfahrung. Der Neuplatonismus bot der abendländischen

* Vgl. G. Picht, *Die Epiphanie der ewigen Gegenwart* (1960), in: *Wahrheit, Vernunft, Verantwortung*, Stuttgart 1969; S. 36-84, *Kunst und Mythos*, Stuttgart 1986.

** Vgl. H. J. Rose, *Griechische Mythologie*, München 1955.

Mystik die Sprache. Radikale Ethik wurde von Sokrates bis in den Tod vorgelebt, von Platon und von den großen Stoikern formuliert und gelebt.

Bei dem hochpolitischen Volk der Griechen war die Philosophie von Anfang an auf die Ordnung des gemeinsamen Lebens, zunächst im Stadtstaat, bezogen. Später durchdrang die philosophische Ethik zum wenigsten als Sprachform der Gebildeten die hellenistischen Großreiche und schließlich das Römische Reich. Für die Ära der großen stoischen Kaiser, von Titus bis Mark Aurel, darf man wohl sagen, daß die Philosophie politisch wirksamer Träger der Mittelmeerkultur war. Der Kaiserkult, den dann die Christen verweigerten, war für die Philosophen die symbolische Geste der Anerkennung dieser vernünftigen und insofern gottgewollten Ordnung. Eine pflichtbewußte Religion der politischen Sieger. »Wann hättest du leben mögen? – Unter Hadrian.«

Apokalyptik. Die Unterlegenen nahmen den Lauf der Weltgeschichte anders wahr. Unter den Juden entstand in der hellenistischen und römischen Zeit eine neue religiös-politische Literaturgattung: die Apokalyptik. In den biblischen Kanon sind nur zwei Bücher dieser Literatur aufgenommen worden: das Buch Daniel aus dem 2. Jahrhundert v. Chr. ins Alte, die Johannes-Apokalypse vom Ende des 1. Jahrhunderts n. Chr. ins Neue Testament. Diese Werke haben alle Merkmale des Samisdat, der Untergrundliteratur unter der Zensur einer drückenden Herrschaft. »Apokalypse« heißt Enthüllung, nämlich Enthüllung des Willens Gottes. Die Hoffnung ist messianisch: Gott wird sein Volk aus der Herrschaft des Bösen erlösen. Dazu aber muß er erst das herrschende Böse zerschlagen. Dies kann, solange das Böse herrscht, nur verschlüsselt wiedergegeben werden. Die Schilderung der vier einander ablösenden Weltreiche wird im Buch Daniel einem legendären Propheten aus der damals schon 400 Jahre zurückliegenden Zeit Nebukadnezars in den Mund gelegt. Die Johannes-Offenbarung beschreibt Rom als die

Hure auf den sieben Hügeln, die mit allen Königen der Welt gehurt hat.

Die Apokalyptiker sind freilich nicht einfach politische Propagandisten. Sie tragen eine visionäre Geschichtsphilosophie vor. Und Visionen stellen dar, was »in der Luft liegt«. Zur Zeit des Jesaja oder des Sokrates konnte der ethische Kritiker persönlich zum König in Jerusalem oder auf den Markt in Athen gehen und sagen, was er zu sagen hatte. Der Bürger einer Stadt konnte noch mit Augen sehen, nach eigener Kenntnis beurteilen, was dem Wohl seiner Stadt diente. Im Großreich ist die Entscheidungszentrale unerreichbar fern. Die ständig wachsende Macht der Zentrale mußte sich darstellen als das wachsende Reich des Bösen. Wird Gott dies dulden? Wird er nicht das Reich irdischer Macht zerschlagen und ein neues Reich, das Reich der Himmel gründen? Einen neuen Himmel und eine neue Erde? Das ist eine Theologie, in innerer Erfahrung der Vision gesehen, die Theologie einer neuen radikalen Ethik, welche Träger einer neuen Kultur werden soll.

Die Apokalyptik ist die Luft, die Jesus und seine Jünger geatmet haben.

Jesus. Wer aus der Apokalyptik zu den überlieferten Worten Jesu kommt, tritt in eine völlig andere Welt ein. Keine visionär verschlüsselte leidenschaftliche Prophetie. Klare, einfache Rede, verständliche Gleichnisse aus dem bäuerlichen Alltag, Verständnis für jeden einzelnen Menschen, der ihm entgegentritt, zumal für Frauen, und dabei feste, unerbittliche Forderungen. Und doch ist die Mitte seiner Lehre genau das, was die Apokalyptik erhofft hat: Das Reich der Himmel kommt, ja es ist schon gekommen, es ist mitten unter euch.* Von dieser Mitte her können wir die Aspekte in Jesu Lehre wiedererkennen und anordnen.

* Vgl. *Der Garten des Menschlichen*, München [9]1984: »Die Seligpreisungen«, S. 488-508; *Die Zeit drängt*, München [7]1988, S. 69; P. Lapide, C. F. v. Weizsäcker, *Die Seligpreisungen*, Stuttgart/München [3]1985.

Die Bergpredigt ist gewiß in ihrer heutigen Gestalt eine kunstreiche Komposition des Verfassers des Matthäus-Evangeliums.* Aber jeder Satz hat den unverwechselbaren Sprachton, den wir als den Ton der Reden Jesu kennen. Die Bergpredigt ist von jeher als radikale Ethik verstanden worden, und erst Theologen der Neuzeit haben zu zweifeln gewagt, ob Jesus seine Forderungen wörtlich, also als ausführbar verstanden habe.** Ein Blick auf die Lebensbedingungen, in die hinein Jesus geredet hat, zerstreut diese Zweifel. Er spricht zunächst zu seinen Jüngern, die, wie einst die Jünger Buddhas, wie wandelnde Mönche mit ihm leben. »Die Füchse haben Gruben und die Vögel unter dem Himmel haben Nester, aber der Sohn des Menschen hat nicht, wo er sein Haupt hinlege.« Er spricht zugleich zur apokalyptischen Hoffnung seines, des jüdischen Volkes. Er verweigert den gewaltsamen Kampf für diese Hoffnung, und er formuliert die ethischen Bedingungen, unter denen das erhoffte Reich ein wirkliches Reich Gottes wäre. Die radikale Ethik ist nicht die Erfüllung einer besonders harten moralischen Norm; sie ist die Leistung der gegenwärtigen Nächstenliebe.

Die Nächstenliebe ist, so darf man sagen, innere Erfahrung. Deshalb am Anfang die Seligpreisungen; nicht: »du sollst«, sondern »selig bist du«, also: »so ist es«. Das Reich Gottes kommt, denn es ist dem Menschen möglich: seht mich an, es ist mitten unter euch. Jesu Theologie ist die überlieferte jüdische Lehre von Gott, aber in seinem Sprachton. Gott ist der Vater im Himmel, zu dem wir bittend kommen können. Und Träger einer Kultur: das Reich der Himmel ist eine Lebensgemeinschaft. Im Kreise der Jünger ist es schon da, und es wächst, wie das Senfkorn zum Busch, zum Baum heranwächst.

Wer dürfte wagen zu sagen, das Reich der Himmel sei nicht möglich?

* Vgl. U. Luz, *Das Evangelium nach Matthäus, 1. Band, Evangelisch-Katholischer Kommentar zum Neuen Testament*, Köln/Neukirchen 1985.

** U. Luz, ebd., S. 191-197.

Christentum. Es ist nicht erstaunlich, daß Jesus hingerichtet wurde. In der prärevolutionären Situation des damaligen Judentums, wenige Jahrzehnte vor dem Ausbruch, der zur Zerstörung Jerusalems führte, mußten die politischen Träger des mühsamen Kompromisses mit der Römerherrschaft den Volksjubel fürchten, der ihm entgegenbrandete. Das Christentum als Religion beginnt, so wird man sagen dürfen, mit der Zuversicht seiner Jünger: er ist bei uns, er ist auferstanden. Die wohl früheste Quelle, die wir dafür haben, ist der Bericht des Paulus, der den auf der Erde wandelnden Jesus nicht gekannt hatte, daß der Christus ihm, wie zuvor schon vielen Jüngern, erschienen sei. Es sind Berichte von Visionen. Erst die Evangelien, Jahrzehnte später verfaßt, erzählen Einzelheiten der Ereignisse nach der Grablegung. Wir können die Geschichtlichkeit dieser Erzählungen nicht nachprüfen. Die Überzeugung von ihrer Wahrheit befestigte in der späteren Christenheit die Zuversicht der frühen Visionen. Daß er doch nicht leiblich da war, wurde durch die Erzählung von der Himmelfahrt erklärt. Seine Gegenwart war nun die Gegenwart des versprochenen Trösters, des Heiligen Geistes.

Das Christentum als Religion ist im Westen durch zwei Phasen gegangen: als sich ausbreitende, immer von neuem verfolgte Sekte, und, seit Konstantin, als herrschende Reichsreligion. Im Osten, z. B. in Indien, war es früh gegenwärtig, kam aber nie zur Herrschaft. Ich wende mich hier alsbald zu seiner späteren, herrschenden Gestalt.

Das herrschende Christentum war Träger einer Kultur. Die Geschichte lehrt uns, daß es dazu tiefgreifende Kompromisse mit den überlieferten, nur wenig veränderten Machtstrukturen einging. Diese Kompromisse veränderten seine eigene Struktur. Die radikale Ethik der Bergpredigt, die von wandernden Jüngern selbstverständlich gefordert werden konnte, die in einer unterdrückten Sekte nicht unmöglich war, wurde von einem militärisch stabilisierten Reich, von der Weltverantwortung des Kaisers und seiner politischen Organe nicht verlangt. Sie wurde das Ethos eines besonderen Standes, der auf Macht, Ehre und Besitz zu verzichten hatte, der Mönche und Nonnen. Daß die Gegenwart eines solchen Standes der freiwillig Verzichtenden auf eine ganze Kultur eine tiefe prägende Wirkung haben kann, ist eine alte hinduistische und buddhistische Erfahrung, an der nun auch der Westen Anteil gewann. Was wäre das historische Christentum gewesen ohne die Einsiedler der Thebais, ohne die Benediktiner, ohne Cluny, ohne die Bettelorden, ohne die »klugen und gewandten Väter« (Stefan George), die Jesuiten? Diejenigen aber, die nicht nach der radikalen Ethik lebten, bedurften des Trostes. Hier entsteht jenes eigentümliche Phänomen innerer Erfahrung, das die Christen Glauben nennen. Du tust das Gebotene zwar nicht, du weißt, daß du es nicht kannst, aber du glaubst doch. Du glaubst an Gott, an Christus, an die Rechtfertigung von deinen Sünden.

Ein unentbehrliches und höchst ambivalentes Phänomen. Paulus hatte die sehr tiefe Lehre, daß meine Rechtfertigung vor Gott nicht durch Erfüllung der positiven Gebote möglich ist (»nicht durch des Gesetzes Werke« in Luthers Übersetzung), sondern nur durch das lebendige Zutrauen, das er *pístis* nannte. Wir haben im Dritten Kapitel, 2, davon gesprochen, im Vergleich mit den psychologischen Einsichten von Freud. Die Überzeugung, dem Gesetz genuggetan zu haben, führt zur entsetzlichen moralischen Verirrung der Selbstgerechtigkeit, die Überzeugung, ihm nicht genuggetan zu haben, führt zur lähmenden Verzweiflung. Die Fähigkeit, mich selbst anzusehen, wie ich bin, für Paulus im Angesicht Gottes, ist das erlösende Zutrauen. *Pístis* wird lateinisch mit *fides* übersetzt, was zunächst Treue heißt, und deutsch von Luther als Glauben. Hier kann aber der tötende Irrtum entstehen, der Glaube bestehe in dem guten Werk, die richtige Meinung über Gott zu haben; eine Werkgerechtigkeit wie jede andere. Rechtgläubigkeit hat in der Geschichte am Ende jedes Verbrechen gedeckt.

Die christliche Theologie wurde schon früh eine Interpretation des christlichen Glaubens mit den Denkmitteln der griechischen Philosophie. Dogmengeschichte kann hier nicht unser Thema sein. Mir scheint jedenfalls, daß die paradoxen Dogmen die fruchtbarsten waren, weil sie das Gerüst logischer Konsequenz sprengten. Wo Theologie eine Weise war, von tiefen Erfahrungen zu sprechen – so bei Paulus, im Johannes-Evangelium, bei Augustinus; in der Mystik; bei Luther –, dort half sie, das Erfahrene den jeweils verfügbaren Denkmitteln wenigstens teilweise faßbar zu machen.

Wenn die Christen ehrlich waren, durften sie in keiner Phase ihrer Geschichte mit der christlichen Welt zufrieden sein. Christentum war eine essentiell unvollendete Religion. Sehr früh wurde der jüdische Messianismus, die Hoffnung, daß ein gottgesandter König das Volk und die Welt befreien werde, von den Christen in der Erwartung der Wiederkunft Christi übernommen. Jesus war der Messias, der Christus gewesen; aber für die sichtbare Erlösung aller würde er ein zweitesmal kommen. In jedem der christlichen Jahrhunderte trat die Hoffnung auf, nun sei es an der Zeit. Tatsächlich hat wohl über lange Zeit niemand die Geschichte so verwandelt wie die Christen, die auf nichts als auf ihr Ende hofften. Doch ist seit Jahrhunderten die Stafette der Weltveränderung an die Aufklärung übergegangen.

5. Der Hymnus des Kolosserbriefes*

Die Erde ist des Herrn. Unter dieser Losung steht der Kirchentag. Ich lese aus der Lutherbibel den Anfang des 24. Psalms, um uns daran zu erinnern, wovon die Rede ist:

Die Erde ist des Herrn und was darinnen ist,
der Erdkreis und die darauf wohnen.
Denn er hat ihn über den Meeren gegründet
und über den Wassern bereitet.
Wer darf auf des Herrn Berg gehen,
und wer darf stehen an seiner heiligen Stätte?
Wer unschuldige Hände hat
und reinen Herzens ist.

Wir haben drei Bibeltexte zur Auslegung bekommen, zwei aus dem Alten Testament, einen aus dem Neuen. Ich lese den heutigen, neutestamentlichen Text, im *Brief an die Kolosser 1,15-20*, in der Übersetzung des Kommentars von Eduard Schweizer, nach dem ich selbst mich auf die heutige Bibelarbeit vorbereitet habe. Es ist die Rede von Christus:

Er ist das Bild des unsichtbaren Gottes, der Erstgeborene der Schöpfung;
denn in ihm wurde alles geschaffen
im Himmel und auf der Erde,
das Sichtbare und das Unsichtbare;
durch ihn und auf ihn hin wurde alles geschaffen.
Und er ist vor allem,
und alles findet in ihm seinen Zusammenhalt,
und er ist das Haupt des Leibes.
Er ist der Anfang, der Erstgeborene von den Toten;
denn in ihm gefiel es aller Fülle, Wohnung zu nehmen
und durch ihn und auf ihn hin alles zu versöhnen,
Frieden schaffend,
sei es dem auf der Erde, sei es dem im Himmel.

* Bibelarbeit auf dem Deutschen Evangelischen Kirchentag, Düsseldorf 1985.

Was nützt uns dieser hymnische Text? Eine Bibelarbeit soll nicht mit der Anwendung anfangen, sondern mit dem Verstehen. Der Text ist vor etwa 1940 Jahren geschrieben. Wenn wir ehrlich sind, werden die meisten von uns bekennen, daß seine Sprache und sein Inhalt uns reichlich fremd sind. Verstehen eines fernen Textes, als Deutungsarbeit, heißt eine Brücke über die ungeheure Entfernung zu schlagen, die ihn von uns trennt; eine Brücke, die die Entfernung zeigt und nicht verhüllt, eine Brücke aber, auf der man gehen kann.

Der erste Brückenpfeiler auf unserem Weg in die Vergangenheit steht fünfzig Jahre vor heute. Ich erzähle eine persönliche Erinnerung. 1937, mitten im Hitler-Reich, lernte ich Günther Howe kennen. Er war Mathematiker, Physiker und der bemerkenswerteste Theologe der Natur, der mir in meinem Leben begegnet ist. Ein Mann von schlichter Gläubigkeit, warmem Herzen, hohem Verstand, gutem Humor. Er sprach mir als erster vom Kolosserbrief. Er sagte: »Seit die Nazis hochgekommen sind, ist meinen Freunden und mir der Kolosserbrief so wichtig geworden. Was wollen die Nazis denn? Sie wollen eine Religion der Natur. Das meinen sie doch, wenn sie von Blut und Boden reden.« Ich unterbreche den Bericht. Jene Zeit ist der heutigen schon so fern, daß wir kaum mehr verstehen, was die Nazis mit gesundem Blut und Boden meinten. Um es uns nahezubringen: heute sagt man dafür Gene und Umwelt. Das sind doch ernsthafte Themen.

Howe fuhr etwa so fort: »Die Nazis haben ein großes Religionsbedürfnis. Sie wollen eine Religion des Diesseits und nicht des Jenseits. Sie wollen eine Religion der lebendigen Gegenwart und nicht einer fernen Vergangenheit. Sie wollen eine Religion des gesunden Leibes, nicht der erlösungsbedürftigen Seele. Darauf berufen sie sich, aufrichtig, auch bei ihren Untaten. Was ist ihnen der gekreuzigte Christus? Da ist es meinen Freunden und mir aufgegangen, wie wichtig Christus für die Natur ist. Der Kolosserbrief sagt: In ihm, durch ihn und zu ihm ist alles geschaffen, in ihm, durch ihn und zu ihm ist alles versöhnt.« Howe sprach hier vom kosmischen Christus, den er später bei Teilhard de Chardin wiederfand.

Damit zeigt sich der zweite Brückenpfeiler, rund 1500 Jahre vor der heutigen Zeit, die altkirchliche Christologie. Die Lehre von den zwei Naturen Christi: Christus wahrer Mensch und wahrer Gott. Diese Lehre stützte sich ausdrücklich auf den Kolosserbrief. Aber sie ist den meisten heutigen Menschen so fern, so unverständlich, daß wir besser alsbald zum anderen Ende der Brücke weitergehen, zu Paulus selbst. Wie kam es zu solchen Lehren? Was bedeuteten sie den Menschen, die zuerst so gesprochen haben wie der Verfasser des Kolosserbriefes? Nun folgt ein Stück philologisch-historischer Arbeit, ein Stück antiker Menschen- und Geistesgeschichte.

Die philologisch-kritische Wissenschaft vom Neuen Testament hat schon im 19. Jahrhundert aus Stil und Inhalt des Kolosserbriefes gefolgert, daß er schwerlich von Paulus geschrieben sein kann. Aber er steht in der Tradition des Paulus. Eduard Schweizer, der neueste Kommentator, meint, er sei, vielleicht, von der Hand eines Mitarbeiters des Paulus mit der Billigung des Apostels geschrieben. Ich lasse mich auf diese Fragen heute nicht ein. Der Text scheint mir mit der Theologie des Paulus vereinbar und von ihr her der Auslegung zugänglich. Ich lese den Brief als das, als was er sich gibt: eine Botschaft des Paulus, vielleicht aus einer Phase der Gefangenschaft in Ephesus, an eine Gemeinde in der mittelgroßen Stadt Kolossae an einer großen Handelsstraße im südwestlichen Kleinasien. Eine Gemeinde, die Paulus persönlich nicht kannte. Neben menschlichem, seelsorgerischem Zuspruch enthält der Brief eine kritische Auseinandersetzung mit einer abweichenden Lehre, die in Kolossae Anklang gefunden hatte; auch darauf gehe ich heute nicht ein.

Den Text, der uns heute zur Arbeit aufgegeben ist, fassen die Gelehrten als einen Hymnus auf. Er ist in hymnischer Sprache geschrieben, in einem Stil der Anbetung, der Liturgie, verwandt dem Stil der Psalmen. Mit um der Parallele des Stils willen habe ich vorweg ein Stück eines alten Psalms vorgelesen. Die hymnische, also zugleich dichterische und anbetende Sprache ist wichtig zum Verständnis.

Der Dichter kann Erfahrungen aussprechen, die wir in den Begriffen, in den Ja-Nein-Entscheidungen unserer Rationalität nicht unterbringen können. Anbetung ist eine Öffnung des Unbewußten für solche Erfahrungen. Ich spreche und singe in der kirchlichen Liturgie Aussagen selbstverständlich mit, die ich als Philosoph des 20. Jahrhunderts nicht behaupten dürfte. Wie oft tröstet die unveränderte Liturgie, diese Gemeinschaft mit tausendjährigem menschlichen Erleben, über eine gutgemeinte aktualisierte Predigt hinweg!

Ich lasse wiederum die Frage beiseite, ob hier der Verfasser des Briefes, wie wohl die meisten heutigen Ausleger meinen, einen bekannten Hymnus der Gemeinde, ein Kirchenlied zitiert oder ob er die hymnische Aussage selbst geschaffen hat. Was ist der Inhalt des Hymnus, was ist seine Struktur?

Man kann den Text in zwei Strophen gliedern, die parallel gebaut sind:

Der Erstgeborene aller Schöpfung
Der Erstgeborene von den Toten
In ihm, durch ihn, zu ihm ist alles geschaffen
In ihm, durch ihn, zu ihm ist alles erlöst
Er ist das Haupt des Leibes
Er schafft Frieden, auf der Erde wie im Himmel.

Es geht also um zwei Themen, Grundthemen der uns überlieferten christlichen Theologie: Erstgeborener der Schöpfung, Erstgeborener von den Toten; um die Schöpfung und die Auferstehung; um den Schöpfer und den Erlöser. Beides verlangt von uns, wenn wir es nicht bloß am Sonntag nachplappern und folglich im Alltag vergessen wollen, ein Stück harter historischer und gedanklicher Arbeit. Was haben sich die Menschen gedacht, die einstmals so redeten?

Zuerst die Schöpfung. Die Erde ist des Herrn. Das deutsche Wort »der Herr« steht in unserer Bibelübersetzung für zwei ganz verschiedene biblische Worte. Im Alten Testament geben wir damit den Eigennamen des Gottes der Juden wieder, den die Juden in ihrer späteren Tradition nicht mehr aussprachen, sondern ehrend umschrieben. Im Urtext steht der Name Jahwe, von den Christen Jehova gelesen. Er wird gleichgesetzt mit dem Schöpfer des Himmels und der Erde, der in anderen Texten Elohim heißt, was formal ein Plural ist und als »die göttlichen Mächte« übersetzt werden könnte. Für Jahwe sagt die deutsche Bibel »der Herr«. Im Neuen Testament übersetzen wir mit »der Herr« hingegen korrekt das griechische Wort *kýrios*; so aber, als von dem Herrn, redeten die Jünger von Jesus.

Die christliche Kirche hat Jesus schon in ihren ersten Jahrzehnten den Christus, den Gesalbten genannt und hat Christus als göttlich verstanden. Das Johannes-Evangelium bezeugt den Glauben an den präexistenten, den von jeher lebenden Christus. »Da sprachen die Juden zu ihm: Du bist noch nicht fünfzig Jahre alt und willst Abraham gesehen haben? Jesus sprach zu ihnen: ›Wahrlich, wahrlich, ich sage euch: Ehe denn Abraham ward, bin ich‹« (*Johannes 8,57-58*). Das ist Johanneische Theologie.

In solchen Gedanken bewegten sich die Christen der Zeit, der auch der Kolosserbrief entstammt. Wenn sie die damals moderne Bildung besaßen, so mußten sie es in der einzig verfügbaren ausgeformten Rationalität ausdrücken, in der Sprache der griechischen Philosophie, die selbst eine der großen Religionen war, eine Religion der Aufgeklärtheit. Diese Sprache spricht der Prolog des Johannes-Evangeliums: »Im Anfang war das Wort, und das Wort war bei Gott, und Gott war das Wort. Dasselbe war im Anfang bei Gott. Alle Dinge sind durch dasselbe gemacht, und ohne dasselbe ist nichts gemacht, was gemacht ist« (*Johannes 1,1-3*). Der deutsche Ausdruck »das Wort« ist eine wörtliche, aber schwerverständliche Übersetzung des griechischen Ausdrucks *ho lógos*. Logos heißt im Griechischen verständliche Rede, von daher auch Vernunft, und in der theologischen Spekulation der Griechen die göttliche Vernunft. Bei den Stoikern heißt dieser Geist der Gottheit *lógos*, bei den Platonikern *nūs*.

Ich erlaube mir ein Wort über die Theologie dieser griechischen Philosophie. Ihre am reifsten ausgearbeitete

Form ist wohl die neuplatonische. Plotin, 250 n. Chr., unterscheidet die drei göttlichen Wesenheiten, das Eine, den Geist, die Seele. Das Eine ist die unaussagbare Gottheit. Der Name *nūs*, den wir mit Geist übersetzen, ist abgeleitet von *noeîn*, was verstehendes Sehen bedeutet. Der göttliche *nūs* ist das höchste Seiende, denn das Eine ist jenseits selbst eines Prädikats wie Sein. Der göttliche *nūs* ist die Fülle – dasselbe Wort Fülle, *plēroma*, kommt in unserem Text vor. Er schaut ewig das Eine an, höchste Intensität und höchste Ruhe zugleich. Mit dem Wort Seele geben wir das griechische Wort *psychē* wieder, das ursprünglich Hauch bedeutet und von daher den Lebensatem und das Leben. Die Seele geht aus dem *nūs* hervor, schreitet fort in der Zeit und bewegt alles, was ist. Sie sehen, dies ist eine Schöpfungslehre in philosophisch abstrakter Form: der Geist ist durch das Eine bestimmt; die Seele geht aus dem Geist hervor; die Seele aber bewegt und erzeugt damit alles werdende und vergehende Sein.

Ich glaube, daß die christliche Dreieinigkeitslehre, die in der Bibel kaum belegt ist, eine Selbstverständigung der Christen mit den Begriffen einer derartigen Philosophie ist, die Gleichsetzung kaum aussprechbarer Erfahrungen mit einer vorgedachten Struktur. Der Vater ist das Eine, von dem alles ausgeht; der Sohn ist der Logos, wie der Johannes-Prolog sagt; der Heilige Geist, griechisch *pneuma*, d. h. Hauch, ist die belebende Seele, die vom Vater und Sohn ausgeht.

Der Johannes-Prolog enthält aber dann – man darf sagen, als seine eigentliche Pointe – eine Wendung, die der griechischen Philosophie ins Gesicht schlägt: Und das Wort wurde Fleisch und wohnte unter uns (*Johannes 1,14*). Fleisch (*sarx*) ist im Neuen Testament das Wort für das Vergängliche im Gegensatz zum Göttlichen und oft genug für die Triebe der Vergänglichkeit im Gegensatz zum Willen Gottes. Der Logos erschien unter uns als der Mensch Jesus Christus. Das moderne Wort für das Werdende und Vergehende heißt Geschichte. Deshalb sagen moderne Theologen zu Recht: im Evangelium geht es mit der

Fleischwerdung, der Inkarnation, um Geschichte. Sie ist der Ort, in dem uns Gott begegnet. Wir müssen nicht über die Geschichte hinausfragen, um ihm zu begegnen. In der Geschichte hat er zu uns gesprochen und spricht noch. Unser Kolosser-Hymnus aber sagt, modern gewendet: Nicht nur in der Geschichte des Menschen ist er da, sondern schon in der Geschichte der Natur.

Diese Lehre ist freilich, wie Paulus sagt, für die Griechen eine Torheit, eine Narretei. Wie kann der ewige Gott Mensch werden und gar noch am Kreuz sterben? Nicht wie das zugeht, ist die Frage; das brauchte auch der gläubige Christ nicht zu wissen. Die Frage ist, wie man so etwas Absurdes glauben kann.

Wollen wir die großen Bilder verstehen, in denen die Religion sich ausdrückt, so müssen wir die Erfahrungen verstehen, die zu diesen Bildern gedrängt haben. Die Erfahrung hier ist das Auftreten Jesu, sein Predigen und Heilen, sein Tod und seine Erscheinung als Auferstandener. Wir werden damit in die zweite Strophe unseres Hymnus geführt: der Erstgeborene von den Toten. Der Kolosserbrief stammt aus der Paulus-Tradition. Paulus ist früher als das Johannes-Evangelium. Aber Paulus hat den auf der Erde gehenden Jesus nie gesehen und spricht wenig von ihm. Er ist völlig bestimmt davon, wie ihm, dem Eiferer für das gerechte Gesetz, in Damaskus der Auferstandene in einer Vision erschien. Wir aber müssen, wenn wir die frühen Christen verstehen wollen, ein Wort über den geschichtlichen Jesus sagen.

Wes des Herz voll ist, des geht der Mund über. Möchte mir gelingen, mich knapp zu fassen. Bisher habe ich Ergebnisse der Gelehrsamkeit dargestellt, weil man mir einen fernen Text zur Interpretation gegeben hat. Von Jesus kann ich nur als Betroffener reden. Als Elfjähriger habe ich die Bergpredigt gelesen. Meine Reaktion war: Wenn dies wahr ist, ist unser aller Leben falsch. Und es ist unmöglich, daß dies nicht wahr wäre. Auch heute, als Zweiundsiebzigjähriger, kann ich nicht anders reden. Vielleicht, vielleicht kann ich heute etwas besser in die Geschichte einordnen, was es heißt, daß dies wahr ist.

Die Bergpredigt lehrt nach üblicher Einordnung eine radikale Ethik. Aber sie ist nicht Gesetz im klassisch-jüdischen Sinne, das heilige Gesetz, das Gott gegeben hat, um die Schöpfung zu bewahren, und dem wir gewissenhaft zu folgen haben. Sie ist auch nicht rationale Ethik im Sinne klassischer Philosophie oder der modernen Aufklärung. Sie ist Ausdruck einer inneren Erfahrung, die sich in den Seligpreisungen ausspricht. Selig, die reinen Herzens sind, denn sie werden Gott schauen. So auch die Gebote der Bergpredigt. Schau hin, und du wirst sehen: so ist es und nicht anders. Nicht erst der Mord, sondern der Haß ist das Tödliche; nicht der Ehebruch, sondern das Begehren gibt dich in die Hand eines elementaren, so natürlichen Verlangens; nicht der Meineid, sondern die Selbstbelügung ist der Mord an der Wahrheit. Es kommt nicht darauf an, all dies zu glauben, weil es gesagt ist. Es kommt darauf an, die Erfahrung selbst zu machen. Sie wartet auf dich. Das Reich der Himmel ist schon gekommen.

Wenn unser aller Leben falsch ist, wie kann die Geschichte der Menschheit weitergehen? Bergpredigt, Gleichnisse und Gerichtsreden sind eine innere Einheit. Jesus verkündet das schon beginnende Reich, das nahe Gericht. Als er gekreuzigt war, erwarteten seine Jünger seine baldige Wiederkunft. Man muß Jesus, wie die Theologen sagen, eschatologisch verstehen.

Nun ist die Frage: War dies nicht alles eine Illusion? Die Weltgeschichte ist weitergegangen, und man sagt uns, in zweitausend Jahren habe das Christentum wenig an ihr geändert. Ich mache hier eine geschichtsphilosophische, traditionelle, Christen würden sagen eine weltliche Einschiebung über politische Ethik.

Spätestens seit dem Beginn der Hochkulturen ist die Geschichte der Menschheit bestimmt vom Kampf um die Macht. Jede politische Gemeinschaft, eine kleine oder große Republik, eine Aristokratie, eine Dynastie, auch eine Klasse von Wirtschaftsführern, eine Gewerkschaft kämpft um ihre Macht. Jede Gemeinschaft hat die gute Rechtfertigung, daß alle anderen es auch tun; wenn sie selbst nicht kämpft, wird sie untergehen. Sicher sind wir nur, wenn wir den anderen überlegen sind. Diese Sicherheit aber gibt es nie für alle. Der Machtkampf luxuriert und er zerstört das Ganze.

Spätestens seit dem 1. Jahrtausend v. Chr. gibt es dagegen ein Luxurieren der radikalen Ethik, im Gefolge Zarathustras und Buddhas, der jüdischen Propheten und der griechischen Philosophen. Tu das Gute und nur das Gute! Und dann gibt es Apokalyptik. Apokalypse heißt Enthüllung des Verborgenen, nämlich des kommenden Gerichts über uns Menschen und des nahen Heils für uns. Als Mensch des Atomzeitalters kann ich nicht glauben, daß diese apokalyptischen Erwartungen nicht recht haben. Der Gang der Menschheitsgeschichte ist schnell: was sind, erdgeschichtlich gesehen, wenige tausend Jahre?

Meine Aufgabe heute vormittag ist nicht, politische Phantasien auszuspinnen, und nicht, zu Handlungen aufzufordern. Jedes zu seiner Zeit. Ich habe zu unserem Text zu reden. Paulus lebt in der eschatologischen Erwartung. Sie ist für ihn ganz Hoffnung. Die entsetzliche Begleitmusik des Gerichts ist für diese Hoffnung nie das letzte Wort. Sie ist Hoffnung, weil das Entscheidende schon geschehen ist. Er zitiert Jesaja: »Jetzt ist die angenehme Zeit, jetzt ist der Tag des Heils« (*Jesaja 49,8; 2. Korinther 6,2*). Ich kann nicht umhin, hier eine sonderbare Erinnerung zu zitieren. In den Losungen der Brüdergemeine las ich 1939 am Tage des Kriegsausbruchs den für diesen Tag durch das Los gezogenen Spruch: »O daß du den Himmel zerrissest und führest herab!« und am folgenden Tage den Spruch: »Jetzt ist die angenehme Zeit, jetzt ist der Tag des Heils.« Ein Zufall, der zum Nachdenken Anlaß gibt.

Das Heil, das schon da ist, ist für Paulus der gekreuzigte und auferstandene Christus. Das hängt eng mit seiner Lehre von Gesetz, Sünde und Rechtfertigung zusammen. Nur ein paar Sätze dazu. Das Gesetz ist gegeben, um das Leben zu bewahren. Es ist aber auch gegeben, um uns der Sünde zu überführen. Die Sünde ist nicht die gelegentliche Fehlentscheidung. Sie ist eine wahrgenommene tiefe seelische Wirklichkeit. Nicht die Verletzung einer Norm ist die Sünde. Sünde ist im Christentum der Name des tiefen Zerstörungsdrangs, der, meist unbewußt, in uns wirkt. In Paulus' Lehre von Sünde und Gesetz finden wir zwei psychologische Wahrheiten wieder: nichts ist so unbelehrbar böse wie selbstgerechte Moral; nichts ist so verzweiflungsvoll wie aufrichtige moralische Selbstkritik. Das Gute, das ich will, tue ich nicht; das Böse, das ich nicht will, das tue ich. Die Rechtfertigung, die Gewinnung des Friedens mit mir selbst ist nicht durch Erfüllung des Gesetzes zu erreichen. Sie ist ein Geschenk, eine innere Wahrnehmung, die Paulus *pístis* nennt, was Vertrauen heißt, lateinisch *fides*, und deutsch mit Glauben übersetzt wird. Der Glaube macht sich für ihn fest an der visionären Gewißheit des gegenwärtigen Christus.

Vor diesem Hintergrund lese ich noch einmal unseren Text und nehme nun einige Worte mit auf, die ich, Schweizer folgend, anfangs als spätere Zufügung des Verfassers weggelassen habe:

Er ist das Bild des unsichtbaren Gottes, der Erstgeborene aller Schöpfung;
denn in ihm wurde alles geschaffen
im Himmel und auf der Erde,
das Sichtbare und das Unsichtbare
(seien es Throne oder Hoheiten oder Gewalten oder Mächte);
durch ihn und auf ihn hin wurde alles geschaffen.
Und er ist vor allem,
und alles findet in ihm seinen Zusammenhalt,
und er ist das Haupt des Leibes (nämlich der Kirche).
Er ist der Anfang, der Erstgeborene von den Toten
(damit er in allem Vorzug hat);
denn in ihm gefiel es aller Fülle, Wohnung zu nehmen,
und durch ihn auf ihn hin alles zu versöhnen
(durch das Blut seines Kreuzes),
Frieden schaffend,
sei es dem auf der Erde, sei es dem im Himmel.

Ein paar Worte der Erläuterung.

Der Erstgeborene: das athanasianische Glaubensbekenntnis sagt: geboren, nicht geschaffen. Der Logos vor allen Kreaturen.

Im Himmel und auf Erden, Sichtbares und Unsichtbares: Die ganze Welt. Nicht nur die Menschenwelt. Nicht nur die sichtbare Erde. Denn die Welt ist durchwaltet gedacht von geistigen Mächten.

Throne, Hoheiten, Gewalten, Mächte: das sind nicht menschliche Obrigkeiten, sondern eben die geistigen Mächte, die Götter, die so vielfach gefürchtet und verehrt werden und doch unter Gott sind. Wollte man ein modernes Surrogat, so mag man Naturgesetze dafür sagen. Aber gerade die moderne Physik gibt uns keinen Anlaß zu glauben, diese Gesetze beherrschten nur das, was wir materiell nennen, oder es gebe nichts anderes. Die Welt ist geistig.

Haupt des Leibes: Leib, anders als Fleisch, meint bei Paulus die volle reale Wirklichkeit. Also vielleicht das Ganze des Kosmos. Aber Paulus kann dann auch die Kirche den Leib Christi nennen, seine reale Gegenwart. Möchte sie es sein!

Versöhnen: Das griechische Wort *apokatallássein* heißt von Feindschaft zu Freundschaft kehren. In der Welt ist der Konflikt, der Machtkampf. Der ohnmächtige Christus, durch das Blut seines Kreuzes, hat das Verhältnis der Menschen zu Gott von der Feindschaft zur Freundschaft gekehrt. Nur wahrnehmen müssen wir das.

Frieden schaffend auf der Erde und im Himmel: Im Himmel ist der Krieg der Throne und Gewalten. Aus dem Geist kommt der Konflikt des Leibes. Im Geist Frieden schaffen!

*

Gibt es eine konkrete Nutzanwendung 1985?

Es ist ein weiter Weg zurück über die Brücke der Jahrhunderte zu uns. Und ich möchte den Fehler gerne vermeiden, dem Bibelausleger so leicht verfallen: nach sorgfältiger Betrachtung des Textes auf einmal in der *applicatio*, der Nutzanwendung, alle eigenen privaten Stellungnahmen zu den Problemen der Gegenwart in dem Text begründet zu finden. Bibeltexte sollen unser Bewußtsein klären, unseren

Glauben stärken, damit wir dann selbst die Wege finden, die heute zu gehen sind.

Aber doch zwei Stationen, zwei Brückenpfeiler auf dem Rückweg durch die Jahrhunderte: 325 und 1945 n. Chr.

325: das Konzil von Nicaea des Kaisers Konstantin. Was war geschehen von Paulus bis Konstantin? Etwas, was kein Christ erwartet hatte, was kein Christ erwarten konnte. Christus war nicht sichtbar wiedergekommen. Die latente Verzweiflung der verzögerten Parusie, der verzögerten Wiederkunft. Die Welt hatte sich nicht gewandelt. Das Römische Reich bestand fort. Bald verfolgte, bald schonte es die Christen. Es beherrschte die Völker und schützte sie vor mörderischen Einfällen der umgebenden Völker. Und nun wurden die Christen eine große Minderheit, Soldaten wurden Christen, der Kaiser wurde Christ, die Christen trugen die politische Verantwortung für die unerlöste, unverwandelte Welt. Kein Wort im Neuen Testament sagt, wie sie diese Verantwortung tragen sollten, denn keiner der Autoren des Neuen Testaments konnte sich vorstellen, daß dies geschehen würde. Kein Wort, ob der Krieg zur Verteidigung des Lebens und seiner Güter, zur Durchsetzung der Rechtsordnung gerechtfertigt sei oder nicht. In eigener, gläubiger Verantwortung mußten die Christen den Weg der größten Versuchung, der Ausübung der Macht gehen. Bis heute, bis heute.

1945: Nicht das Ende Hitlers meine ich jetzt, sondern die Bombe auf Hiroshima. Ich habe selbst im Krieg über technische Anwendung der Kernspaltung gearbeitet; es war Gottes Gnade, daß wir in Deutschland keine Bombe machen konnten und das erkannten; Gottes Gnade, nicht unser Verdienst. Aber wie weiter? Günther Howe war nach 1945 einer meiner wichtigsten Gesprächspartner in dieser Frage. Er brachte mich einmal zu Karl Barth, etwa 1953. Ich erzähle noch einmal, was ich oft, auch öffentlich erzählt habe. Ich sagte zu Barth: »Von Galilei führt ein schnurgerader Weg zur Atombombe. Jedes Jahr frage ich mich, ob ich das, was ich am liebsten tue, weiter tun darf: Physik treiben, meinen Beruf, den ich liebe.« Er antwortete: »Herr von Weizsäcker, wenn Sie das glauben, was alle Christen bekennen und fast keiner glaubt, daß nämlich Christus wiederkommt, dann dürfen Sie, ja dann sollen Sie weiter Physik treiben. Glauben Sie das nicht, dann müssen Sie sofort aufhören.« Ich habe weiter Physik getrieben; in diesem Jahr 1985 erscheint mein Bericht über diese Arbeit. Denn ich habe geglaubt, was Barth sagte. Was die Gleichnisrede von der Wiederkunft Christi konkret ankündigt, weiß ich nicht. Das weiß niemand von uns. Aber ohne dieses Gleichnis vermöchte ich nicht zu leben.

Der Erstgeborene von den Toten, sagt der Hymnus. Die Auferstehung ist in dieser Deutung der Beginn der neuen Schöpfung. Georg Picht hat einmal – ich war dabei – zu sagen gewagt, das Jüngste Gericht sei schon geschehen, nämlich zu Pfingsten im Kommen des Geistes, die Schöpfung aber liege noch vor uns, in unserer Mitverantwortung. Ein kluger, auslegungsbedürftiger Satz. Es wird noch ein sichtbares Gericht kommen. Aber die ganze Schöpfung ist unserer Mitverantwortung offen. Die Bewahrung von Wasser und Luft, von Pflanzen und Tieren, die unsere Schwestern und Brüder sind, die Gerechtigkeit unter den Menschen, die Schaffung des Friedens. Die Zeit drängt.

6. Was war Religion? (III)

*Islam.** Auch der Islam versteht sich, als Dritter in der Reihe, als Offenbarung des einen Gottes. Mohammed hatte eine klare rationale Vorstellung von dieser Abfolge. Gott hat zu Abraham, zu Mose, zu Jesus gesprochen. Aber die früheren Offenbarungen waren noch unvollständig, und insbesondere wurden sie in der Geschichte der Juden und Christen verzerrt. Deshalb hat Gott sich entschlossen, in einer letzten Offenbarung diese Verzerrung unmöglich zu machen, indem er das heilige Buch, den Koran, dem Propheten wörtlich diktierte. Der Islam ist von Anfang an zweckmäßig auf Gestaltung der Welt durch menschliches Handeln unter göttlicher Führung angelegt. Der Koran gebietet eine wohldefinierte Sozialordnung. Mohammed und seine Nachfolger waren militärisch siegreich. Sie eroberten Gebiete, die Träger alter Kultur waren, übernahmen griechisches Wissen: im Mittelalter war die islamische Kultur der christlichen in vieler Hinsicht überlegen. Man kann darüber erstaunt sein, daß schließlich nicht die Moslems, sondern die Christen »die Neuzeit erfunden haben«.

In einer so deutlich geplanten Religion können wir die vier Aspekte leicht buchstabieren. Der Islam ist Träger einer Kultur; er versteht sich als beauftragt, die ganze Menschheit zu einem Leben unter Gott zu führen. Seine Ethik ist nicht überschwenglich radikal; sie ist Ethik des sozial erfüllbaren Maßes, mit klaren Vorschriften. Die innere Erfahrung des Propheten war Inspiration. Im Sufismus entwickelte sich eine reiche Mystik. Jedem zugänglich ist die Erfahrung des öffentlichen Gebets. Die Theologie ist einfach: es gibt *einen* Gott. Den Christen wird im Islam wie von heutigen Juden vorgeworfen, den großen Rabbi, den gottgesandten Propheten Jesus in blasphemischem Irrtum zum Gott erhoben zu haben.

* J. van Ess, *Islamische Perspektiven*, in: H. Küng (Hrsg.), *Christentum und Weltreligionen*, München 1984.

Die Zuversicht des Islam ist nicht gebrochen. Sein Siegeslauf wurde unterbrochen, als die Christen überlegene technische und militärische Mittel erfanden. Aber kann ein Moslem heute das moralische Angebot des vorerst noch herrschenden Abendlandes annehmen? Nicht eine soziale Revolution, die den Atheismus propagiert. Aber auch nicht den tieferen, verborgeneren Atheismus, der sich im Westen Pluralismus nennt: dem Gott so unwichtig geworden ist, daß er ihn nicht einmal mehr des atheistischen Widerstandes würdigt. Der Islam ist eine vernünftige Sozialordnung; er wird die vom Abendland erzeugten Probleme lösen.

Quäker. Es ist wichtig, auch Gruppen anzuschauen, die in der Minderheit geblieben sind.

Die »Gesellschaft von Freunden« (*Society of Friends*), in England um die Mitte des 17. Jahrhunderts im Gegensatz zur militanten Puritanerherrschaft entstanden, hat durch die Tat bewiesen, wie treu man den Worten Jesu folgen und dabei in einer anders denkenden Welt erfolgreich überleben kann. Ihr religiöser Kern ist, wenn man so sagen darf, radikale Ethik *als* innere Erfahrung. Kein Machtmittel, keine Hierarchie und kein Dogma lenken den Einzelnen und die kleine Gruppe (das *meeting*), sondern die innere Stimme des Geistes (*spirit*), auf die es zu hören gilt. Die radikale Ethik, Verzicht auf Gewalt, auf Unwahrheit, aufs Schwören, ist nicht meine Forderung an die Umwelt, sondern die Forderung des Geistes an mich. (Zum Schwören: Jesu Wort »eure Rede sei ja, ja, nein, nein; was darüber ist, ist vom Übel« heißt: du sollst nicht schwören, um zu bekunden »jetzt sage ich die Wahrheit, sonst darf ich auch lügen«, sondern deine Rede sei immer Ja, wenn Ja wahr ist, immer Nein, wenn Nein wahr ist.) Es gibt hier keine argumentierende Theologie, kein Predigtamt. Der gemeinsame Gottesdienst im Meeting ist gemeinsames Schweigen, bis etwa der Geist einen der Teilnehmer treibt, etwas zu sagen. In seinen praktischen Entscheidungen sucht das Meeting die gemeinsame innere Lenkung, bis Einstimmigkeit erreicht ist.

Träger der Gesellschaft, des Staats, der Kultur zu sein, ist kein planerisches Ziel. Wo es als Reaktion auf das Verhalten der »Freunde« gleichwohl zu einer gesellschaftlich tragenden Rolle kommt, darf sie, im ethischen Spielraum, den sich die Quäker setzen, übernommen werden. Ein Beispiel: Die Quäker konnten im Staat, der auf Gewalt ruht, kein Staatsamt führen, aber sie konnten Handel treiben. Da sie nicht lügen durften, durften sie auch nicht feilschen. So waren sie genötigt, den festen Preis zu erfinden, und, als zuverlässig im Preisgebaren bekannt, wurden manche von ihnen reich. William Penn, gegen dessen Vater, einen hohen Offizier, der englische König hohe Schulden hatte, ließ sich als Zahlung eine Kolonie in Amerika schenken. Dort, in Philadelphia (wörtlich: Stadt der Bruderliebe), vermochten die waffenlosen Quäker ein Jahrhundert ohne blutigen Konflikt mit den Indianern zu leben, was sonst keiner weißen Kolonistengruppe gelang. Heute ist das Friend's Service Committee weltweit karitativ und friedensstiftend tätig.

*Baha'i**. Der Perser Baha'ullah (1817-1892) lehrte, in islamischer Umgebung, die Einheit Gottes und den Frieden unter den Menschen als das Ziel der von Gott durch die Propheten verkündeten Religionen. Aber die Religionen haben sich selbst in den Krieg der Mächte verstricken lassen, den zu überwinden sie gesandt waren. Sie erkannten nicht ihre eigene Gemeinsamkeit, sondern bekämpften einander. Jetzt aber ist die Zeit gekommen, in der, freilich nach katastrophalen Begleiterscheinungen, die Religionen einander als die im wesentlichen gleiche Botschaft erkennen und der Menschheit den Frieden bringen werden. Baha'ullah verstand sich als den Propheten dieses fälligen Ereignisses.

In der Abfolge der »monotheistischen» Religionen hat stets der Stifter der späteren die früheren anerkannt, aber

* *Der bedrohte Friede*, München [3]1982: »Islam und Toleranz«, S. 354-357.

die Gläubigen der früheren Religion haben die spätere verworfen. Den Juden mußte der christliche Messiasanspruch unannehmbar sein; die Christen verwarfen Mohammed als einen »Lügenpropheten«; die islamischen Herrscher Persiens und der Türkei verfolgten Baha'ullah. Im Osmanischen Reich wurde er vierzig Jahre in zuerst strenger, dann freilich sehr gelockerter Haft gehalten. Aus dieser Haft sandte er u. a. prophetische Warnungen an die zeitgenössischen europäischen Herrscher, so vor 1870 an Napoleon III., nach 1870 an Wilhelm I.: »Wir hören das Weheklagen Berlins, obgleich es heute in sichtbarem Ruhm erstrahlt.« Im heutigen Iran sind die Baha'i von neuem verfolgt. Weltweit gibt es heute einige Millionen Baha'i, darunter auch Deutsche und Amerikaner, und viele tun gute Werke des mitmenschlichen Verstehens.

7. Religion heute und morgen

Wir fragen nach einem Bewußtseinswandel. Für politisches Bewußtsein, für die gemeinsam angewendete politische Vernunft haben wir Voraussetzungen im persönlichen Bewußtsein gefunden; also für den öffentlichen politischen Bewußtseinswandel Voraussetzungen im persönlichen Bewußtseinswandel. Dieser ist uns in vier Gestalten erschienen: Erziehung, Reifung, Heilung, Umkehr. Erziehung und Reifung kann man einen *evolutiven* Bewußtseinswandel nennen, Heilung und Umkehr einen *radikalen* Bewußtseinswandel. Das persönliche Bewußtsein hat eine gemeinsame und insofern öffentliche Grundlage in der Kultur. Es geht um einen kulturellen Bewußtseinswandel, einen Wandel in der Kultur.

Unser Gedankengang hat zunächst einen pragmatischen Aspekt. Erziehung kann geplant werden. Sie wird vernünftig geplant, wenn sie sich den Reifungsprozessen anpaßt, die bei gesunder Entwicklung erwartet werden dürfen. In diesem evolutiven Zusammenhang kann man von einem *Erwachsenwerden* des politischen Bewußtseins reden. Dieser Erziehung muß ein Bild *vernünftiger Hoffnung* gezeigt werden. Es ist die Hoffnung auf eine lebensfähige Menschheit. Auf ein solches Bild werden wir im letzten Kapitel unseren Blick richten. Es handelt sich dabei um einen Schritt der politischen Aufklärung.

Aber unser Gedankengang kann sich in dieser Pragmatik nicht erschöpfen. Die Voraussetzungen unseres pragmatischen Handelns sind nicht in unserer Gewalt: »Bewußtsein ist ein unbewußter Akt.« Die historische Rolle der Religion war es, die unbewußten Voraussetzungen unseres Bewußtseins ernst zu nehmen. Dabei sah sie sich in immer wiederkehrenden Gestalten gedrängt, einen *radikalen* Bewußtseinswandel zu fordern; und sie erfuhr einen solchen Bewußtseinswandel als ein Geschenk. Wie sollte, wie kann der radikale Bewußtseinswandel heute und morgen aussehen? Wie verhält sich der radikale Bewußtseinswandel zum Vorgang gesunder Reifung?

Im persönlichen Bewußtsein bleibt der Reifungsprozeß meist unvollkommen. Manchmal mißrät er bis zur Katastrophe, zum Scheitern eines Lebens. *Heilung* wäre hier nötig. Wo sie gelingt, wird sie oft als ein radikaler Bewußtseinswandel erfahren, als das Geschenk einer *Umkehr*. Im politischen Feld ist heute ein Reifungsprozeß des Bewußtseins unterwegs. Aber die Krisenanalysen des Zweiten Kapitels hinterlassen uns mit der Besorgnis, daß diese Reifung zu langsam geschieht, daß sie im Endeffekt mißlingt.

Diese Besorgnis ist nicht neu. In der Geschichte der Religionen haben die Apokalyptiker erwartet, daß die Umkehr der Menschheit nur durch eine Katastrophe der Menschheit geschehen werde. Nichts liegt heute näher – für einen Menschen, der die Lage durchdenkt – als solche Besorgnis. Ich habe jahrelang kein Kind, kein Haus anschauen können ohne den schneidenden Schmerz der Frage: Wird dieses Kind noch aufwachsen dürfen? Wird dieses Haus übermorgen noch stehen? Und muß man nicht, wie die Apokalyptiker, alle Hoffnung nur noch darauf setzen, daß ein überlebender Rest die gemeinsame Umkehr des Bewußtseins vollziehen wird, die, würde sie jetzt vollzogen, uns alle retten würde?

Wer den Schmerz solcher Fragen nicht kennt, wird vielleicht nicht ganz spüren können, welche Umkehr uns retten würde. Wer diesen Schmerz kennt, kennt aber auch den inneren Befehl, nicht im Schmerz zu verharren. Für das heranwachsende Kind haben wir auch morgen und übermorgen das tägliche Brot zu besorgen. Wir wollen ihm Gelegenheit geben, nicht im entkräftenden Entsetzen, sondern in der Hoffnung aufzuwachsen, die ihm später die Kraft geben wird, an der Umkehr mitzuarbeiten. Der radikale Bewußtseinswandel mag heute die Sache von wenigen sein. Vernünftig vollzogen, wird er dem evolutiven Bewußtseinswandel der vielen Kraft geben. Was ist sein Inhalt?

Die Religion ist unvollendet unter allen vier Aspekten, die wir an ihr unterschieden haben.

Da von Politik die Rede ist, beginnen wir mit der *Ethik*. Es sei an das Ende des obigen Abschnitts 4 erinnert. Wenn die Christen ehrlich waren, durften sie in keiner Phase ihrer Geschichte mit der christlichen Welt zufrieden sein. Christentum war eine essentiell unvollendete Religion. Nur die Hoffnung auf die Wiederkunft Christi konnte allenfalls mit der jeweiligen Gegenwart versöhnen. Die Verwandlung der realen Geschichte, welche den Christen in dieser von Jahrhundert zu Jahrhundert wiederholten Spannung gelang, wurde freilich spätestens seit dem 18. Jahrhundert von der Aufklärung überholt. Die Aufklärung hat die Stafette der Weltveränderung übernommen. Sie konnte die Stafette übernehmen, weil sie die Diesseitigkeit der christlichen Forderungen ernst nahm. Kants Schrift *Zum ewigen Frieden* kann als eine Säkularisierung der christlichen Enderwartung verstanden werden. Die heutige Menschheitssituation zeigt, daß die Forderung, die Institution des Krieges zu überwinden, diesseitig notwendig ist (Siebentes Kapitel, 5).*

Wer diese Gedanken heute kennt, kommt in einen Konflikt mit einer bestimmten Tradition innerhalb des Christentums. Jesus hat den bewaffneten Kampf für das kommende Himmelreich verworfen, den seine »zelotischen« jüdischen Zeitgenossen für notwendig hielten. Gott bringt dieses Reich. Es ist schon angekommen, und es wächst, wie das Senfkorn zum Baum heranreift. Als nach Konstantin das Römerreich nicht von Gott zerstört, sondern von Christen beherrscht war, die nicht wußten, wie sie die Weltverantwortung anders als mit Waffen tragen sollten, deutete man Jesu Worte auf eine dem Willen Gottes vorbehaltene Zukunft, jenseits der Geschichte dieser Welt. »Chiliasmus«, der Versuch, das tausendjährige Reich der Johannes-Apokalypse (*Offenbarung 20,2-3*) hier und jetzt zu realisieren, wurde als häretisch verworfen. Dieses Verhalten der kirchlichen Obrigkeit war in der unvollendeten Religion des historischen Christentums vielleicht unver-

* Vgl. *Die Zeit drängt*, München [7]1988, Kapitel 10.

meidlich. Aber ich kann nicht sehen, daß man damit Jesus richtig interpretiert hat. Er zeigte denen, die ihm folgten, den Weg, für das kommende Friedensreich mit den Waffen des Friedens zu kämpfen.

Es ist richtig, daß dies kein politisch geplanter Kampf ist. Der Erfolg liegt in Gottes Hand. Aber das bedeutet nicht, daß wir, wenn wir Jesu Geboten folgen, dabei den diesseitigen Erfolg nicht wollen sollen. Die Botschaft Jesu ist, daß wir nicht unserer Macht als Garantie des Erfolgs vertrauen sollen; daß Macht den Willen verzerrt. Dies ist in vielen seiner Gebote und Gleichnisreden deutlich. Erst in der nachkonstantinischen Kirche entsteht eine Situation der Christenheit, in der sie das Himmelreich jenseits der aktuellen Geschichte, den Lohn und die Strafe der Handlungen jenseits des Grabes erwarten muß, woraus dann im neuzeitlichen Christentum das Heil in der Innerlichkeit der Seele wird. Auch diese Gedanken können sich auf Worte Jesu berufen, aber gerade nicht auf die Unmittelbarkeit, in der er seine Jünger und die Menschen seiner Umwelt anredete.

Ich habe oben die Quäker als Beispiel dafür genannt, daß es auch im späteren Christentum möglich war, den Worten Jesu direkt zu folgen und dabei präzise begrenzte Ziele, z. B. den Frieden mit den Indianern in Pennsylvania, zu erreichen. In unserem Jahrhundert ist Mahatma Gandhi wohl das größte Beispiel. Den Zeitgenossen, die den Worten Jesu nicht folgen können, ist es befriedigend, darauf hinzuweisen, daß auch die Befreiung Indiens ein begrenztes Ziel war und daß zu den Erfolgsbedingungen die englische legale Staatsauffassung gehörte – dazu wohl auch, daß es für Großbritannien ökonomisch nicht mehr lohnend war, die politische Herrschaft in Indien aufrechtzuerhalten. Dies ist aber nur ein Einwand gegen die Verwechslung der Worte Jesu mit einem unfehlbaren Machtmittel. Und die Überwindung der Institution des Kriegs beginnt sich in unseren Tagen eben auch als ein präzises, begrenztes Ziel darzustellen.

Die Nennung Gandhis weist auf ein anderes Problem der unvollendeten Religion hin: die Vielfalt der Religionen. Ich habe diese Vielzahl oben mit Absicht geschildert. Es wäre illusionär zu meinen, die Religionen ließen sich heute »synkretistisch« in eine einzige »Weltreligion« zusammenfassen. Sie haben Anteil an der Vielzahl der Kulturen. Die Vielgestalt ist ein Reichtum der Menschheit. Die Frage ist heute nur, ob die Religionen angesichts ihrer traditionellen Gegensätze überhaupt imstande sein können, zu den gemeinsamen Problemen der Menschheit Lösungen beizutragen.

Ich versuche die Antwort: In der Ethik und in der inneren Erfahrung sind die großen Religionen grundsätzlich vereinbar; die Vereinbarkeit nähert sich der Identität auf den höchsten Stufen, nämlich in den reinsten Formen der Ethik und in der mystischen Erfahrung. Die Unterschiede sind vor allem kulturell bedingt; sie reichen von der Sozialordnung und den kultischen Riten bis zum Bildmaterial ekstatischer Visionen. Die unüberbrückbaren Gegensätze treten in der Selbstdeutung auf, in den Theologien, die jeweils unfehlbare Wahrheit für sich in Anspruch nehmen.

Gandhi ist ein Beispiel für das, was in unserem Jahrhundert schon möglich gewesen ist. Sein letztes Motiv ist ohne die indische Vorstellung vom Heil der Seele (*moksha*) nicht denkbar. Sein begrenztes Ziel, die Freiheit und Einheit Indiens, entstammt dem Repertoire westlicher politischer Ideale. Seine weltverwandelnde aktive Nächstenliebe hat er selbst mit dem in Zusammenhang gebracht, was er in England von christlichen Gemeinschaften gelernt hat. Von den Bewohnern seines Ashrams verlangte er neben strikter Gewaltlosigkeit und wenigen gemeinsamen religiösen Zeremonien nur, daß jeder die Vorschriften seiner eigenen Religion strikt befolge.

Wer die Beziehungen zwischen den Religionen beleben will, kann Gewinn davon haben, wenn er ihre Unterschiede als Funktionen ihrer kulturellen Situation bedenkt. Konfuzius, Zarathustra, jüdische vorexilistische Propheten, Platon, Aristoteles, neuzeitliche Calvinisten – alle denken unmittelbar politikbezogen. Alle nämlich haben den direkten Zugang zu den politischen Entscheidungszentren; ihre eigene Lebenssituation ist politisch. Hinduistische Weisheit, spätantike Gnosis und vielfach auch Philosophie, nachkonstantinisches Christentum denken viel mehr jenseits- oder innerlichkeitsbezogen. Sie alle leben in Gesellschaftsordnungen, die politisch zu ändern jenseits ihrer Reichweite liegt. Die heutige weltweite Kommunikation verändert diese sozialen Hintergründe. Ich war unlängst Zeuge eines Gesprächs zwischen einem indischen und einem amerikanischen Politikwissenschaftler. Der Amerikaner sprach von der Notwendigkeit tiefer Bewußtseinsbildung, der Inder von der Fürsorge für die Armen. Der Inder sagte dem Amerikaner: »Sie reden wie ein Hindu!« Darauf sagte ich dem Inder: »Sie reden wie ein Christ!« Beide nahmen das Lob an.

Wenn Religionen einander begegnen wollen, sollten sie nicht ihre Theologien vergleichen, sondern versuchen, gemeinsam Gutes zu tun. Sie werden staunen, was sie dabei über sich selbst lernen.

Ich wage nicht mehr vorherzusagen.

8. Mythos, Philosophie, Theologie, Wissenschaft

Gleichwohl sage ich zum Abschluß dieses Kapitels etwas über Theologie. Ich bringe es als meine subjektive Meinung vor, ohne Zustimmung zu erheischen.

Auch die Aufklärung ist unvollendet. Der unvollendeten Aufklärung kann die unvollendete Religion nur unglaubwürdig sein. Ich habe mich bis hierher über diese Kritik fast stillschweigend hinweggesetzt. Aber Ausdrücklichkeit ist nötig.

Die Aufklärung hat die drei »kulturellen Pointierungen« Moral, Theorie, Kunst nicht zur Einheit gebracht. Es scheint mir, daß ihre Bemühung in allen drei Feldern unvollendet ist. Am Ende des Dritten Kapitels meinte ich, selbstgerechte Moral werde böse, selbstgerechte Theorie werde unwahr, selbstgerechte Kunst werde wesenlos. Das Wort »selbstgerecht« habe ich dort nur für die Moral verwendet. Es ist aber in allen drei Fällen anwendbar, um eine »Pointierung« zu bezeichnen, die den breiten Boden der Wirklichkeit unter sich läßt.

Die *politische* Aufklärung hat einen wunderbaren moralischen Impuls entwickelt. Sie hat die Selbstgerechtigkeit der traditionellen Religion bloßgestellt. Das meine ich vor allem, wenn ich sage, sie habe die Stafette der christlichen Selbstkritik übernommen, und damit die Stafette der Weltveränderung. Aber indem sie ein Äußeres kritisiert, von dem sie sich selbst verschieden weiß, bleibt sie oder wird sie blind gegen ihr eigenes Machtmotiv.

Die *gedankliche* Aufklärung hat der Menschheit die größte intellektuelle Bereicherung ihrer bisherigen Geschichte gebracht. Nichts kann heute gedanklich ernstgenommen werden, das sich der Kritik des aufgeklärten Denkens entzieht. Aber was sich den Ja-Nein-Entscheidungen heutiger Wissenschaft bisher nicht gefügt hat, versinkt in das Dunkel des Nichtwissens. Wie lernen wir wahrzunehmen, was uns dadurch entgeht?

Die *Kunst* bietet der Welt der Aufklärung Wahrnehmung an. Aber indem die Gesellschaft die Kunst als einen ihrer Werte stilisiert, entzieht sie sich der schmerzhaften Kritik dieser Wahrnehmung.

Wir haben Kunst als eine Wahrnehmung von Gestalt durch Schaffung von Gestalt bezeichnet. Ebensolche Wahrnehmung durch Schaffung von Gestalt ist aber auch die Selbstdeutung der Religion im Mythos und, nach einem ersten Durchgang durch die gedankliche Arbeit früher Aufklärung, in der Theologie. Was lehrt uns diese Wahrnehmung?

Der *Mythos* vermittelt Wahrnehmung, indem er eine Geschichte erzählt. So erscheint er als eine Dichtung, als eine Art Kunst. Aber sein »geheiligter« Charakter, seine religiöse Würde, unterscheidet ihn von der »artistischen« Freiheit neuzeitlicher Kunst. Was nimmt er wahr?

Es gibt, schon im tierischen Verhalten, in jeder differenzierten Einzelwahrnehmung schon eine »Mitwahrnehmung des Ganzen«, eine *Orientiertheit*. Die Katze sieht nicht einfach eine Maus, sondern sie sieht in der Wiese, durch die sie selbst schleicht, eine unter den Gräsern huschende Maus. »Orientieren« heißt für den Reisenden, die Himmelsrichtungen durch den Ort des Sonnenaufgangs, den Orient (*oriri:* aufgehen) zu bestimmen. Diese Mitwahrnehmung des Ganzen bleibt meist unausdrücklich. Vernunft, als Wahrnehmung eines Ganzen definiert, macht diese Mitwahrnehmung ausdrücklich.

Der große religiöse Mythos ist eine Weise, uns im Ganzen des Lebens und der Welt zu orientieren. Mythos ist in diesem Sinne das älteste Organ der Vernunft. Der Babylonier ist orientiert in der Welt, die sein Reichsgott Marduk aus dem erschlagenen Leib der Urgöttin gebaut hat. Der Jude und später der Christ sind orientiert in der Welt, die der eine Gott geschaffen hat wie ein Gärtner seinen Garten.

Die Mythen sind vielgestaltig wie die Götter, von denen sie erzählen, wie die Situationen, in denen sie orientieren. Die großen religiösen Denker – so im Hinduismus, im Buddhismus, in der griechischen Philosophie – haben den

Gleichnischarakter dieser Erzählungen voll durchschaut. Sie haben von dem Ganzen, in dem wir uns befinden, in großen Abstraktionen gesprochen: dem Einen des Vedanta und des Platonismus, dem Leeren des Buddhismus. Ein klassischer islamischer Philosoph, ich glaube Al Khindi (ca. 800-870), soll gesagt haben: »Auf die Frage, ob der Koran von Gott geoffenbart ist, lautet die Antwort: Ja, er ist von Gott geoffenbart, um den Menschen, die die Philosophie nicht auffassen können, den Inhalt der Philosophie verständlich zu machen.«

Die griechische *Philosophie* ist *Aufklärung* durch das Machtmittel des *Logos*, der auf Wahr oder Falsch entscheidbaren Aussage. Sie thematisiert aber die Wahrnehmung des Ganzen gleichsam in einem »Mythos des Logos«. Den Aufstieg zu dieser Wahrnehmung erzählt Platon im Höhlengleichnis, das eine politisch-ethische, eine mathematisch-naturwissenschaftliche und eine meditativ-mystische Deutung zuläßt. Der Gott des Aristoteles* ist der ewige Geist, der die ewigen Formen des Geschehens weiß, er ist der unbewegte Beweger alles bewegten Seienden, er ist die einzige volle Wirklichkeit, der nichts bloß Mögliches noch aussteht.

Die christliche *Theologie* kommt wesentlich *nach* der griechischen Philosophie. Sie ist eine Rationalisierung der biblischen Erzählungen und der christlichen Erfahrung mit den Mitteln des philosophischen Logos. Sie nötigt sich selbst damit zu dem Anspruch, wahr und nicht falsch zu sein. Von den Mythen der anderen Religionen und von den Vernunfteinsichten der Philosophie unterscheidet sie die biblischen Aussagen als *Offenbarung* (*revelatio:* Entschleierung; *apokálypsis*: Enthüllung). Dieses Wort bezeichnet also sprachlich selbst eine Wahrnehmung, ermöglicht durch die von Gott geschaffene Gestalt der biblischen Aussage. Die dogmatischen Konzilsentscheidungen, die den Irrenden verurteilen, werden zu kirchen-

* Vgl. heute: G. Picht, *Aristoteles »De Anima«*, Stuttgart 1987; E. Rudolph, *Zeit und Gott bei Aristoteles*, Stuttgart 1986.

politischen Instrumenten: Einheit der Kirche durch Einheit der Lehre.

Das gedankliche Machtmittel der *neuzeitlichen Aufklärung* ist die *Wissenschaft*. Methodisch stützt sich die Wissenschaft in ihrem heutigen Selbstverständnis auf den Aufweis des Einzelnen, auf *Erfahrung*. Dieses methodische Prinzip kann, isoliert genommen, den großen Einheitsanspruch des Mythos, der Philosophie, der Theologie nicht aufrechterhalten. Die Wissenschaft kennt aber eine bescheidene Mitwahrnehmung eines Ganzen, durch das Mittel des *Begriffs*, ohne den es wissenschaftlich aussprechbare Erfahrung gar nicht geben könnte (Drittes Kapitel, 3,3). Für unsere jetzige Überlegung ist wesentlich, daß man die Wissenschaften, auf zwei etwas verschiedene Weisen, in zwei Gruppen einteilen kann. *Inhaltlich* kann man die *Naturwissenschaften* den *Geistes- und Sozialwissenschaften* gegenüberstellen. Diese Einteilung geht also von der Unterscheidung der Natur vom Menschen aus. Sie ist offensichtlich nicht scharf, denn der Mensch ist selbst ein Kind der Natur. Medizin ist weitgehend Naturwissenschaft vom Menschen, tierische Verhaltensforschung ist Sozialwissenschaft von Tieren. *Methodisch* unterscheidet man *Gesetzeswissenschaften* von *interpretierenden Wissenschaften*. Das schärfste Instrument der Gesetzeswissenschaft ist die *Mathematik*. Das Hilfsmittel der interpretierenden Wissenschaft ist das *Verstehen*, das der Mensch vom Menschen hat; man spricht hier auch von *Hermeneutik*, was wörtlich Dolmetscherkunst bedeutet. Roh gesprochen ist Naturwissenschaft der Gesetzesform fähig und bedürftig. Die Sozialwissenschaften, auf Verstehen aufruhend, eifern doch vielfach dem Ideal der Gesetzeswissenschaft nach. Geistes- oder Kulturwissenschaft ist ohne Verstehen (ohne Kommunikationsfähigkeit, um einen modernen Terminus zu gebrauchen) undenkbar. Diesen methodischen Unterschied meint man, wenn man im heutigen Englisch den deutschen Oberbegriff »Wissenschaft« gar nicht gebraucht, sondern von *science* und *humanities* (oder *arts*) spricht.

Beide Formen der Wissenschaft sind historisch der Religion kritisch gegenübergetreten. Die *Naturwissenschaft* hat im Gesetzesschema der klassischen Physik ein Bild von der Einheit der Natur entworfen, das – wie Laplace es gegenüber Napoleon ausdrückte – »die Hypothese ›Gott‹ nicht nötig hatte«. Man mußte dann den cartesischen Dualismus von Materie und Bewußtsein erfinden, um das Verstehen des Menschen durch den Menschen beschreiben zu können; in diesem Schema blieb eine Lücke für Gott, aber keine *wissenschaftliche* Nötigung, von dieser Lücke Gebrauch zu machen. Große Naturforscher haben wohl immer eine religiöse Ehrfurcht gegenüber der wunderbaren Ordnung der Naturgesetze gehabt. Sie erkannten sich wieder in dem Beitrag der Mathematik zur Sichtweise der klassischen Philosophie; Einstein bekannte sich zum »Gott Spinozas«. Aber gegenüber dem Christentum ist dies zum mindesten eine neue Religion; sei es »Pantheismus« oder aber die Reduktion des Schöpfergottes auf die Rolle des Ingenieurs, der einmal eine Maschine gebaut hat. Diese Auseinandersetzung hat in den Jahrhunderten der Neuzeit im Vordergrund des Verhältnisses von Religion und Aufklärung gestanden; sie erfüllt heute noch die populäre Polemik. Dies ist unvollendete Aufklärung angesichts unvollendeter Religion.

Genauere und eben darum zugleich tiefere und fruchtbarere Skepsis gegen die Religion haben die *Geistes- und Sozialwissenschaften* gebracht. Zunächst relativiert diese Art der Wissenschaft die traditionalistische Rechtfertigung spezieller Religionen. Die Glaubenssätze einer Religion sind nicht schon deshalb wahr, weil sie die Religion der Väter ist. Ich habe das schon als Schüler begriffen. Ich bin als Lutheraner aufgewachsen; rechtfertigt mich das, meine katholischen und jüdischen Mitschüler, die Hindus und Buddhisten Asiens, die Atheisten in Marxismus und Naturwissenschaft des Irrtums zu zeihen? Diese fast selbstverständliche Kritik bedroht freilich die traditionelle Kulturträgerschaft der Religion, die – wie die Regeln der überlieferten Sitte – wesentlich unerklärt galt. Und sie relativiert den speziellen theologischen Wahrheitsbegriff der westlichen Tradition (einschließlich des Islam), der auf theoretischen Ja-Nein-Entscheidungen beruht. Wozu haben wir eigentlich Ja und Nein zu sagen? Zum Alleinwahrheitsanspruch einer Religion, um alle anderen der Unwahrheit zeihen zu können?

Diese Skepsis dringt nicht nur tiefer als die des naturwissenschaftlichen Weltbildes, sie ist auch sehr viel fruchtbarer. Die interpretierende Geisteswissenschaft, die Analyse sozialer Situationen schließt uns den Reichtum und die Tiefe religiöser Texte und Traditionen erst auf. Wenn ich es noch einmal in meiner persönlichen Erfahrung sagen darf: Der Reichtum des Alten Testaments erschloß sich mir, als ich im Studentenalter die Bibel durchlas und später die alttestamentliche Wissenschaft kennenlernte, und dabei die Texte in ihre jeweilige historische, ferne, aber einfühlbar mitmenschliche Situation einzubetten lernte. Etwas mühsamer, weil mehr gehemmt durch das Bedürfnis christlicher Theologen, hier denn doch die absolute Wahrheit zu finden, gelang mir dies dann auch im Neuen Testament. Meine beiden hier abgedruckten Bibelarbeiten sind ein Dank, den ich der Bibelwissenschaft für diese befreiende Belehrung abstatte.

Wie nehmen wir dieses Geschenk auf? Hier wird es theologisch entscheidend, daß die großen Wahrheiten der Religionen keine theoretischen Urteile im Sinne der Logik sind. Der Mythos entspricht einem pragmatischen Wahrheitsbegriff: er orientiert uns so, daß wir zu handeln vermögen. Aus den Reden Jesu spricht dieses Verständnis von Wahrheit: »An ihren Früchten sollt ihr sie erkennen« (*Matthäus 8,16*), und noch in der Theologie des Johannes-Evangeliums: »Wenn ihr bleiben werdet an meiner Rede ... so werdet ihr die Wahrheit erkennen und die Wahrheit wird euch freimachen« (*Johannes 8,31-32*). »An meiner Rede bleiben« heißt hier »tun, was ich euch gesagt habe«. Erkennen durch Tun: das ist im ethischen Bereich das Wahrnehmen von Gestalt durch Hervorbringen von Gestalt. Wir sollen die Religionen an ihren Früchten erkennen. Und wir haben diese Früchte nicht nach den Normen zu beurteilen, die wir unerklärt aus unserer eigenen religiösen oder aufklärerischen Tradition übernehmen. Auch hier ist Verstehen gefordert. Wie sollen wir sonst zusammenleben?

Wir kehren noch einmal zur Naturwissenschaft zurück. Einen großen, philosophisch noch nicht zureichend verarbeiteten Schritt hat die *Physik unseres Jahrhunderts* getan. Ich gebe hier meinen persönlichen Eindruck von diesem meinem eigentlichen Arbeitsgebiet.* Im Rahmen der *Quantentheorie* wird der cartesische Dualismus von Bewußtsein und Materie überflüssig. Die Quantentheorie wäre mit einem »spiritualistischen Monismus« vereinbar, der eine einzige Wirklichkeit anerkennt und diese, der klassischen europäischen Philosophie folgend, »Geist« nennt. Hegel drückt diesen Gedanken abstrakt in dem Satz aus: »Die Substanz ist wesentlich Subjekt«, Schelling in dem Satz: »Die Natur ist der Geist, der sich nicht als Geist kennt.« Die Quantentheorie würde auch einer buddhistischen Interpretation keinerlei Widerstand entgegensetzen. Nach der Quantentheorie ist die Zerlegung der Welt in getrennte Objekte nur eine Näherung. Diese Näherung ist die Voraussetzung des begrifflichen Denkens, aber strenggenommen ist sie falsch. Die Wirklichkeit ist nicht eine vorgefertigte Maschine.

Es wäre voreilig, diese Denkmöglichkeiten alsbald mit den Bildern überlieferter Theologie gleichzusetzen. Ein längerer Weg liegt vor uns. Aber ein offener Weg.**

* In *Aufbau der Physik*, München [2]1986, Kap. 11-14.

** In einem zukünftigen Buch, *Zeit und Wissen*, hoffe ich, hierauf etwas näher einzugehen.

Fünftes Kapitel
Denk ich an Deutschland . . .

1. Eine Nation in Europa

Haben wir eine Zukunft?

Das »wir« in dieser unserer Ausgangsfrage meint die ganze heutige *Menschheit*. Die vier Bereiche, in denen wir die Frage verfolgt haben – Wirtschaft, Natur, Frieden, Bewußtsein –, sind heute weltweit geprägt durch die Konsequenzen der Kultur *Europas*. Wenn unsere Zukunft so von unserer Herkunft mitbestimmt ist, so müssen wir versuchen, etwas von der *Geschichte* Europas zu verstehen. Die vier Bereiche bezeichnen umfassende, übergreifende Fragestellungen. Die konkrete Geschichte Europas ist aber weitgehend eine Geschichte der *Nationen*. Der Reichtum Europas liegt in seiner Vielfalt. Es ist unmöglich, die Vielfalt der europäischen Nationen in diesem Buch darzustellen. Wir beschränken uns auf die eine Nation, in deren Sprache und für deren Bewußtsein dieses Buch zunächst geschrieben ist, auf *Deutschland*.

Europa ist älter als seine Nationen. Die griechische Kultur, das Römische Reich, die christliche Religion waren vorher da (Zweites Kapitel, 4). Das katholische Europa des Mittelalters, politisch eine unübersehbare Fülle nur locker zusammengehaltener regionaler Gesellschaften, hatte zugleich eine übergreifende geistige und kulturelle Einheit. Eine gotische Kirche in Polen wirkt auf den heutigen Beschauer nicht anders als eine gotische Kirche in Portugal. Anselm, der Erzbischof von Canterbury wurde, war Italiener; Thomas von Aquin, italienisch-staufischer Herkunft, lernte in Köln, lehrte in Paris; Duns, nach seiner schottischen Heimat Scotus genannt, lehrte in Oxford und Paris, starb in Köln.

Die Polarisation Europas in *Nationen* war ein langsam fortschreitender Prozeß. Zuerst war sie vor allem ein Werk königlicher Machtkonsolidierung.* Die Solidarität des

* Jean d'Ormesson, *Au plaisir de Dieu*, Paris 1974, S. 19, zitiert die drei Autoritäten einer adligen französischen Familie im 19. Jahrhun-

Volkes war zuerst eher Anhänglichkeit an regionale Fürsten; oder sie war republikanisch wie in Städten und im Schweizer Freiheitskampf gegen Habsburg; oder eine Nation fand sich in einer Aufwallung um eine religiöse Identifikationsfigur wie Jeanne d'Arc oder Martin Luther. Die Funktionseinheit des Fürstenstaats schuf dann im späteren Mittelalter und in der Neuzeit Bedingungen für Handel und Industrie; deren Träger, die Bürger, wurden die Stütze des Nationalgefühls. Der Adel blieb europäisch. Der Savoyer Prinz Eugen, in Paris erfolglos, nahm Dienst beim Kaiser in Wien. An der königlichen Tafel in Potsdam sprach man um 1770 französisch, an der in Kopenhagen deutsch. Der Nationalismus des 19. Jahrhunderts war ein Werk der bürgerlichen Revolution. Auf dem europäischen Kontinent blieb er bis zur Mitte des Jahrhunderts innenpolitisch »links«, im Habsburgerreich bis 1918. Heute ist im »passiven Bewußtseinswandel« die Überwindung der nationalen Gegensätze in Europa weit fortgeschritten; niemand redet z. B. mehr von einer Erbfeindschaft zwischen Frankreich und Deutschland. Die jetzt fällige politische Einigung hat es bisher, in der Situation »zwischen den Weltmächten« (Zweites Kapitel, 4), nur zu zwei Bündnissystemen gebracht, in denen im Westen die Entscheidungsbefugnis der nationalen Regierungen ungebrochen ist, im Osten jede der Nationen wenigstens ihr Identitätsbewußtsein unverrückbar, oft verzweifelt festhält. Europa ist weiterhin ein Europa der Nationen.

Wie steht *Deutschland* in der europäischen Geschichte? Deutschland als politisches Gebilde ist das Produkt der karolingischen Erbteilung im Frankenreich des 9. Jahrhunderts. Die ostfränkische Reichshälfte hatte die germanische Volkssprache, die dann Deutsch hieß; die westfränkische Reichshälfte sprach mehrheitlich einen Abkömmling des Lateinischen, der als *français* den Namen der fränkischen

dert: Gott, den König, den Namen der Familie. Ja, und es gab noch etwas Späteres, Viertes: *La France*; aber dies, Frankreich, war ja nur ein Werk des Königs.

Herrscher erbte. Das Frankenreich war die größte und stabilste der germanischen Herrschaften, die sich auf dem Boden des Weströmischen Reichs etabliert hatten. Mit der Kaiserkrönung Karls des Großen (800) übernahm das fränkische Königtum den universalen (d. h. de facto europäischen) Anspruch Roms. Der Unterschied der späteren politischen Entwicklung Frankreichs und Deutschlands wurde wesentlich dadurch mitbestimmt, daß die Kaiserkrone bei den Deutschen verblieb. Nun verzehrten die sächsischen, salischen, staufischen Kaiser ihre Macht, um den universalistischen Anspruch durchzuhalten, der sich als die sichtbare Einheit, die Friedensordnung der Christenheit verstand. Sie scheiterten schließlich, wenigstens vordergründig, am universalistischen Gegenanspruch der Päpste. Unterdessen hatte das französische Königtum Spielraum, den vielleicht ersten vollen Nationalstaat in Europa herauszubilden. Jahrhunderte später gab es in Europa viele nationale Königreiche. Neben Frankreich gab es Spanien und Portugal, England und Schottland, Dänemark, Norwegen und Schweden, Polen und Ungarn. Ein »Königreich Deutschland« gab es faktisch nicht. Es gab »das Reich«, dessen Herrscher, »der Kaiser«, den Titel des deutschen Königs trug, aber ohne die reale Territorialherrschaft, welche die anderen Könige aufzubauen vermocht hatten; die Erblande der Familie des Kaisers waren die Basis seiner Macht. Tatsächlich sind beide Universalismen, der des Kaisers und der des Papstes, an den neuen Nationalherrschaften gescheitert.

Ich habe versucht*, diese Entwicklung durch den Konflikt dreier Prinzipien zu beschreiben, die ich Natur, Christentum und Realität genannt habe. *Natur* ist hier die überkommene germanische Adelswelt. *Christentum* ist die unvollendete Religion, deren radikale Ethik in jedem Jahrhundert aufs neue die herrscherlichen Kompromisse an-

* »Versuch einer Geschichtskonstruktion (1945)« in *Wahrnehmung der Neuzeit*, München [4]1983, abgedruckt. Vgl. auch *Die Tragweite der Wissenschaft*, Stuttgart 1964, 5. Vorlesung, S. 91-95.

greift. *Realität* ist die Sphäre des rationalen Wissens und der Macht, also derjenige Aspekt der Wirklichkeit, in dem die abendländische Neuzeit ihre Herrschaft errichtet. Das Christentum erschüttert die Natur, aber die Realität bleibt in der bisherigen Geschichte der Sieger. Den Erwerb der Herrschaft über die Realität, durch Territorialstaat und Fernhandel, durch Technik und Naturwissenschaft, durch Imperien und Weltmarkt, kann man einen *Titanismus* nennen, nach den Titanen, die im griechischen Mythos den Olymp stürmen wollten.* Auch der neuzeitliche Titanismus ist unvollendet. Ist er vollendbar? Oder führt er zum Sturz der Titanen?

Deutschland blieb hinter dem Wachstum der europäischen Realität politisch und zeitenweise auch kulturell zurück. Kulturell war einige Jahrhunderte lang Italien führend. »In Florenz hat man die Neuzeit erfunden.« Die Erschließung der Seewege nach Asien und Amerika – eine technische Leistung – verlegte das ökonomische Schwergewicht und damit die Chancen politischen und kulturellen Wachstums nach Westeuropa. Die Selbstzerfleischung im Dreißigjährigen Krieg, ein später Pyrrhussieg des kaiserlichen und päpstlichen Universalismus, ließ Deutschland um rund hundert Jahre hinter dem reichen, modernen, aufgeklärten Westeuropa zurückbleiben. Die veraltete politische Gestalt des Reichs endete formal erst 1806.

Aber die von der Macht abgeschnittenen, in Kleinstaaten gefesselten Deutschen blieben geistig mit den Vorgängen in Italien und dann im Westen innig verbunden. Man kann sagen, daß sie, auf den Bereich des Gefühls, des Denkens, der Phantasie verwiesen, begannen, den Titanismus zu denken, den die anderen Europäer praktisch vollzogen. Luther, ein Titan religiöser Erfahrung, erschütterte durch die Macht des Worts die Christenheit. Und seit 1770 haben Deutsche, von Kant, Lessing und Herder über Fichte bis Schelling und Hegel das Doppelproblem der

* Vgl. »Der deutsche Titanismus (1978)« in *Wahrnehmung der Neuzeit*, München [4]1983, S. 19-32.

unvollendeten Religion und der unvollendeten Aufklärung mit einer Intensität durchdacht, die es im übrigen Europa nicht gab. Der junge Goethe gab dem Titanismus die Symbolfiguren Prometheus und Faust. Schiller und Beethoven gestalteten das Freiheitspathos. Als dann der »Deutsche Idealismus« versank, haben Marx und später Nietzsche das Machtproblem ihres Jahrhunderts in welthistorischer Perspektive zum Thema gemacht.

Was wurde in diesem geistigen Prozeß der Deutschen gedacht?* Betrachten wir zunächst die größte Phase, etwa 1770 bis 1830, von Kant bis Hegel. Sie hatte einen dreifach universalistischen Hintergrund. Politisch hatten die Deutschen am längsten in der Tradition des Universalismus gelebt. Religiös war Deutschland durch die einmalige Erscheinung Luthers geprägt; auch Luthers Anliegen war universal. Schließlich war für alle Träger der deutschen geistigen Bewegung seit Kant und Lessing die religiöse Aufklärung längst vollzogen. Das Anliegen der deutschen Denker war nun aber nicht, die Religion zu überwinden, sondern ihre Wahrheit frei von traditionellem Ballast, also eben universal, zu verstehen. Die historische Religion ist unvollendet. Lessing drückt diese Auffassung klar aus im § 1 seiner *Erziehung des Menschengeschlechts* (1777): »Was die Erziehung bei dem einzelnen Menschen ist, ist die Offenbarung bei dem ganzen Menschengeschlechte.« Wahrheit ist das Ziel der Aufklärung. Wenn Religion durch Verstehen ihrer Wahrheit vollendet wird, so vollendet sich damit zugleich die Aufklärung. Aufklärung war nun stets mit dem Pathos der Freiheit verbunden. Freiheit aber soll hier nicht die Willkür privater Ansichten und partikularer Interessen bedeuten, sondern, kantisch gesagt, die freie Anerkennung des Gesetzes der Vernunft, das dieselbe Freiheit aller Mitmenschen verbürgt.

Hiermit ist nun offenbar gefordert, auch die politische Bewegung der europäischen Aufklärung zunächst gedank-

* Vgl. »Zur Beurteilung des deutschen Geistes (1945)« in *Wahrnehmung der Neuzeit*, München [4]1983, S. 238-273.

lich zu vollenden. Unausweichlich stellt sich der deutschen geistigen Bewegung die Aufgabe einer Geschichtsphilosophie, die den Bewußtseinswandel ausdrücklich denkt, welcher von der vergangenen Geschichte in die notwendigen Ziele der Zukunft führt. Alle oben Genannten denken, in je verschiedener Weise, geschichtsphilosophisch; auch Goethe in der Metamorphosenlehre, auch Beethoven im Schlußchor der 9. Symphonie. Das vielleicht schönste Dokument ist Kants Schrift *Zum ewigen Frieden* (1795), das historisch wirksamste ist Hegels System.

Wird, in einer europäisch-klassisch gebildeten Nationalkultur, Philosophie so ernst genommen, wie es hier geschah, so wird noch eine andere religiöse Entdeckung möglich. Philosophie ist ihrer Herkunft nach griechische Philosophie, und diese wurde im vorigen Kapitel als eine der Religionen beschrieben. Sie wurzelt in der Religion des griechischen Volks und der griechischen Dichtung und Plastik. Diese Religion haben die Deutschen der Zeit von Winckelmann, Goethe und Hölderlin *als* Religion wiederentdeckt. Sie haben sie nicht bloß gelehrt beschrieben, sondern mit dem Herzen ergriffen. Das aber ist ein religionsgeschichtlich wichtiger Augenblick. Man braucht also nicht christlich zu glauben, um fromm zu sein. Vielleicht, so fühlt man nun, haben die Griechen die göttliche Wirklichkeit besser gekannt, heißer geliebt, tiefer verehrt, als es die christliche Kirche tat. Es gibt nicht nur den einen, eifersüchtigen Gott. Es gibt die Fülle der Wirklichkeit, es gibt die Natur, es gibt – so sahen es die Griechen – Götter. Dieser Vorgang führt einerseits in eine deutsche Empfindungstradition. Von Goethe und Hölderlin bis zur bürgerlichen Jugendbewegung der ersten drei Jahrzehnte unseres Jahrhunderts gab es in der deutschen Bildungsschicht heidnische Frömmigkeit als Erlebnis. Andererseits ist der Vorgang ein Teil der Entdeckung der außerchristlichen Religionen in der europäischen Geisteswissenschaft. Schon für Goethe öffnete Hammer-Purgstall den Islam. Der Deutsche Max Müller, später in Oxford wirkend, ist der große Name der europäischen Indologie. In der Entdeckung der germanisch-vorchristlichen Religion verflechten sich, national getönt, beide Motive. Wagner bringt den Deutschen den germanischen Mythos als Interpretation ihres eigenen Bewußtseins. C. G. Jung berichtet später, seine deutschen Patienten stellten ihre Probleme dar, indem sie von Wotan träumten.

Um 1830 herum, etwa durch den Tod Hegels und Goethes markiert, trat aber ein Bruch im deutschen Geistesleben ein, der nicht mehr heilen sollte. Die Träger der Namen, die ich aus den sechzig Jahren zwischen 1770 und 1830 genannt habe, wurden von ihren Zeitgenossen als die Sprecher ihrer Nation und ihrer Zeit verstanden. Nun folgen Kritiken, in zwei entgegengesetzten Richtungen.

Die eine Kritik besagt, daß die geistig geforderte Veränderung politisch nicht vollzogen wurde. Hölderlin nennt, noch in der Ära der Französischen Revolution, die Deutschen »tatenarm und gedankenvoll«. Das ist noch hoffnungsvoll: »Oder kommt, wie der Blitz aus dem Gewölke kommt, aus Gedanken die Tat?« Dreißig Jahre später, in der Metternich-Ära, ist klar, daß die Deutschen keine Revolution erlebt haben; und es wird, trotz 1918, bis 1933 so bleiben. Wir werden uns nachher einem dieser Kritiker, Heine, näher zuwenden. Ein anderer, politisch radikaler, Kritiker ist Marx. Er begegnete in Frankreich – wie Heine – der Modernität, in England der ökonomischen Realität seines Jahrhunderts. Aber seine singuläre Stellung in der europäischen sozialistischen Bewegung verdankt Marx seinem Hegelschen Erbe, dem deutschen Universalismus seines Ansatzes. Deutschland freilich hat ihn nie wirklich akzeptiert. Als die deutsche Sozialdemokratie nach 1918 zur Teilhabe an der Macht gelangte, war sie nicht mehr revolutionär, sondern revisionistisch. Freilich hat die »zweite«, die proletarische Revolution, die Marx erwartete, auch in keinem westlichen Lande stattgefunden. Und in Rußland gab es 1917 einen Staatsstreich sozialistischer Kader, der zuletzt eine neue Klassenherrschaft hinterließ; die bürgerliche Revolution steht dort noch aus. Die universalistische Marxsche Ideenwelt aber bewegt heute, umstritten und lebendig, zwei Drittel der Menschheit.

Die andere Kritik betrifft nicht die mangelnde Verwirklichung, sondern die vordergründige Hoffnung selbst, die neuzeitliche Hoffnung, Aufklärung, vielleicht Religion, gewiß politische Freiheit zu vollenden. Als Namen wären hier zu nennen Schopenhauer, der geistig deutsch geprägte Kierkegaard, später Nietzsche.* Sie stoßen in einen seelischen Bereich vor, der der Aufklärungshoffnung fremd und unzugänglich ist. Sie mußten sich in ihrer Zeit als unverstandene Propheten fühlen. Schopenhauer fand spät im deutschen Bürgertum Resonanz, Kierkegaard in der Theologie des 20. Jahrhunderts. Nietzsches Denken wurde zu einem Sauerteig der bürgerlichen und künstlerischen Zeitkritik unseres Jahrhunderts.

Alle diese Kritiker sprachen nicht im Namen der Mehrheit der Nation. Diese wandte sich zur bürgerlichen politischen Bewußtseinsstufe ihrer Zeit, zum Nationalismus. George F. Kennan hat darüber wohl das beste gesagt: »Ich erwog die Rolle des Nationalismus im Leben und Handeln der Deutschen. Im großen und ganzen schien es mir, als ob nur diejenigen Völker mit dem emotionalen Druck nationaler Instinkte fertig geworden wären, die schon in der dynastischen Ära nationale Einheit gekannt hatten, also vor den Napoleonischen Kriegen . . . Auf die anderen, denen der Sinn für nationale Einheit erst später aufgegangen war, hatte das Nationalgefühl berauschend gewirkt wie junger Wein.«** Der deutsche Nationalismus wurde schließlich extrem, gerade weil er dem überlieferten deutschen Universalismus fremd war, jung und labil, eine Übertäubung politischer Minderwertigkeitskomplexe. Das »Volk der Dichter und Denker« tat nicht, was diese gedichtet und gedacht hatten, sondern führte sie nur noch gleichsam im Wappen.

* »Nietzsche« in *Wahrnehmung der Neuzeit*, München [4]1983, S. 70-105.

** *Memoiren eines Diplomaten*, Boston 1967, dt. Frankfurt/Main 1968, S. 416.

Gleichzeitig wurde die deutsche Nation für ein Jahrhundert die stärkste auf dem europäischen Kontinent. Sie dankte dies der nationalen Einigung, welche ihrer Effizienz in Schule und Wissenschaft, in Verwaltung und Militär, in Technik und Industrie freie Bahn bereitete. Es war, so wird man rückblickend sagen müssen, das Unglück des fortdauernd konservativen Deutschland, daß es diese Einigung nicht durch die liberale Bewegung von 1848 erreichte, sondern durch die militärischen Siege Bismarcks. Bismarck selbst war freilich nicht vom Nationalismus betrunken, auch wenn er dessen Hoffnungen erfüllte. Bismarcks Sorge ging von Anfang an und bis zu seinem Lebensende darum, ein stabiles System der Mächte in Europa herzustellen.*

Etwa seit 1900 trat überall ein Europa eine Krisenempfindung hervor, vielleicht am deutlichsten ablesbar am empfindlichsten Seismographen, der Kunst. Hieran hatte das geistige Deutschland Anteil, so wie ich es in den zwanziger Jahren noch selbst als junger Mensch kennengelernt habe. Hier verachtete man den flachen Nationalismus und seinen Fortschrittsglauben. Aber es gab im kulturellen Deutschland einen abgründigeren Nationalismus: die Erwartung, gerade Deutschland mit seiner, wie man empfand, tieferen geistigen Tradition sei berufen, diese Krise zu erkennen und zu überwinden.

Hieran müssen wir im 5. Abschnitt anknüpfen. Als Abschnitte 2 bis 4 füge ich zunächst drei ältere Texte ein.

* Dazu G. F. Kennan, *Bismarcks europäisches System in der Auflösung. Die französisch-russische Annäherung 1875-1890*, Princeton 1979, dt. Berlin 1981.

2. Heine und die Krise der Gegenwart*

Denk ich an Deutschland in der Nacht,
dann bin ich um den Schlaf gebracht.

Denke ich an Heine, so fallen mir zuerst seine Verse ein. Der scheinbar mühelose Fluß dieser Verse von kunstvollster Faktur redet mich unmittelbar an, redet von Leiden und Leidenschaft, Gebrochenheit und Glück, schwingend zwischen starkem Gefühl, ein wenig Sentimentalität und blitzendem Witz; die schmeichelnden, klagenden, scherzenden Verse sind am Ende tödliche Dolche. Ich habe eingangs die Doppelzeile zitiert, die ihm seit hundertvierzig Jahren die Herzen deutscher kritischer Intellektueller gewonnen hat. Ebenso aber hat er mit »Ich weiß nicht, was soll es bedeuten«, dem Volkslied des 19. Jahrhunderts, die Herzen der einfachen Menschen jenes Jahrhunderts erreicht, weil er – mag es uns nun gefallen oder nicht – die Sprache ihrer Sehnsüchte sprach. Es gibt eine schöne Studie von Ernst Beutler, die zeigt, wie er aus dem von Brentano intellektuell frei erfundenen Loreley-Mythos durch goethesches Parlando und klassische Vereinfachung ein vollkommenes Gedicht gemacht hat.

Und es sei mir erlaubt, das Satyrspiel vor die Tragödie zu setzen und Sie einmal teilhaben zu lassen an meinem Amusement über Heine, wenn er, sei es auch mit Hintersinn, scherzt. Ich wähle drei seiner sieben *Schöpfungslieder*.

* Rede in Düsseldorf 1984. Abgedruckt im *Heine-Jahrbuch 1985*, 24. Jahrgang, hrsg. v. J. A. Kruse, Hamburg 1985. Redaktionelle Änderungen gegenüber dem dortigen Text: Ich habe die einleitenden, situationsgebundenen Bemerkungen fortgelassen. Das Zitat über den deutschen Donner bringe ich hier ausführlicher als im Vortrag. Den größeren Teil der zweiten Hälfte des Vortrags, über die Krise der Gegenwart, habe ich fortgelassen, weil dasselbe im jetzigen Buch breit ausgeführt ist.

I.

Im Beginn schuf Gott die Sonne,
Dann die nächtlichen Gestirne;
Hierauf schuf er auch die Ochsen,
Aus dem Schweiße seiner Stirne.

Später schuf er wilde Bestien,
Löwen mit den grimmen Tatzen;
Nach des Löwen Ebenbilde
Schuf er hübsche kleine Katzen.

Zur Bevölkerung der Wildnis
Ward hernach der Mensch erschaffen;
Nach des Menschen holdem Bildnis
Schuf er intressante Affen.

Satan sah dem zu und lachte:
Ei, der Herr kopiert sich selber!
Nach dem Bilde seiner Ochsen
Macht er noch am Ende Kälber!

III. (Gott spricht):

Ich hab mir zu Ruhm und Preis erschaffen
Die Menschen, Löwen, Ochsen, Sonne;
Doch Sterne, Kälber, Katzen, Affen,
Erschuf ich zu meiner eigenen Wonne.

IV.

Kaum hab ich die Welt zu schaffen begonnen,
In einer Woche wars abgetan.
Doch hatt ich vorher tief ausgesonnen
Jahrtausend lang den Schöpfungsplan.

Das Schaffen selbst ist eitel Bewegung,
Das stümpert sich leicht in kurzer Frist;
Jedoch der Plan, die Überlegung,
Das zeigt erst wer ein Künstler ist.

Ich hab allein dreihundert Jahre
Tagtäglich darüber nachgedacht,
Wie man am besten Doctores Juris
Und gar die kleinen Flöhe macht.

Heine selbst war Doctor Juris.

Lassen Sie mich nun den Ton wechseln und den Horizont erweitern. Heine war ein Augenzeuge und ein Sprecher der Neuzeit, zumal des deutschen und des französischen 19. Jahrhunderts. Welche Wahrnehmung spricht sich in seiner Rede aus? Wer ist jeweils der dichterische Sprecher einer Zeit?

Ich setze noch einmal bei seiner Sprache an. Wer hat vor Heine in Deutschland so in lyrisch klingendem Fluß der Rede gedichtet? Im 18. Jahrhundert der junge Goethe. Im 17. Jahrhundert, so scheint mir, Paul Gerhardt. Aber welche Welten trennen die Gehalte der drei! Gerhardt: »Geh aus, mein Herz, und suche Freud« und »O Haupt voll Blut und Wunden«; die Herrlichkeit der Schöpfung, die zum Schöpfer selbst zurückführt, die Erlösung, die uns geschenkt wird, wenn wir am Leiden des Erlösers teilhaben und die Schuld auf uns nehmen – »ich hab es selbst verschuldet, was du getragen hast« – so gedichtet inmitten einer Welt der Schrecken und des Entsetzens. Goethe: »Es schlug mein Herz, geschwind zu Pferde«; die schönsten Naturschilderungen sind im Liebesgedicht, das Schönste im Liebesgedicht aber ist, zu hören, wie das Herz des Dichters am Herzen der Natur schlägt; Natur als das ewig Weibliche; gedichtet in der Welt bürgerlichen Aufblühens. Heine: die Selbstironie des späten Romantikers, der schneidende Sarkasmus des Aufklärers sowohl gegen die Reaktion wie gegen dumme und böse Gesinnungsgenossen im Fortschrittsglauben; ein stolzes, gebrochenes Gemüt und eine auf keine Partei verrechenbare geniale Wahrnehmung. Was also hat er wahrgenommen?

Denk ich an Deutschland in der Nacht . . .

Heine war Deutscher. Gerade in der leidenden Distanz, als Jude und später in der französischen Emigration, war er bewußter, reflektierter ein Deutscher als die meisten seiner deutschen Zeitgenossen. Was aber war Deutschland?

Im 19. Jahrhundert sind, zeitlich z. T. überlappend, drei Gestalten Deutschlands aufeinander gefolgt. Das erste sind die etwa sechzig Jahre von 1770 bis 1830, der einmalige, außerordentliche Beitrag Deutschlands zur europäischen Kultur, das Deutschland Kants und Lessings, Goethes, Hegels und der Romantiker. Das zweite ist, unter der Decke der Restauration, die große politische Hoffnung von den Befreiungskriegen bis zur Paulskirche; die Zeit, als die Konservativen noch europäisch, die Nationalen noch links waren. Das dritte sind die knapp fünfzig Jahre des Reichs von Bismarck und von Krupp oder Siemens; als das Militär, das die Hoffnung der nationalen Einheit verwirklicht hatte, einmalig in der gesamtdeutschen Geschichte, eine überzogene soziale Position einnahm und als Deutschland zugleich, unter der Führung des nationalliberalen Bürgertums, zum Rang einer der drei größten Industriemächte der Welt aufstieg.

Heine hatte mit dem dritten Deutschland schlechthin nichts zu tun; dessen preußischen Vorläufer hat er gehaßt; aber viele deutsche Bürger der Bismarck-Ära lasen ihn mit Genuß. Heine war einer der glanzvollsten Sprecher des zweiten Deutschland; als solcher war er, politisch gesehen, ein linker Europäer. Aber seine Wurzeln sind, z. T. in der Form des geistigen Vaterkonflikts, im ersten Deutschland. Heine war viel zu bedeutend, um nicht mit dem ersten Deutschland lebenslang zu ringen. Erlauben Sie mir ein paar Zitate aus den zwei größten Zeugnissen dieses Ringens, den Schriften seiner mittleren Zeit, *Die romantische Schule* und *Zur Geschichte der Religion und Philosophie in Deutschland*, beide in Frankreich, zunächst für französische Leser, geschrieben.

Zuerst der Vaterkonflikt mit Goethe. Heine, der Sprecher des Jungen Deutschland, kritisiert den alten Goethe, im Sinne jener Strophe *An einen ehemaligen Goetheaner*:

Hast du wirklich dich erhoben
Aus dem müßig kalten Dunstkreis,
Womit einst der kluge Kunstgreis
Dich von Weimar aus umwoben?

Zur Tat, so will Heine, soll das Dichterwort aufrufen; Goethe aber hat die Deutschen in die marmorne Unbeweglichkeit der Kunst gebannt. »Die Tat ist das Kind des Wortes, und die Goetheschen schönen Worte sind kinderlos.«

Dieser Gegensatz war unvermeidlich, gerade weil auch Goethe bewußt politisch dachte: er erwartete das Unheil von eben der Revolution, von der Heine das Heil erhoffte. In ihrem Gegensatz stellen die beiden Dichter die Krise der Neuzeit dar. Aber, wie immer bei Heine, bleibt es nicht bei den Eindeutigkeiten des Parteistreits. Heine sieht die fragwürdigen Motive der Gegner Goethes. Und nun die grandiose Wendung: »Nur von einer Person kenne ich dieses Motiv ganz genau, und da ich dieses selber bin, so will ich jetzt ehrlich gestehen: es war der Neid.« Und danach folgt auf acht Druckseiten der Hymnus des großen Dichters auf einen größeren Dichter. Am Ende vergleicht er den Pantheisten Goethe mit Jupiter, in scherzender Sprache, die alleine es Heine erlaubt, seine tiefen Gefühle auszusprechen. ». . . seine Augen waren ruhig wie die eines Gottes . . . Und als ich ihn endlich sah, sagte ich ihm, daß die sächsischen Pflaumen sehr gut schmeckten. Und Goethe lächelte. Er lächelte mit denselben Lippen, womit er einst die schöne Leda, die Europa, die Danae, die Semele und so manche andere Prinzessinnen oder auch gewöhnliche Nymphen geküßt hatte« (*Die romantische Schule I*).

Die deutsche Philosophie von Kant bis Hegel sieht Heine in Parallele zur Französischen Revolution. Die Franzosen haben mit der Tat angefangen, die Deutschen, langsamer und entscheidender, mit dem Gedanken. Kant ist ihm der Zerstörer des Deismus, des Glaubens an einen persönlichen Gott. Heine vergleicht den Pedanten Kant mit dem Pedanten Robespierre. »Im höchsten Grade jedoch zeigt sich in beiden der Typus des Spießbürgertums – die Natur hatte sie bestimmt, Kaffee und Zucker zu wiegen, aber das Schicksal wollte, daß sie andere Dinge abwögen, und legte dem Einen einen König und dem Anderen einen Gott auf die Waagschale ...

Und sie gaben das richtige Gewicht!«

Heine selbst versteht sich damals als Pantheist, aber er erklärt: »Alles ist nicht Gott, sondern Gott ist Alles; Gott manifestiert sich nicht in gleichem Maße in allen Dingen ... jedes Ding trägt in sich den Drang, einen höheren Grad der Göttlichkeit zu erlangen« (*Romantische Schule I*). Und nach Kant? »Man bringt die Sakramente einem sterbenden Gott«, dem Gott des naturverneinenden Christentums. Dieser Gott war nötig gewesen, um die antike Wildheit der Natur zu zähmen; jetzt ist seine Aufgabe erfüllt. Aber das späte Vorwort zur zweiten Auflage der *Religion und Philosophie in Deutschland* bekundet Heines Weg zurück in die jüdische Heimat, es bekundet die Herrlichkeit der Bibel. »Es stehen überhaupt noch viel schöne und merkwürdige Erzählungen in der Bibel, ... z. B. gleich im Anfang die Geschichte von dem verbotenen Baume im Paradiese und von der Schlange, der kleinen Privatdozentin, die schon sechstausend Jahre vor Hegels Geburt die ganze Hegelsche Philosophie vortrug. Dieser Blaustrumpf ohne Füße zeigt sehr scharfsinnig, wie das Absolute in der Identität von Sein und Wissen besteht, wie der Mensch zum Gotte werde durch die Erkenntnis, oder was dasselbe ist, wie Gott im Menschen zum Bewußtsein seiner selbst gelange. – Diese Formel ist nicht so klar wie die ursprünglichen Worte: Wenn ihr vom Baume der Erkenntnis genossen, werdet ihr wie Gott sein!« Ich höre noch Gershom Scholem ausrufen, im Gespräch mit einem katholischen Theologen, der die Schlange dem alten Lügner, dem Teufel gleichgesetzt hatte: »Nein, so meint es die Bibel nicht! Die Schlange ist klüger als alle Tiere auf dem Felde, und sie spricht die reine Wahrheit: nun weiß der Mensch wie Gott die Unterscheidung des Guten und Bösen!«

Es gibt ein erschütterndes Dokument des Götterkampfes, den Heine in sich austrug: sein wohl letztes Gedicht, überschrieben *Für die Mouche*, für die Frau, die ihn, den langsam Sterbenden, den schon Jahre in die »Matratzengruft« Gefesselten besuchte, seine letzte große Liebe. Das Motiv eines frühen Jugendgedichts wiederaufnehmend, schildern die Verse einen Traum: der Dichter sieht einen Sarkophag, in dem er selbst als Gestorbener liegt. Die selige Ruhe des Todes aber wird gestört vom wilden Konflikt der zwei Götterwelten unserer Kultur, die als Basrelief auf dem Sarkophag dargestellt sind: Zeus und Jehova, die Griechen und die Juden. Dieser Konflikt zerreißt unsere Welt. Es ist bewundernswert, ihn nicht einseitig aufzulösen.

Heine verstand die deutsche Philosophie als die Revolution des Gedankens. Den französischen Lesern sagt er: »Lächelt nicht über meinen Rat, den Rat eines Träumers, der euch vor Kantianern, Fichteanern und Naturphilosophen [d. h. Schellingianern, CFW] warnt. Lächelt nicht über den Phantasten, der im Reiche der Erscheinungen dieselbe Revolution erwartet, die im Gebiete des Geistes stattgefunden. Der Gedanke geht der Tat voraus, wie der Blitz dem Donner. Der deutsche Donner ist freilich auch ein Deutscher und ist nicht sehr gelenkig und kommt etwas langsam herangerollt; aber kommen wird er, und wenn Ihr es einst krachen hört, wie es noch niemals in der Weltgeschichte gekracht hat, so wißt: der deutsche Donner hat endlich sein Ziel erreicht . . . Es wird ein Stück aufgeführt werden, wogegen die französische Revolution nur wie eine harmlose Idylle erscheinen möchte.«

So geschrieben 1834.

Ich habe mich gefragt, ob Heine damit die Möglichkeit Hitlers vorausgeahnt hat. Gewiß hat er gespürt, welcher entsetzlichen Gefühllosigkeit des Handelns wir Deutschen fähig sind. Aber Hitlers Tat verwirklicht nicht die titanischen Gedanken der deutschen Philosophie, Hegels sowenig wie die Nietzsches. Hitler war ein Symptom der noch unvollendeten abendländischen Krise des 20. Jahrhunderts. Und der Titanismus der deutschen Philosophie bewegt die Probleme, denen auch diese Krise entstammt. Ist der Mensch fähig, die Folgen davon zu tragen, daß er vom Baum der Erkenntnis gegessen hat?

Damit bin ich beim zweiten meiner Themen angekommen: der Krise der Gegenwart. Ich werde es kurz machen, denn darüber rede ich leider unablässig.

Denk ich an Deutschland in der Nacht, dann bin ich um den Schlaf gebracht. Heines Sorge war, ob Deutschland den Weg zu einer menschenwürdigen Liberalität finden werde, in der freie Personen reifen und wirken können. Dies ist noch immer eine Sorge, noch immer einen Kampf wert. Aber unsere Lage ist besser als die damalige: wir müssen unsere Verfassung dafür nicht ändern, sondern nur vollziehen. Was mich aber peinigt, wenn ich früh am Morgen erwache, ist die Gefahr, die wir Angehörigen der nördlichen Kultur uns allen gemeinsam bereiten. Es ist der Krieg. Deutschland ist voraussichtlich nicht mehr seine Ursache, aber es könnte sein Opfer werden. Die ungesühnten Toten der Hitlerzeit könnten die unschuldigen Enkel der Mitschuldigen einholen – äußerlich in einem anderen Kausalzusammenhang, in der Tiefe vielleicht nicht in einem anderen. Wenn die Bibel recht hat: »Ich suche heim die Sünden der Väter an Kindern und Kindeskindern bis ins dritte und vierte Glied«, dann gibt es solche Kausalitäten in der Geschichte. Heute nennt man das Spüren solcher Zusammenhänge Tiefenpsychologie. [. . .]

Der übersensible Heinrich Heine, der den Zynismus der Hierarchien und die Selbstbelügung der Gläubigen haßte und bloßstellte, verstand in seiner späten Leidenszeit sehr wohl, worum es ging, wenn er die Bibel seiner Väter wieder ernst nahm. Die Wandlung, die die Propheten angekündigt haben, ist möglich, aber sie ist noch nicht geschehen. Zweitausend Jahre sind keine lange Zeit. In diesen zweitausend Jahren war die Menschheit noch machtlos genug, um die katastrophalen Folgen ihrer Machtkonflikte nie auf den ganzen Erdball ausdehnen zu können. Heute wird es klar, daß die Perfektion der Wissenschaft und Technik nicht mit einer von jeher unzureichenden politischen Moral vereinbar ist. Der Bewußtseinswandel erweist sich als notwendig. Möchte er sich rechtzeitig vollziehen!

3. Der Vater und das Jahrhundert*

Vierzig Jahre nach dem Ende Hitlers ist in unserem Lande eine notwendige Auseinandersetzung in Gang gekommen: die Auseinandersetzung über unsere eigene Schuld. Daß sie notwendig ist, zeigte die Reaktion auf Reden und öffentliche Akte im Mai 1985. Wer, wie der Verfasser dieses Artikels, als Erwachsener die Zeit von Hitlers Herrschaft mitgemacht hat, wird von der jungen Generation über die Vorgänge befragt, die ihr unbegreiflich bleiben: »Was habt ihr euch dabei gedacht? Wie konnte jemand auf Hitlers Sprache hereinfallen? Warum habt ihr keine Demonstration auf der Straße gemacht? Habt ihr denn nicht gesehen, was mit den Juden passierte?« Auch der Kreis derer, die es von Beruf wissen müssen, die Zunft der Historiker, ist in Bewegung geraten. Die emotionale Schärfe des »Historikerstreits« über die Besonderheit der deutschen Schuld sagt mehr über unsere ungelösten seelischen Probleme aus als alle Argumente für und wider, die dabei vorgebracht worden sind. Das jahrzehntelange Schweigen meiner Generation war kein Entlastetsein, kein Vergessen. Es war im Gegenteil die Last dessen, was wir nicht vergessen und nicht bewältigen konnten. Es war Verdrängung im Alltag, Qual in Stunden der Besinnung.

Besinnung ist für unsere Nation lebenswichtig, sie wäre heilsam, hilfreich, befreiend. Freilich ist es eine für uns Menschen notwendige Gabe, Bedrängendes zeitweilig zu vergessen, zu verdrängen. Notwendig, um die Leistungen des Alltags zu vollbringen; aber eben nur zeitweilig, bis die Aufarbeitung möglich wird. Es sei am Beispiel der Angst erläutert. Einer der bedeutendsten Staatsmänner, die die Bundesrepublik gehabt hat, sagte mir unlängst: »Angst ist

* Aufsatz in der *Zeit*, Mai 1987. Ich habe einen von der Redaktion hinzugefügten Untertitel weggelassen, den von der Redaktion weggelassenen Schlußsatz wieder hinzugefügt.

ein schlechter Ratgeber.« Ich antwortete: »Angst ist ein Organ der Wahrnehmung. Sie fordert zum Handeln auf. Bewältigte Angst ist gut, verdrängte Angst aber erzeugt genau dasjenige Unheil, dem sie zu entgehen sucht.« So ist es auch mit dem Bewußtsein der Schuld. Gerade wenn wir der Schuld ins Auge sehen, kann der bedrängende Schuldkomplex sich auflösen, der uns sonst ständig in Scheinsicherheiten treibt. Gerade um der Jungen willen müssen die Alten diese Anstrengung machen. Die Jungen, Spätgeborenen sind objektiv offenbar ohne Mitschuld. Die Verhaltensweisen der Verdrängung aber erben sich weiter. Sie sind ebenso gegenwärtig im Mitmachen einer Scheinzufriedenheit wie in der Leidenschaft des Protestes, denn Zorn macht uns noch nicht frei von ererbtem seelischen Fehlverhalten, das uns erzürnt; er ist oft, ohne es selbst zu wissen, gleichsam nur dessen Negativkopie.

Befreiende Besinnung verlangt eben darum Genauigkeit. Schuld ist immer persönlich, auch wenn eine kollektive seelische Atmosphäre ihre besondere Gestalt bestimmt hat. Schuld ist zunächst immer *meine* Schuld. Sie zu erkennen, sich ihr zu stellen führt zuerst notwendigerweise in eine innere Krise, in eine Phase der Verzweiflung. Es ist aber eine Erfahrung, daß ehrlich übernommene Schuld uns nicht in der Verzweiflung läßt, sondern daß ihre Erkenntnis den Weg zu neuem Handeln öffnet. Insbesondere lehrt uns die erkannte eigene Schuld dann erst die Schuld der Anderen ohne Selbstgerechtigkeit sehen. Auch und gerade dieses Sehen der Anderen verlangt Genauigkeit, individuelle Unterscheidung. Es ist für den, der dabei war, heute oft quälend zu sehen, wie in der notwendigen, hocherwünschten Aufarbeitung der Fakten die Schuldzuweisungen ungenau erfolgen, sei es zornig, sei es hämisch, sei es entschuldbar unwissend.

Heute fühle ich mich motiviert, eine spezielle Ungenauigkeit der Schuldzuweisungen ein Stück weit zurechtzurücken, da ich dafür die notwendigen Kenntnisse besitze. Es handelt sich um einen von mir recht verschiedenen, von mir geliebten und verehrten Mann, dessen Vorbild und Rat ich verdanke, mich damals nicht tiefer auf die Versuchungen meines jugendlichen Ehrgeizes eingelassen zu haben – um meinen Vater. Es ist Sache der Historiker, die schriftlich dokumentierten Fakten über ihn zu präsentieren. Seine Motive kenne ich besser, als sie vermutlich aus den Akten ein junger Historiker entnehmen kann, dem aus eigener Lebenserfahrung nur die Äußerungsfreiheit in der Demokratie vertraut ist. Es sei mir erlaubt, ein paar Stationen seines Lebens zu nennen und den Gefühlston nicht zu verbergen, mit dem sie sich mir beim Miterleben oder bei den nachträglichen Erzählungen eingeprägt haben. Der Gefühlston ist wahrscheinlich instruktiver als die Aufzählung der Tatsachen.

Ernst Weizsäcker wurde am 25. Mai 1882 in Stuttgart als Sohn eines juristischen Ministerialbeamten geboren. 1900, achtzehnjährig, trat der Schwabe in die Marine ein. 1920, nach dem Ersten Weltkrieg, der die deutsche Marine zur Belanglosigkeit reduzierte, ging er in den diplomatischen Dienst über. Beide Berufswahlen spiegeln die Freude an weiten Horizonten, beide auch die Familientradition, daß der Mann sein Leben dem Staatsdienst widmet. Dabei ist für manchen der heute Jungen auf den Bedeutungswandel des Vokabulars hinzuweisen. Staatsdienst hieß Dienst an den Lebensbedingungen der Nation, und die Nation war die natürliche Lebensgemeinschaft, der man angehörte. Das ist deutsches bürgerliches 19. Jahrhundert. Die Familie, der mein Vater entstammte, war bismarckisch gesonnen, protestantisch und rechsstaatlich-liberal, im Liberalismus der Beamten, nicht der Demokraten. Im »kleindeutschen« Reich, unter der historisch unerläßlich gewordenen, mit gelegentlichem Murren ertragenen preußischen Dominanz, hatte die Nation, so empfand man, den Rahmen gefunden, in dem sich ihr Leben entfalten konnte. Gern erzählte mein Vater, daß Bismarck nach der Reichsgründung von 1871, in Berlin mit Moltke aus dem Fenster schauend, fragte: »Was bleibt uns nun zu tun?« und Moltke antwortete: »Einen Baum wachsen sehen.«

Zur Person: Mein Vater hatte einen guten, der Komplikation fähigen Verstand und einen ganz einfachen Charakter. Menschen, denen eine dieser beiden Eigenschaften abging, haben es immer schwer gehabt, ihn zu verstehen. Er kannte seine Fähigkeiten, aber er war von Natur bescheiden, bescheidener als sein sprühender Vater, als sein intuitiver Bruder Viktor und als seine beiden überlebenden Söhne. Er war eine bewahrende Natur. Die Aquarelle, die er seit frühen Marinejahren bis zur Internierung im Vatikan 1944 bis 46 malte, stellten die Ruhe der Dinge dar. Die radikale Dynamik des 20. Jahrhunderts, in das er hineinwuchs, blieb seinem Herzen fremd. Diese Herzensmotivation beschreibt wohl am deutlichsten auch die Grenzen, die seinem intellektuell wachen politischen Urteil gezogen waren. Klugheit, auch Durchtriebenheit politischer Partner und Gegner konnte er beurteilen, die Rauschhaftigkeit des großen Verbrechertums blieb ihm uneinfühlbar. Die tiefen, unausweichlichen Krisen dieses Jahrhunderts stellten sich ihm, gegenüber dem, was er erhoffte und was er erhalten wollte, als ein äußeres Unglück dar, nicht als eine elementar erfahrene stürmische Bewegung.

Der amerikanische Historiker Leonidas E. Hill hat Briefe und Tagebucheintragungen meines Vaters herausgegeben.* Sehr interessant war mir darin die mir unbekannteste Zeit, die Marinebriefe vor dem Ersten Weltkrieg. Er war, 1902 bis 1905 in Ostasien, Zeuge des russisch-japanischen Kriegs, später im Flottenstab, Zeuge vieler Gespräche mit Wilhelm II. Die Briefe spiegeln die Berufsliebe und Weltoffenheit des jungen Seeoffiziers, sie spiegeln aber auch die Blindheit einer ganzen Welt gegenüber der Gefährlichkeit eines modernen Krieges, gegenüber der aus tiefen und tiefverdrängten Gründen herannahenden Katastrophe. Sein skeptischer Vater, nun württembergischer Ministerpräsident, gehörte zu denen, die die Gefahr sahen; am 1. August 1914 sagte er im Familienkreis: »Dieser Krieg endet mit einer Revolution. Mein Vermögen ist verloren« –

* *Die Weizsäcker-Papiere.* 1. Band: 1900-1932, 2. Band: 1933-1950, Berlin 1981, 1974.

ein hausväterlich für Kinder und Enkel aus Beamtengehältern erspartes Vermögen. In dieser Katastrophenvoraussicht beginnt eine Familientradition.

Der Übertritt in die Diplomatie 1920 dokumentiert meines Vaters wesentlich außenpolitisches Interesse. In der konstitutionellen Monarchie heimisch, diente er doch der Republik aufrichtig, weil sie die Form politischer Ordnung war, die wir nach dem selbstverschuldeten Sturz Wilhelms II. faktisch besaßen. Außenpolitisch war er, der 1927 das Völkerbundreferat im Auswärtigen Amt übernahm, von der Notwendigkeit und dem Kommen einer Einigung Europas überzeugt und schrieb der deutschen Außenpolitik die Aufgabe zu, uns im geeinten Europa eine lebensfähige Position zu sichern. Er fand, die französische Politik nach 1919 habe dem Weimarer Staat keine Erfolgschancen gegönnt (mit dem unzureichenden Zwischenspiel von Locarno) und damit die ihm unerträglichen Deutschnationalen und dann Hitler großgemacht.

Über Hitler hat er im Familienkreis zuerst im Ton der Verachtung, dann des Zorns geredet. Von 1936 erinnere ich mich positiv, daß er Hitler als »Narr und Verbrecher« bezeichnete. »Narr« hat er wohl immer gesagt, »Verbrecher« mag seit dem 30. Juni 1934 dazugekommen sein. Im ersten Halbjahr 1933 hatte ich nicht einen Streit, aber eine Urteilsdifferenz mit ihm. Ich fand, er unterschätze Hitler. Ich hatte Hitler vor 1933 nur verachtet. 1933 entdeckte ich die Kraft der Bewegung, das, was Wilhelm Kütemeyer später »die Pseudoausgießung des Heiligen Geistes von 1933« nannte. Mein Vater und ich hatten wohl beide partiell recht, partiell unrecht. Er sah das Absurd-Verbrecherische, aber nicht das Format. Ich sah das Format. Die Bewegung blieb mir in Verhaltensweisen und Ansichten fremd, aber ich geriet in Versuchung, Einfluß auf ihre Führung zu suchen – naive Selbstüberschätzung. Das Schicksal hat mir die Probe erspart, und meines Vaters Warnung war wesentlich dafür.

Heutige junge Historiker haben offenbar Schwierigkeiten, seine Diktion, sowohl in amtlichen Dokumenten wie in privaten Briefen und Notizen aus der Hitlerzeit zu verstehen. Uns war selbstverständlich, so zu schreiben, daß die Gestapo das Gemeinte nicht verstehen sollte. Man bediente sich einiger Decknamen, einer ironischen Sprechweise und der Verabredung, ein Gedankenstrich nach einem Satz bedeute, daß das genaue Gegenteil gemeint sei.

Ein Beispiel zur brieflichen Diktion: Wohl im Winter 1933/34 schrieb er mir einmal: »Ich habe Schacht gesehen. Ich benütze jede Gelegenheit, mit diesem frischen und energischen Nationalsozialisten zusammenzutreffen.« Schacht war damals noch im Amt, einer der wenigen Zivilisten, die Hitler im Amt noch Widerstand zu leisten suchten. Übrigens mochte mein Vater den ehrgeizigen Egozentriker Schacht nicht; das wird gleichzeitig in »frisch und energisch« ironisiert.

Ein Beispiel aus Dokumenten für Hitler und Ribbentrop: Als Hitler die gewaltsame Zerschlagung der Tschechoslowakei plante, schrieb mein Vater: »Ich würde eine chemische Auflösung vorziehen.« Es hat Historiker gegeben, die dies als seine Herzensmeinung mißverstanden haben; es war aber so gesagt, daß es dämpfend auf Hitler wirken sollte. Ich leugne nicht, daß mein Vater die im Bismarck-Deutschland übliche Abneigung gegen die slawischen Völker in einigen Fällen auch empfand. Aber Friede war das Ziel, nicht Großdeutschland. Nicht einmal die Österreicher, also eine Stärkung des ultramontanen Einflusses, wünschte er im Reich, so wie es Bismarck gesichert hatte.

Sein Anliegen, das ihn im Amt hielt, war, den kommenden Krieg zu verhindern. Hätte er, was möglich gewesen wäre, unter einem Vorwand aus dem Amt scheiden sollen? Er fühlte sich zum Gegenteil verpflichtet. Seine Warnungen an England, seine Zusammenarbeit mit dem Widerstand sind dokumentiert. Ich habe ihn nie so verzweifelt gesehen wie im Sommer 1939, als er keine Möglichkeit mehr wußte, Hitlers Entschluß zum Krieg zu hemmen. Wäre er nach dem 20. Juli 1944 nicht in Rom schon unerreichbar für die nationalsozialistische Justiz gewesen, so hätte diese ihn vermutlich verhaftet und hingerichtet.

Eine intelligente Kritik seines Handelns steht in einem Brief von Carl J. Burckhardt an Werner Heisenberg, vom 25. 8. 1969: »Ernst Weizsäcker. Von Robert Boehringer stammt das Wort: ›In Derartigem war er nicht gescheit.‹ Er meinte die Annahme der Stellung als Staatssekretär im Auswärtigen Amt. Ich bin damals auch erschrocken, als ich von seiner Entscheidung erfuhr. Was mußte er geschehen lassen, unterschreiben ... Ich bin gewiß, daß er bei Annahme des Staatssekretariats aus tief sittlichem Antrieb, aus Pflichtgefühl handelte, er hoffte, Vieles retten zu können. Aber hier liegt der Denkfehler vor, es war nichts zu retten ...«

Die Kritik ist noch nicht ganz präzise. Nicht »Vieles« wollte er retten, sondern den Frieden. Seine eigene Selbstkritik im Rückblick ist radikaler. Nicht, daß er sich nicht ins Privatleben zurückgezogen hat, wirft er sich vor:

»In der Auflehnung gegen den Krieg habe ich versucht, den Weg der nüchternen Sachlichkeit zu gehen. Das war ein Fehlschlag. Der Erfolg aber entscheidet.«

»Was ich hätte tun sollen, war, das Unmögliche zu versuchen. Bleibt ein solcher Einsatz vergeblich, so ist er doch das packendere Vorbild für die Zukunft. Am nachhaltigsten förderte noch immer der seine Überzeugung, der sich ihr ganz opferte.«

»Damit bin ich wieder am Anfang der Betrachtung – Wer so denkt, muß sich dazu bekennen.«

Geschrieben 1950, ein Jahr vor seinem Tod. Der Anfang der Betrachtung, auf den er zurückkommt, spricht von der Verhütung des Dritten Weltkriegs.

4. Ein Blick auf Hitler*

Hitler ist ein deutsches Phänomen. Sein innenpolitischer Weg zur Macht war ermöglicht durch die Niederlage im Ersten Weltkrieg. Hitler markiert objektiv das in der Geschichte häufige Phänomen des Aufbäumens der im Kampf um die Hegemonie besiegten Großmacht zu einem zweiten und letzten Versuch, also das letzte extreme Ausgreifen vor dem Zusammensinken des imperialen Feuers. Auch die Klaviatur seiner politischen Mittel ist bezogen auf den besonderen Zustand der Deutschen, dieser nach westeuropäischem Maßstab sowohl zum Nationalismus wie zur Aufklärung zu spät gekommenen Nation. Das Deutschland des späten 19. Jahrhunderts war altmodisch in seinen Begriffen, hochmodern in seinen technischen Mitteln. Hitlers Ideologie von Blut und Boden, von Antidemokratie und Antikommunismus appellierte an die Abwehr gegen die Modernität, seine Technik der Macht war moderner als die aller seiner Gegner. Seine persönliche Lebensprägung spiegelt Stationen der deutschen Geschichte. Nationalismus und Judenhaß seiner Jugend entstammen den Ängsten der aus der Bismarckschen Reichsgründung ausgeschlossenen Deutschen in der Habsburgermonarchie, einer Monarchie, die sich in der nationalistischen Ära auf einmal als ein Vielvölkerstaat darstellte. Das Trauma, das Hitler dann in die Politik führte, hat er mit der ihm eigenen Kraft der verräterischen Symbolik selbst dargestellt, als er 1940 die französische Führung zwang, ihre Kapitulation in demselben Salonwagen im Wald von Compiègne zu unterzeichnen, in dem die Deutschen 1918 die ihre unterzeichnet hatten.

Albrecht Haushofer sagte mir damals: »Er ist seelisch an

* Ausschnitt aus einer Rede in Berlin, zum 20. Juli 1974. Die vollständige Rede ist abgedruckt in *Der bedrohte Friede*, München [3]1982, S. 439-448.

diese Situation fixiert; er wird nicht ruhen, bis er die deutsche Niederlage in einem Zweifrontenkrieg ein zweites Mal herbeigeführt haben wird.« Diesen Sinn des Symbols freilich verstand damals weder Hitler noch das deutsche Volk.

Hitler war ein europäisches Phänomen. Die zwanziger Jahre entwickelten sich zu einem Krisenjahrzehnt für die Demokratie. Die Niederlage der Kaiserreiche im Ersten Weltkrieg hatte nicht zu neuen stabilen innenpolitischen Formen geführt. In Süd- und Osteuropa setzten sich autoritäre oder, wie man nach dem erfolgreichsten Beispiel zu sagen begann, faschistische Regime durch. Die alten Demokratien des Westens freilich blieben immun. Sie waren die geistig, technisch, wirtschaftlich modernsten Staaten. Man realisierte im Westen nicht genug, daß die deutsche Entscheidung eine Schlüsselrolle spielte. Die verspätete deutsche Demokratie litt unter dem Trauma, von den Siegern eingesetzt zu sein, aber von ihnen – anders als 30 Jahre später unter Adenauer – nicht die notwendige Unterstützung zu erhalten. Zumal die französische Politik verweigerte demokratisch gewählten deutschen Regierungen Erfolge, die sie Hitler nachher widerstandslos gewährte. Das ambivalente Verhalten Frankreichs und Englands gegenüber Deutschland nach dem Ersten Weltkrieg ist psychologisch völlig begreiflich, wenn man bedenkt, daß dieser Krieg tatsächlich den Zusammenbruch des Imperialismus aller drei Nationen einleitete; zum Versuch, Schuld und Schaden auf Deutschland allein abzuwälzen, gab es verständliche Gründe, aber die Kraft reichte nicht mehr aus dazu. Freilich kann man sagen, daß der Wendepunkt in Hitlers Erfolgskurve der Augenblick war, in dem sich die Engländer, anders als die deutschen Konservativen, trotz der Verführung scheinbarer Interessenparallelität, als es ernst wurde, ihm gegenüber unbestechlich erwiesen.

Hitler ist ein Weltphänomen unseres Jahrhunderts. Weltweit war der Vorgang, der ihm schließlich den Weg in die Macht freigab: die Wirtschaftskrise. Der Erste Weltkrieg hatte sichtbar gemacht, daß Amerika von England die Führungsrolle der modernen kapitalistischen Weltwirtschaftsentwicklung übernommen hatte. Die Weltwirtschaftskrise war für Amerika die erste, für Europa nächst dem Krieg die zweite Erschütterung des naiven Glaubens an die Stabilität und Moral dieser Entwicklung. Keynes und Schacht bezeichneten die in ihrem Gedankengut für vierzig weitere Jahre ausreichende ökonomisch-finanztechnische Antwort auf die Krise. Roosevelt und Hitler waren politische Antworten, eine demokratisch-intellektualistische und eine antidemokratisch-antiintellektualistische. Hitlers zeitweilige Überlegenheit über alle seine europäischen Partner hing damit zusammen, daß er eine, ebenfalls nur zeitweilige Antwort auf das Problem war, als dessen hilflose Exponenten sie sich erwiesen.

Aber was war das Problem, und was war seine Antwort? Die europäische Kultur war bis zum Ende des Mittelalters eine unter den großen Weltkulturen, und nicht die bedeutendste unter ihnen. Seitdem hat sie durch ihre technische Rationalität einen großen Teil der Welt politisch erobert und die ganze Welt strukturell radikal umgestaltet. Das kapitalistische Wirtschaftswachstum ist der ökonomische Aspekt dieses Vorgangs. Die unausweichliche innere Krise dieser Willens- und Verstandeswelt konnte so lange nach außen verlagert werden, als das System sich durch Wachstum stabilisierte. Dieser Prozeß der Verlagerung der Krise nach außen kennzeichnet die Entwicklung Europas im Jahrhundert vom Wiener Kongreß bis zum Ersten Weltkrieg, zumal in seiner zweiten Hälfte. Die Vermeidung eines all-europäischen Kriegs in der Phase wirtschaftlicher und imperialer Expansion ist sein sichtbarstes Anzeichen. Der Weltkrieg trat ein, als, um es salopp zu sagen, die europäischen Imperialismen entdeckt hatten, daß die Erde rund ist. Der Krieg von 1914 wurde mit Recht als Ausbruch einer Krise der europäischen Kultur empfunden. Dreißig Jahre später erwies sich die Krise, wie Krisen so häufig, als noch begrenzt. Die politischen und ökonomischen Formen dieser Kultur, Kapitalismus und Sozialismus, Demokratie, Technokratie und Bürokratie erlebten nun erst ihre größte bisherige Entfaltung. Nur haben die im engeren Sinn europäischen Großmächte die Stafette des imperialen Wettlaufs an Amerika und Rußland abgegeben. Wenn die Krise, die sich für dieses erneuerte System heute zusammenbraut, sichtbarer geworden sein wird, werden wir manche Züge der letzten Krise wieder verstehen.

Deutschland, Österreich und Rußland, als Unterlegene, waren am tiefsten von der Krise getroffen. Die österreichisch-ungarische Monarchie verschwand von der Weltkarte. Rußland konnte sich zwei Jahrzehnte in der Weite seines Raums mit sich selbst beschäftigen. Deutschland blieb vom Gedeihen Westeuropas abhängig und entwickelte auf dessen Unfähigkeit, seine Probleme zu lösen, eine wahnsinnige, aber zunächst höchst erfolgreiche Alternative. Niemand kann behaupten, dies sei die einzig mögliche Alternative, Hitler also sei welthistorisch notwendig gewesen. Jedes politische Handeln wäre sinnlos, wenn wir nicht jederzeit bereit wären, zu glauben, daß verschiedene Alternativen möglich sind. Dies gegen jeden Fatalismus zu demonstrieren, war wohl eine der tiefsten Triebkräfte des deutschen Widerstands gegen Hitler. Aber Hitler war die Alternative, die sich faktisch durchsetzte. Warum gerade Hitler?

Seine Verbindung von Wahnsinn und Erfolg hat die Zeitgenossen wie später die Historiker verwirrt. Wer 1923, 1933, 1939 sah, wie absurd Hitler war, der konnte nicht glauben, er werde weiterhin erfolgreich sein. Wer den Erfolg erlebte, mußte sich selbst prüfen, ob er ihn mit Recht für absurd gehalten habe. Viel an diesem Erfolg erklären gewiß einige seiner persönlichen Eigenschaften, so die tief im Triebhaften wurzelnde Kommunikation des Redners mit den Massen, die opernhafte Phantasie und die taktische Genialität, ungehindert durch normalmenschliche moralische Hemmungen. Und doch reicht ein solches Persönlichkeitsbild zur Erklärung des Erfolgs nicht aus. Die Fachleute hatten mit ihrer Kritik an seinen Lösungsideen zu speziellen Problemen meistens darin recht, daß seine Lösung mehr Probleme erzeugen als beseitigen würde, kurz, daß sie instabil sei. Hitlers zeitweilige Überlegenheit war, daß ihn diese Instabilität überhaupt nicht störte, da er ohnehin viel weiter reichende Ziele verfolgte. Er stabilisierte seine Politik wie ein Fahrrad, das nur in der Bewegung aufrecht bleibt, oder wie ein Flugzeug, das nur in der Bewegung in der Luft bleibt.

Was aber war das Ziel? Das läßt sich mit wenigen Worten sagen, denn er war trotz taktischer Verschleierungen erstaunlich offen darüber: Es war die Weltherrschaft der nordischen Rasse, gestützt auf ein deutsches Reich im russischen Raum. Es war die Unterwerfung der minderen Rassen und die Vernichtung der bewundernd gehaßten Gegenrasse, der Juden. Es war die absolute Macht seiner eigenen Person in Partei, Volk und Welt, da nur er die Kraft zur Durchsetzung dieses Ziels in sich spürte. Es war die Mobilisierung des ganzen Volks zur Erkenntnis seines unerkannten, aber im Führer zum Bewußtsein gelangten Willens.

Aber die Antwort wirft uns auf die Frage zurück: wie konnte dieses Wahnsystem zeitweiligen Erfolg haben? Die Erwiderung muß sein, daß sich manchmal in Wahnsystemen Züge der Wirklichkeit spiegeln, die der Verstand der Verständigen nicht sehen will. Nikolaus von Halem, der der Entschlossenheit der Verschwörer nicht traute und seinen eigenen Versuch gegen Hitlers Leben mit dem Tod bezahlt hat, sagte mir 1938: »Was an dieser Unperson bedingt seine historische Rolle? Denken Sie sich Menschen, die durch einen dunklen Wald gehen, in dem Schlangen sind. Plötzlich schreit einer; er ist als erster von einer Schlange gebissen. Das ist Hitler.« Die Fachleute wollten stabilisieren. In Hitlers Wahn spiegelt sich die faktische Instabilität des Weltsystems, sein Gezogensein zu einer noch unsichtbaren Einheit. Das Konkurrenzdenken des Kapitalismus hatte sich in den biologischen Theorien vom Kampf ums Dasein niedergeschlagen; Hitler übernahm die oberflächliche Seite dieser Theorien in der unwissenschaftlichen, aber eben darum symbolkräftigen Ideologie der nordischen Rasse. Hitler, der nie eine eigentliche Person war, begriff nur zu leicht, daß individueller Egoismus die Menschen unerfüllt läßt, und gab als Lösung die emotionelle Mobilisierung der Massen im Gemeinschaftserlebnis und im Führerkult.

5. Hitler und die Deutschen

Wie konnte Hitler erfolgreich sein?

Wie konnten die Deutschen ihm folgen?

Das sind zwei Fragen, eine über Hitler, eine über die Deutschen. In der Rede von 1974, aus welcher der vorige Abschnitt stammt, habe ich versucht, Hitlers Erfolge funktional zu beschreiben. Seine persönlichen Eigenschaften, die ihn zu dieser Handlungsweise befähigten, blieben dabei ungeklärt. Die Reaktion der Deutschen wurde fast nur im Rahmen der politisch-ökonomischen Situation der zwanziger Jahre beschrieben. Die Verknüpfung des deutschen Verhaltens mit der Weltkrise wurde genannt, aber nicht näher studiert. Zu all diesem hatte ich schon 1952 einen Aufsatz in Form eines Briefs begonnen, den ich erst 1983 veröffentlicht habe.* Über Hitler wußte ich in beiden Texten noch nicht, was ich seitdem aus den präzisen Studien von E. Jäckel gelernt habe.** Ich versuche im folgenden, in das Bild von Hitler diejenigen Züge einzuzeichnen, über die Jäckel mich belehrt hat. Damit ist die Reaktion der Deutschen aber noch nicht erklärt. Ich versuche hier, zu ihrem Verständnis im Anschluß an die deutsche Geschichte beizutragen, wie ich sie im Abschnitt 1 skizziert habe.

Eine methodische Bemerkung sei vorausgeschickt. Von dem fast dreißigjährigen Vorgang (etwa 1918-1945), in dem der deutsche Nationalsozialismus entstand, siegte und unterging, haben sich dem späteren historischen Bewußtsein die beispiellosen Verbrechen der letzten Jahre, zumal die planvolle Ermordung von wenigstens sechs Millionen Ju-

* »Ein Brief über den Nationalsozialismus« in *Wahrnehmung der Neuzeit*, München [4]1983, S. 274-309.

** E. Jäckel, *Hitlers Weltanschauung. Entwurf einer Herrschaft*, Stuttgart 1981; erweitert und überarbeitet 1986; ders., *Hitlers Herrschaft. Vollzug einer Weltanschauung*, Stuttgart 1986.

den, am tiefsten eingeprägt. Es kann nicht anders sein, und wir dürfen nicht wünschen, es wäre anders. Wie diese Verbrechen möglich wurden, werden wir aber nicht verstehen, wenn wir uns nicht vergegenwärtigen, daß die am dreißigjährigen Vorgang beteiligten Menschen – mit der möglichen Ausnahme von Hitler selbst – diesen Ausgang am Beginn und fast während des ganzen Geschehens nicht wußten. Geschichte kann überhaupt nur verstanden werden, wenn wir sehen, daß sie von Menschen gemacht wird, die zwar ständig auf die Zukunft schauen, die aber ihre reale Zukunft nicht kennen, so wie sie der spätere Historiker kennt.

»Mit der möglichen Ausnahme von Hitler selbst.« In der Rede von 1974 habe ich ihm, im wesentlichen auf meine Lektüre von *Mein Kampf* im Jahre 1933, die Bestätigung durch den Geschichtsverlauf und historische Literatur nach 1945 gestützt, vier direkte Ziele zugeschrieben: deutsches Reich im russischen Raum, Vernichtung der Juden, absolute Macht seiner eigenen Person, Mobilisierung des ganzen Volkes. Jäckels Analyse scheint mir damit im Einklang; aber sie ist präziser. Ich nenne wenige Einzelheiten.

Hitler sah sich als die in der Geschichte seltene Personalunion des Programmatikers und des Politikers. Den Programmatiker beschreibt Jäckels erstes Buch (*Weltanschauung*), den Politiker das zweite (*Herrschaft*). Jäckel macht wahrscheinlich, daß Hitler sein Programm nicht, wie er selbst behauptet, schon in Wien und München vor 1914, sondern erst von 1918 bis etwa 1925 entwickelt, dann aber unerschütterlich festgehalten hat. Außenpolitik und Judentum waren die beiden einzigen tragenden Säulen.

Das außenpolitische Programm begann mit dem Wunsch nach Revanche gegen Frankreich (vgl. A. Haushofers Bemerkung zu Compiègne, oben Abschnitt 4). Es ging aber nach einigen Zwischenphasen über in die Absicht, Rußland zu unterwerfen und sich zu diesem Zweck mit Italien und England zu verbünden. Ein kontinentales deutsches Reich, ein weltweit maritimes englisches Reich, eine Mittelmeerherrschaft Italiens. Als Außenpolitiker gescheitert ist Hitler an England.

Die Juden wollte Hitler zunächst »entfernen«. Er dachte wohl an erzwungene Auswanderung. Aber früh schon taucht der Gedanke der »Endlösung« durch Ausrottung der Juden auf, in Gesprächen deutlich bereits 1924. In der rassistischen »Weltanschauung«, deren strenger Aufbau nicht der Ausgangspunkt, sondern der Schlußstein der Ausbildung seines Programms war, verflicht er Außenpolitik mit Antisemitismus. Die nordische Rasse ist edel und zum Regieren befähigt; die jüdische Rasse ist als einzige zum Regieren eines Volks schlechthin unfähig, und eben darum muß sie überall die gefügten Ordnungen zersetzen.

Hitler hat beide Ziele in der Mitte der zwanziger Jahre in *Mein Kampf* klar und öffentlich ausgesprochen. Seit 1930, als der erste große Wahlerfolg die baldige Machtergreifung in Aussicht stellte, verschleierte er sie. Die europäischen Nationen hätten seine Außenpolitik nicht akzeptiert, und der Antisemitismus hatte unter den Deutschen keine Mehrheit. Wohl auch wegen dieser Verschleierung nahm niemand *Mein Kampf* als Darstellung des realen Programms ernst. Aber 1941 schickte er sich an, gleichzeitig beide Ziele zu verwirklichen. Den Angriff auf Rußland offenkundig, die Judenvernichtung im tiefsten möglichen Geheimnis. So wichtig war ihm die Judenvernichtung!

Die zentralen Begriffe von Hitlers »Weltanschauung« sind Volk und Rasse. Der Staat ist nur Mittel zum Zweck. »Politik ist die Kunst der Durchführung des Lebenskampfes eines Volkes um sein irdisches Dasein.« Aber das Endziel der Geschichte ist universal, »eine höchste Rasse als Herrenvolk«. »Jedes Wesen strebt nach Expansion und jedes Volk strebt nach Weltherrschaft.« Aber dies ist nur ein Teil der »Weltanschauung«; Hitlers reales Ziel blieb das deutsche Reich im russischen Raum.*

Was für ein Persönlichkeitstyp war nötig, dieses Programm zu entwerfen und in solcher Konsequenz durchzu-

* E. Jäckel, *Hitlers Weltanschauung*, S. 103, 106.

setzen? Ich würde sagen: grüblerische Intensität, hohe, bornierte Intelligenz, besessene Willenskraft, fast magisches Gespür für Situationen, naive Amoralität, rauschhafte Gefühlskälte. Diese Mischung konnte sich kaum jemand vorstellen; eben darum wurde er fast immer falsch eingeschätzt (natürlich, wie im Sechsten Kapitel darzustellen sein wird, auch von mir). Die Anhänger überschätzten ihn, die Gegner unterschätzten ihn meist.

Wie verhielt er sich nun zu den Deutschen, wie die Deutschen zu ihm?

Politisch bezeichnet Jäckel Hitlers Herrschaft überzeugend als »Monokratie«, als das welthistorisch seltene Phänomen der ausschließlichen Herrschaft einer einzelnen Person. Eine solche Herrschaft wird, nach Jäckel, nur möglich, wenn es keine einzelne zur Herrschaft fähige Gruppe gibt; der Monokrat herrscht dann, indem er ständig die Machtgruppen gegeneinander ausspielt. Ebendieses innenpolitische Balancespiel fiel uns als Zeitgenossen an Hitler sofort auf. Im Reichstag der Weimarer Republik hatten von Anfang an weder die »Monarchisten« noch die »Demokraten« eine absolute Mehrheit, und auch die Nationalsozialisten errangen sie nie. Hitler kam legal an die Macht, indem er die Monarchisten über seine wahren Ziele täuschte und sie zu Bundesgenossen gewann. Der weitere Verlauf des Balancespiels sei hier nicht geschildert.

Es scheint aber*, daß Hitler die Deutschen kühl nur als das ihm zufallende Machtinstrument betrachtete, während die Deutschen in ihrer Mehrheit ihn »liebten«. Kritik fand meist nur die Form: »Wenn das der Führer wüßte!« Man unterschätzte sein Wissen, um sein Wollen liebend überschätzen zu dürfen. Dies aber wirft uns auf die eigentliche Frage zurück: Wie kommt ein Volk zu dieser Reaktion?

Es gibt ab 1933 gute, vordergründig-utilitaristische Ursachen für solche Zustimmung, in der Kette von Erfolgen, die er aufzuweisen hatte. Den Umschlag aus der Verzagtheit, ja Verzweiflung in der Wirtschaftskrise von 1932, nach

* E. Jäckel, ebd., 7. Kapitel.

den vorangegangenen Erfahrungen des verlorenen Kriegs 1914 bis 18 und der Inflation 1923, Umschlag in freudige Hoffnung schon im ersten Halbjahr 1933 habe ich selbst miterlebt. Aber wenn der Kierkegaard-Kenner und psychosomatische Arzt Wilhelm Kütemeyer diesen Umschlag sehr plausibel als »Pseudoausgießung des Heiligen Geistes« beschrieb, so beobachtete er mehr als utilitaristische Zustimmung.* Hitler sprach die tiefen Hoffnungen an. Er schenkte der Arbeiterbewegung 1933 den 1. Mai als seit langem ersehnten nationalen Feiertag; er ließ die Betriebsführungen mitmarschieren und versprach so die Überwindung des Klassenkampfes zwischen den »Arbeitern der Stirn und der Faust«. Er appellierte an den nationalen Stolz, versprach Frieden und begann, den in jedem Volk lauernden, oft gegenstandslosen Haß auf eine kaum sichtbare Minderheit, die Juden, abzulenken.

In der Tat wirkte seine Seelenmagie schon lange vor der Machtübernahme von 1933. Ich höre noch das Staccato der Marschlieder: »SA marschiert – mit ruhig festem Tritt.« Höchst lehrreich scheint mir seine Wirkung auf den vielleicht begabtesten seiner Gefolgsleute, auf Joseph Goebbels.** Goebbels, katholischer Herkunft und nie im Leben aus der Kirche ausgetreten, wächst auf im europäischen Krisenempfinden des frühen 20. Jahrhunderts, so wie es sich in Deutschland nach dem verlorenen Krieg von 1914 bis 1918 akzentuierte. Hochtalentiert, literarisch gebildet, von egozentrischer Leidenschaftlichkeit, zwischen Verzweiflung und Enthusiasmus schwankend, sucht er in der Krise nicht nach bürgerlicher Ordnung, sondern nach absolutem, religionsartigem Einsatz. In solchem, zu jedem Leiden auf dem Weg willigem Einsatz sucht er Erlösung, nicht nur für die Person, sondern für das Volk. Er findet

* Deshalb habe ich diese Formel in den hier abgedruckten Texten mehrfach zitiert.

** Vgl. C. E. Bärsch, *Endlösung und Vernichtung. Dr. phil. Joseph Goebbels. Zur Psyche und Ideologie eines jungen Nationalsozialisten 1923-1927*, München 1987.

dann die ebenso unbedingt wollende und dabei ihres Ziels völlig gewisse Führergestalt in Hitler, dessen Bewegung er sich erst 1925, in seinem 28. Lebensjahr, anschließt. Eine seiner damaligen Schriften beginnt mit einem offenen Brief an Adolf Hitler, in dem er dem Führer Christus-ähnliche Prädikate beilegt. Daß sich Goebbels dann, ebenso wie Hitler selbst, auch als Meister der öffentlichen Lüge enthüllte, genügt nicht, um seinen Erfolg zu erklären; die aufrichtige Leidenschaft war unerläßlich.

Wir finden hier einen Anschluß an die deutsche geistige Entwicklung, die im 1. Abschnitt geschildert wurde. Die Beiträge des Zweiten Kapitels stellen dar, inwiefern ich das Krisenempfinden unseres Jahrhunderts als berechtigt ansehe. In Deutschland war dieses Krisenempfinden schon vor 1914 gegenwärtig. Es verband sich aber z. T. auch mit dem »abgründigeren Nationalismus«, der glaubte, gerade Deutschland sei zur Überwindung der europäischen Krise berufen. Das geistige Deutschland war in jenen Jahrzehnten »voll von Prophetenmusik«. Der bedeutendste deutsche Philosoph jener Tage, Martin Heidegger*, erwartete vom westlichen Rationalismus nur noch fortschreitende »Seinsvergessenheit«. Er verfiel für eine Weile der Hoffnung, der Nationalsozialismus sei der – sich selbst noch nicht verstehende – Weg zu einer neuen, tieferen Ursprünglichkeit. Der Nationalsozialismus nannte sich selbst eine »Bewegung«. Auf die Bewegung setzten viele eine Hoffnung, die dann für Heidegger bald von der Realität des Regimes enttäuscht wurde, für manche aber erst im Untergang des Reichs zusammenbrach.

Es fragt sich, was denn die Inhalte der Bewegung waren. Sie waren nicht identisch mit Hitlers inzwischen taktisch verhüllten Zielen. Man kennzeichnete die Sachverhalte durch das Begriffspaar »Blut und Boden«, das politische Ethos durch die Forderung von »Führung« und »Gehor-

* Vgl. »Erinnerungen an Martin Heidegger«; »Heidegger und die Naturwissenschaft« in *Der Garten des Menschlichen*, München [9]1984, S. 404-412; 413-431.

sam«. Es ist schwer, heutigen jungen Lesern die Faszination dieser Ideale für die damalige Jugend verständlich zu machen, denn das Rad des geschichtlichen Bewußtseinswandels hat sich inzwischen um die halbe Umdrehung weitergedreht, durch welche fast nur das genaue Gegenteil jener Begriffe heutigen Idealismus ansprechen kann. Es sei doch, historisch beschreibend, versucht. (Vgl. dazu im Vierten Kapitel, 5, Günther Howes kurze Schilderung jener Ideale.)

»Blut« ist eine alte deutsche Ausdrucksweise für Abstammung. »Blutsbande« verbinden mich mit meinen Verwandten; jemand kann »von königlichem Blut« sein. Adelsschichten, Sippenverbände, Kasten haben von jeher in der Menschheitsgeschichte auf »Reinheit des Bluts« gesehen. Die moderne »Soziobiologie« macht wahrscheinlich, daß die Blutsverwandtschaft schon im Tierreich wesentlich das Verhalten steuert. Dies mag die elementare, emotionale Kraft des Appells an das verwandte Blut erklären, der sich in den wissenschaftlich absurden Rassentheorien der Nationalsozialisten verbarg. Nicht nur im blutsmäßig Verwandten, sondern im Menschen überhaupt Bruder und Schwester zu erkennen, ist eine Forderung der Hochreligion; in der Ausdrucksweise, in der ich im 1. Abschnitt dieses Kapitels die europäische Geschichte zu beschreiben versucht habe, eine Forderung des »Christentums« gegen die »Natur«. Ebendarum war für den Nationalsozialismus der Kampf gegen das Christentum eine innere Notwendigkeit; es handelte sich um den Konflikt zweier Religionen.

»Boden« bedeutet emotional ebenso wie »Blut« den elementaren Wert unzerstörter Natur. Am Beispiel des Bodens, der natürlichen Umwelt, ist dies ein Protest gegen Technokratie, der heutigem »grünem« Empfinden wieder einfühlbar wird. Politisch-ökonomisch stand aber damals noch ein anderer Gedanke dahinter, nämlich »Volk ohne Raum« (ein damals berühmter Romantitel). Die Industrialisierung der Landwirtschaft war noch in den Anfängen; man war überzeugt, daß Deutschland seine Menschen heute nicht mehr ernähren könne. Man wollte gewiß die eigenen Bauern stärken (Erbhofgesetze); aber Hitlers Verlangen nach dem osteuropäischen Raum wird hier auch ökonomisch verständlich.

»Führung« und »Gehorsam« bedeuteten nicht nur eine funktionale, sondern eine ethische Forderung. Führung ist ein klassisches Motiv: die Guten sollen regieren. Die Demokratie, den Deutschen nach der Niederlage von 1918 »aufgezwungen«, hatte »versagt«. »Gleichmacherei« war eines der NS-Schimpfworte: sie bedeutete, alle Menschen auf das niedrigste in der Gesellschaft vorhandene kulturelle und moralische Niveau zu reduzieren. Noch wichtiger als dieses klassische Elite-Ideal war die ethische Bedeutung des Gehorsams. Auch sie hat alte Wurzeln. Gehorsam ist eines der drei Mönchsgelübde. Es wird als das bewußte, freiwillige Opfer des »Eigenwillens«, des Egoismus verstanden. Wie in vielen historischen Organisationen artikulierte sich auch bei den Nationalsozialisten das elementare Gemeinschaftserlebnis im gemeinsamen Gehorsam.

Daß alle diese Werte zugleich Deckmantel für Unmoral wurden, für Korruption in der Führung, für Brutalität in der Gefolgschaft, für Bespitzelung und Lüge, wurde schon damals vielen klar, nicht nur den Gegnern, sondern auch ursprünglich idealistischen Nationalsozialisten. »Wenn das der Führer wüßte!« Rückblickend kann man sagen, daß niemand diese Werte so diskreditiert und zerstört hat wie Hitler durch sein reales Handeln. Es ist aber wichtig, die Schuld nicht nur auf ihn abzuschieben. Hier war auch der selbstzerstörerische Mechanismus der Selbstgerechtigkeit am Werk. Der Zweck heiligt die Mittel. Wer weiß, daß er auf der Seite des Guten steht, sieht sich am Ende zu jedem Verbrechen legitimiert. An einem Beispiel wie Goebbels zeigt sich auch die Gefahr des intellektuellen Berauschtseins von der Krise. Bei einem seelisch bewegten Menschen wie ihm radiert gerade die Bereitschaft zu »unbedingtem« Einsatz die Moral aus. Gewiß war dieser Fanatismus Sache einer Minderheit. Aber die Mehrheit fügte sich, nicht nur die Kleinbürger, auch die Universitäten, die Kirchen, die Konservativen. 1939 haben die Deutschen den Krieg nicht, wie 1914 die meisten Europäer, begeistert begrüßt, sondern in dumpfer Ergebenheit als Schicksal hingenommen. Hitlers Siege 1940 brachten ihm noch einmal die Zustimmung der Mehrheit im Volk, auch unter den Intellektuellen. Bis 1945 hielt, noch in der sichtbar werdenden Niederlage, das Gehorsamsgefüge, bestärkt durch die Angst vor den Russen und auch durch eine nationale Solidarisierung unter dem Eindruck der westlichen Luftangriffe.

Massive Verbrechen gab es von Anfang an. Man suchte sie zu verbergen. Die Ausführenden waren eine Minorität. Die Majorität ahnte die Verbrechen, wußte von einigen und tolerierte sie. Widerstand war in der Tat lebensgefährlich. Es gab aber außerdem eine Steigerung. Konzentrationslager gab es seit 1933. Aber manch einer kam wieder heraus oder überlebte im Lager; die Massentötungen geschahen auf Befehl am Ende des Kriegs. Als 1942 die Deportationen der Juden begannen, hatte kaum jemand die Phantasie, sich vorzustellen, daß die Deportierten in tiefem Geheimnis planmäßig getötet werden würden. Schergen, die Tötungsbefehle ausführen, finden sich auch in anderen Völkern; bei den Deutschen hat es wohl der anerzogene Gehorsam erleichtert. Die Schuld einer halbbewußten Mitwisserschaft bleibt auf dem ganzen Volk.

Sie lastet noch heute.

6. Deutschland nach 1945

Man kann sagen, Deutschland sei nach 1945 in die europäische Normalität zurückgekehrt. Das ist moralisch erstaunlich, aber politisch erklärbar.

Moralisch erstaunlich: Der Erste Weltkrieg entstand aus den höchst komplexen Rivalitäten der fünf europäischen Großmächte; keine von ihnen war ohne Mitschuld an seinem Ausbruch. Am Ende aber wurde das besiegte Deutschland von den westlichen Siegermächten, unter französischer Führung, durch einen Friedensvertrag, der seine Alleinschuld behauptete, gedemütigt, in wirtschaftliche Misere gedrängt und faktisch aus dem »europäischen Konzert« ausgeschlossen. Der Friede war zu hart, um für die Deutschen akzeptabel zu sein, zu weich, um ihren Wiederaufstieg zur Revanche zu verhindern. Der Zweite Weltkrieg wurde von der deutschen Führung allein geplant, begonnen und mit beispiellosen Verbrechen beendet. Am Ende wurde Deutschland zwar geteilt. Aber nach wenigen Jahren waren beide deutsche Staaten ökonomisch starke, politisch unentbehrliche Glieder ihres jeweiligen Bündnissystems und sind es bis heute.

Politisch erklärbar: Nach dem Ersten Weltkrieg gab es auf dem europäischen Kontinent nur *einen* Sieger, Frankreich, und dieser fürchtete mit Recht nur *einen*, im Grunde noch immer stärkeren Rivalen, Deutschland. Nach dem Zweiten Weltkrieg war Europa das wichtigste Feld der Konfrontation der beiden Weltmächte. (Albrecht Haushofer sagte mir 1939: »Nach diesem Krieg wird die Grenze zwischen Amerika und Rußland am Rhein verlaufen.« Nun verläuft sie etwa an der Elbe.) Die zwei Bündnissysteme sind die natürliche Folge, und jedes der beiden Systeme brauchte die noch immer ungebrochene deutsche Leistungsfähigkeit in seinem Rahmen.

Deutschland ist auch geistig in eine etwas unscheinbare Normalität eingetreten. Es ist nicht unbedeutend, aber in keinem Bereich mehr führend, und es wird auch nicht mehr führend werden. Wir leben in der Ära der ökonomischen und intellektuellen amerikanischen Welthegemonie. Aber die scheinbare Normalität des Weltzustandes ist krisenträchtig. Der Kern der Krise ist das mangelnde Bewußtsein, also die Ungelöstheit der kulturellen Krise. Ich wage zu behaupten, daß es sich dabei um eben die Themen handelt, welche der deutsche Universalismus zu durchdenken bemüht war: die unvollendete Religion, die unvollendete Aufklärung in ihrem Zusammenhang. Dies auf heutige Weise wiederaufzunehmen, ist das Anliegen dieses Buchs.

Den Deutschen in der Breite ist der Zugang zur deutschen Geschichte blockiert durch die Unfähigkeit, die Zeit von 1933 bis 1945 anzusehen. Die heilsame Trauerarbeit ist nicht geleistet. Schuldleugnungen und Schuldzuweisungen lenken gleichermaßen von der Trauerarbeit ab, denn der Leugnende wie der Zuweisende weist mit der Schuld die Arbeit des Bewußtseinswandels dem Anderen zu, entweicht selbst aus ihr.

Sechstes Kapitel
Der Verfasser als Zeitzeuge

1. Die Rolle des Zeitzeugen

Das Wort »Zeitzeuge« habe ich erst vor wenigen Jahren kennengelernt, als einen Fachausdruck der Historiker, die über Ereignisse unseres Jahrhunderts arbeiten. Normalerweise ist die Geschichtswissenschaft auf – meist schriftliche – Dokumente der Vergangenheit angewiesen. Über Ereignisse, die nur wenige Jahrzehnte zurückliegen, kann sie aber auch noch lebende Personen als Zeugen befragen. In einem weiteren Sinne ist natürlich jeder Autor, der über Selbsterlebtes geschrieben hat, ein Zeuge seiner Zeit. Als »Zeitgeschichte« bezeichnet man heute meist die Geschichte unserer eigenen Zeit, also ungefähr der Zeit, für die es unter anderem auch noch lebende Zeugen gibt. Die Quantität des sei es wissenschaftlich, sei es journalistisch aufbereiteten zeitgeschichtlichen Interesses hat, soweit ich wahrnehmen kann, im letzten Jahrzehnt zugenommen. Die Qualität der erzielten Ergebnisse ist sehr unterschiedlich. Das darf uns nicht wundern.

Geschichte zu erforschen, zumal politische Geschichte, ist eine der schwierigsten intellektuellen Aufgaben. Ganz roh kann man zwei Quellen dieser Schwierigkeit umschreiben: die Komplikation und die bewußte oder unbewußte Stilisierung oder Lüge in den Quellen und in ihrer Deutung.

Die Komplikation: Informationstheoretisch kann man sagen, daß eine Botschaft nur dann korrekt aufgenommen werden kann, wenn der Empfänger wenigstens etwa über denselben Komplikationsgrad verfügt wie der Sender. Sei die »Botschaft« ein politisches Dokument der Vergangenheit, z. B. eine politische Rede, eine diplomatische Note, ein militärischer Befehl, eine Meldung, eine Aktennotiz. »Empfänger« der Botschaft ist der heutige Historiker, der aus der Botschaft die realen Vorgänge rekonstruieren will, deren Zeuge er nicht war. Der ursprüngliche Zweck des politischen Dokuments war aber nicht, dem späteren Historiker eine Mitteilung zu machen, sondern Zeitgenossen zu einer Handlung zu bewegen. Das Dokument war, als es entstand, nicht eine Tatsachenfeststellung, selbst wenn es die Form einer solchen hatte, sondern es war selbst eine Handlung, als solche auf Wahrnehmungen basierend, mit Affekten verbunden. Dieses Gefüge muß der Historiker überblicken; nicht nur beim Verfasser des Dokuments, sondern auch beim damaligen Empfänger des Dokuments, auf den zu wirken es bestimmt war.

Stilisierung und Lüge: Eine vollkommen wahrhaftige Aussage ist in der Politik die Ausnahme. Man analysiere einmal eine Parlamentsrede, einen Zeitungsartikel unter diesem Gesichtspunkt. In einem diktatorischen Regime wird es sogar lebensgefährlich, seine wahre Meinung zu sagen. Ich wiederhole hier mein subjektives Werturteil: Ich kann den bewußten Lügner höher achten als den, der sich selbst belügt. »Bewußtsein ist ein unbewußter Akt«: unser bewußtes Handeln und Reden wird von unbewußten Motiven mitbestimmt, und oft von solchen, deren wir uns allerdings bewußt sein könnten, die nicht anzuschauen uns aber sehr viel angenehmer ist.

Natürlich ist der Zeitzeuge in genau derselben Lage wie das historische Dokument. Auch er kann nur verstanden werden, wenn er etwa auf dem ihm selbst verfügbaren Niveau befragt wird. Auch er hat, zumal wenn er an den Handlungen aktiv teilgenommen hat, fast immer etwas zu verbergen, sei es vor dem Frager, sei es vor seinem eigenen bewußten Erinnerungsvermögen. Wenn ich einen Historiker sagen höre: »Zeitzeugen lügen«, so fürchte ich, daß er weitgehend recht hat. Nur sind Dokumente nicht besser. Auch sie lügen. Und sie sind insofern in einer schlechteren Lage als der lebende Zeitzeuge, als sie sich nicht wehren können, wenn der Historiker sie falsch interpretiert.

Schließlich ist der Historiker selbst oft die Quelle des Irrtums. Sein Standesethos gebietet ihm, nicht bewußt zu lügen. Da er aber genau dieselben Motive zur Vereinfachung, zur Stilisierung, zur Unwahrheit angesichts unerwünschter Befunde hat, ist für ihn die Versuchung der Selbsttäuschung sogar besonders groß. Das Motiv der

Selbsttäuschung kann dabei politische Sympathie oder Antipathie sein, aber auch der erhoffte Erfolg einer These in der Zunft oder in der Öffentlichkeit und die Verteidigung eines einmal begangenen Irrtums. Aus vielfachen Erfahrungen dieser Art hat sich mir eine Gewohnheit herausgebildet: Ich nehme eine spezielle Sachmeinung eines Autors oder eines Gesprächspartners um so ernster, je weniger ich sie aus meiner Kenntnis seiner Person, seiner Gesamteinstellung heraus habe vorhersagen können.

Hat man all dies im Auge, so ist die Rolle als Zeitzeuge nicht sehr angenehm. Gesellschaftliches Zusammenleben der Menschen ist sehr häufig ein Rollenspiel; und für denjenigen, der gerne wahrhaftig oder wenigstens spontan wäre, ist die Rolle, die er jeweils zu spielen hat, oft ein schneidender Schmerz. Es ist tief schmerzhaft, aber belehrend, sich selbst beim Stilisieren, beim Lügen zu ertappen. Es ist schmerzhaft, wenn eine Wahrheit, für die man einstehen kann, nicht geglaubt wird, zumal wenn es dabei um den guten Ruf eines Dritten geht. Es ist verzweiflungsvoll, wie weit herrschende Urteile oft von den realen Tatsachen abweichen, so, daß die Belehrung der Irrenden aussichtslos scheint. Verzweiflungsvoll zumal, wo das richtige Handeln für die Zukunft auch von der richtigen Erkenntnis der Vergangenheit und der Gegenwart abhängt. Schließlich ist es zum mindesten ein wenig peinlich, eine private Erforschung der eigenen Motive, die wohl nie ohne eine gewisse Egozentrik ist, öffentlich darzulegen. Und doch ist dies, wie ich erfahren habe, gelegentlich nötig, wenn man verstanden werden und dadurch Glauben finden will.

Die nachfolgenden Texte sind von viererlei Natur:

a. Erbetene Interviews oder öffentliche Referate,

b. Texte, die ich zur eigenen Gedankenklärung oder Erinnerung in konkreten Situationen niedergeschrieben habe,

c. Notizen zur eigenen Gewissens- oder Motiverforschung,

d. für das jetzige Buch verfaßte erläuternde Texte.

Vom Typ a sind die Abschnitte 2, 3, 5, 7, 8, 11; vom Typ b sind 6, 10, 12; vom Typ c sind 4 und 13; vom Typ d sind 1 und 9.

Thematisch gehe ich in folgender Reihenfolge vor. Die Abschnitte 2 bis 4 gehen einmal von außen nach innen. Abschnitt 2 ist ein umfassendes Interview, in dem ich Gelegenheit hatte, meine Erfahrungen, Ansichten und Motive plausibel zu machen. Abschnitt 3 soll, in bewußter Zeitzeugen-Rolle, Jüngeren unserer Tage andeuten, durch welche Erlebnisse meine Generation in Deutschland gegangen ist. Abschnitt 4 ist Teil einer umfassenden persönlichen Gewissenserforschung. Die Abschnitte 5 bis 9 betreffen meine Beteiligung am Problem der Atomwaffen. Abschnitt 11 ist ein Rückblick auf meine Erfahrungen in der Universität. Die Abschnitte 10 und 12 stammen aus zwei Reflexionen auf meine Erfahrungen mit der Kirche, die um drei Jahrzehnte voneinander getrennt sind; naiv 1957, weniger naiv 1985. Abschnitt 13 spiegelt meine Empfindungen über die Weltpolitik unseres Jahrhunderts.

2. Ein Gespräch*

Erwin Koller: Herr Professor von Weizsäcker, Ihr Großvater war der letzte königlich-württembergische Ministerpräsident. Ihr Vater stand im diplomatischen Dienst, auch noch während des Dritten Reichs. Ihr Bruder ist heute Präsident der Bundesrepublik Deutschland. Sie haben die wissenschaftliche, nicht die politische Laufbahn eingeschlagen. Warum?

Carl Friedrich von Weizsäcker: Ich habe mich nicht selbst gemacht. Da Sie meinen Vater nennen: Wir beiden Brüder haben von unserem Vater – bilde ich mir ein – gelernt, was es heißt, politisch verantwortlich zu handeln und zu denken. Ich habe meinen Vater sehr verehrt. Aber selber, als ich vier Jahre alt war, wollte ich Lokomotivführer werden. Mit sechs wollte ich Naturforscher werden, so habe ich das genannt. Darunter konnte ich mir nur einen Forschungsreisenden vorstellen. Und mit acht wollte ich Astronom

* Gespräch November 1986 mit Erwin Koller für das Schweizer Fernsehen. Gedruckt in der Schriftenreihe der Medienzeitschrift *Zoom*, Zürich 1987, und im pendo-verlag, Zürich 1987, dort unter dem Titel *Die Unschuld der Physiker?*.

Im *Zoom*-Abdruck ging eine Anrede des Herausgebers an den Leser voran, die mit folgendem Passus begann:

»Carl Friedrich von Weizsäcker erzählte einmal eine Begebenheit, die sich mitten im Zweiten Weltkrieg in Berlin zugetragen hatte. Mit andern Physikern, die zum sogenannten ›Uranverein‹ zur Entwicklung einer Atombombe gehörten, ging er ›Unter den Linden‹ spazieren. Der Volksmund nannte die Straße damals ›Unter den Laternen‹, weil Hitler die alten Linden hatte abschlagen lassen. Seither säumten die großen, galgenförmigen Laternen sehr sichtbar die ganze Straße. Da bemerkte nun einer der Physiker: ›Ich habe nachgezählt, wie viele Laternen es sind. Sie würden genau ausreichen, um am Ende des Kriegs alle Gauleiter und Kreisleiter der NSDAP daran aufzuknüpfen.‹ Darauf erwiderte ein anderer: ›Das ist schon richtig, aber nach dem Dritten Weltkrieg hängt man die Physiker!‹«

werden. Als ich mich entdeckte als Bub, habe ich entdeckt, daß ich Naturwissenschaftler bin.

E. K.: Was meinen Sie mit dem Ausdruck: »Ich habe mich nicht selbst gemacht«?

C. F. v. W.: Niemand von uns hat sich selbst gemacht. Ich habe mich vorgefunden mit Eigenschaften, die ich mir nicht vorgenommen hatte zu haben.

E. K.: Und warum sind Sie gerade Physiker geworden?

C. F. v. W.: Das ist eine Sache für sich. Ich habe Ihnen gerade die kindlichen Stadien der Selbstentdeckung genannt. Wenn man alt ist – und ein bißchen alt bin ich jetzt schon –, fällt einem ja die Kindheit wieder ein. Ich habe offenbar als Kind den größten Horizont, den ich mir noch vorstellen konnte, die Welt um mich herum, kennenlernen wollen. Das war meine Neugier. Und da wollte ich Astronom werden, denn ein Achtjähriger kann noch nicht wissen, was Philosophie ist. Er meint das Ganze; und das Ganze, das sind dann halt die Sterne.

E. K.: Sie wurden später angefragt für das Amt des Bundespräsidenten. Hat Sie die politische Leidenschaft nie gepackt? Sie haben immerhin in Ihren Schriften sehr oft zu politischen Fragen Stellung bezogen.

C. F. v. W.: Daß ich zweimal das Angebot, für die Bundespräsidentschaft zu kandidieren, abgelehnt habe, hatte sicher auch damit zu tun, daß ich im Grunde eben die Leidenschaft zur Wissenschaft habe. Aber dies war eine bewußt überlegte politische Handlung. Es gibt Fälle, in denen es politisch richtiger ist, ein bestimmtes Angebot nicht anzunehmen.

E. K.: Sie haben von der Astronomie gesprochen. Sie sind dann aber Physiker geworden.

C. F. v. W.: Entscheidend dafür war Werner Heisenberg. Ich war inzwischen vierzehn geworden. Wir lebten damals in Kopenhagen, weil mein Vater an der deutschen Gesandtschaft in Kopenhagen tätig war. Und da wollte ich nicht nur lernen, wie die Sterne so sind oder wie sie vielleicht entstanden sind, sondern welchen Gesetzen sie genügen. Mich interessierte eben, was man über Naturgesetze sagen kann. Und ich habe mir zurechtgelegt, daß vielleicht im Kleinen bei den Atomen nicht dieselben Gesetze gelten, die bei uns gelten, sondern andere, aus denen aber die Gesetze, die für uns gelten, logisch folgen. Und in der Phase, in der ich mir das überlegt hatte, kam meine Mutter eines Tages nach Hause und erzählte am nächsten Morgen: Gestern war ich bei einem Musikabend, und da waren viele interessante Leute. Da war vor allem ein junger deutscher Physiker, der sehr gut Klavier gespielt hat und mit dem ich über die Jugendbewegung gestritten habe, natürlich freundschaftlich.

E. K.: Und das war Werner Heisenberg?

C. F. v. W.: Ja, den Namen kannte ich schon aus meiner Zeitschrift über die Sterne, die meine Eltern mir auf meinen Wunsch hielten. Ich habe dann meiner Mutter befohlen: Den mußt du einladen. Er kam und hat mir sofort klargemacht, daß das, was mich eigentlich interessierte, die Naturgesetze, von der Physik erforscht wird. Und daß ich, wenn ich Astronomie machen wollte, Physik studieren müßte. So hat er mich also im Handumdrehen dazu gebracht, daß ich Physiker werden wollte.

E. K.: Werner Heisenberg ist vor gut zehn Jahren gestorben, 1976. Er war damals – Sie haben es selber gesagt – jung, nur zehn Jahre älter als Sie. Was hat Sie an diesem jungen Menschen so fasziniert, daß er Sie überzeugen konnte?

C. F. v. W.: Wenn man die Interessen hat, die ich damals hatte, und zum ersten Mal im Leben einen Mann trifft, der das selber macht und in dem das neueste Wissen gegenwärtig ist, dann muß das einen faszinieren. Er war damals, als ich ihn im Jahre 1927 kennenlernte, 25 Jahre alt. Er hatte gerade zwei Jahre zuvor die Quantenmechanik gefunden.

Und zwei Monate, nachdem wir uns kennengelernt hatten, hat er mir in einem Taxi in Berlin, wo wir inzwischen wohnten, die Unbestimmtheitsrelation erzählt, die noch nicht gedruckt war. Ich war also Zeuge davon, daß in diesem jungen Mann – schmal, eher schüchtern, blond, mit etwas widerstrebendem, zurückgekämmtem Haar, Pianistenhänden, buschigen Augenbrauen – irgend etwas ganz Unwahrscheinliches gegenwärtig war. Durch die eher schüchterne Präsentation und die echte Bescheidenheit, die er immer gehabt hat, brach ein Glanz von Entdeckungen durch, wie sie sozusagen nur einmal im Jahrhundert gemacht werden. Ja, das mußte einen faszinieren.

E. K.: Sie haben später bei ihm promoviert und sich intensiv mit seiner Sache auseinandergesetzt, mit der Quantenphysik. Kann man das einem Laien, können Sie das mir und unseren Zuschauern erklären?

C. F. v. W.: Ich möchte zuerst noch etwas anderes sagen und dann auf Ihre Frage eingehen. Mein Entschluß, Physik zu studieren, geriet recht eigentlich in eine Krise, als ich kurz nachher merkte, daß das, was ich schon immer wollte, bei den Menschen einen Namen hat, und zwar den Namen »Philosophie«. Ich wollte doch das Ganze wissen, und nicht speziell Physiker sein. Ich habe ihm dann geschrieben, ich möchte vielleicht doch lieber Philosophie statt Physik studieren. Das hat ihn nicht erfreut. Er wollte mich gerne als Studenten haben. Er schrieb mir zurück: Es gibt schon so viele schöne Philosophie, aber gute Physik können wir immer noch brauchen.

E. K.: Ein zweifelhaftes Kompliment!

C. F. v. W.: Das war an sich bei ihm ganz echt, denn sein Verhältnis zur Philosophie war weitgehend dasselbe wie zur Dichtung, ästhetisch. Er war ein großer Verehrer von Platon, weil Platon so schöne Dialoge schrieb. Aber Physik, hat er mir immer gesagt, das ist ehrliches Handwerk. Und Philosophie noch besser machen als Platon, das kannst du auch nicht. Aber in der Physik ist jeder Beitrag willkommen. Außerdem hat er mir geraten: Wenn du in unserem Jahrhundert Philosophie machen willst, dann lerne zuerst das philosophisch wichtigste Ereignis dieses Jahrhunderts kennen, und das ist die moderne Physik.

E. K.: Er hat das selber ein philosophisch wichtiges Ereignis genannt?

C. F. v. W.: Ja.

E. K: Insofern war er selber auch ein Stück weit Philosoph.

C. F. v. W.: Er war philosophisch sehr interessiert. Sein Verhältnis zur Philosophie war so, daß er dort an gewissen Stellen eigentlich nicht mehr die harte rationale Arbeit meinte, weil er gar nicht glaubte, daß man in diesen schwierigen Fragen rational durchkommt. Sondern er fand, daß man das letztlich nur noch gleichnishaft sagen kann. Das war wahrscheinlich sein Verhältnis zur Philosophie.

E. K.: Und jetzt vielleicht doch zur Quantenphysik, zur Quantentheorie.

C. F. v. W.: Also nun, wenn Sie mich auffordern, den Menschen, die unserem Gespräch zuhören, vier Minuten lang etwas Unverständliches zu servieren, dann will ich das gerne tun. Ich meine, ganz unverständlich ist es nicht. Man muß nur sagen, es ist eben abstrakt und eigentlich nur unter Verwendung von Mathematik ordentlich zu beschreiben.

E. K.: Das ist auch eine Antwort.

C. F. v. W.: Zunächst handelte es sich bei der Quantentheorie um die Atome. Daß es überhaupt Atome gibt, hatten die Chemiker herausgebracht. Nun ging es um den Aufbau der Atome. Ich rede da vielleicht nicht nur von Max Planck, der das zuerst gefunden hat, sondern insbesondere von Niels Bohr, der der große Lehrer von Heisenberg war. Ernest Rutherford hatte in England, nach Vorarbeiten in Kanada (er war übrigens Neuseeländer), entdeckt, daß das Atom aus einem Kern und einer Hülle von Elektronen besteht, vergleichbar einem Planetensystem. Nun war die Frage, welche Gesetze das Ganze zusammenhalten können. Bohr hatte 1912/13 eingesehen, daß es nach den Gesetzen der Physik, die man kannte und später die klassische Physik nannte, absolut unmöglich ist, daß so ein Atom stabil ist. Man kann sich das relativ leicht klarmachen. Diese Elektronen sind elektrisch geladen und müßten immerfort strahlen. Sie würden also stets Energie verlieren und in den Kern fallen. Bohr hat die Sache in Ordnung gebracht, indem er die zwölf Jahre ältere Quantenhypothese von Planck anwandte, die man damals auf die knappe Formel bringen konnte: Von den Bahnen, auf denen Elektronen nach der klassischen Physik laufen können, sind die meisten aus geheimnisvollen Gründen unmöglich, und diejenigen, die möglich sind, sind stabil. Das war aber in sich widerspruchsvoll, und erst Heisenberg begann 1925, dies aufzuklären. Dann kamen die Arbeiten von Erwin Schrödinger dazu, welche zeigten, daß das ganze Bild vom Atom, welches aus kleinen Teilchen besteht, eben nur ein Bild ist, nur ein Gleichnis im Grunde. Dasselbe, was als Teilchen auftritt, tritt unter anderen Aspekten als ausgedehntes Feld, als Welle auf. Das war dieser merkwürdige Dualismus von Teilchen und Wellen. Und wenn ich jetzt noch sagen sollte, wie dieser Dualismus widerspruchslos vereinbart wird, dann müßte ich anfangen mathematisch zu reden. Aber soviel kann man, glaube ich, sagen, ohne die Sache zu verfälschen.

E. K.: Und das Entscheidende war wohl, daß die Quantentheorie große Auswirkungen hatte, daß sie einerseits zur zentralen Theorie der Physik wurde, daß sie andererseits auch auf die Biologie, etwa auf die Evolutionstheorie, ihren Einfluß hatte, aber auch auf die Kybernetik, auf die Chemie.

C. F. v. W.: Ich würde zunächst sagen: Die zentrale Disziplin der Naturwissenschaft – wie wir sie heute kennen – ist die Physik. Daneben gab es als eine davon unabhängige Fundamentaldisziplin die Chemie. Die Leistung der Quantentheorie war zunächst, beide in einer einzigen Wissenschaft zu vereinigen, die man Atomphysik nannte. Man hätte auch sagen können Atomchemie, aber der Name Physik hat sich durchgesetzt, auch aus guten Gründen. Insofern brachte die Quantentheorie die Vereinheitlichung der Grundgesetze dessen, was wir den anorganischen Bereich nennen.

E. K.: Können Sie sich denn vorstellen, daß man einmal für den ganzen anorganischen Bereich ein Grundgesetz findet, aus dem sozusagen alle anderen Gesetze ableitbar wären?

C. F. v. W.: In einem gewissen Umfang, nicht vollständig, ist das mit der Quantentheorie schon passiert. Jede Spektrallinie im Spektrum eines chemischen Elements, jede Konstante im Verhalten eines festen Körpers ist aus der Quantentheorie im Prinzip ableitbar. Daran zweifelt heute niemand mehr.

E. K.: Und hätte das auch Auswirkungen auf das Biologische?

C. F. v. W.: Das ist das, wo Sie merken, daß ich etwas gezögert habe. Ich bin der Meinung, und ich glaube, die Biologen sind heute so gut wie durchgängig der Meinung, daß die Quantentheorie ein vollständiges und hinreichendes Gesetzes-System auch für das Verhalten lebender Materie bietet. Aber man kann nicht sagen, daß das wirklich strictissime bewiesen ist. Das ist die heute herrschende Meinung.

E. K.: Also eine Hypothese?

C. F. v. W.: Es ist die herrschende Meinung. Ich könnte Gründe dafür angeben. Ich teile die Meinung, ich halte sie für richtig. Aber es ist nicht so wie bei der Chemie. Da kann man sagen, es ist bewiesen. Es war eigentlich schon bewiesen, als Werner Heisenberg im Jahre 1926 – also noch ein Jahr ehe ich ihn kennenlernte, aber ein Jahr nach der Quantenmechanik – zum ersten Mal das Spektrum des Heliumatoms ausrechnete. Er fand für jede Spektrallinie bis auf die letzte Dezimale genau jene Werte, die man empirisch findet. Dann war man eigentlich schon beruhigt und sagte: Das ist die richtige Theorie.

E. K.: Das ist eine doch sehr abstrakte Wissenschaft. Trotzdem ist die Erkenntnis nicht ganz nebensächlich für das folgende Gespräch. Denn für Laien ist es unerhört schwierig, sich das vorzustellen. Die Vielfalt der Welt ist enorm, erst recht, wenn man noch die Lebewesen und die Geschichte dazunimmt. Wie kann man sich vorstellen, daß diese ganze vielfältige Welt auf *ein* Gesetz zurückzuführen wäre?

C. F. v. W.: Wie kann man sich das Gegenteil vorstellen? Das finde ich fast noch schwerer. Zwei Prinzipien sind nicht Prinzipien. Und tausend Prinzipien sind überhaupt keine Prinzipien, sondern ein Chaos. Die Welt ist doch nicht chaotisch.

E. K.: Ist das nicht auch eine Hypothese?

C. F. v. W.: Sicher. Ich rede jetzt mit Vergnügen ein bißchen emotional aus meinen philosophischen Überzeugungen heraus. Und diese könnte ich natürlich auch akademisch darlegen. Ich sage nur, es ist in der Tat höchst verwunderlich, daß es so etwas wie ganz strenge Naturgesetze gibt. Aber ohne dieses Wunder würde man überhaupt nie mit der Wirklichkeit in Berührung kommen. Sokrates hat schon gesagt: Die Philosophie beginnt damit, daß man sich wundert.

E. K.: Das würde dann aber auch heißen, daß die Weltgesetze im Grunde genommen mathematisch sind, also daß die Welt auf mathematischen Gesetzen ruht?

C. F. v. W.: Also da muß ich sofort eine Einschränkung machen. Für die Wissenschaft des 20. Jahrhunderts christlicher Ära ist es so, wie Sie soeben formuliert haben. In unserer jetzigen geschichtlichen Situation haben wir eine mathematische Version der Ordnung, die die Welt durchzieht, einigermaßen entworfen. Fertig ist das nicht, aber damit sind wir befaßt. Aber wahrscheinlich ist die Mathematik nur eine vereinfachende Abstraktion. Dahinter steht noch ein Reichtum, der durch die Mathematik, wenn man ihn einmal verstanden hätte, vielleicht sogar beschrieben würde, der aber bei dem, was uns bei der Mathematik einfällt, zunächst nicht beschrieben ist.

Aber ich zitiere jetzt lieber einen der von mir verehrten Leute, nämlich Johannes Kepler. Johannes Kepler hat die drei Planetenbewegungsgesetze gefunden. Und er hatte das große Erlebnis, das eben jemand hat, der so etwas findet. Und dann in seinem Buch über die Weltharmonik, in dem er das dritte dieser Gesetze aussprach – die zwei anderen hatte er schon vorher gefunden –, kam er in einen Begeisterungsausbruch. Er lautete etwa so: Ich habe die goldenen Gefäße der Ägypter geraubt (das ist ein Bibelzitat). Ich habe diese Gesetze gefunden. Wohlan, ob jemand dieses Buch lesen wird oder nicht, was schert mich das. Warum soll ich nicht hundert Jahre auf einen Leser warten, hat doch Gott fünftausend Jahre auf den Menschen gewartet, der sein Werk beschaut. Das war sein Erlebnis.

E. K.: Sie reden von großen Entdeckern. Und einmal haben Sie gesagt, jedes Jahrhundert hat seine eigenen großen Entdeckungen oder Erfindungen gemacht. Im 18. Jahrhundert geschah es im Bereich der Musik, etwa bei Mozart. Im 20. Jahrhundert ist es die Physik. Was könnte es im 21. Jahrhundert sein?

C. F. v. W.: Das werden unsere Enkel wissen. Ich weiß es wirklich nicht. Aber was Sie jetzt gerade zitieren, ist eigentlich eine Äußerung von Heisenberg. Heisenberg hat geschwankt, ob er Physiker oder Musiker werden sollte. Und dann hat er das so illustriert, daß er sagte: In der Zeit Mozarts hätte ich vielleicht Musiker werden sollen. Aber in diesem Jahrhundert habe ich Physiker werden müssen. Übrigens war er als Physiker noch begabter denn als Musiker, aber er war ein guter Musiker. Aber was die Physik nur ahnt und überhaupt nicht beschreibt, ist – was ich kurz nennen würde – der Geist. Wenn ich Kepler zitiere, dann zitiere ich einen frommen Menschen, der seine Frömmigkeit in seinem Handwerk der Physik bestätigt sieht. Der normale Physiker hat vielleicht großen Respekt für diese Denkweise. Er hat vielleicht ähnliche Erlebnisse. Aber die Physik beschreibt das alles nicht. Was das ist, was ich jetzt mit dem Wort »Geist« bezeichnet habe – wobei der religiöse Hintergrund sagt, daß ich mit Geist nicht nur Intellekt meine, sondern vielleicht auch einen heiligen Geist –, das ist eine Sache, die in der Physik bisher nicht thematisiert worden ist. Wie das mit der Physik zusammenhängt, das werden spätere Generationen wissen.

E. K.: Das könnte aber ein Gegenstand des 21. Jahrhunderts sein, wenn die Physik eigentlich ihre Triumphe gefeiert hat. – Sie haben damit in vieler Hinsicht erahnen lassen, inwiefern Sie von Haus aus, von Jugend auf, eine philosophische Ader hatten. Trotzdem möchte ich eine elementare Frage stellen: Die Physik erkennt Grundgesetze und kann sie durch das Experiment bestätigen oder falsifizieren. Muß es nicht für Sie als Philosophen – Sie haben ja 1957 in Hamburg einen philosophischen Lehrstuhl angetreten – schmerzhaft sein zu erfahren, wie gegenüber der exakten Wissenschaft der Physik in der Philosophie sehr viele Meinungen und Positionen umstritten und kaum Erkenntnisse und Einsichten strikt beweisbar sind?

C. F. v. W.: Man kann sich vorstellen, daß die Empfindung so sei, bei mir ist sie nicht so. Ich kann das so erläutern. Ich habe Physik studiert. Ich konnte dann auch die Schrödinger-Gleichung lösen und habe ganz nette Arbeiten gemacht über eine Massenformel der Atomkerne und über die Quelle der Sonnenenergie durch Kernreaktionen und lauter solche Dinge. Aber gleichzeitig wollte ich doch eigentlich die Quantentheorie verstehen, weil sie die zentrale Disziplin der Physik geworden ist. Und dann habe ich erkannt: Ich habe zwar gelernt – wie ein Kind bei seinen Eltern lernt –, dieselbe Sprache zu sprechen, wie sie die Physiker sprachen, aber es war mir vollkommen bewußt, daß ich sie nicht verstand. Was ist Energie? Was ist Zeit? Was ist Raum? Was ist ein Gegenstand im Raum?

E. K.: Haben es die übrigen Physiker denn verstanden? Sind Sie derjenige gewesen, der es zugegeben hat?

C. F. v. W.: Ja, dem es wichtiger war, es so zu verstehen, daß er es auch hätte sagen können. Während die Physiker im allgemeinen, wenn sie intelligent waren, auch wußten, daß sie in gewisser Weise nur schwimmen und die Grundlagen nicht wirklich verstehen. Aber zum Beispiel bei Heisenberg war das eigentlich immer sehr schön. Wenn ich ihm sagte: Hör mal, du mußt jetzt noch die Philosophie zu diesen Sachen machen, dann sagte er: Wenn du das mal können wirst, dann mach es ruhig. Mir ist es zu schwer. Wir waren uns also als Physiker der offenen Front zur Philosophie völlig bewußt. Gerade weil damals diese großen wissenschaftlichen Revolutionen passiert sind. Und in den Revolutionen der Wissenschaft merkt man die Unentbehrlichkeit der Philosophie.

E. K.: Sie haben sich dann Kant vorgenommen, das ist verständlich. Er hat die Bedingungen unserer Vernunft, auch der Erfahrung genannt. Für uns schwieriger zu erkennen ist, warum Sie sich Platon zugewandt haben. Immerhin liegt er gute zweitausend Jahre zurück. Warum gerade Platon?

C. F. v. W.: Der Unterschied liegt auch im Tempo der Wissenschaften. Wenn ein Physiker heute über irgendeine Arbeit spricht, die ihn interessiert, dann sagt er: Wie schon Weinberg 1981 gesagt hat. Wenn dagegen jemand über Philosophie spricht, sagt er: Leider existiert noch immer kein wirklich guter Kommentar zum Buch K (XI) der *Metaphysik* des Aristoteles. Das ist ein ganz langsamer Schritt.

E. K.: Aber trotzdem: Platon hat wohl die Sage von Dädalus und Ikarus gekannt, diesen Mythos, der erzählt, wie sich zwei Menschen durch einen Flug über das Meer aus der Gefangenschaft befreien wollen. Aber er hat keine Ahnung gehabt – nehme ich an – von einem Flugzeug, von einer Weltraumrakete. Wie kann so ein Mann zur Begründung der Physik, der philosophischen Fragen dieser modernen Physik etwas beisteuern?

C. F. v. W.: Ich will es nochmals in meiner eigenen Erinnerung schildern. Ich habe nicht mit Kant angefangen, sondern ich habe zunächst diejenigen Philosophen gelesen, die uns Physikern von damals bestätigten, daß wir recht hätten. Das waren die Positivisten des Wiener Kreises. Und dann habe ich gesehen, daß diese Leute mir absolut nichts nützten, denn sie bestätigten, daß wir es richtig gemacht haben, und probierten es nachzumachen. Aber sie benützten lauter Begriffe, die mir genauso unverständlich waren. Sie sagten: Das ist Erfahrung, was ihr da macht. Mein lieber Himmel, was ist Erfahrung? Wie kann man, indem man sechsmal hinguckt, ein immer gültiges Gesetz finden. Oder wenn man tausendmal hinguckt. Ludwig Wittgenstein hat das herrlich karikiert, indem er sagte: Wenn ich in der Morgenzeitung etwas lese, das ich nicht glauben kann, dann kaufe ich hundert Exemplare davon, dann glaub ich's. Es war sofort zu erkennen, daß diese Philosophie einfach das Problem, das sie zu stellen suchte, nicht löste; im Grunde darum, weil sie es nicht einmal zu stellen vermochte. Was übrigens, wie ich dann später sah, Karl Popper den Positivisten mit Recht vorgeworfen hat. Dann habe ich gefunden, Kant hat wenigstens darüber nachgedacht, wie man aus Erfahrung allgemeine Gesetze finden kann. Also las ich Kant. Und dann standen bei Kant so ganz wunderliche Ausdrücke wie: a priori, synthetische Urteile a priori. Weder was synthetisch, noch was Urteil, noch was a priori ist, war mir eigentlich klar. Und dann stand da dieser geheimnisvolle Terminus »Metaphysik« und dieses tiefsinnige Wort »Vernunft«, und nichts von dem war mir klar. Und Kant hat es nicht erklärt, er wußte sowieso, was er meinte. Also mußte ich die Quellen Kants studieren. Und die Quellen Kants waren zum Beispiel Leibniz. So habe ich ein bißchen versucht, Leibniz zu lesen. Dann sah ich, daß man dazu Descartes verstanden haben muß. Dann habe ich Descartes gelesen, relativ fleißig. Dann sah ich, daß Descartes ein Schüler der Jesuiten war und eigentlich Scholastik konnte, und ohne die Scholastik ist Descartes überhaupt nicht zu verstehen. Dann wollte ich die Scholastik verstehen. Dann sah ich, daß Thomas den Aristoteles benützt hat. Dann las ich Aristoteles und dann Platon, den ich schon in der Schule gelesen hatte. Bei Aristoteles und Platon hatte ich zum ersten Mal das Gefühl: Das ist eine Philosophie, die man verstehen kann. Und zwar ganz einfach: Es hat mal jemand sehr hübsch gesagt: Das Gute bei den alten Griechen ist, daß sie nicht nötig hatten, auf die alten Griechen zurückzugehen. Sie haben ihre Begriffe selber erfunden und wußten, was sie meinten. Dagegen interpretieren alle Späteren bereits verzerrte Traditionen.

E. K.: Wer Platon hört, weiß wohl aus der Geschichte – oder hat mindestens eine Ahnung davon –, daß er seine Ideenwelt durch das Höhlengleichnis ausgedrückt hat. Sie haben das aufgegriffen und es verbunden – und das ist für mich frappierend – mit einer historischen Begebenheit. Sie haben in Starnberg in der Nähe von Konrad Lorenz gewohnt und kannten seine Graugans Martina, die ja weltbekannt geworden ist. Seine Theorie von der Graugans, also eine materialistische Theorie der Evolution, haben Sie in Beziehung gesetzt zum Höhlengleichnis des größten Idealisten Platon. Wie geht das zusammen?

C. F. v. W.: Sagen Sie mir mal, was die Wörter »Materialismus« und »Idealismus« bedeuten sollen. Beide sind Schimpfwörter. Und zwar einfach von zwei Schulen gegeneinander. Woher wissen wir, was Materie ist? Wer eine sogenannte materialistische Evolutionstheorie macht und wirklich gut reflektiert, der kommt zum Beispiel auf die Mathematik. Was ist Materie? Materie ist das, was den Naturgesetzen genügt. Was sind die Naturgesetze? Das sind heute mathematisch gefaßte Gesetze. Was ist ein mathematischer Begriff? Das ist etwas, worüber man eine Aussage machen kann, ohne Erfahrung dafür zu brauchen, das ist eine Struktur. Und was ist die griechische Übersetzung von Struktur? Idea. Das heißt, Platons sogenannter

Idealismus ist diejenige Philosophie, die zum ersten Mal – und wahrscheinlich am besten – versucht hat zu erfassen, was das ist, ohne das es kein Naturgesetz geben könnte.

E. K.: Dann wären die Schatten, die die Gefesselten in der Höhle wahrnehmen, Abbilder von solchen Strukturen, wie Sie sie jetzt erklärt haben?

C. F. v. W.: Das Wort »Abbild« ist eine platonische Metapher. Aber in einer vorläufigen Deutung der Ideenlehre würde ich zunächst mal sagen: Die Schatten auf der Wand sind das, was wir sinnlich wahrzunehmen glauben. Und dann muß man sich ganz umdrehen, um zu sehen, daß es nur Schatten sind. Die Sachen, die in der Höhle vorbeigetragen werden, hinter dem Rücken der Gefesselten, und deren Schatten auf die Wand projiziert werden, sind in dieser Deutung des Höhlengleichnisses ungefähr das, was die Physik in Gestalt von Atommodellen und dergleichen ausdrückt. Es ist das, was die Physiker die Realität nennen. Dann geht man aus der Höhle hinaus und findet dort oben die Schatten der wirklichen Gegenstände, deren Abbilder in der Höhle waren. Und diese Schatten der wirklichen Gegenstände sind die mathematischen Begriffe. Und schließlich kommt man zu den wirklichen Gegenständen. Das sind die fundamentalen Strukturen, die Platon Ideen nennt. So ist das angelegt.

E. K.: Und sozusagen die höchste Idee, die bei Platon das Wahre, das Gute, das Schöne ist, das wäre dann das vorhin angedeutete letzte Prinzip, die letzte Struktur, nach der wir suchen?

C. F. v. W.: Ich meine, jetzt kommen wir in die wirklich schwierigen Bereiche. Jetzt fangen wir an von dem zu reden, was bei Platon Philosophie ist. Denn alles, was ich bisher erzählt habe, ist Propädeutik, Vorbereitung. Und da muß man den Dialog *Parmenides* von Platon lesen. Dann wird einem schwindeln, und wenn einem nicht schwindelt, hat man nichts verstanden. Sie haben gerade die Namen des obersten Prinzips kurz aufgezählt. Es sind eigentlich vier: das Eine, das Gute, das Wahre und das Seiende. Und das Schöne ist der Abglanz des Wahren. In dem Wort »das Gute« liegt, daß es in dieser Lehre nicht nur um den Hintergrund dessen geht, was wir theoretische Wissenschaft nennen. Sondern zunächst geht es moralisch um den Hintergrund der Politik. Man kann Platon überhaupt nicht verstehen, wenn man nicht versteht, daß er Politik will. Außerdem ist »das Gute«, das hier mit einem Neutrum bezeichnet wird, dasjenige, das die Mythologien der Völker mit einem Maskulinum oder Femininum bezeichnen und Gott oder die Götter nennen. Also hier ist zugleich von Physik, von Politik, von Ethik und von Religion die Rede. Und das ist der eigentliche Gehalt dieser Philosophie.

E. K.: Kehren wir zurück zu unserer Praxis. Wenn Sie als Physiker den Durchgang durch die Philosophie gemacht haben, was könnte denn das jetzt bedeuten, meinetwegen für den Lehrgang einer technischen Hochschule? Wie würden Sie einem Informatiker oder einem Ingenieurwissenschaftler klarmachen, daß dieser Durchgang durch die Philosophie von Platon für ihn etwas bedeutet?

C. F. v. W.: Ich würde ihm gar nicht zumuten, daß er das machen muß. Ich habe ja auch Vorlesungen gehalten für Naturwissenschaftler und ihnen diese Sachen erzählt. Und ich glaube, an die Probleme, um die es sich da handelt, kommt jeder heran, der verstehen möchte, was er tut, und zwar auch moralisch verstehen möchte, was er tut. Aber daß man sich ausdrücklich mit Platon beschäftigt, würde ich jemandem, dessen Beruf zum Beispiel Informatik ist, nicht zumuten. Wenn er es aber gerne will, dann würde ich ihm vorschlagen, wie er es machen muß. Bezüglich der Interpretation der Philosophie habe ich gelegentlich die Formel gebraucht: Die Wissenschaft, wie zum Beispiel die Physik, ist das, was wir Menschen gerade noch können. Wir müssen dort aber darauf verzichten, die Grundfragen wirklich zu stellen. Das Stellen der Grundfragen, die Philosophie, ist im Grunde zu schwer für uns Menschen. Und ich möchte niemandem zumuten, der das nicht leidenschaftlich wünscht, daß er dieses zu Schwere probiert. Er kann glücklich sein, ohne es zu probieren. Aber wenn er es probiert, dann kommen viele technische Anforderungen. Wenn zum Beispiel, als ich Philosophie dozierte, ein Student zu mir kam und gerne bei mir eine Doktorarbeit machen wollte, fragte ich: Können Sie Griechisch? Wenn er dann sagte, nein – was meistens der Fall war –, dann sagte ich: Wenn Sie bei mir promovieren wollen, müssen Sie mit dem Graecum ankommen, müssen Sie Griechisch gelernt haben. Dann sagte er: Wieso? Dann habe ich erklärt: Wie wollen Sie Platon lesen, wenn Sie nicht mal Griechisch können. Dann gab's zwei Reaktionen: Entweder sagte der Betreffende: Ich will doch philosophieren, nicht Griechisch lernen. Aus so einem ist in der Philosophie nie etwas geworden. Oder er sagte: Ach so, jetzt begreife ich, das ist ein Hilfsmittel, das man eben braucht. Gut, ich komme in einem halben Jahr mit dem Graecum. Das waren die philosophisch begabten Leute.

E. K.: Sie sagen, es ist nicht nötig, daß man die Philosophie studiert. Aber wenn es sich um Grundfragen handelt, dann könnte es ja gefährlich sein, daß man die Grundfragen nicht stellt.

C. F. v. W.: Das stimmt, aber ich meine, Menschen sind ja Gesellschaftswesen. Wir leben miteinander. Wenn ich zum Beispiel als Physiker eine Theorie entwerfe, etwa eine Massenformel für die Atomkerne, wie ich sie als junger Wissenschaftler entwickelt habe, dann war die Formel zwar ganz hübsch, aber um sie prüfen zu können, mußte ich mich auf Experimente stützen, die ich nicht gemacht hatte und die ich auch gar nicht hätte machen können. Ein Techniker hingegen kann nur Apparate bauen, sofern jemand da ist, der das Handwerkliche daran macht und sofern jemand die Apparate benützen will. Das heißt, wir stehen immer im gesellschaftlichen Zusammenhang. Und im gesellschaftlichen Zusammenhang ist es legitim, daß Menschen sich zusammentun, um mit ihren verschiedenen Gaben sich zu ergänzen. Die Formen, in denen man versuchen kann, sich das richtige Handeln klarzumachen, sind traditionell. Es gibt traditionell Ethik, es gibt traditionell Religion, und in diesen Formen kann man sehr viele Regeln sehr gut aussprechen, die zu befolgen äußerst förderlich ist, ohne daß man die ganze philosophische Reflexion dazu macht.

E. K.: Sie haben damit angedeutet, daß ein ganz spezifisches Spannungsfeld besteht zwischen der Natur und den Menschen. Der Mensch ist ein Stück Natur und setzt sich zugleich aus der Natur heraus. In Ihrer *Geschichte der Natur* haben Sie schon 1948 geschrieben: »Nur mit Zaudern beginne ich vom Menschen zu reden«, und später haben Sie den Menschen definiert als »Wesen, das über seine Natürlichkeit erschrickt«.

C. F. v. W.: Sie haben das Wort »Natur« benützt, und wie all unsere Vokabeln ist das vieldeutig. Der Mensch, der über seine Natürlichkeit erschrickt, das sind zum Beispiel Adam und Eva. Die Schlange hatte vollkommen recht, als sie ihnen riet, sie müßten von dem Apfel essen, um zu erkennen, was Gut und Böse ist. Sie hatten dem Rat gehorcht und vom Apfel gegessen. Es war nur nicht angenehm, das zu erkennen. Und sie waren plötzlich aus dem Paradies draußen. Da sind sie über ihre Natürlichkeit erschrocken und zogen sich – wie es geschildert wird – plötzlich Schürzen an. Und das heißt: Der Mensch, der zuerst als Kind der Natur naiv ist, entdeckt irgendwann, daß das, was wir in einem eingeschränkten Sinn des Wortes Natur nennen, etwas ist, das ihn gefesselt hält, womit er aber nicht schon sich selbst ausgeschöpft fühlt. Das ist eine der großen Erfahrungen. In den frühen Stadien der Kultur war die umgebende Natur der Feind, keineswegs harmonisch. Und die eigene Natur des Menschen ist in dem Augenblick problematisch geworden, als man sah, daß man, wenn man natürlich handelt, ebensowohl gut wie böse handeln kann. Daß hier der Mensch einen Befehl an sich selbst richten oder sich von einer Gottheit geben lassen muß, das eine zu wählen und das andere zu verwerfen, das ist von den Menschen in der Geschichte verstanden worden als etwas, das der Natur gegenübersteht. Aber die Vokabeln sind sehr fließend. Ich wäre auch bereit zu sagen, ich bin ein Kind der Natur und will gar nichts anderes sein. Nur bin ich dann eine besondere Art von Kind der Natur, insofern ich Mensch bin. Denn die Probleme, die Menschen hier haben, haben die Löwen und die Ratten nicht.

E. K.: Ja, und ich glaube, daß sich der Mensch heraussetzt aus der Natur, macht auch ein Stück seiner Freiheit aus.

C. F. v. W.: Seiner Illusion, frei zu sein.

E. K.: Würden Sie das so hart sagen?

C. F. v. W.: Freiheit ist ein moralischer Begriff, und wenn ich mir selber sage oder wenn ich einem anderen sage oder wenn mir meine Mutter gesagt hat, als sie mich erzog: »Das sollst du tun, und das andere sollst du lassen«, dann war darin natürlich enthalten, daß ich das kann. Und insofern rede ich von Freiheit. Das heißt: der logische Sinn eines Gebots ist, daß der Betreffende, der das Gebot erfüllen soll, es auch kann: Du kannst, denn du sollst. Wenn man aber das Wort Freiheit ganz ernst nehmen will, dann möchte ich Martin Luther zitieren. Seine große Erfahrung, die entscheidende religiöse Erfahrung von Luther war der unfreie Wille. Der freie Wille, der wohl entscheiden kann, ob er jetzt ein Butterbrot essen will oder lieber ein Käsebrot, kann keineswegs entscheiden, das Gute zu tun; vielmehr tut er das Böse, das er nicht will. So steht es auch schon bei Paulus. Und insofern rede ich von der Illusion der Freiheit.

E. K.: Auf die gesellschaftlichen Konsequenzen dieser Aussage werden wir noch zu sprechen kommen. Zunächst aber möchte ich Sie an einen Ausspruch erinnern. Sie haben einmal gesagt: Wenn Sie Platon im Hades antreffen würden, sollte er Sie eines Gespräches würdigen. Worüber würden Sie sich gerne mit Platon unterhalten, wenn Sie könnten? Gerade über diese Freiheit?

C. F. v. W.: Nein.

E. K.: Das ist für Sie klar?

C. F. v. W.: Das weiß ich nicht. Nun, wir Menschen sind verschieden und dürfen verschieden sein. Ich habe das Pathos der Freiheit immer ein bißchen sonderbar gefunden. Und ich habe mich eigentlich besser zu Hause gefühlt bei Menschen, die gebunden sein wollen an etwas Gutes. Also mehr bei Goethe als bei Schiller. So bin ich zufällig beschaffen. Und ich würde Platon nicht nach der Freiheit fragen. Ich würde, wenn ich Platon im Hades treffen sollte, mit einer Geste heiterer Verehrung ihm gegenübertreten und ihm relativ bald anbieten, ich könnte ihm etwas von Heisenbergs Physik erzählen. Das würde ihn, da er doch den *Timaios* geschrieben hat, ohne jeden Zweifel interessieren. Und dann würde ich einflechten: Also, großer Meister, Ihre Schriften habe ich zwar mit Leidenschaft gelesen, aber da ist doch vieles sehr schwierig. Da würde er sagen: Lieber junger Freund, das weiß ich auch. So würde ich in das Gespräch mit ihm eintreten, das er mir anbieten würde. Ich weiß nicht, wohin das Gespräch uns schließlich führen würde.

E. K.: Gehen wir zurück auf ein ganz konkretes Datum Ihrer Geschichte. Sie haben während des Zweiten Weltkriegs zur Gruppe der Physiker gehört, die eine Atombombe für die deutsche Wehrmacht konstruieren sollte. Diese Gruppe hieß »Uranverein«. Wie hat man in dieser Gruppe diesen Auftrag gesehen? Was war da für eine Stimmung?

C. F. v. W.: Ich will nicht ausweichen, ich rede gerne auch von der Situation dieser Gruppe. Aber ich finde, es ist im ganzen noch wichtiger, das Problem so zu sehen, daß es auch die amerikanische Gruppe und die heutigen Probleme einschließt. Ich erzähle wieder aus meinem Leben heraus. Im Jahre 1932 etwa – als ich 20 Jahre alt war – war mir klar, daß ich Kernphysik machen wollte, einfach weil das damals die modernste Wissenschaft war, die modernste Physik, das, was sich gerade öffnete. Ich machte mir damals Überlegungen, wie ich mich eigentlich finanziere. Ich habe schon als Bub mal einen Vers gemacht: Wenn ich hätt' genügend Geld, um zu leben sicher, würd' am liebsten auf der Welt ich ein Sternkundiger. Der Vers war nicht sehr gut, aber er drückte aus, daß ich schon als Bub über Kulturfinanzierung nachgedacht habe. Denn reich waren meine Eltern nicht. Mein Vater hatte halt sein Gehalt. Und später hat das die Version angenommen, daß ich sagte: Wenn die menschliche Gesellschaft, vertreten durch den Staat, mir erlaubt, mein Leben lang ein vollkommen folgenloses Steckenpferd zu reiten, wie zum Beispiel die Kernphysik, dann will ich diese Kulturfinanzierung sehr gern annehmen. Denn mich interessiert das.

Sieben Jahre später ruft mich Otto Hahn an, bei dem ich gearbeitet hatte. Ich wohnte fünf Minuten von ihm in Dahlem. Er fragte mich: Herr von Weizsäcker, können Sie sich ein Radium vorstellen, das bei jeder chemischen Trennung nicht mit Radium, sondern mit Barium geht? Da hat man ein bißchen darüber geredet, und er hatte die Uranspaltung entdeckt. Komischerweise habe ich also auch dies, ehe es publiziert war, schon kennengelernt. Und bald nachher entdeckte Frédéric Joliot in Paris, daß die Uranspaltung, die durch Neutronen gemacht wird, selbst Neutronen freisetzt. Und jeder Physiker, der was von der Sache verstand, mußte dann wissen, daß eine Kettenreaktion möglich ist, also vermutlich ein Reaktor und vermutlich eine Bombe. Ich erzähle die Geschichte so ausführlich, weil ich zeigen will, wie die Physiker in diese Sache hineingekommen sind, ohne zu wissen wie. Natürlich hat es Physiker gegeben, die technischen Erfolg haben wollten. Ich zufällig nicht. Ich war nicht so beschaffen. Aber viele wollten das.

Doch diese Entdeckungen waren ein unvorhersehbares Ereignis, das für sämtliche Physiker der Welt – soweit sie überhaupt so etwas hatten wie ein Gewissen – das Leben unumkehrbar verändert hat, bis heute. Mir ging es damals so: Ich hatte aus Kindheitstagen einen Jugendfreund, Georg Picht, einen Philosophen und gelernten Philologen. Zu ihm bin ich damals gezogen, er lebte auch in Berlin, und ich habe ihm gesagt: Hör mal, man kann wahrscheinlich eines Tages eine Bombe machen, mit der man eine ganze Stadt, mit einer einzigen Bombe, zerstören kann. Was soll passieren? Wir haben lange darüber geredet – eine Nacht lang –, und unsere Folgerung war, daß vermutlich die Menschheit gezwungen sein wird, die politische Institution des Kriegs abzuschaffen, wenn die Menschheit überleben will. Und das finde ich heute noch. Das heißt, die Atombombe war eigentlich das Weckersignal, das uns aufgeweckt hat, um zu erkennen, daß die Kultur, die wir entwickelt haben, selbstzerstörerisch wird, wenn sie nicht bestimmte uralte atavistische Formen des Umgangs der Menschen miteinander, die in der Politik noch die herrschenden sind, überwindet. Das war das eigentliche Problem.

E. K.: Sie fordern die Abschaffung des Kriegs. Dem könnte man ja entgegenhalten: Wurde denn der Krieg je angeschafft? War der Mensch nicht immer dem Menschen ein Wolf, wie das lateinische Sprichwort heißt . . .?

C. F. v. W.: Das ist eine Formel von Thomas Hobbes: *homo homini lupus*. Ich habe von Konrad Lorenz gelernt, daß der Wolf dem Wolf kein Mensch ist. Menschen bringen sich in der Tat gegenseitig manchmal um, Wölfe nicht. Das heißt, wenn eine Spezies, die von Natur bewaffnet ist, wie die Wölfe, auch noch die Gewohnheit hätte, daß sich die Konkurrenten um den ersten Platz im Rudel umbringen, dann würden diese Spezies nicht lange überleben. Das ist guter Darwinismus, daß das nicht geht. Der Mensch ist von Natur nicht sehr bewaffnet, es ist schwer, einen Menschen mit den bloßen Händen umzubringen. Er hat aber durch seinen Intellekt eine Waffe, und er hat Waffen konstruieren können. Er hat das ganze System der großen Gesellschaft entwickeln können, in dem es dann auch so etwas wie Waffen und Heere gab. Und hier ist der Intellekt des Menschen seiner instinktiven Ausstattung davongelaufen. Wenn die instinktive Ausstattung nicht durch eine kulturell gelernte Verhaltensweise ergänzt wird, dann ist die Menschheit eine Fehlkonstruktion und wird sich vernichten.

E. K.: Aber da werden viele sagen: Das ist doch eine blanke Illusion zu meinen, man könnte den Krieg abschaffen . . .

C. F. v. W.: Die Leute, die das meinen, meinen damit, daß wahrscheinlich sie selbst im Dritten Weltkrieg untergehen werden. Und wer das will, bitte, der möge diese Meinung weiterführen.

E. K.: Gehen wir zurück zu Otto Hahn. Er hat die Uranspaltung entdeckt, wie Sie gesagt haben, 1938 glaube ich. 1944 hat er den Nobelpreis für Chemie dafür bekommen. 1945 waren Sie dabei, wie er erfahren hat, daß die Vereinigten Staaten über Hiroshima die erste Atombombe abgeworfen haben. Wie hat er darauf reagiert?

C. F. v. W.: Verzweifelt! Ja, so ist es. Aber nun möchte ich auf die Frage zurückkommen, der ich vorhin ausgewichen bin, weil ich sie zu speziell fand. Wir haben damals alle unter Hitler gelebt. Und selbstverständlich war die Frage wichtig, was eigentlich aus unseren Arbeiten unter diesem Regime herauskomme. Denn als ich im Februar oder März 1939 zu Georg Picht zog, war uns beiden klar, daß Hitler einen Krieg anfangen wollte. Und ich habe mit Hahn im Oktober 1939 darüber gesprochen, daß wir diese Arbeiten machen sollten. Ich habe Hahn gesagt: Wenn wir diese Arbeiten machen, können Sie zum Beispiel Ihr Institut durch diesen Krieg, der inzwischen angefangen hatte, hindurchretten, Sie werden bezahlt werden, Sie können Ihre Leute durchretten. Wir können alles mögliche Gute tun, und ich schlage vor, daß wir es machen. Und Hahn sagte mir: Ihr Rat ist wohl richtig. Aber er wurde sehr erregt und sagte: Wenn aus meiner Arbeit Hitler eine Atombombe bekommt, bring ich mich um. Diese Worte habe ich noch im Ohr. Das heißt, wir standen vor dem eigentümlichen Dilemma der Kooperation, wobei wir doch den eigentlichen waffentechnischen Erfolg nicht wünschen konnten. Da wäre nun lange darüber zu reden, wie man sich damals verhalten hat, und da wäre auch lange über meinen Vater zu reden, der meiner Meinung nach genau das Richtige gemacht hat. Es ist nur das Tragische, daß er gescheitert ist.

E. K.: Indem er über die Grenzen hinweg ...

C. F. v. W.: ... indem er versuchte, auf irgendwelche Weise die Position, die er als Staatssekretär im Auswärtigen Amt hatte, dazu zu benützen, den Krieg zu verhindern und, als er begonnen war, nach Möglichkeit ihn rechtzeitig zu beenden. Dazu war allerdings, wie sich dann zeigte, notwendig, daß jemand es fertigbringt, Hitler umzubringen. Mein Vater war damals mit dem Widerstand befreundet. Doch dies ist ein langes Thema für sich, das wir wohl jetzt nicht besprechen können. Aber ich möchte feststellen, daß in dieser Situation Hitler eine sehr große Versuchung war.

E. K.: Für Sie als Wissenschaftler?

C. F. v. W.: Nicht für mich als Wissenschaftler, aber für mich als jungen Menschen in Deutschland. Hätte nicht mein Vater von Anfang an gesagt: Diesem Mann kannst du nur Schlechtes zutrauen, und hätte ich nicht gute jüdische Freunde gehabt, dann wäre ich ihm nachgelaufen.

Also so simpel ist es nicht. Doch 1939 waren wir schon ein bißchen älter, und ich schildere jetzt nicht, was jeder einzelne immer gedacht hat: das würde viel zu lang. Nur soviel kann ich sagen. In unserer Gruppe waren wir heilfroh, als wir etwa nach einem Jahr sahen, daß die Daten, die wir gefunden hatten, ausschlossen, daß wir mit den Mitteln, die wir zur Verfügung hatten, eine Atombombe machen würden. Aber einen Reaktor zu machen, das haben wir uns zugetraut. Und für Hahn war damals und auch später nach dem Krieg dieses der große Trost: Zwar hat meine Arbeit die Atombombe zutage gefördert, und die Toten von Hiroshima gehen insofern auch auf mein Konto. Andererseits kann es sein, daß die Atombombe einen Beitrag dazu liefert, daß der Krieg abgeschafft wird. Jedenfalls liefern wir der Menschheit eine haltbare, dauerhafte und völlig umweltfreundliche Energiequelle. Das war seine Vorstellung. Das war der große Trost.

Aber die Reaktion auf Hiroshima war schrecklich. Denn Hahn war von früh an ein entschlossener Gegner des Nationalsozialismus. Er war ein guter, klassischer Liberaler. Seine ganze Hoffnung hat er auf einen Sieg des Westens gesetzt. Also auf den Sieg Amerikas. Und nun plötzlich erfuhr er aus dem Radio, daß die Leute, auf die er seine Hoffnung gesetzt hatte, diese Waffe wirklich eingesetzt hatten. Das hat ihn erschüttert. Es hat sein inneres, positives Verhältnis zum Westen und zu Amerika nicht umgeschmissen. Aber mit so etwas muß man fertig werden.

E. K.: Würden Sie sich heute nochmals auf so ein Experiment einlassen?

C. F. v. W.: Nein, ich würde es nicht noch mal tun. Denn ich wußte vorher nicht, daß wir es nicht können würden. Ich war immer noch jung. Ich war 27. Ich hatte die Vorstellung, auf irgendeine Weise Einwirkungsmöglichkeiten zu haben, die man nicht hat, wenn man irgend so ein Physiker ist oder an die Front geschickt wird. Ich hatte Träume, die ich heute wirklich als Träume erkenne, von der Möglichkeit einer Wirkung; und es war göttliche Gnade, daß wir es nicht konnten. Die Amerikaner haben es ja gekonnt. So weit weg von der Möglichkeit war es also nicht. Die Amerikaner haben allerdings tausendmal soviel Geld dafür ausgegeben wie wir, und hätten wir tausendmal soviel Geld ausgegeben, hätten wir es immer noch nicht gekonnt, weil unsere Bedingungen in mancher Hinsicht schlechter waren als bei den Amerikanern.

E. K.: Und die andere Hypothese von Hahn, die von der neuen, sauberen Energie, würden Sie diese heute noch unterstützen?

C. F. v. W.: Also heute muß ich sagen, daß das wahrscheinlich auch eine Illusion war. Aber ich habe es absichtlich erzählt. Denn wenn ich von der Vergangenheit rede, ist es für heutige Menschen vielleicht nicht ganz uninteressant zu wissen, daß das, was die Heutigen für selbstverständlich halten, 40 Jahre früher überhaupt niemandem bekannt war.

E. K.: Wie Sie die Sache schildern, ist die Physik eigentlich unversehens, man könnte sagen, in voller Naivität zur Ursache dafür geworden, daß die Welt sich verändert und daß die Politik sich verändert hat. Seitdem es die Atombombe gibt, kann es eine Außenpolitik im klassischen Sinn eigentlich überhaupt nicht geben. Wie ist es dazu gekommen? Ist da in der Physik irgend etwas schiefgelaufen? Oder hat man wichtige Fragen nicht gestellt, die man hätte stellen sollen?

C. F. v. W.: Ich würde es nicht ganz so sehen. Es gibt Leute, die meinen, die instrumentale Denkweise der Physik, zu der auch die Mathematik als Hilfsmittel gehört, sei in sich selbst moralisch problematisch. Ich will auch nicht leugnen, daß es so etwas gibt. Ich könnte durchaus einmal als Anwalt für diese Meinung auftreten. Aber wie ein Anwalt, der auch für die Gegenseite plädieren kann. Denn erst dann kann man eigentlich etwas verstehen, wenn man für beide Seiten zu plädieren vermag. Ich würde es anders ausdrücken: *eritis sicut Deus scientes bonum et malum* (»Ihr werdet sein wie Gott und wissen, was gut und böse ist«). »Folg' nur dem alten Spruch und meiner Muhme, der Schlange, dir wird gewiß einmal bei deiner Gottähnlichkeit bange«, sagt Mephisto im *Faust*. Die Schlange hat die Wahrheit gesagt. Adam und Eva haben dies nachher gewußt, aber dieses Wissen war für sie nicht sehr angenehm. Die Wissenschaft, die wir haben, ist zunächst eine Wissenschaft von Fakten und Gesetzen. Und sie liefert Macht. Dann aber nicht zu wissen, wie man mit Macht umgehen muß, ist tödlich. Man ist gezwungen, auch zu wissen, wie man mit Macht umgehen muß. Das heißt, ohne eine radikale Vertiefung des politischen Bewußtseins – so nenne ich es gerne, aber die Leute sprechen oft lieber vom moralischen Bewußtsein, so will ich auch dieses Wort ruhig gebrauchen – kann man mit solchen Erkenntnissen, wie die Wissenschaft sie uns liefert, wirklich nicht leben.

E. K.: Aber wenn Sie anderswo sagen, Wissen und Macht sind nur gut, wenn sie in guten Händen sind, dann wäre es nach dieser Schlangengeschichte, der Paradieserzählung, eigentlich von vorneherein eine Illusion, eine radikale Vertiefung des politischen Bewußtseins zu erwarten.

C. F. v. W.: Nun, die Schlangengeschichte ist von damals lebenden Menschen geschrieben worden. Etwa 500 v. Chr. vielleicht. Und die haben zurückgeblickt auf das Stückchen Hochkultur, das sie kannten. In Wirklichkeit sind die ersten elf Kapitel des *Buches Genesis*, des ersten *Buches Mose*, eine theologische Kritik der Hochkultur. Die Zeitskala stimmt so ziemlich. Die Erzählung vom Paradies ist eine vage und idealisierende Erinnerung an die Zeit, ehe Ackerbau und Städte erfunden waren. Kain, der Brudermörder, ist der Gründer der ersten Stadt. Ich behaupte also, daß wir es hier mit einem historischen Problem zu tun haben. Dieses historische Problem ist entstanden mit der Hochkultur, und ich sehe nicht, warum es nicht lösbar sein sollte. Die erste Bedingung dafür ist, daß man es sieht.

E. K.: Damit verlangen Sie aber vom Wissenschaftler, daß er auch für die Folgen seiner Erfindung, seiner Erkenntnis, geradestehen und Verantwortung tragen muß. Wird da nicht der Wissenschaftler zur Ohnmacht verurteilt? Kann er denn überhaupt wissen, welche Folgen seine Erfindung hat.

C. F. v. W.: Nein, das kann er nicht. Aber das ist der Unterschied zwischen Unreife und Reife. Ein erwachsener Mensch übernimmt die Verantwortung auch für die Dinge, die er nicht hat vorhersehen können, wenn jemand sie übernehmen muß. Nehmen wir als Beispiel Eltern mit ihren Kindern. Wenn ein Kind sich ein Bein gebrochen hat und Vater und Mutter haben nicht gewußt, daß dieser Unfall irgendwo auf dem Fußballplatz geschehen ist, dann können sie nicht sagen: Das habe ich nicht vorhersehen können, das geht mich nichts an. Vielmehr haben sie für die Heilung dieses Beins zu sorgen, weil es ihr Kind ist. Genauso in der Wissenschaft. Hahn konnte seine Entdeckung nicht vorhersehen. Und als sie gemacht war, da war's passiert. Aber Hahn war ein wirklich moralischer und reifer

Mensch, und so waren, wie ich vorhin sagte, auch die Toten von Hiroshima für sein Empfinden auf seinem Gewissen. Und für dieses Empfinden habe ich ihn verehrt.

E. K.: Also eine moralische Verantwortung, nicht eine legalistische Verantwortung?

C. F. v. W.: Nicht legalistisch. Legal kann man ihn nicht verantwortlich machen. Das wußte auch er ganz genau. Er wußte auch, daß er nur in einem gewissen Sinne moralisch verantwortlich war. Hahn war nicht ein Mann, der mit Selbstvorwürfen durchs Leben ging. Er war eigentlich eine ganz simple und freudige Natur. Nur wußte er: Von nun an bin ich genötigt, darüber nachzudenken, weil es für mein Leben und für das Leben meiner Mitmenschen zum zentralen Problem geworden ist. Und ich will mich dazu äußern und entsprechend handeln, wo ich kann.

E. K.: Aber könnte es nicht auch dazu führen, was schon Friedrich Dürrenmatt ad absurdum geführt hat, daß nämlich die Physiker mit ihrem Wissen in die psychiatrische Klinik gehen, um es vor Mißbrauch sozusagen zu retten?

C. F. v. W.: Ja, aber Dürrenmatts Stück ist eine Komödie, eine tiefsinnige Komödie. Und er widerlegt vollkommen richtig eine Meinung, die ich auch nie gehabt habe. Es kann nicht die Lösung des Problems der Wissenschaft sein, daß man seine Wissenschaft verheimlicht. Das ist keine Lösung.

E. K.: Sondern . . .

C. F. v. W.: Sondern, daß man die politischen Folgen aktiv zieht. Manchmal muß man auch etwas verheimlichen, das gibt's im Leben. Aber die Lösung des Problems der Wissenschaft ist entweder die Auflösung der Menschheit oder die Übernahme der politischen Verantwortung durch die Leute, die dazu fähig sind.

E. K.: Sie verlangen also vom Wissenschaftler, daß er auch politische Verantwortung übernimmt . . .

C. F. v. W.: Selbstverständlich.

Nur gibt es verschiedene Begabungen, wir haben es in unseren Demokratien ja noch relativ leicht. Da wird man normalerweise dafür, daß man sich verantwortlich fühlt, nicht gleich eingesperrt oder umgebracht oder gefoltert. Aber natürlich gibt es Leute, die mehr zur Politik begabt sind, und Leute, die mehr zur Wissenschaft begabt sind. Aber wir wissen doch alle, daß die Politik abhängt von der öffentlichen Meinung. Das übliche Urteil, daß man sagt, die Politiker seien schuld an unserem Elend, kann ich nach der Herkunft, die ich habe, einfach nicht teilen. Die Politiker, die ich gekannt habe, waren manchmal auch verantwortungslose Menschen, wie viele andere Menschen auch. Aber an sich ist ein Politiker ein Mensch, der bereit ist, eine der schwersten Aufgaben, die es gibt, zu übernehmen. Der Ehrgeiz hilft meistens dazu, dann wird's etwas leichter. Aber warum können die Politiker nicht das Richtige tun? Weil die Mehrheit der Bevölkerung das Richtige gar nicht will. Das ist der Grund. Und deshalb ist die öffentliche Meinung etwas vom Wichtigsten. Und darauf können die Wissenschaftler Einfluß nehmen.

E. K.: Sie verstehen es aber nicht so, daß die Wissenschaftler aktiv in die Politik einsteigen. Sie haben das ja selber auch nicht getan und wollten es nicht tun.

C. F. v. W.: So einfach ist das nicht. Jeder Mensch ist doch ein politisches Wesen, ein *zoon politikón*, wie das griechisch so schön heißt: ein politisches Tier. Auch wenn mein Leben weiterhin der Forschung und dem Schreiben von Büchern darüber und der Philosophie gewidmet ist, muß ich doch das Maß an politischer Verantwortung übernehmen, das mir, wie man so sagt, auf den Leib geschrieben ist. Da schien mir nun, ich kann analysieren, was die politischen Folgen sind. Und ich habe die letzten zehn Jahre meines Berufslebens ein Institut, das auf meinen Wunsch gegründet wurde, geleitet, ein Institut für politische Analysen, für politisch-ökonomisch-soziale Analysen. Das heißt, ich habe versucht, auf diesem Gebiet zu forschen. Das kann auch nicht jeder Physiker plötzlich, diese Sachen erforschen. Zufällig hatte ich da eine gewisse Vorbildung und vielleicht ein bißchen Talent dazu, also habe ich das gemacht. Ich habe aber immer gefunden, meine Kollegen sollen sehen, ich weiche nicht aus in die manchmal etwas billige Art, irgendein schönes Staatsamt anzunehmen, das man mir anträgt. Vielmehr bin ich bei dem geblieben, was im Prinzip jeder Wissenschaftler machen kann: nämlich bei der sorgfältigen Analyse der Konsequenzen und bei der öffentlichen Äußerung darüber. Das war mein politisches Handeln.

E. K.: Wenn man nun Ihre gerade aus dieser Arbeit herausgewachsenen Publikationen überblickt, ist ein Phänomen ganz unübersehbar. Sie haben es bereits angedeutet: Ihre Überzeugung, daß wir auf eine Katastrophe zuschlittern, wenn wir das politische System nicht ernsthaft verändern. Auf welche Analyse beruht diese Aussage? Ist es Ihre Angst? Oder verbinden Sie diese Angst mit einer Analyse unserer Kultur, unserer Zivilisation und unserer Technik?

C. F. v. W.: Das ist nicht ganz leicht zu beantworten. Ich würde zunächst sagen, Angst kann natürlich eine ganz schlechte Wirkung haben: weil Angst häufig, vor allem wenn man sie verdrängt, genau dasjenige produziert, wovor man Angst hat.

Aber nicht verdrängte Angst ist eine Weise der Wahrnehmung. Denn Dinge, die vital wichtig sind, nimmt man nicht unbeteiligt wahr. Gewiß, ich habe auch um mich selbst Angst, sterben tut wahrscheinlich weh. Aber im Grunde habe ich Angst um meine Enkel. Mein Leben ist soweit erfüllt, und wenn es morgen zu Ende wäre, sogar vielleicht schmerzlos zu Ende wäre, was könnte mir besseres passieren. Aber ich habe Angst um meine Enkel, oder ich habe Angst um das Volk, zu dem ich gehöre, oder um die Menschheit, zu der dieses Volk gehört. Diese Angst ist – wie ich das nenne – eine Wahrnehmung. Nur muß man dann sagen, was Wahrnehmung heißt. Es heißt: Etwas drängt sich mir auf. Da ich rational denke, versucht habe, das zu lernen und zu üben, versuche ich zu prüfen, was sich mir aufdrängt. Das Ergebnis dessen ist eine Analyse. Und diese Analyse kann ich – soweit unsere Zuhörer noch Geduld haben – auch versuchen darzustellen. Aber der Ursprung ist nicht die wissenschaftliche Analyse, sondern die Wahrnehmung.

Ich habe ziemlich lang gezögert, meine Besorgnis in diesen Dingen öffentlich auszusprechen. Ich hatte sie schon viel früher, aber ich rede immer öffentlich leiser als ich empfinde. Das ist eine private Eigenschaft. Es gibt Leute, die machen es umgekehrt. Aber mir geht es so. Und zwar unter anderem deshalb, weil ich weiß, daß das bloße Erzeugen von Panik genau das Gegenteil dessen ist, was man tun muß.

E. K.: Sie machen diese Äußerungen seit etwa sechzehn oder siebzehn Jahren. Wann ist Ihre Besorgnis entstanden? Noch viel früher?

C. F. v. W.: Entstanden ist sie viel früher. Zugrunde liegen drei Bereiche, die ich denn auch einer Analyse unterzogen habe: Erstens die ungelösten sozialen Probleme vor allem der Dritten Welt, das heißt die wachsende Armut, der wachsende Hunger mit gleichzeitig wachsendem Reichtum. Das ist beides logisch vereinbar, weil es auch wachsende Menschenzahlen gibt. Zweitens: Neben den vielen Kriegen, die ständig im Süden geführt werden, die über uns hängende Gefahr, das über uns hängende Damoklesschwert des atomaren Weltkriegs. Und das ist das, womit ich mich am ausführlichsten beschäftigt habe. Und drittens die Zerstörung der Natur durch die fortschreitende Technisierung, zumal dort, wo wir die Folgen vorher nicht haben bedenken, zum Teil auch vorher gar nicht haben wissen können. Das merkt man ja alles erst nach und nach. Heute weiß jedermann, was Waldsterben ist. Schon vor 20 Jahren wußte jedermann, was Gewässerverschmutzung ist. Und vor nunmehr 25 Jahren etwa saß ich einem Kreis von Wissenschaftlern in der Vereinigung Deutscher Wissenschaftler. Wir überlegten, welche Untersuchungen wir eigentlich machen sollten mit der begrenzten Zahl von Menschen, die sich einsetzen konnten, und den begrenzten Geldmitteln, die man dazu einsetzen konnte. Wir haben beschlossen, Untersuchungen zu machen über Kriegsfolgen und Kriegsverhütung. Es wurde aber auch vorgeschlagen, Untersuchungen zu machen über Gewässerverschmutzung durch Waschmittel. Wir haben das sorgfältig geprüft. Wir ließen viele Leute, die die Sache verstanden, ihre Probleme vortragen. Schließlich haben wir im Vorstand dieser Vereinigung beschlossen, die Probleme nicht zu untersuchen. Wir gelangten zur Überzeugung, daß eine Untersuchung ohne jede Wirkung bleiben würde, weil sich damals niemand darum kümmerte. Zehn Jahre später konnte man eine Wahl gewinnen mit diesem Thema. Aber damals noch nicht. Das heißt, die Weckung des öffentlichen Bewußtseins ist bei diesen Angelegenheiten sehr wichtig. Zum Beispiel die Einsicht in den Zusammenhang, daß unser Energiekonsum inzwischen eine Größenordnung erreicht hat, bei der man durch die Mittel der Energiebereitstellung das Klima verändern kann. Diese Schwierigkeit liegt objektiv vor, und eine wirklich gute Lösung ist noch nicht gefunden. Aber man kann doch allerhand tun. Der Zürichsee ist heute sauberer als vor 20 Jahren.

E. K.: Wenn wir die Menschheit mit einem Autofahrer vergleichen: Fährt der Autofahrer auf ein Ziel hin, das falsch ist, oder fährt er zu schnell, den Umständen zuwenig angepaßt, auf dieses Ziel hin? Anders formuliert: Muß man das Ziel korrigieren, oder muß man nur die Mittel, also den Weg, die Methode, anders wählen? Was würden Sie sagen?

C. F. v. W.: In Wirklichkeit muß ich sagen, daß ich es nicht weiß. Ich weiß nicht, wie die Entwicklung weitergehen wird. Wir haben jetzt noch nicht gesprochen von dem Teil, der auch wirklich am schwersten zu vermitteln ist. Das sind nicht die Berechnungen von irgendwelchen Wirkungen. Diese kann man numerisch durchaus machen. Viel schwieriger ist es mit den tiefen, treibenden Faktoren unserer kulturellen Entwicklung. Und diesbezüglich haben ja schon kluge Leute im 19. Jahrhundert gesagt, daß diese Entwicklung vermutlich einen katastrophalen Weg geht. Denken wir an John Ruskin in England oder an Jacob Burckhardt, der das sehr genau gesehen hat, oder an seinen etwas erratischeren Freund Friedrich Nietzsche. Viele Leute haben gewußt, daß da tiefe Probleme liegen. Und es ist gar nicht überraschend. Ich weiß nicht, wie die Ereignisse, die kommen werden, unsere Kultur verändern werden. Und da ich das nicht weiß, weiß ich nicht, wie man hinterher über das reden wird, was da jetzt betrieben wird. Aber man wird wahrscheinlich doch sagen, daß diese Leute ziemlich verrückt waren.

Doch ich ziehe lieber einen anderen Vergleich, denn ich möchte zum Handeln herausfordern. Unglücksprophet zu sein ist eine ganz blöde Rolle, das nützt doch gar nichts. Ich habe einen andern Vergleich. Wenn ich in den Bergen herumsteige, und das tue ich ganz gern, und sagen wir mal, ich steige allein herum, und der Abend sinkt herein, die Sonne ist nahe am Untergehen, und ich entdecke, daß ich nicht auf dem richtigen Weg bin. Irgendwie stimmt etwas nicht. Was soll ich tun? Ich muß die Hütte noch erreichen. Ich ziehe die Landkarte heraus. Ich setze die Brille auf die Nase, die ich brauche, um die Landkarte zu lesen. Ich schaue in der Gegend herum, und mit aller nur überhaupt möglichen Sorgfalt versuche ich festzustellen, wo ich bin. Und wenn ich überzeugt bin, es festgestellt zu haben, dann weiß ich auch, inwiefern ich den falschen Weg gegangen bin und wo ich hin müßte. Dann stecke ich die Karte weg, stecke die Brille weg und laufe, so schnell ich irgend kann, und dann komme ich auch noch an.

E. K.: Und als Alpinist würde ich beifügen: Noch besser wäre, Sie hätten den Biwaksack bei sich, dann könnten Sie dem nächsten Tag getrost entgegensehen . . .

C. F. v. W.: Vorsorge ist sehr vernünftig. Eine schöne Ergänzung der Geschichte!

E. K.: Versuchen wir zu einem Schluß zu kommen. Sie haben in *Wahrnehmung der Neuzeit* gesagt: Die wissenschaftliche und technische Welt der Neuzeit ist das Ergebnis eines Wagnisses des Menschen. Und dieses Wagnis heißt: Erkenntnis ohne Liebe.

C. F. v. W.: So habe ich auch geredet, ja. Das ist wieder eine ganz tiefe Sache. Ich meine damit: wahre Erkenntnis ist immer liebende Erkenntnis, und wo sie nicht liebt, ist sie nicht wahr. Das würde ich sogar am Beispiel von Keplers Naturwissenschaft erläutern. Wer die Natur nicht liebt, soll die Finger von der Physik lassen. Aber in einem gewissen Sinn kann man sagen, daß natürlich die rationale Erkenntnis, die wir heute in der Wissenschaft betreiben, lieblos ist. Und das ist dann ein Abenteuer. Das ist so, wie wenn jemand – bleiben wir noch einmal bei der Bergtour – die Eigernordwand hinaufklettern will. Da weiß er, daß er herunterfallen kann, und er weiß sogar, daß er, wenn er in Schwierigkeiten gerät, andere Menschen gefährdet, die ihn retten müssen. Das ist nicht Erkenntnis, aber Sport ohne Liebe. Gleichwohl kann ich es ihm nicht übelnehmen, das ist ja verständlich. Und in diesem Sinne sage ich: Wer sich einläßt auf die ungeheure Erweiterung der Ja-Nein-Entscheidungen, der Rationalität, und nicht gleichzeitig mit derselben Energie fragt, wie es sein sollte und ob man es nicht lieber in Ruhe ließe, weil es doch in sich gut ist, der geht ein Wagnis ein. Wenn die Menschheit die Krisen überlebt, die jetzt kommen – was nicht ganz sicher ist, was ich aber doch eigentlich glaube –, dann bin ich überzeugt, daß die Menschheit eines Tages in eine andere Mentalität geraten wird, in der man in diesem Maß nicht mehr für richtig halten wird, von Erkenntnis ohne Liebe zu träumen.

E. K.: So schwebt Ihnen eigentlich vor – und damit kommen wir auf den Anfang zurück –, daß man die verschiedenen Quellen und Ausformungen unserer gesellschaftlichen Existenz, die durch die Hochkultur ausdifferenziert wurden, wieder zusammenbringen könnte: die theoretische Vernunft der Wissenschaft mit der praktischen Vernunft der politischen Moral, und beide nochmals mit der Wahrnehmung des Schönen in der Kunst und mit der Erfahrung des Heiligen in der Religion.

C. F. v. W.: Ja, das kann man sagen. Ich meine, die religiöse Erfahrung ist in unserem Gespräch jetzt immer nur am Rand vorgekommen. Ich glaube, daß im religiösen Bereich etwas bevorsteht. Ich war neulich in Assisi, ich war eingeladen, und da hat mir eine alte Frau erzählt, daß sie im Jahre 1950 in Tibet war und daß sie dort den jetzigen Dalai Lama – den ich ganz gut kenne, ein vortrefflicher Mann – als kleinen Bub erlebt hat. Damals habe ihr ein tibetanischer Gelehrter, ein Weiser also, gesagt: Die Zeit wird kommen, in der alle Religionen der Welt zusammenkommen werden in einer Stadt, deren Namen weltweit bekannt ist durch einen großen Heiligen. Eine merkwürdige Geschichte. Im Englischen sagt man: *I give it for what it's worth* – ich bin nicht dabeigewesen, die Frau hat es mir erzählt. Aber ich glaube, daß die Begegnung der Religionen eines der wichtigsten zukünftigen geistigen Ereignisse der Menschheit ist. Und was daraus noch werden wird, wird sich zeigen. Denn sie werden alle lernen müssen, daß die Weise, wie die Religionen sich selbst interpretiert haben, noch provinziell war.

E. K.: Daß sie also zum Kern ihrer eigenen Religion erst noch vorstoßen müssen.

C. F. v. W.: Daß sie zu dem, was die Meister, von denen sie sich herschreiben, gesagt haben, zum Verständnis davon überhaupt erst kommen müssen. Und daß das, was man gewöhnlich überliefert, sehr häufig einfach eine Parteimeinung ist.

3. Deutsche Erinnerungen 1915-1945*

Meine erste Kindheitserinnerung – ich bin im Juni 1912 geboren – liegt im Januar 1915. Die späteren kann ich nicht mehr so genau datieren. Ich weiß ganz genau, mein Grundgefühl in der frühen Kindheit war: es ist Krieg. Was Krieg ist, wußte ich nicht; aber die Erwachsenen reden von Krieg. Es gibt da irgendwo ein fernes Gewitter, das heißt die Front, und dort sind die Männer. Ich bin z. B. auf der Solitude bei Stuttgart; da waren wir im Sommer immer, weil wir von dort stammen, und ich sehe meine Mutter vor mir in der Rot-Kreuz-Schwesterntracht, denn da war ein Lazarett, und da liefen Männer herum mit nur einem Bein, oder Leute mit einem dicken Kopfverband. Was das war, wußte ich nicht, aber das war mein Grundempfinden.

Ich glaube, es ist richtig, was George F. Kennan gesagt hat: daß der Erste Weltkrieg die eigentliche Katastrophe Europas war, die alle übrigen nach sich zog. Der Erste Weltkrieg aber ist vorhergesagt worden. Er ist vorhergesagt worden von Dichtern, von Marxisten, von ein paar klugen, führenden Staatsmännern und vielleicht von ein paar inspirierten Propheten, was immer sehr schwer nachzuprüfen ist. Aber er ist insbesondere vorhergesagt worden von Dichtern in ganz Europa. Das heißt: da war etwas seelisch reif. Ich erzähle immer die Geschichte von meinem Groß-

* Im September 1987 fand in Kloster Kirchberg in der Schwäbischen Alb auf Einladung der Evangelischen Michaelsbruderschaft eine Tagung statt mit dem Thema »Versöhnung mit den Völkern der Sowjetunion«. Es zeigte sich, daß ein unvermeidliches zentrales Thema die deutsche Gewissenserforschung über den Ursprung und die Taten des Nationalsozialismus wurde. Deshalb fügte ich in mein Referat als zweite Hälfte eine Reihe von Erinnerungen als Zeitzeuge ein. Diese, frei gesprochen, sind hier nach der Tonbandabschrift, sprachlich leicht redigiert, aufgenommen. Der vollständige Tagungsbericht ist erschienen in epd-Dokumentation Nr. 5/88, Frankfurt/M. 1988.

vater Weizsäcker, der damals württembergischer Ministerpräsident war und am 1. August 1914 im Beisein meiner Mutter, die mir das dann erzählt hat, in großer Erregung sagte: »Dieser Krieg endet mit einer Revolution«, und auch: »Mein Vermögen ist verloren.« Das Vermögen war erspart für Kinder und Enkel. Das heißt: es konnte jemand auch in führender Position wissen, was für eine Katastrophe damit geschehen war. Wenn Sie aber den Briefwechsel dieses Großvaters ansehen, dann steht da nicht mehr als, ein »Verständigungsfriede« sei nötig. Man hat so etwas *einmal* im Familienkreis gesagt; aber öffentlich sagen konnte man es überhaupt nicht: »man« war ja kriegsbegeistert.

So ist das eben gewesen. 1917 – das habe ich natürlich 1917 nicht gewußt, das habe ich ungefähr 1928 kennengelernt: Stefan George, ein Dichter, der für meine Generation eine große Bedeutung gehabt hat, hat während des Krieges ein Gedicht publiziert, es war überschrieben *Der Krieg*, ein großes Gedicht: »Lang hab ich roten Schweiß der Angst geschwitzt, als man mit Feuer spielte, meine Tränen vorweg geweint; heut find ich keine mehr.« Geschrieben 1914, 1917 veröffentlicht. Nichts von Kriegsbegeisterung: »Kein Triumph wird sein, nur viele Untergänge ohne Würde.« So hat George gesprochen. Sehr wichtig zu sehen.

1918, in Wilhelmshaven, ich bin in der Schule, erstes Schuljahr, komme nach Hause, es ist wohl der 6. November 1918, gehe mit meinem Schulkameraden Aki, Joachim Schulz, auch sechs Jahre alt, und ich sehe vor der Kaserne, die über ein großes Wiesenstück gegenüber unserem Wohnhaus lag, einen Riesenmenschenauflauf und rote Fahnen, und, wie ich nachher lernte, haben sie das Kasernentor erbrochen. Als ich nach Hause kam, traf ich meine Mutter tief entsetzt. Ich sagte: »Du, aber der Aki hat gesagt, das bedeutet Frieden.« Darauf sagte sie mit tieftraurigem Gesicht: »Ja, das bedeutet Frieden.« Das hieß natürlich auch: »Aber es ist das Ende unserer Größe, und wer weiß, ob wir euch Kinder noch werden ernähren können.«

In dem Zusammenhang ein erstes Wort über das Verhältnis zu den Russen. In meiner Kindheit war die Vorstellung von den Russen: es sind diejenigen, die nach Ostpreußen eingebrochen sind und die Männer erschlagen haben, die Frauen geschändet haben, und Gott sei Dank hat Hindenburg sie wieder herausgeworfen. Das war die herrschende Empfindung, die ich noch vor Augen habe. Und als gestern die Frage aufkam: Warum habt ihr denn solche Angst vor den Russen? – da würde ich diese Geschichte zu erzählen gehabt haben. Was daran wahr ist, was daran übertrieben ist, was daran singulär ist, was alle andern auch gemacht haben – weiß ich nicht. Aber dieses war die Empfindung. Und das waren noch nicht die kommunistischen Russen, das waren die zaristischen Russen – es waren eben die Russen.

Merkwürdigerweise sind in Europa sehr häufig Nationen bereit, ihre östlichen Nachbarn sehr unheimlich zu finden. Die Franzosen haben auch die Deutschen immer unheimlich gefunden, mit ganz gutem Grund. Und in Deutschland wiederum transponiert man das weiter nach Rußland. Ich könnte mir vorstellen, daß die Russen über die Chinesen manchmal ähnlich denken.

So war das. Dann kommt der Friede von Versailles. Da habe ich schon eine Erinnerung, wie das etwa war. Ich würde rückblickend sagen: Dieser Friede war ein großer Fehler. Der Friede war entweder zu weich oder zu hart. So hart, wie er war, konnten die Deutschen ihn nicht ertragen. So weich, wie er war, konnte er die Deutschen nicht daran hindern, noch einmal alle ihre Kraft zusammenzuraffen, um das zu ändern. Man hätte Deutschland zerschlagen müssen, so daß nichts mehr von dem Reich übrigblieb, oder man hätte es so behandeln müssen, daß es ertrug, eingebaut zu werden in eine neue Völkergemeinschaft, was in der Weimarer Republik doch nicht ganz unmöglich gewesen wäre – obwohl das vielleicht eine etwas zu große Hoffnung ist, denn faktisch hat noch selten eine imperiale Nation nach *einer* Niederlage die Niederlage anerkannt. Ich muß das offenlassen.

Ich war also ein Bub. Mein Vater wurde Diplomat; ich war in Basel. Ich erinnere mich an 1923. Und davon würde ich gern auch ein wenig erzählen. Ich wollte Astronom werden; die Sterne interessierten mich. Ich bin dann Physiker geworden, also Naturwissenschaftler. Außerdem interessierte mich brennend die Politik, und ich hatte ein Phantasieland, in dem fortgesetzt Politik gemacht wurde; die ganze Familie und Schulfreunde wurden daran beteiligt. Man machte immer nur Außenpolitik und fing Kriege an, und ich wollte sie gewinnen. Das war also die Einübung in diese Denkweise. Mein Vater fand es ziemlich scheußlich, daß mein führender Staatsmann in Piklön ein wenig aussah wie Mussolini. Mein Vater mochte das gar nicht. Er hat aber auch mitgespielt. Wir machten einmal eine Friedenskonferenz oder Kriegsverhütungskonferenz, und in dieser Konferenz waren wir Kinder um ihn versammelt; ich hatte die Kinder zu einer Koalition gegen meinen Vater zusammengebracht, und er sagte dann scherzend in einer Rede schließlich: »Ich habe das Gefühl, ich habe es mit lauter Unmündigen zu tun!« Diese Unmündigen spiegelten etwas davon, was in der Welt war. Und mich interessierte das politische Schachspiel ungeheuer.

Andererseits habe ich die Bergpredigt gelesen. Ich hatte ein Neues Testament geschenkt bekommen und habe elfjährig angefangen, die Bergpredigt zu lesen, d. h. ich habe das Neue Testament von vorn nach hinten gelesen, brav, pedantisch. Aber ich bin nicht über Matthäus hinausgekommen, wenn ich mich recht erinnere, denn das war so aufregend. Und jetzt würde ich das so schildern: es war nicht, daß ich »interessiert« war an Religion; das Wort Interesse paßt da nicht. Da ist Gott, und vor dem stehe ich. Und wie stehe ich denn da? Und dann ist mir gesagt: »Deine Rede sei: Ja, ja; nein, nein; was darüber ist, ist vom Übel.« Daß das hieß: Du brauchst nicht zu schwören, sondern du sollst gefälligst immer die Wahrheit sagen, hatte ich natürlich gar nicht verstanden. Es schien mir, daß ich viel zuviel rede. Das Verständnis war sichtlich kindlich, unvollkommen. Aber ich habe doch ganz deutlich gesehen – jetzt drücke ich es so aus: Was da steht, ist Wort für Wort wahr. Nicht weil Jesus Christus es gesagt hat, an den zu glauben ich gelernt hatte. Ich hätte schon die intellektuelle Kraft gehabt zu sagen: Ja nun, aber das geht mich nicht so viel an! Sondern weil es einen Wortlaut hatte, dem zu widersprechen mir nicht möglich war. Es ist Wort für Wort wahr. Aber wenn das wahr ist, dann ist nicht nur *mein* Leben falsch, weil ich zuviel schwätze, sondern es ist sogar das Leben meiner verehrten Eltern falsch; denn wo ist da die linke Backe und die rechte Backe? Ich habe dann einmal einen Aufsatz geschrieben über meine Berufswahl und habe darin geschrieben, ich könnte vielerlei werden, dies und jenes, ich würde sehr gern Astronom werden, ich könnte mir auch vorstellen, ich könnte Pfarrer werden; Offizier möchte ich nicht werden, denn ich möchte niemand töten. Und dann hat meine Mutter gesagt: »Hör mal, deine beiden Onkel, Richard und Carl, sind im Krieg gefallen und der andere Onkel Carl auch – ihre zwei Brüder und der Bruder meines Vaters – in der Verteidigung des Vaterlands. Du kannst doch nicht sagen, daß das schlecht war!« Und ich wußte nicht aus und ein. Ich mochte mich eigentlich mit meiner Mutter nicht streiten, und in meinem Phantasieland ging das ja sowieso alles so zu. Aber andererseits konnte ich auch nicht sehen, daß das stimmt, was sie mir sagte; das mußte irgendwie falsch sein.

Ich gebe also noch einmal wieder: In ein Kind dringt etwas ein, was es objektiv gibt, und das Kind wird damit nicht fertig, und dann geht es hinein in die Welt, wie sie eben ist. Nun ja, dann kommt Hitler und kommen alle diese Dinge.

Ich war in Basel, der Stadt konservativer Republikaner; ich war in Kopenhagen an einer sehr konservativen deutschen Schule. Der einzige deutsche Pfarrer, den es gab, der mich konfirmiert hat, hat es guten Willens, wie er war, beinahe geschafft, mich für zehn bis zwanzig Jahre der Kirche zu entfremden, weil ich alles so unmöglich fand, was er sagte. Und dann komme ich nach Berlin. In Kopenhagen ein einigermaßen gesichertes, neutrales Land und die Dänen sowieso *easy going* – komme dann nach Berlin, sitze auf der Schulbank, mein Nachbar heißt Hans Friedensohn, also Jude. In der ersten Pause gehen wir miteinander spazieren und reden miteinander und haben Spaß aneinander. Wir kommen auch auf politische Dinge, und da sagt er: »Das Ziel ist natürlich die soziale Revolution.« Das höre ich zum ersten Mal, daß ein Schulkamerad sagt: »Das Ziel ist natürlich die soziale Revolution.« Aber das war Berlin. Das war 1927. Er war ein gütiger Revolutionär. Er ging zu den Leuten, denen es schlechtging; er ist 1931 als Zionist nach Palästina, wie man damals noch sagte, gegangen und lebt dort noch heute; ich habe auch noch Verbindung mit ihm.

Ich habe im Winter 1928/29 einmal einen Tagtraum gehabt. Wir hatten einen sehr langweiligen Geschichtslehrer, und ich dachte: Von der Geschichte weiß ich mehr als er! Und saß nun als Oberprimaner gelangweilt da, und draußen fiel der Schnee in großen, schweren, weißen Flocken. Und ich sah plötzlich im Tagtraum vor mir die ganzen Heereszüge vergangener Könige und ihrer Nachfolger, von denen wir nichts mehr wissen. Das ist der Geschichtsunterricht. Wir wissen all das, all das nicht, was da geschehen ist. Und dann wechselte die Szene, und ich sah optisch vor mir, wie die Schneeflocken auf Trümmer fallen. Dann war der Traum aus. Ich bin 1943 nach Berlin gekommen, als der erste große Luftangriff gewesen war. Zufällig fuhr ich am Morgen danach mit dem Zug in Berlin ein, und mein Eindruck war: Jetzt sieht Berlin so aus, wie ich es damals vor vierzehn Jahren gesehen habe. Solche Dinge liegen also in der Luft. Und nun, was macht man damit?

Interessant die kommunistischen Physiker. Ich wurde also Physiker, studierte bei Heisenberg, kam auch zu Bohr. Da waren junge Leute, im Durchschnitt fünf Jahre älter als ich – ich war sehr jung; das war so die junge Generation der theoretischen Physiker, glanzvolle Leute. Viele Juden, alles hohe Intelligenz aus Europa, teils aus Ungarn, teils aus Österreich, auch aus Prag, auch aus der Schweiz, auch aus Deutschland, und die dominante politische Überzeugung war der Kommunismus. Das, was diese bürgerliche Welt tut, ist ja abscheulich, das ist egoistisch, das kann man überhaupt nicht vertreten, und scheitert mit Sicherheit. Dann hat es *einen* Menschen gegeben, der praktisch alle dazu gebracht hat, daß sie ihren Kommunismus abgestreift haben, und dieser Mann war Stalin. Sie waren natürlich alle Trotzkisten. Sie waren alle der Meinung: die internationale Revolution, die von der internationalen Intelligenz geleitet werden muß, und nicht eine Diktatur in Rußland. Das ist auch eine interessante Erfahrung. Ich habe auch russische Physiker kennengelernt, die ganz genauso dachten. Das war ein weiterer Blick, wiederum ein problematisierender Blick nach Rußland. Aber daß Kommunismus eine höchst konsistente Denkweise sein kann, das haben mir diese Leute beigebracht. Ich habe sie nicht geteilt; sie haben mich nicht von ihren Meinungen überzeugt. Aber ich war gegenüber der bürgerlichen Welt auch so skeptisch wie sie, um gar nichts weniger.

Ich wohnte im Januar 1933 in der Kaiserin-Augusta-Straße in Leipzig als Student, und mein Lehrer Werner Heisenberg besuchte mich eines Abends; das war der 30. Januar 1933. Wir schauten hinaus, und ein endloser Fackelzug von SA zog durch die Straße, und wir wußten: dasselbe passiert zur Zeit in ganz Deutschland – Hitler war Reichskanzler geworden. Wir sahen das an; Heisenberg stammte aus München und hatte den Hitler-Putsch im November 1923 miterlebt und fand Hitler greulich, sehr unbedeutend, aber scheußlich. Ich sagte zu Heisenberg: »Hör mal, was ist denn das für eine Sache? Ist das nicht entsetzlich, daß alle diese netten jungen Leute, denen man ansieht, daß es nette junge Leute sind, diesem Scharlatan nachlaufen?« Da sagte Heisenberg: »Na ja, man muß aber doch hoffen, daß hinter diesem Mann andere und bessere stehen! Sonst könnte man ja auch gar nicht verstehen, daß er es so weit gebracht hat. Und man muß doch auf die hoffen!« – Das ist, was ich noch in Erinnerung habe von der Reaktion auf die »Machtüberhandnahme«.

Dann Mai 1933. Ich war inzwischen mit meiner Doktorarbeit fertig, an der ich gesessen hatte, und hatte plötzlich wieder den Blick frei für das, was um mich war. Mein Vater war damals deutscher Gesandter in Norwegen, und mein Vater redete von Hitler eigentlich nur in dem Sinn: »Das ist ein Narr, das ist ein Scharlatan, das ist ein Verrückter!« Und nach und nach kam er immer mehr darauf: Und das ist ein Verbrecher! Mein Vater hat Hitler immer zutiefst gehaßt. Sehr interessant: Mein Vater ist dann in Nürnberg verurteilt worden, weil er im Amt geblieben ist. Ich war viel anfälliger für Hitler als mein Vater. Ich bin aber nicht in die Partei eingetreten und bei dem späteren Fragebogen ist mir nichts passiert.

Warum war ich anfälliger? Ich habe im Mai 1933 plötzlich das Gefühl gehabt: Ja, vor einem Jahr, im Sommer 1932, bin ich durch halb Deutschland zu Fuß gewandert, und wo man hinkam, war Arbeitslosigkeit, Elend, Verzweiflung, Verzagtheit. Und auf einmal haben nun alle wieder Hoffnung; auf einmal geht es wieder. Und wenn es nicht jetzt geht, dann geht's in einem halben Jahr. Es ging wieder. Das hat Wilhelm Kütemeyer, Mitarbeiter meines Onkels Viktor Weizsäcker, später genannt: »Die Pseudoausgießung des Heiligen Geistes von 1933«. Ich muß sagen, das ist ein gutes Wort, denn ich war auch davon ergriffen. Ich hatte das Gefühl: Ich habe Hitler unterschätzt; der hat irgendeine Mission, die er vielleicht selbst nicht versteht. Hier kommt nun etwas, worauf man hoffen muß. Ich habe mich mit meinem Vater nicht gezankt, aber doch differente Meinungen ausgesprochen, und sagte ihm: »Hör mal, du unterschätzt den; er kann etwas! Ein bloßer Narr, auch wenn er verbrecherisch ist, schafft das nicht, was er schafft!« Aber wohin geht's?

Und dann Oktober 1933 sitze ich in Kopenhagen, als ich bei Bohr arbeite, in einem Café und höre durchs Radio: Deutschland ist aus dem Völkerbund ausgetreten. Meine Reaktion: Also ist der Krieg gewiß! Nicht jetzt, so schnell geht das nicht. Aber das ist eine Politik, die führt zum Krieg. Was meine Ambivalenz nur vergrößerte, denn ich hatte immer noch das Gefühl: Hitler ist in irgendeiner Verbindung mit dem, was er in seinem eigentümlichen Deutsch die »Vorsehung« nannte. Aber andererseits: das führt zum Krieg, und den habe ich ja sowieso erwartet. Ich erinnere mich, daß mich in jenen Zeiten einmal ein junger Mann fragte: »Wie merkwürdig – was hat eigentlich Stefan George gemeint in seinem Gedicht: ›Einem jungen Führer im ersten Weltkrieg?‹ Es hat doch nur *einen* Weltkrieg gegeben.« Und ich entdeckte, daß meine Reaktion war: Aber selbstverständlich gibt es noch mehr Weltkriege! Das hat doch George genau gewußt! – Ich schildere nur.

Dann kommt November 1938, die sogenannte Reichskristallnacht, die Plünderung der jüdischen Geschäfte und die Zerstörung der Synagogen. Ich erinnere mich, daß ich mich fragte: Leben in Berlin noch Juden, die ich kenne? Und mir fiel ein: die Eltern meines Freundes Friedensohn. Ich suchte sie auf, und sie waren da. Ich fand, in diesem Moment muß man bei denen sein. Er hatte einen Schlaganfall gehabt, unabhängig von dem Ereignis, und lag zu Bett, und sie hatte überall im Zimmer über alle Bilder den Zettel gesteckt, auf dem stand, was die betreffende Sache auf englisch heißt, weil sie auswandern wollte nach Amerika, wo ihr anderer Sohn war, und kein Englisch konnte und Englisch lernen mußte. Aber sie konnte nicht weg, denn ihr Mann lag mit einem Schlaganfall zu Bett. Ich habe dann die Verbindung mit ihnen in gewissem Umfang gehalten, und er ist gerade so spät gestorben, daß sie nicht mehr herauskam.

Dann kommt der Hitler-Stalin-Pakt, der ja die Ermöglichung des Kriegs gegen Polen für Hitler war. Ich erinnere mich sehr gut: Ich hatte einen Freund, der Historiker war, und saß in einem Historiker-Kränzchen – er war selbst jung –, da waren ältere, auch prominente Professoren; die nannte er immer die Bestialiker. Er sagte: Da hat also der Professor so und so – ich weiß zum Glück nicht mehr, wer es war – gesagt: Es ist doch für einen Historiker ein außerordentlicher Glücksfall, wenn er geboren wird in dem Augenblick, in dem er mit Augen sehen kann, wie ein Weltreich gegründet wird! Welcher Historiker hat schon dieses Glück! – Auch wieder diese Spannung. Beides war da.

Ich will für diesmal nicht reden von meiner Beteiligung

am Problem der Atomwaffen, der Atomenergie – das ist mein privates Problem als Physiker. Der Krieg kommt. Ich habe meinen Vater nie so verzweifelt gesehen, wie in diesem Augenblick. Er ist einmal mit einer geladenen Pistole zu Hitler gegangen; er hat dann aber nicht geschossen. Er brachte es nicht über sich, so auf einen Menschen zu schießen! Mein Bruder Heinrich fiel ungefähr als erster Toter im Krieg. Werner von Trott, Bruder von Adam, tritt im Juli 1940 in mein Zimmer – meine Frau war dabei – und sagt, als wir noch standen: »Sie sind gewiß mit mir der Meinung, daß die einzige Rettung für unser Volk ist, daß wir diesen Krieg total verlieren!« Das konnte auch jemand sagen. Ich habe später zu ihm gesagt: »Hören Sie, Sie waren aber sehr leichtsinnig, mir als Unbekanntem das zu sagen!« Er sagte darauf: »Ja, das war damals meine Testfrage.« Ich war nicht der Meinung, daß wir den Krieg total verlieren sollten; ich wollte gerne, daß er auf irgendeine verständige Weise abgeschlossen wird. Ich wollte den Krieg nicht verlieren. Aber ich konnte mit Werner Trott sehr gut reden, die ganze Zeit. Man verstand sich, auch wenn man nicht dieselben Urteile hatte. Werner Trott hat an der Verschwörung nicht teilgenommen, weil er sagte: Die wollen davonkommen! Nein, sie sollen nicht; die Niederlage soll passieren. Das ist die einzige Belehrung für uns! Und in der Bundesrepublik nachher hat er gesagt: Das ist viel schlimmer als unter den Nazis: damals wußte man wenigstens noch, wo der Feind steht! Jetzt ist eine Selbstverblendung da, wo sogar undeutlich wird, wer der Feind ist! Sehr interessante Reaktionen.

Noch ein paar Dinge mit Rußland. Zwei Bekannte von mir, zwei Physiker, der eine war als Kommunist nach Rußland gegangen, dann von Stalin eingesperrt und dann ausgetauscht worden, nach Deutschland zurück, als Hitler und Stalin politische Gefangene austauschten im letzten Winter vor dem Krieg. Der andere kam aus Deutschland. Sie hatten im Jahr 1941 beschlossen, sofort hinter der Front herzureisen und zuzusehen, wie es den russischen Physikern gegangen ist, ob sie da etwas helfen können. Sie kamen nach Kiew – sie sahen beide etwas abenteuerlich aus; von einem von ihnen hat ein englischer Freund gesagt: Der sieht so aus, daß jeder Polizist in jedem beliebigen Land ihn vorsorglich zuerst einmal verhaften würde! Da kam nun irgendeine höhere SS-Charge und verhaftete sie. Dann haben sie aber ihre Legitimationspapiere hervorgezogen, denn sie hatten sich natürlich einen Auftrag besorgt, und haben sie dem gezeigt. Er war ganz betroffen; er hatte sie schon irgendwohin abgeführt und war ganz betroffen, daß er da Unrecht getan hatte. Und was tut der Mann? Er sagte: »Es tut mir sehr leid; ich bitte um Entschuldigung. Aber ich kann Ihnen vielleicht zum Trost etwas anbieten, was Sie interessieren könnte. Wenn Sie heute nachmittag zusehen wollen, da werden 35 000 Juden erschossen.« Das ist die Geschichte. Und die kommen nach Hause und erzählen uns das. Also die Frage: Haben wir's gewußt, oder haben wir's nicht gewußt? Dies habe ich gewußt. Ich habe noch einiges gewußt. Trotzdem bin ich von der Nachricht über Auschwitz und sechs oder sieben Millionen Tote im Jahre 1945 überrascht gewesen. Das hatte ich trotzdem nicht gewußt. Ich habe mir nur nachträglich vorgeworfen, daß ich's nicht gewußt habe, denn ich hätte es ja wohl erfahren können. Aber man war ja auch in der Selbstverteidigung begriffen. Man wollte sich ja selber retten und seine eigene Familie retten. Man dachte also nicht an alle Dinge, an die man hätte denken sollen.*

Mein Freund Wolfgang Hoffmann ist im Jahr 1941 ins Führerhauptquartier gekommen als junger Offizier; er ist dann 1942 in Rußland gefallen, ein Schüler von Albrecht Haushofer. Wolfgang Hoffmann kam eines Tages zu mir aus dem Führerhauptquartier und sagte: »Hör mal, ihr habt doch Beziehungen zu den Bodelschwinghs; kannst du das etwas für mich vermitteln?: – »Ja, was denn?« – »Ich

* Ein deutscher Industrieführer hat 1942 dem amerikanischen Geheimdienst die Pläne Hitlers zur Judenvernichtung bekanntgemacht. Die Meldung wurde in Washington als unglaubwürdig zu den Akten gelegt (*Die Zeit*, 1987).

habe vor kurzem einen Befehl weitergegeben, daß bei der Belagerung von Leningrad fliehende Frauen und Kinder auch nicht aufgenommen werden dürfen, sondern zurückgetrieben werden müssen in die Stadt; und ich habe den Befehl weitergegeben. Hätte ich ihn nicht weitergegeben, wäre ich jetzt wahrscheinlich nicht mehr hier. Aber die Schuld, die ich auf mich geladen habe, muß ich büßen. Ich möchte gerne in den Jahren, wenn der Krieg zu Ende ist, statt Sommerferien in Bethel Kranke pflegen. Kannst du das vermitteln?« – Das ist auch eine Reaktion; und da hat man wieder etwas erfahren, nämlich über Leningrad. So hat man schon Dinge erfahren, natürlich nicht jeder gleich. Ich konnte vermutlich mehr erfahren als viele andere.

1943 wurde die Mutter Friedensohn deportiert. Wir haben damals noch versucht, ihr die Einreise in die Schweiz zu ermöglichen. Die Schweizer Gesandtschaft sagte: Es tut uns wahnsinnig leid; wir haben strikte Weisung, wenn sie nicht schriftlich nachweisen kann, daß sie wieder aus der Schweiz ausreist, dürfen wir sie nicht aufnehmen. Eine Woche später war es dann zu Ende.

Ich weiß noch, daß ich im Mai 1945 verhaftet wurde, sehr ehrenvoll zusammen mit Heisenberg und Hahn und anderen, zehn Leute waren wir im ganzen, in einer amerikanisch-englischen Gruppe zunächst weggebracht und schließlich nach England befördert und dort gut aufbewahrt, nur absolut isoliert vom Rest der Welt; auch unsere Frauen durften nicht wissen, in welchem Land wir waren. Ich erinnere mich, daß ich einmal etwa 24 Stunden lang völlig hilflos auf meinem Bett lag im Saal, weil man plötzlich wußte: es ist alles zu Ende.

Dann kommt Hiroshima. Das muß ich nun auch erzählen. Ich sage das nicht zur Selbstentschuldigung. Wir waren entsetzt über Hiroshima. Wir haben erstens nicht geglaubt, daß das jemand so schnell kann, und zweitens nicht, daß es getan würde. Und wir hatten einen britischen Offizier, der uns betreute, ein jüngerer Mann. Wir hatten zwei, der ältere ein reifer, guter Mann; der jüngere war ein Schotte. Und wir sagten ganz offen in seiner Gegenwart: »Das ist doch schrecklich, daß das getan wird!« Er erwiderte: »Wieso, das beendet den Krieg!« Wir sagten: »Aber doch nicht so!« Er darauf: »Das Leben von *einem* unsrer *boys* ist mehr wert als das von 60 000 Japsen!« Das konnte man auch hören.

Das ist etwas, was es in der Menschheit gibt. Die technische Möglichkeit besteht; man sieht ja gar nicht, was man tut. Ich will die Singularität der Judenmorde nicht leugnen; es ist insbesondere für einen Deutschen nicht angängig, sie zu leugnen. Aber die Bereitschaft zu so etwas ist da, und vieles spricht dafür, daß Ähnliches wieder passieren wird.

Das ist ungefähr das, was ich erzählen wollte. Ich glaube, ich schließe hier.

4. Selbstgespräch*

In der Kindheit beschäftigten mich drei Themen: Wissenschaft, Religion, Politik. In einer »Selbstdarstellung«** habe ich das skizziert. Ich rekapituliere, im Blick auf das heutige Problem.

Wissenschaft. Ich wollte erst Lokomotivführer, dann Forschungsreisender, dann Astronom werden. Mit zwölf Jahren das Erlebnis der Nacht des 1. August 1924: In den Sternen des Himmels ist Gott gegenwärtig, und sie sind Gaskugeln; wie gehört das zusammen? Wissenschaft und Religion waren einander begegnet. Das Problem der (theoretischen) Philosophie war gestellt. Mit vierzehn Jahren brachte mich Heisenberg mühelos aus der Astronomie zur Physik als der eigentlich philosophischen Wissenschaft.

Politik. Ich stelle sie, als das dem heutigen Bewußtsein Zugänglichere, voran. Mein Vater führte mich am Beispiel der politischen Geschichte, etwa im Alter von zwölf Jahren, in die Politik als rationale Kunst ein. Meine schachspielerische ehrgeizige Phantasie ließ mich alle Mechanismen der Macht durchdenken. Mein Phantasieland Piklön hatte vor allem Außenpolitik; sie war imperialistische Machtpolitik.

* Mehrmals im Leben habe ich versucht, mir über meinen eigenen Weg klarzuwerden in einer nur für mich selbst bestimmten Aufzeichnung, gelegentlich mit der Überschrift *ad me ipsum*, d. h. an mich selbst. Im August 1985 habe ich eine solche Selbstprüfung begonnen, nachdem ich mich für den Gedanken eines christlichen »Friedenskonzils« (jetzt »Konvokation« genannt) eingesetzt hatte. Es schien mir notwendig, mir sowohl die objektiven Voraussetzungen einer solchen Versammlung zu vergegenwärtigen wie die Herkunft meiner subjektiven Motive. Von einigen der objektiven Überlegungen habe ich im Dritten, Vierten und Siebenten Kapitel dieses Buchs Gebrauch gemacht; die subjektiven Erinnerungen sind z. T. in die spontan gesprochenen Texte der Abschnitte 2, 3, 5, 8 des jetzigen Kapitels eingegangen. Hier gebe ich einige Partien dieser Aufzeichnung im originalen Text. Eine neu geschriebene Ergänzung ist angefügt.

** In *Der Garten des Menschlichen*, München [8]1984, S. 553-597.

Dabei war mein Vater kein Imperialist, sondern ein Patriot des Bismarckschen Nationalstaats. Macht war mein politischer Traum. Hans Kilian fragte mich um 1977 in der Vorbereitung unseres Interviews nach meinen kindlichen Größenträumen. Eine erlösende Frage: also darf man sich dazu bekennen, daß man sie gehabt hat und daß sie im Erwachsenen strukturbildend fortleben. Antwort: der große Forscher und der siegreiche Monarch. Als ich 35 Jahre alt war, fragte mich Traute Nicolas nach meinem Traumideal. Ich sagte: »Weltkaiser werden und dann abdanken« (Karl V.).

In solchen Träumen drückt sich eine Gabe aus, die ihre reale Anwendung noch nicht gefunden hat. Es scheint mir rückblickend klar, daß der wissenschaftliche Traum meinen realen Fähigkeiten angemessener war. Ich habe in der Tat zielbewußt die wissenschaftliche Laufbahn eingeschlagen; die Politik blieb de facto bis ins fünfte Lebensjahrzehnt träumerisch. Mein Vater, der uns Kindern unsere Wege freiließ und sich selbst mit ungebetenen Ratschlägen streng zurückhielt, sagte mir, als ich schon erwachsen war: »Wenn ich dir etwas sagen darf, so würde ich dir raten, nicht in die Politik zu gehen.« Das ernüchterte mich, denn ich träumte anders.

Im Traumbild des Monarchen, zumal des Weltmonarchen, steckte, bei aller Lust am Sieg, die Zielvorstellung des Friedens, letztlich des Weltfriedens. Das historische Vorbild war das Römische Weltreich. Als Kind imponierten mir zwar, durch Geschichtsunterricht vermittelt, Themistokles (der Kluge) und Hannibal (der Sieger von Cannae). Aber schon in den letzten Schuljahren entschied ich mich für Augustus als meinen historischen Helden. Nicht die geniale Persönlichkeit (Caesar), sondern der Stifter einer haltbaren Ordnung. Die Beziehung dieser Träume zur umgebenden Realität war in der Kindheit schwach, viel schwächer als die der wissenschaftlichen Träume zur realen Wissenschaft, über die ich mich mit Fleiß informierte. Ich lernte wohl durch das Gespräch mit meinem Vater nüchternes, kausales politisches Urteil. In den späteren Kindheitsjahren ging mir die Relativität der politischen Urteile der Menschen auf: die konservativ-republikanische Schweiz, die Differenz im Urteil über 1864 zwischen dänischen Lehrbüchern und deutschen Lehrern, die anspruchslose Befriedetheit kleiner Länder gegenüber den schreienden Spannungen in Deutschland. Mein unartikuliertes Grundgefühl seit den frühesten Kindheitsjahren aber hieß wohl »Es ist Krieg«. Wie etwas Selbstverständliches, eben darum kaum thematisiert, erwartete ich den nächsten Krieg.

Religion. War Politik die Lehre der Familientradition, Wissenschaft die persönliche Begabung, so war Religion das tiefe, unbewältigte Erlebnis. Das Entscheidende war nicht ihre Berührung mit der wissenschaftlichen Theorie; diese war fast selbstverständlich, und ihre Erkenntnis war eine, vielleicht die größte Aufgabe, die ich mir für meine künftige Forscherarbeit stellte. Die Wissenschaft und mit ihr die erhoffte theoretische Einsicht in die Wahrheit der Religion bestätigte mich. Ein meditatives Grundvertrauen war wohl immer da. In Frage stellte mich die religiöse Ethik. Meine Reaktion auf die Bergpredigt habe ich des öfteren geschildert. Unversöhnt standen in meinem Bewußtsein nebeneinander die beiden großen Gegenfiguren Augustus und Christus. Was aber hat diese Reaktion auf die Bergpredigt bei mir erzeugt? Sie ist doch nicht das übliche bei Kindern?

Im tiefsten Grunde war es – so habe ich es später öffentlich gesagt, und so glaube ich es auch heute – die Wahrheit der Bergpredigt. Was macht, daß ein Kind das astronomische Weltbild, den Begriff eines Weltreichs, die Wahrheit der Bergpredigt geistig wahrnehmen kann? Es gibt geistige Gestaltwahrnehmung. Aber wenn ich kritisch denken will, muß ich die speziellen persönlichen Motive, die ungelösten Probleme und Schwächen einer solchen Wahrnehmung, die Unfähigkeit, ihr gerecht zu werden, mitdenken.

Hier ist mütterliches Erbe. Meine Mutter war sehr willensstark und seit frühen Jahren vom Gebot christlicher Nächstenliebe zutiefst ergriffen. Sie forderte viel von sich und meinte nie, der Forderung zu genügen. Sie strahlte die

Liebe aus; mich liebte sie heiß. Aber sie verlangte spontan von uns Kindern, was sie von sich verlangte; nur pädagogische Einsicht mäßigte die Forderung. Seit ich mich erinnern kann, genügte ich der Forderung nicht, die ich doch anerkannte. Ich war träumerisch, ängstlich und zugleich exuberant. Mein Lehrer Dr. Siegfried sagte zu ihr über mich, den Elfjährigen: »Er ist ein Mann der Vorsicht.«

In diese Gemütsverfassung traf die Bergpredigt. Der von der elterlichen Autorität gedeckte Kinderglaube, gestützt durch das meditative Urvertrauen in den im leidenschaftlichen, vor allen Menschen verborgenen Gebete angeredeten Gott, all dies machte es mir unmöglich, diese Gebote anders als wörtlich zu nehmen. Daß ich ihnen nicht genügte, entsprach meiner ständigen Selbsterfahrung. Freilich erkannte ich, daß auch die politische Einstellung meiner Eltern ihnen nicht entsprach.

Die Relevanz der Religion für mein Leben blieb offen.

Zu einem Bewußtsein der Zeit, in der ich lebte, erwachte ich wohl in meinen beiden letzten Schuljahren, in Berlin, 1927 bis 29. Ich folge zunächst wieder der Trias Wissenschaft, Politik, Religion.

1927 lernte ich Werner Heisenberg und durch ihn die Quantentheorie kennen. Das entschied den Berufsweg. Ich ahnte damals noch nicht, daß ich weitere 27 Jahre, bis 1954, brauchen würde, um einen Eingang in die philosophische Interpretation der Theorie zu finden. Ich trat in die Gruppe der Physiker ein. Die wichtigste Begegnung nach der mit Heisenberg war dann, 1932, die mit Bohr. Seitdem ist mir kein Physiker mehr begegnet, der entscheidenden Einfluß auf mein Denken genommen hätte. Eigentlich erst nach seinem Tod lernte ich Einsteins Größe würdigen. Für mein reales Leben aber wurde entscheidend, daß unsere Zunft die Atombombe hergestellt hat.

Im Bismarck-Gymnasium in Berlin-Wilmersdorf wurde ich auf die Bank neben Hans Friedensohn gesetzt. In der ersten großen Pause gingen wir im Schulhof miteinander auf und ab, und er sagte: »Das Ziel ist natürlich die soziale Revolution.« Dieser eine Satz öffnete mir die Augen dafür, daß Politik nicht nur das außenpolitische Schachspiel ist. Mein Grundgefühl gegenüber der Politik war das grollende Erdbeben in der Tiefe. Keine politische Analyse führte zu solchen Gefühlen. Ich war zum Krisenempfinden meiner Zeit erwacht.

Der religiöse Kinderglaube fiel von mir ab, als ich, wohl Ostern 1928, in Heidelberg die Matthäus-Passion hörte und entdeckte, daß der Text, die Theologie und Historie in ihm, mir nicht mehr verbindlich war. Andere Kulturen pflanzen andere Kinderglauben ein. Ich war auf der hohen See der Konfrontation der Weltkulturen und der offenen Möglichkeiten.

Dies sind Phänomene der Ablösung. Die geistige Welt, die sich mir erschloß, war wohl etwa diejenige, die ich rund 50 Jahre später in dem Aufsatz *Der deutsche Titanismus* geschildert habe. Als ich an die Universität ging, kamen fast alle Freunde, die ich dort gewann, aus der Jugendbewegung, einer quasi-religiösen, ins seelisch Offene strebenden Bewegung. Seitdem haben mich Jugendbewegungen begleitet. Die der zwanziger Jahre war gleichsam naiv, des Zynismus unfähig, gläubig ohne festen Gegenstand des Glaubens, dem bürgerlichen Erfolgsdenken abgewandt. Dann die Nazis: gehorsamswillig, gemeinschaftsgläubig, einsatzwillig, optimistisch, aber allzu bereit, sich das Gewissen abdressieren zu lassen. Nach dem zweiten Krieg: zuerst die frei aufatmenden, tief krisenbewußten Kriegsteilnehmer, in Leiden gereift. Dann die Sicherheitsbegehrenden, die den Krieg nicht mitgemacht hatten und nicht an ihn denken wollten, theoretisch skeptisch und praktisch ins Wirtschaftswunder hineinwachsend. Dann die optimistisch zornigen Linken von 1968. Und dann die Abwendung von diesen Optimismen und von der Anerkennung ihrer Formen, die heutigen Grünen. Eigentlich waren sie alle in ihrer Art gut und einander viel ähnlicher als sie wissen wollten.

Aber das war ein Ausflug in spätere Zeit: »Deutscher Titanismus«. Ich lernte Hölderlin, Nietzsche, George kennen. Hölderlin: eine nichtchristliche Frömmigkeit, genug für mich, um für immer zu wissen, daß der Absolutheitsanspruch des Christentums eine Form der Angst vor der Wirklichkeit ist. Nietzsche: die rasende Fahrt ins Unbekannte. George: für meine Generation unsäglich wichtig; ich habe ihn persönlich kennengelernt, hielt mich aber entfernt von seinem Jüngerkreis.

Ich muß nun von meinem wohl größten politischen Irrtum reden, der Fehleinschätzung des Nationalsozialismus. Mein Motiv war die Empfindung der Krise der Neuzeit. Seit ich Zeuge von 1933 war, verstehe ich, elementar und an aller Ratio vorbei, Erfolge wie z. B. jetzt den von Khomeini. Aber was unterscheidet die Pseudoausgießung des Heiligen Geistes von einer echten?

Als Protestant habe ich über Luthers Wirkung nach 1517 das positive Urteil gelernt; die Römische Kirche erlebte diese Wirkung umgekehrt. Bei mir, wie z. B. bei Heidegger, fiel diese Wahrnehmung auf den vorbereiteten Boden der realen Wahrnehmung der Krise der Neuzeit. Deshalb können alle diejenigen solchen Wahrnehmungen nicht gerecht werden, welche die Krise der Neuzeit nicht oder nur als Bedrohung des Fortschritts auf dem rechten Weg empfinden. Ebensowenig diejenigen, die wie die Marxisten den richtigen Weg »schon wußten« und die Krise als Phänomen auf dem historischen Weg einordneten.

In der Nähe zur Oberfläche, in der sich meine Bücher halten, habe ich in den letzten zehn Jahren über all dies schon geschrieben. Ich habe auch mit der Intention der Wahrhaftigkeit berichtet, daß es wohl die Freundschaft mit Juden und die Warnung meines Vaters waren, die mich davor retteten, in eine Formation der Partei einzutreten. Vielleicht ist das noch eine Stilisierung als Folge von Gewissenserforschung. Ich weiß nicht, ob ich trotz Ehrgeiz und Handlungswillen die emotionale Hemmschwelle hätte überspringen können. Ich weiß, wie ich um 1937 empfand: man müßte sich hier in Berlin auf den Potsdamer Platz stellen und laut schreien: »Was hier geschieht, ist Verbrechen!« Was aber zog mich gleichwohl dorthin?

Den Weg durchs Dritte Reich machte ich in stiller äußerer Angepaßtheit und mit großer, nie gelöster innerer Spannung. Ich teilte keine Meinung des NS-Credo, kam mit Regimegegnern mühelos in Gefühlsverbindung und Gespräche und erwartete etwas unaussprechbar Außerordentliches von den Ereignissen. Dies war der Hintergrund meiner Hoffnung, durch die Uranarbeiten einen Zugriff zur Macht zu erhalten. Der Traum, eine bessere Zukunft einem Manne wie Hitler verständlich zu machen. Dabei funktionierte mein Instinkt der Vorsicht in fast allen Fällen zuverlässig. Ich verhielt mich meist so, daß keine Gefahr entstand. Aber natürlich beobachtete ich, daß auch keine Chance der erträumten Art entstand. Die Sonette aus Farm Hall 1945 sind die nachträgliche Quittung.

*

Farm Hall war der Ort unserer englischen Internierung 1945. Von den dort geschriebenen Sonetten habe ich einige später veröffentlicht.* Ich zitiere hier noch einmal den Schluß des Sonetts *Schuld*:

Ich ließ mit sehendem Aug in dunklen Jahren
schweigend geschehn Verbrechen um Verbrechen.
Furchtbare Klugheit, die mir riet Geduld!

Der Zukunft durft ich meine Kraft bewahren,
allein um welchen Preis! Das Herz will brechen.
O Zwang, Verstrickung, Säumnis! Schuld, o Schuld!

Als zwei Jahre später mein Vater in Nürnberg vor Gericht gestellt wurde, schrieb ich zwei Strophen:

Als deiner Väter Haus in Rauch sich hüllte,
gingst du hinein, zu retten. Wer darf nun
dich tadeln, weil das Schicksal sich erfüllte?
Du weißt auch heut: ich müßt es wieder tun.

Dein sterblich Leben reißt der Strom der Rache
in seine Wirbel, und im tiefsten Schmerz

* In *Der bedrohte Friede*, München [4]1983, S. 448; 571-573.

kämpfst du noch einmal für des Friedens Sache.
Doch tieferer Friede füllt bereits dein Herz.

Als 1945 der Krieg zu Ende war, war ich 33 Jahre alt. Rückblickend empfinde ich meine damaligen Verhaltensweisen und Äußerungen als unausgereiften Ausdruck von Ahnungen oder Wahrnehmungen, die meine intellektuelle Verarbeitungsfähigkeit überstiegen. Ich hatte rationale Nüchternheit nachzulernen, ein Stück nicht vollzogener Aufklärung und Achtung vor der politischen Weisheit der Prinzipien von Legalität und Liberalität.

Das träumerische Verhältnis zu den Problemen der Politik hielt noch sieben Jahre an. Ich konnte die Weltordnung, die sich nach 1945 herausbildete, nicht als stabil empfinden. Ich fühlte einen Auftrag, etwas für eine radikale Veränderung zu tun, aber ich fand die Kraft dazu nicht in mir vor. Dies führte zu einer fortdauernd depressiven Grundstimmung. Eine schmerzhafte *midlife crisis* im Alter von vierzig Jahren, 1952, erlöste mich. Ich gab die Größenträume auf, beschränkte mich auf die Pflichten in Familie und Beruf. Und damit öffnete sich der Weg zu realen Wirkungen. 1954 der mir wichtigste Gedanke in der Physik, zur Deutung der Quantentheorie. 1957 mit der Göttinger Erklärung ein erster Schritt zu politischer Wirkung. Eine wichtige religiöse Erfahrung kam später, 1969.*

* Über all dies habe ich in der »Selbstdarstellung« in *Der Garten des Menschlichen*, München [4]1984, S. 553-597, berichtet.

5. Die Atomwaffe*

stern: Herr Professor von Weizsäcker, Sie hatten einen maßgeblichen Anteil an den Arbeiten zum sogenannten deutschen »Uranprojekt« während des Zweiten Weltkriegs. Wann tauchte die Idee der Atombombe in Ihrem Gedankenkreis zum erstenmal auf?

Carl Friedrich v. Weizsäcker: Das war im Frühjahr 1939. Ich arbeitete damals am Kaiser-Wilhelm-Institut für Physik in Berlin. In den letzten Tagen des Jahres 1938 hatte ich die Hahnsche Entdeckung der Uranspaltung von Hahn selbst telefonisch erfahren. Im Februar oder März 1939 lud er mich dann zu einem Seminar ein, auf dem er über neue Untersuchungen von Frédéric Joliot in Paris berichtete, die noch nicht publiziert waren. Joliot hatte entdeckt, daß bei der Uranspaltung Neutronen frei werden. Damit war die Möglichkeit einer Kettenreaktion und somit einer Bombe gegeben. Ich bin am selben Abend zu meinem Freund Georg Picht gegangen und habe gesagt, ich hätte soeben begriffen, daß man vermutlich eine Bombe machen könne, die ganz London zerstören könne. Wir haben dann die ganze Nacht darüber geredet, daß von diesem Tage an die Weltgeschichte anders aussieht als zuvor.

stern: Ein halbes Jahr später, unmittelbar nach Kriegsausbruch wurde der sogenannte »Uranverein« beim Heereswaffenamt gebildet, der die Möglichkeit einer Atombombe untersuchen sollte. Sie gehörten zu den Initiatoren.

C. F. v. W.: Ich wollte gern dabeisein, und ich überredete Werner Heisenberg, der damals Professor in Leipzig war, ebenfalls mitzumachen. Ich sagte, wir müssen sehen, was bei der Sache herauskommt, um dann selbst entscheiden zu können, was wir damit machen.

* Interview 1984 mit H. Jaenecke vom *Stern.* Abgedruckt in H. Jaenecke, *Mein Gott, was haben wir getan!*, Hamburg 1987.

stern: Ihr Name steht ja, in Verbindung mit Ihrem Vater, in dem berühmten Brief Albert Einsteins an den amerikanischen Präsidenten Roosevelt vom Oktober 1939 – wohl in der Absicht, die Gefahr einer deutschen Atombombe besonders eindringlich darzustellen. Hat Sie das nicht gewundert?

C. F. v. W.: Eigentlich nicht. Mein Vater war ja Staatssekretär im Auswärtigen Amt. Daß ich selbst an der Sache interessiert war, habe ich den ausländischen Physikern zwar nicht erzählt, aber da ich in Deutschland geblieben war und in Gesprächen auch die Ansicht vertrat, daß man in Deutschland bleiben könne und solle, haben die sich gesagt, dann wird der schon Bomben machen. Das ist schon plausibel. Und wenn ich erzähle, was ich wirklich gemacht habe, dann ist dies natürlich auch nicht eine völlig falsche Einschätzung. Mein Vater war daran allerdings völlig unbeteiligt. Also, das spezielle Motiv, das Einstein bzw. Szilard, der Verfasser des Briefes, hier hatte, war falsch.

stern: Sie waren als Physiker von der Idee fasziniert, eine derartige Waffe bauen zu können, die etwas völlig Neues darstellte?

C. F. v. W.: Nicht so sehr als Physiker. Die Bombe als technischer Anreiz hat mich überhaupt nicht interessiert. Was mich faszinierte, war, damit an einen Schalthebel politischen Einflusses zu kommen. Aber das war natürlich meine ganz persönliche Motivation, die war sicher nicht typisch.

stern: Wie ist das zu verstehen?

C. F. v. W.: Ich war zwar Physiker, aber ich war zutiefst umgetrieben von ganz anderen Sachen. Mich beschäftigte, was in der Welt vorgeht, politisch und geistig. Ich hatte das Gefühl, wenn ich nicht Politik mache, dann verrate ich das, was ich zu tun habe.

stern: Sie wollten mit der Bombe Politik machen?

C. F. v. W.: Ich weiß, es ist schwer zu erklären. Ich muß etwas zurückgreifen, in die Zeit vor Hitler, in die Stimmung damals. Ich war kein Nazi. Aber ich gehörte auch nicht zu den Leuten, die es sich so leichtmachten und sagten, den Hitler muß man nicht ernst nehmen. Meine Grundstimmung in den zwanziger Jahren war: Wir leben in einer Phase zwischen den Kriegen, in einer Phase, in der das, was eigentlich mit der Menschheit passieren soll, noch nicht sichtbar ist. Irgend etwas anderes wird kommen. Ich konnte an die bürgerliche Welt, der ich entstammte und angehörte, nicht glauben. Ich habe sie nicht gehaßt, aber ich hatte das Gefühl, das hält nicht, da kommt etwas anderes. Und wenn ich mich frage, wo verwandte Empfindungen waren, dann würde ich sagen, in breiten Kreisen der Jugendbewegung, der Bündischen Jugend. Und wenn ich Literatur nehme, dann bei Stefan George beispielsweise – *Der Siebente Ring, Der Stern des Bundes, Das Neue Reich.* Das ist voll von Erwartung, daß die Welt, in der wir leben, zugrunde gehen wird, weil sie verdient, zugrunde zu gehen. Eine neue Welt kommt, und in dieser neuen Welt werden die einfachen und klaren menschlichen Werte gelten und nicht dieses verblasene Zeug, daß man Wolkenkratzer bauen muß, um den Himmel zu stürmen. Es wird eine kleine Auswahl von Menschen geben, die diese Welt hervorbringen. Und zu dieser Auswahl zu gehören, ist das einzig Sinnvolle. »Wer je die Flamme umschritt, bleibe der Flamme Trabant« – das ist so ein typisches George-Wort. Das hat die Jugendbewegung an Tausenden von Lagerfeuern gesagt. Das war so die Stimmung.

stern: Sahen Sie in Hitler den Verkünder dieser neuen Welt?

C. F. v. W.: Nein, so einfach nicht. Ich habe von den Meinungen der Nazis nie etwas gehalten. Ich war so gut mit Juden befreundet und fand diese ganzen Rassetheorien absurd. Aber was in Wirklichkeit passierte, ging an all diesen blöden Ansichten vorbei, und daß Hitler so erfolgreich war, konnte man durch diese Ansichten nicht erklären. Insofern sah ich ihn als ein Instrument dessen, was er immer die Vorsehung nannte – ein Instrument, das selber nicht weiß, wofür es gebraucht wird. Ich war nicht überrascht, als alle Attentate auf ihn fehlschlugen. Ich hatte immer das Gefühl, so geht das mit Hitler nicht zu Ende. Ich dachte, vielleicht hat er doch irgendwo den Schlüssel für das, was kommen soll. Und mein Wunsch war zunächst einmal, in diese Sphäre der Entscheidung als Person hineinzukommen und dann zu sehen, was ich tun muß.

stern: In welche Richtung wollten Sie einwirken? Was war Ihr Ziel?

C. F. v. W.: Ich habe nicht gewußt, was ich dann tun würde. Es war nicht ein Programm, sondern ein Gefühl: das Gefühl, vielleicht kann ich da etwas, und wenn ich es kann, dann muß ich es unbedingt tun. Aber dazu müssen bestimmte Voraussetzungen dasein, man muß mich als Person anhören. Wenn ich nun eine Waffe machen kann, über die mit mir zu verhandeln niemand verhindern kann – vielleicht kriege ich Einfluß auf die Ereignisse, weiß der Himmel wie. Das war mein Motiv. Und ich sage nachträglich, ich bin nur durch göttliche Gnade gerettet worden – dadurch, daß es nicht gegangen ist. Denn es wäre tödlich schief ausgegangen. Ich habe damals mit jugendlicher Leichtfertigkeit eine Sache unternommen, die ich nicht wieder anfangen würde, wenn ich heute in derselben Lage wäre.

stern: Die Idee war also: Wir wollen die Bombe bauen, damit wir etwas in der Hand haben?

C. F. v. W.: Ja. Oder mindestens, wir wollen so nahe an die Bombe herankommen, wie wir eben können. Und das war genau meine Schwierigkeit, daß ich nicht fähig war auszudenken, was die Folge wäre, wenn wir sie hätten. Und gleichzeitig nicht fähig war, einfach nur zu sagen, wir tun alles, daß wir die Bombe nicht kriegen. Denn es bloß nicht zu machen, das hätte ich damals mit aller Entschlossenheit als Feigheit empfunden.

stern: Waren das Gedanken, die Sie mit Heisenberg oder anderen besprochen haben?

C. F. v. W.: Das war so stark in meinem Innern, daß ich darüber auch mit Heisenberg nur zögernd geredet habe. Heisenberg war primär nicht politisch, sondern Wissenschaftler und Künstler. Ich war primär politisch. Und wer in dieser Weise politisch handelt, handelt im Prinzip vollkommen allein.

stern: Zum Glück ist aus der deutschen Bombe nichts geworden. Die Idee wurde aufgegeben. Warum?

C. F. v. W.: Wir kamen allmählich zu der Erkenntnis, daß der technische Aufwand so ungeheuer groß sein müßte, daß er kurzfristig nicht zu realisieren sei, jedenfalls nicht während des Krieges. Wir wußten, wenn man eine Bombe haben will, muß man eine Isotopentrennung nicht von millionstel Milligramm (wie im Labor), sondern in der Größenordnung von Kilogramm machen. Und da war unsere Reaktion: Na ja, das wird man vielleicht im nächsten Jahrtausend machen. Dazu braucht man eine Riesentechnik, da muß ein neues Ruhrgebiet aufgebaut werden. Das geht nicht in den zwei oder drei Jahren, die dieser Krieg noch dauert. Das hat also niemand ernsthaft erwogen. Auch in den USA hat es ja Milliarden Dollar gekostet, und es ist auch dort trotz aller Anstrengungen und bei den unbegrenzten Mitteln erst nach dem Ende des Krieges in Europa fertig geworden. Daß die Amerikaner das im Krieg hingekriegt haben, hat uns später außerordentlich gewundert.

stern: Es gab auch den anderen Weg zur Bombe: über einen Reaktor, der Plutonium produziert. Sie haben das theoretisch als erster in Deutschland entwickelt.

C. F. v. W.: Ja, ich hatte die Plutonium-Idee, aber dazu hätte man einen Reaktor haben müssen, und auch da gab es große Schwierigkeiten. Wir hatten nicht die notwendigen Mengen Uran und Schweres Wasser. Das Schwere Wasser kam aus Norwegen, dort wurde die Anlage durch Sabotage zerstört, was unsere Arbeiten sicher behindert hat. Es wäre auch mit Kohlenstoff (wie in den USA beim ersten Versuchsreaktor von Enrico Fermi) gegangen, aber das wurde bei uns durch eine Falschmessung von Bothe in Heidelberg ausgeschlossen. So gab es auf den verschiedenen Wegen immer Hindernisse, so daß wir schließlich gesagt haben: Es geht nicht. Der Reaktor ja, die Bombe aber nicht.

stern: Es gab also keine Verabredung, die Bombe nicht zu bauen?

C. F. v. W.: Nein, die gab es nicht. Es gab nur eine ungefähre Einigkeit darüber, daß die Bombe nicht zu realisieren ist. Deshalb hatten wir auch nicht das Problem, uns darüber zu streiten, ob man eine machen sollte. Und wir waren heilfroh, als wir merkten, daß wir's nicht konnten. Denn wenn es gegangen wäre – was hätten wir dann gemacht? Daß wir sagten: Verehrter Führer, wir wissen zwar, wie man die Bombe baut, aber wir werden es Ihnen nicht sagen? Das möchte ich mal sehen, wie wir das hingekriegt hätten. Wenn es gegangen wäre, hätte es eigentlich nur die Wahl gegeben zwischen einem phantastischen Lügen, das wahrscheinlich mißraten wäre, oder dem Opfern des eigenen Lebens, was die Bombe auch nicht verhindert hätte.

stern: Es gab niemanden, der die Bombe wirklich wollte?

C. F. v. W.: Nein, es gab nicht die leidenschaftliche Überzeugung wie in Amerika, daß es gemacht werden muß. Das war die Überzeugung von Leuten, die sagten, wenn Hitler die Bombe vor uns hat, ist die Zivilisation auf der Welt zu Ende. In Deutschland war es anders. Natürlich gab es Leute, die den Krieg gewinnen wollten, auch wenn sie Hitler gar nicht leiden konnten. Ich wollte den Krieg auch nicht verlieren. Aber die Frage war doch: Sollen wir etwas, was es noch nie gegeben hat und was die ganze Weltgeschichte ändern wird – sollen wir das jetzt machen, ist das etwas, was man unbedingt wollen muß? Die Amerikaner konnten dazu ja sagen mit ihrem ruhigen, guten Gewissen, daß sie auf der richtigen Seite stehen. Aber wir fragten uns doch immer, was folgt daraus? Natürlich gab es unter uns auch Nazis und Opportunisten, alles hat es gegeben. Aber ich kann mich nicht erinnern, unter den Leuten, die es gekonnt hätten, auch nur einen getroffen zu haben, der leidenschaftlich wollte, daß man eine Bombe macht.

stern: Haben Sie während des Krieges nicht vermutet, daß Amerika die Atombombe baut?

C. F. v. W.: Wir waren, je länger unsere eigenen Untersuchungen dauerten, um so skeptischer, daß man in Amerika daran arbeitet. Wir sagten uns, wenn das so schwer ist, wie wir jetzt sehen, dann können wir ruhig schlafen, dann ist anzunehmen, daß es die Amerikaner ebenso wenig probieren wie wir.

stern: Es gab im Jahre 1941 eine dramatische Begegnung zwischen Werner Heisenberg und Niels Bohr in Kopenhagen, die Bohr zu der Überzeugung brachte, die Deutschen bauen die Bombe doch.

C. F. v. W.: Ja. Das war ein schreckliches Mißverständnis. Heisenberg fürchtete, die Amerikaner könnten auf die Idee gekommen sein, daß wir es vielleicht machen und daß sie es deshalb auch machen müssen. Nun gab es einen einzigen Menschen in der Welt, der das gemeinsame Vertrauen beider Seiten hatte: Niels Bohr. Wenn man mit ihm redet, so dachten wir, könnte er die Amerikaner vielleicht beruhigen. Ich hatte Heisenberg zu diesem Schritt geraten und war damals mit ihm in Kopenhagen. Als er von dem Gespräch mit Bohr zurückkam, sagte er als erstes: »Du, ich glaube, das ist vollkommen schiefgelaufen.«

stern: Woran lag das?

C. F. v. W.: Ich glaube, Heisenberg war zu vorsichtig. Er hatte eine eigentümliche Hemmung, eine einmal übernommene Verpflichtung, in diesem Fall die der Geheimhaltung, in einem entscheidenden Moment auch mal zu brechen. Es gibt zwei mögliche Gründe für dieses etwas behutsame Vorgehen. Erstens eine Art tief internalisiertes deutsches Obrigkeitsdenken und zweitens die Angst: was passiert, wenn Bohr ausplaudert? Denn das hätte ihn ja das Leben kosten können. Ich weiß nicht, welches der Motive das stärkere war. Er erzählte mir damals: »Ich hab halt erst mal angefangen, darüber zu reden – Kernspaltung, daß man da wohl manches machen könne, und daß er, Bohr, das wohl auch wisse. Aber er hat zunächst gar nicht so recht verstanden, was ich wollte. Und als wir schon weit draußen waren, mitten auf dem Spaziergang, hat er endlich begriffen, wovon ich rede. Und dann war er so wahnsinnig aufgeregt, daß das vielleicht wirklich geht, daß er nichts mehr hören konnte.« So Heisenbergs Bericht. Ich stelle mir vor, wenn Heisenberg gesagt hätte: »Hör mal, lieber Bohr, ich sage dir jetzt etwas, und wenn das rauskommt, kostet es mich das Leben. Aber ich habe mich entschlossen, es dir zu sagen . . .« Vielleicht hätte das anders gewirkt.

stern: Haben Sie später mit Bohr darüber sprechen können?

C. F. v. W.: Eigentlich nicht. Ich habe es mal probiert. Das war in Princeton 1950. Wir sprachen über alles mögliche, und Bohr war sehr freundlich. Dann fing ich an, das Gespräch auf dieses Thema zu lenken. Da sagte er: »Ach, reden wir doch nicht davon. Ich verstehe ja vollkommen, im Krieg ist jeder zuerst seinem Land verpflichtet. Ich mache Heisenberg deshalb gar keine Vorwürfe. Also, warum reden wir noch drüber.«

stern: Er hatte es also auch hinterher noch nicht verstanden?

C. F. v. W.: Nein. Ich habe mir dann in dem Moment gesagt: Wenn ich jetzt anfange zu erklären, daß wir damals eigentlich darüber reden wollten – dann hätte sich Bohr wahrscheinlich gesagt: »Also dieser Unglücksmensch, statt daß er akzeptiert, was ich ihm anbiete, fängt er an zu lügen, um mich von etwas zu überzeugen, was doch die reine nachträgliche Erfindung ist. Wenn der nicht für Hitler Bomben machen wollte, wäre er doch weggegangen und nicht zu mir gekommen, um mit mir darüber zu reden.«

stern: Sie haben Robert Oppenheimer gekannt, Ihren Kollegen und Kontrahenten auf der anderen Seite. Er hatte offenbar ein ähnlich kompliziertes Verhältnis zum Gegenstand seiner Arbeit wie Sie.

C. F. v. W.: Ich habe nur zweimal mit ihm geredet, aber ich habe das ganze Oppenheimer-Hearing studiert, und ich glaube, daß er dasselbe Gefühl hatte wie ich: daß er eine komplizierte persönliche Motivation Leuten erklären muß, von denen er weiß, daß sie glauben, er lügt, wenn er die Wahrheit sagt. Nur wenn er lügt, kann er so reden, daß sie sich einbilden, er sage die Wahrheit.

stern: Haben Sie mit ihm einmal über die Gewissensfrage gesprochen? Er trug ja nun wirklich die Verantwortung für Hiroshima und Nagasaki.

C. F. v. W.: Dazu kann ich eine Geschichte erzählen. Er sprach mich 1958 auf das Stück von Heinar Kipphardt *In Sachen Robert Oppenheimer* an, das gerade in Deutschland lief. Er fragte mich, ob man das Stück verbieten lassen könne, weil der Autor ihn dort das Gegenteil dessen sagen läßt, was er meine. Kipphardt unterstellte ihm nämlich Reue. Darüber war Oppenheimer empört. Er sagte mir etwa (ich gebe das sinngemäß wieder): »Ich habe die Bombe gemacht, weil ich wußte, daß es notwendig war, und ich würde es heute wieder tun. Dieser Mann – Kipphardt – meint, ich sei ein solcher Tor, daß ich etwas getan hätte, was ich später bereute. Es gibt Dinge, die ich bereue, aber nicht dieses.« Das heißt, Oppenheimer war durchaus gewissenhaft, aber sein Gewissen hat genau anders herum reagiert, anders, als solche edlen Seelen wie Kipphardt denken, daß ein Mensch, der Verantwortung trägt, reagieren müßte.

stern: Die Wasserstoffbombe wollte er aber nicht mehr bauen. Da hat er ethische Begründungen gegeben.

C. F. v. W.: In beiden Fällen hat er ethische Begründungen gegeben. Die ethische Begründung für die Atombombe war, die Welt vor der Herrschaft Hitlers zu retten. Wenn das nicht ethisch ist, möchte ich wissen, was ethisch ist. Und die ethische Begründung für den Widerstand gegen die Wasserstoffbombe war, daß er sagte, hier ist die Sache in eine Dimension gekommen, wo die Gefahr größer ist als der Nutzen. Das ist dieselbe Ethik. Er hat ja dann vorgeschlagen, das Uran zu internationalisieren, um so die Institution des Krieges zu eliminieren. Er meinte, dies könne der erste Schritt zur Überwindung der Nationalstaaten und Imperien sein. Er meinte, wenn das gelänge, dann wüßten wir, warum wir die Atombombe entwickelt haben.

stern: War das nicht sehr naiv?

C. F. v. W.: Wir waren alle naiv. Aber die Leute, die das Schreckliche in der Welt überwinden wollten, waren immer in der Schwierigkeit, daß sie entweder sagen mußten, nichts geht, oder sie mußten etwas versuchen, von dem man nachher sagen konnte, »das ist aber sehr naiv gewesen«.

stern: Das Schreckliche überwinden, nachdem sie es in die Welt gesetzt haben . . .

C. F. v. W.: Die Atombombe ist nicht die Ursache unserer Probleme. Sie ist höchstens der Wecker, der uns aufweckt. Wenn wir jetzt die Atomwaffen wieder abschaffen würden und sonst gar nichts, wäre das so, als würden wir morgens den Wecker aus dem Fenster werfen, um noch ein Stündchen zu schlafen und dann zu merken, daß das Haus inzwischen abgebrannt ist.

stern: War die Bombe unvermeidlich? Liegt sie in der Logik der wissenschaftlichen Entwicklung?

C. F. v. W.: Wenn ich simplifizieren soll, dann würde ich sagen, die ganze abendländische Kultur ist eine rasende Fahrt ins Unbekannte. Und Leute wie Francis Bacon und René Descartes haben das schon vor 350 Jahren gewußt. Die hatten nur die optimistische Meinung, das Unbekannte sei die Befreiung der Menschheit von allem Elend und Entsetzen, das bisher das menschliche Leben beherrscht hat. Aber es ist eine rasende Fahrt ins Unbekannte. Und ich habe schon vor langer Zeit gesagt, es führt eine schnurgerade Straße von Galilei zur Atombombe. Der Kardinal Bellarmin, der Galilei daran hindern wollte, die Kopernikanische Lehre zu verbreiten, wußte, wovon er sprach. Wenn das mal erlaubt ist, daß da irgendein Professor aus Pisa oder Padua kommt und sagt: »Was da in der Bibel steht, stimmt gar nicht, sondern in Wirklichkeit ist die Sonne in der Mitte, und das kann ich euch mathematisch beweisen, und guckt mal durch mein Fernrohr« – dann müssen nur 300 Jahre vergehen, und ein anderer Professor aus Princeton sagt: »Ich kann eine Waffe machen, mit der kann ich 100 000 Japaner auf einmal umbringen.« Das ist genau dieselbe Denkweise.

stern: Würden Sie das Ganze als Irrweg bezeichnen wollen?

C. F. v. W.: Irrwege gibt's vielleicht gar nicht. Es ist ja der Weg wirklicher Erkenntnis. Das ist nur dann ein Irrweg, wenn man überzeugt ist, daß die Menschen immer nur die Dinge zum Elend und zum Schrecken benutzen wollen.

stern: Das menschliche Verhalten hat sich nicht geändert.

C. F. v. W.: Natürlich kann man sagen – und so haben die konservativen Kirchenfürsten gedacht –, die Hoffnung, daß die Menschen sich ändern, ist irrig, und da die Menschen nicht anders werden, darf man ihnen nicht noch mehr Macht in die Hand geben, als sie schon haben, denn das ist schon zuviel. Das ist natürlich ein möglicher Standpunkt. Aber so konservativ bin ich nicht. Meine Meinung ist, daß die große Verwandlung der menschlichen Motive möglich und notwendig ist. Es hat seit Jahrtausenden Menschen gegeben, die gewußt haben, daß es möglich ist und daß es deshalb auch sein soll – Buddha, Platon, Jesus.

stern: Haben sie Erfolg gehabt? Hat es einen Bewußtseinswandel gegeben?

C. F. v. W.: So schnell geschieht es nicht. Deshalb passieren ja auch die Unglücke. Ich bin für die kurze Frist auch gar nicht optimistisch. Ich finde nur nicht, vor der Atombombe sei alles gut gewesen, und jetzt sei plötzlich alles schlecht. So ist es eben nicht. Sondern die Atombombe hat an den Tag gebracht, was in Wirklichkeit nur darauf wartete, an den Tag zu kommen. Und hätte es nicht die Atombombe gegeben, dann hätte es etwas anderes gegeben, z. B. die Verwendungen, die wir demnächst von unseren biologischen Kenntnissen machen werden.

stern: Halten Sie nicht den Zeitpunkt für gekommen, wo die Wissenschaft sich fragen muß, ob sie unbeschränkt in dieser Richtung weitermarschieren kann?

C. F. v. W.: Hierzu würde ich sagen: Dieser Zeitpunkt ist eigentlich schon lange gekommen. Nur, ich glaube, daß hier wiederum die Antwort nicht heißen kann: Die Wissenschaft darf nicht weiter forschen. Ich will es noch mal demonstrieren an dem mißratenen Gespräch zwischen Heisenberg und Bohr. Ich habe Heisenberg damals beraten. Ich hatte die träumerische Vorstellung, wenn die Wissenschaftler so etwas wie ein religiöser Orden wären, dann könnten sie sich gemeinsam entschließen, bestimmte Dinge nicht zu tun. Ich habe dann sehr schnell gemerkt, daß die Wissenschaftler kein religiöser Orden sind, weil die Wissenschaft keine Religion ist. Aber es würde sich wenigstens die Möglichkeit kollektiv abgestimmten Handelns bieten. Wenn das bei der Atombombe hätte getan werden können, wenn nicht schon der allererste Versuch, nämlich das Gespräch zwischen Bohr und Heisenberg, die Unmöglichkeit davon gezeigt hätte – dann hätten die Wissenschaftler die moralische Macht ausgestrahlt, die sie nicht ausgestrahlt haben. Aber dazu ist es notwendig, daß die Wissenschaftler sich nicht auf das ungeheuer Billige und außerdem Unmögliche beschränken, zu sagen, gewisse Entdeckungen wollen wir nicht machen. Sondern dann müssen sie auch sagen, wir wollen aktiv mitwirken an der Verwandlung der Welt. Denn sonst erzwingt die Welt ja unablässig, daß die Entdeckungen doch gemacht werden.

stern: Ist es nicht umgekehrt so, daß die Vorgaben von der

Wissenschaft kommen und die ganze Welt sich danach ausrichtet?

C. F. v. W.: Die Wissenschaftler benehmen sich wie alle Leute, die eine Ware zu verkaufen haben. Sie bieten das an, was gekauft wird. Das ist genau wie überall sonst.

stern: Nun geht es ja in den Naturwissenschaften heute um Dinge, die das Überleben in Frage stellen.

C. F. v. W.: Die Fixierung auf die Gefährlichkeit, das ist die Art, wie der Hase von der Schlange betäubt wird. Die Angst vor der Gefährlichkeit ist nicht die Aktivierung zum richtigen Handeln. Allerdings, wenn man die Angst dann auch noch verdrängt und sagt, es ist ja alles in Ordnung – das ist erst recht nicht die Aktivierung zum richtigen Handeln; da ist mir die Angst noch lieber. Aber es ist nichts damit erreicht, daß man sagt, die Wissenschaft sollte nur einiges nicht erfinden. Man muß doch ansehen, wie die Menschheit wirklich war. Die großen Religionen haben nicht umsonst die Welt ein Jammertal genannt. Wie war denn eigentlich der Zustand eines Bauern im Spätmittelalter? Wie waren die sozialen Verhältnisse? Die Wissenschaft hat dazu beigetragen, daß die Straßen heute nicht mehr vor Fäkalien stinken, die nicht abgeräumt werden. Nun heißt es dann, wie soll die Wissenschaft unterscheiden, was gefährlich und was nützlich ist, denn immer genau dasselbe ist gefährlich und nützlich. Und deshalb sage ich: Was entwickelt werden muß, ist die ethische Wahrheit der Unterscheidung, was man tun soll und was man nicht tun soll, und die politische Struktur, die diese Entscheidungen effektiv machen kann. Das ist doch alles möglich.

stern: Wenn man davon ausgeht, daß die Fähigkeit, Probleme zu meistern, nicht gewachsen ist und auf der anderen Seite die Politiker immer stärkere Massenvernichtungsmittel in der Hand haben, dann scheint doch eine Grenze erreicht, wo tatsächlich die Frage auftaucht, ob wir noch alles machen dürfen, was wir können.

C. F. v. W.: Die richtige Frage ist: Haben wir Wirkungsmöglichkeiten gelernt, die wir vorher nicht hatten? Der Mensch hat die Macht über die Welt in die Hand genommen, und er muß so werden, daß er diese Macht verwalten kann. Das erfordert eine Verwandlung des ganzen menschlichen Bewußtseins, woraus man dann auch folgern kann, daß man bestimmte wissenschaftliche Konsequenzen nicht zieht. Aber wenn man nur diese wissenschaftlichen Konsequenzen nicht zieht, weil man sagt, bis hierher ja, aber darüber hinaus nicht mehr, dann heißt das nur, daß man dem Fluß, der zufällig hier nicht durchbrechen durfte, weil man da noch einen Baumstamm hineingeworfen hat, ein Angebot macht, woanders durchzubrechen.

stern: Sie haben einmal gesagt, im Jahre 1939 hätte noch ein Dutzend Forscher die Atombombe verhindern können.

C. F. v. W.: Wahrscheinlich. Doch was heißt, sie hätten sie verhindern können? Sie hätten höchstens erreichen können, daß während des Krieges, dessen Ausbruch damals zu erwarten war, keine Bombe gemacht worden wäre, so daß die ersten Opfer dieser Bombe nicht Japaner, sondern Russen gewesen wären. Der Einsatz im Jahr 1945 wäre unterblieben, aber in dem Weltkrieg zwischen Amerika und Rußland, der dann wahrscheinlich um 1960 ausgebrochen wäre, wäre die Bombe eingesetzt worden. Es hat keinen Sinn, daß man das einzelne symbolische Ereignis für das Unglück hält. Es war ein großes Unglück. Aber es war ein symbolisches Ereignis. Und wenn ich einen Orden der Wissenschaftler im Sinn hatte, so war damit keine Organisation gemeint, wo eine kleine Gruppe beschließt, das und das wird gemacht und jenes nicht. Ein Orden beruht zunächst einmal auf Gelübden, die jedem Einzelnen einen Lebensgang vorschreiben, der anders ist, als er sonst wäre. Und im Rahmen dieses Lebensgangs wird dann das ganze Verhalten anders, als es sonst wäre. Wenn jeder Wissenschaftler auf die Folgen der Wissenschaft soviel Sorgfalt verwenden würde wie auf ein sauberes Experiment oder eine präzise Rechnung, hätte ich nicht die geringste Angst für die Menschheit. Und da kann man sagen, sind die Wissenschaftler schuld, daß sie das nicht wollen.

6. Nachtrag zum Gespräch zwischen Niels Bohr und Werner Heisenberg 1941

Im März 1987 lernte ich in Moskau den Physiker Feinberg persönlich kennen. Er erzählte mir, daß – wenn ich mich recht erinnere – in Rußland schon vor 1944 durch Studium von Publikationen herausgekommen oder jedenfalls geschlossen worden sei, daß die Amerikaner an Kernwaffen arbeiteten. Ein junger russischer Physiker hat aus den Jahrgängen der *Physical Review* während des Krieges festgestellt, daß rund zwei Jahre lang von keinem derjenigen amerikanischen Physiker, die imstande waren, über Atomenergie zu arbeiten, mehr eine wissenschaftliche Arbeit erschienen war. Er schloß daraus, daß alle diese Leute gemeinsam an einem Projekt arbeiteten, das nichts anderes sein konnte als die Kernwaffe.

Feinberg fügte hinzu, jemand – und ich glaube, in diesem Falle war er es nun selbst – habe (ich weiß nicht, ob damals schon oder erst nach dem Krieg) durch Studium der deutschen Publikationen ebenso festgestellt, daß wir nicht mit nennenswertem Nachdruck an der Atomwaffe gearbeitet haben. Er gab dafür als Beleg an, daß noch während des Kriegs ein Bändchen über kosmische Ultrastrahlung, herausgegeben von Heisenberg, erschienen ist, das auf Diskussionen beruhte, die wir damals im Dahlemer Institut geführt haben. Das Thema hatte mit Kernspaltung offenkundig nichts zu tun. Das Bändchen enthielt – so Feinbergs Erinnerung – sechs Arbeiten von Heisenberg, zwei von mir, eine von Wirtz. Er habe daraus geschlossen, daß wir, wenn wir überhaupt an Kernenergie und -waffen arbeiteten, dies nur mit geringem Nachdruck taten; denn es sei unvorstellbar, daß wenn man wirklich die Waffe produzieren will, man daneben Zeit für solche, unter diesem Gesichtspunkt, Allotria findet.

Ich konnte ihm natürlich nur bestätigen, daß er völlig recht hatte. Zwar haben wir intensiv gearbeitet, aber doch nur intensiv in dem Sinne, wie man eben in der Wissenschaft ein Programm verfolgt, neben dem man doch noch viel anderes im Kopf hat, und nicht mit irgendeiner Leidenschaft, nun unbedingt so rasch wie nur irgend möglich dieses technische Problem zu lösen. Ich könnte hinzufügen, was Feinberg damals nicht wissen konnte, daß wir ein regelmäßiges Kolloquium mit den Biologen über Probleme des Verhältnisses von Physik und Biologie hatten und daß ich in der zweiten Hälfte des Kriegs eine Arbeit über die Entstehung des Planetensystems geschrieben habe. Der leidenschaftliche Wunsch, eine Atomwaffe zu machen, war nicht da. Ich habe das ja verschiedentlich schon dargestellt, mir war nur sehr interessant, daß ein Mann wie Feinberg diese Dinge allein aus unserem damals sichtbaren Publikationsverhalten hat schließen können.

Dann berichtete mir Feinberg über ein Gespräch, das er mit Bohr gehabt hat, als Bohr – wohl in den fünfziger Jahren – einmal in der Sowjetunion war. Dieser Bericht von Feinberg hat mir einiges aufgeschlossen, was ich vielleicht nur, weil ich mich nicht genug darum gekümmert habe, vorher nicht verstanden hatte. Auch das wird Feinberg publizieren. Ich zeichne jetzt nur meine Erinnerung auf, solange sie noch einigermaßen frisch ist. Bohr habe damals über Heisenberg in durchaus freundschaftlichem Ton folgendes Kritische gesagt: »Er sagte, es sei erstaunlich, wie ein Mensch, dessen Ansichten sich langsam verändern, nachträglich die ursprünglichen Ansichten vollkommen vergessen haben kann. So sei Heisenberg damals im Herbst 1941 vom Sieg Deutschlands über die Sowjetunion überzeugt gewesen und habe ihm, Bohr, gegenüber zum Ausdruck gebracht, daß dies doch gut sei. Heisenberg habe ferner in dem Gespräch versucht, Bohr zu überreden, er solle doch mit den Deutschen in Dänemark (dieses ›in Dänemark‹ betonte Feinberg dann im Laufe des Gesprächs noch einmal) zusammenarbeiten und seine völlige Zurückhaltung ihnen gegenüber aufgeben.« Es scheint nach Feinbergs Bericht, daß dies der Anfang des Gesprächs zwischen Bohr und Heisenberg auf dem Spaziergang zur

Lange Linie war und daß Bohr die gesamte Fortsetzung in diesem Licht gesehen hat – daß er also sich wohl am Ende vorstellte, Heisenberg habe ihn auch zur Mitarbeit an Atomwaffen bewegen wollen.

Dieser Bericht von Feinberg hat mir – so scheint mir – ein Rätsel aufgeklärt, das ich bisher nicht hatte lösen können. So wie ich von Heisenberg die Sache berichtet bekommen hatte, war Bohrs Reaktion auf die Mitteilung der Arbeit am Uranproblem das Entsetzen über diese Möglichkeit und deshalb die Unfähigkeit, weiter zuzuhören. Erst wohl 1985 in Kopenhagen habe ich wahrgenommen, daß man anscheinend im Kreise um Bohr der Meinung war, Heisenberg habe versucht, Bohr zur Mitarbeit an unseren eigenen Uranarbeiten zu überreden. Mir war dies völlig neu, denn der Gedanke mußte mir so absurd vorkommen, daß er mir in der Tat von selbst nie eingefallen ist. Wenn aber dem Gespräch über die Uranarbeiten die Passagen vorangegangen sind, die Bohr dem Feinberg später erzählt hat, dann klärt sich möglicherweise auch dieses Mißverständnis Bohrs auf. Es stützt sich auf die zwei soeben genannten Gesprächspunkte: erstens auf Heisenbergs Meinung von dem erwünschten Sieg der Deutschen über die Sowjetunion und zweitens auf Heisenbergs Vorschlag, Bohr möge mit den Deutschen in Dänemark enger zusammenarbeiten.

Der erste Punkt stimmt überein mit dem, was Casimir – wenn ich mich recht erinnere, anläßlich von Heisenbergs 80. Geburtstag – in Freimann erzählt hat und was Casimir inzwischen auch einmal hat drucken lassen. Heisenberg war wohl auch 1941 oder allenfalls 1942 einmal in Holland und hat damals Casimir gesagt, eine deutsche Herrschaft über Europa wäre doch wohl wirklich das kleinere Übel als eine russische. Hier kommt nun die Feststellung einer gewissen Inkonsistenz in Heisenbergs Meinungen über den Ausgang des Kriegs. Was er Goudsmit im Sommer 1939 gesagt haben mag, weiß ich nicht. Ich habe Heisenberg in den Jahren 1936 bis 39 zunächst praktisch nicht gesehen und habe mit ihm erst im Herbst 1939 – ich denke, es war wohl Oktober, wenn nicht schon gegen Ende September –

gesprochen. Ich habe ihn damals dazu aufgefordert, daß er an den Uranarbeiten teilnehme. Ich erinnere mich genau, daß er damals sagte: »Hitler wird den Krieg, den er jetzt angefangen hat, verlieren. Er hat ein Schach-Endspiel mit einem Turm weniger.« Meiner Erinnerung nach erwartete Heisenberg damals, daß sich dies alles etwa in einem Jahr vollziehen würde.

Nun kommt die Erinnerung daran, daß Heisenberg zwei Jahre später, als der Krieg gegen Rußland begonnen hatte, den deutschen Sieg in diesem Krieg erwartete und auch wünschte. Ich erinnere mich nicht so genau daran, was Heisenberg damals gedacht hat, aber es überrascht mich nicht. Meine Empfindungen waren in jenem Augenblick nicht anders. Daß sehr viele Deutsche vor allem durch den Sieg in Frankreich in ihren Erwartungen über die möglichen Erfolge Hitlers eine Meinungsänderung erlebt haben, weiß ich sehr gut. An Heisenbergs damalige Äußerungen erinnere ich mich nicht genau; aber es überrascht mich nachträglich nicht, von Casimir und über Feinberg von Bohr dasselbe gehört zu haben.

Nun kommt der zweite Punkt: die Beziehung Bohrs zu den Deutschen in Dänemark. Wir haben uns, wie wir auch verschiedentlich berichtet haben, schon im Jahr 1940 beim deutschen Einmarsch in Dänemark natürlich große Sorgen über Bohrs Schicksal gemacht. Dann erfuhren wir, daß ihm nichts passiert war. Wir kamen dann 1941 mit einiger Anstrengung zweimal nach Dänemark – wenn ich mich recht erinnere, ich im Frühjahr und im Herbst, und Heisenberg vielleicht nur einmal im Herbst; das weiß ich nicht mehr ganz genau.

Wir brauchten dazu eine offizielle deutsche Unterstützung. Ich habe mich das erstemal zu einem Vortrag einladen lassen, bilde mir ein, ich hätte das erste- und das zweitemal je einen Vortrag gehalten, wahrscheinlich das zweitemal auf dänisch in Bohrs Institut über Entstehung von Spiralnebeln und ähnliche Probleme. Wir waren dabei auch auf der Deutschen Gesandtschaft zu Gast. Der deutsche Gesandte war damals, wenn ich mich recht erinnere,

Herr von Renthe-Fink. Vielleicht war es aber das zweitemal schon sein Nachfolger. Jedenfalls haben wir mit diesen Gesandten, die dem Kreis um meinen Vater herum nahestanden, sehr mühelos und offen sprechen können. Wir haben natürlich auch unsere Besorgnisse um Bohr ausgesprochen und haben von seiten der Gesandtschaft die Zusicherung bekommen, daß diese sehr bereit sei, sich um Bohrs Wohl zu kümmern, soweit sie dazu eben fähig war. Diese Fähigkeit war begrenzt, da die Macht in Dänemark ja natürlich nicht bei den deutschen Diplomaten lag. Diese ganze Geschichte ist ja wiederum wohldokumentiert. Mit dem deutschen Bevollmächtigten Best haben wir, wenn ich mich recht erinnere, keinen Kontakt gehabt.* Es ist mir rückblickend höchst plausibel, daß Heisenberg daraufhin fand, es wäre doch sehr gut für Bohr und auch für unsere Bemühungen, mit ihm in Kontakt zu bleiben, wenn Bohr seinerseits den Kontakt mit den deutschen Stellen – also zunächst einmal jedenfalls mit der Gesandtschaft – pflegen würde. Bohr seinerseits aber hielt sich von Deutschen vollkommen zurück. Ich kann mir gut vorstellen, daß Heisenberg versucht hat, diesen Gedanken Bohr nahezubringen, daß er aber dabei bei Bohr auf einen absoluten Unwillen stieß. Man sieht aus Casimirs sehr fairem Bericht, daß Heisenberg große Schwierigkeiten hatte, denjenigen Ton zu treffen, der seinen damaligen Gesprächspartnern in Dänemark oder Holland einleuchtend war.

Wenn diese ganze Analyse des Gesprächs zwischen Bohr und Heisenberg soweit richtig ist, dann ist es in der Tat nicht mehr so unverständlich, daß Bohr gemeint haben könnte, Heisenberg wolle ihn zu einer Mitarbeit an unseren Atomarbeiten bewegen. Wiederum muß es unseren Gesprächspartnern nach dem Krieg, insbesondere also auch Bohr und seinen dänischen Freunden, die offenbar von diesen Eindrücken Bohrs ausgingen, ganz unverständlich gewesen sein, daß Heisenberg nachträglich von einer derartigen Absicht gar nichts mehr zu wissen schien.

* Er kam wohl erst später nach Dänemark.

Feinberg erzählte mir auch, daß Bohr ihm gesagt habe, das Buch *Heller als tausend Sonnen* von Robert Jungk enthalte so viel Falsches und habe ganz offenbar der Sache Heisenbergs im Westen großen Schaden zugefügt. Dabei kam heraus, daß auch Feinberg Bohrs Meinung teilte (eine Meinung, die ich umgekehrt selbst gar nicht wirklich gekannt hatte), daß Jungk sein Buch gewissermaßen im Auftrag von Heisenberg und unserer Gruppe geschrieben habe. Ich habe Feinberg dann den Hergang erzählt und zitiere ihn hier eben noch einmal. Jungk hatte schon sein Buch *Die Zukunft hat schon begonnen* geschrieben, das uns damals auch literarisch begegnet war, ohne daß wir den Verfasser kannten. Dann entschloß er sich offenbar, über die Atombombe zu schreiben. In diesem Zusammenhang kam er dann auch zu uns. Ich meine, daß ich mit ihm ein längeres Gespräch geführt habe. Es mögen auch zwei gewesen sein. Als dann sein Buch erschien, hatte ich ein höchst ambivalentes Gefühl darüber. Einerseits war es mir und uns allen selbstverständlich angenehm, daß es hier zum erstenmal eine Publikation gab, die unsere eigenen Arbeiten mit Wohlwollen betrachtete. Ich habe zwar in allem, was ich öffentlich und privat zu dieser Sache gesagt habe, immer versucht zu betonen, daß es bei uns keine Verschwörung gab, die Atombombe nicht zu machen. Daß wir aber nicht die Leidenschaft hatten, die Bombe zu machen, und daß wir sehr erleichtert waren, als wir zu der Meinung kamen, sie sei in der für uns absehbaren Zeit gar nicht möglich, das ist eben eine Tatsache, und die habe ich auch ausgesprochen. Ich lernte nachträglich aus den Berichten über die Gespräche in Farm Hall – teils aus dem, was von den Abhörbändern publiziert worden ist, teils aus dem Brief von Max von Laue, über den Arnold Kramish berichtet, daß ich in der unmittelbaren Reaktion auf Hiroshima zu der Frage, warum wir eigentlich die Bombe nicht zustande gebracht hätten, spontan gesagt habe, im Grunde hätten wir sie ja nicht wirklich gewollt. Das ist ziemlich genau das, was Feinberg als seine eigene Entdeckung aus unserem Publikationsverhalten geschlossen hat. Ich fand

Jungk aber in seiner Beurteilung unseres und des amerikanischen Verhaltens naiv. Er unterstellte uns eine entschiedenere Absicht, die Bombe nicht zu machen, als ich selbst sie in Erinnerung habe (wobei ja die Unterschiede zwischen den einzelnen Personen wichtig sind und ich diese auch in dem, was ich öffentlich gesagt habe, niemals im Detail beschrieben habe), und dann wieder kritisiert er Handlungsweisen, die in der damaligen gefährdeten Situation fast selbstverständlich waren, z. B. einen Brief von mir an einen SS-Führer. Ich fand damals, daß Jungk einerseits den Wunsch hatte, uns zu dem emporzustilisieren, was er für das moralisch Gebotene hielt, und dadurch andererseits dann verblüfft war, wenn wir uns nicht so verhielten. Ich habe damals etwas naiv gesagt, Jungk sei eben eine *anima candida* und erwarte von anderen Leuten ein ähnliches Verhalten. Ferner fand ich Jungks Urteile über die Amerikaner, insbesondere über Oppenheimer und Teller, von einer vollkommen unzulässigen Selbstgerechtigkeit. So wie er uns nach seinen eigenen Maßstäben zu freundlich behandelt hat, so hat er die Amerikaner zu unfreundlich behandelt, ohne eine Sensitivität für die Motive der im übrigen so verschiedenen Leute wie Oppenheimer und Teller. Ich habe mir, als Jungks Buch erschien, wahrscheinlich zuwenig überlegt, kann aber nachträglich nur allzugut verstehen, daß dieses Buch, aus Deutschland kommend, den westlichen Physikern außerordentlich ärgerlich sein mußte, und – wie ich sagen muß – mit vollem Recht. Später, als Jungk sich mit derselben Leidenschaft gegen Atomenergie engagierte – während Heisenberg und ich die Reaktorsache vertraten –, hat sich sein Zorn dann genauso, wie vorher gegen Oppenheimer und Teller, auch gegen uns gewandt, und dadurch wurde erst recht deutlich, wie fern er einem Verständnis unseres Verhaltens immer gewesen war. Wenn dann aber im Kreise um Bohr der Eindruck entstand, das Buch von Jungk sei in unserem Auftrag geschrieben, dann mußte natürlich das Urteil über unser eigenes Verhalten plausiblerweise noch sehr viel negativer sein, als es ohnehin war.

7. Göttinger Erklärung*

Die Pläne einer atomaren Bewaffnung der Bundeswehr erfüllen die unterzeichneten Atomforscher mit tiefer Sorge. Einige von ihnen haben den zuständigen Bundesministern ihre Bedenken schon vor mehreren Monaten mitgeteilt. Heute ist die Debatte über diese Frage allgemein geworden. Die Unterzeichneten fühlen sich daher verpflichtet, öffentlich auf einige Tatsachen hinzuweisen, die alle Fachleute wissen, die aber der Öffentlichkeit noch nicht hinreichend bekannt zu sein scheinen.

1. Taktische Atomwaffen haben die zerstörende Wirkung normaler Atombomben. Als »taktisch« bezeichnet man sie, um auszudrücken, daß sie nicht nur gegen menschliche Siedlungen, sondern auch gegen Truppen im Erdkampf eingesetzt werden sollen. Jede einzelne taktische Atombombe oder -granate hat eine ähnliche Wirkung wie die erste Atombombe, die Hiroshima zerstört hat. Da die taktischen Atomwaffen heute in großer Zahl vorhanden sind, würde ihre zerstörende Wirkung im ganzen sehr viel größer sein. Als »klein« bezeichnet man diese Bomben nur im Vergleich zur Wirkung der inzwischen entwickelten »strategischen« Bomben, vor allem der Wasserstoffbomben.

2. Für die Entwicklungsmöglichkeit der lebensausrottenden Wirkung der strategischen Atomwaffen ist keine natürliche Grenze bekannt. Heute kann eine taktische Atombombe eine kleinere Stadt zerstören, eine Wasserstoffbombe aber einen Landstrich von der Größe des Ruhrgebiets zeitweilig unbewohnbar machen. Durch Verbreitung von Radioaktivität könnte man mit Wasserstoffbomben die Bevölkerung der Bundesrepublik wahrscheinlich heute schon ausrotten. Wir kennen keine technische Möglichkeit, große Bevölkerungsmengen vor dieser Gefahr sicher zu schützen.

* Veröffentlicht am 12. April 1957.

Wir wissen, wie schwer es ist, aus diesen Tatsachen die politischen Konsequenzen zu ziehen. Uns als Nichtpolitikern wird man die Berechtigung dazu abstreiten wollen; unsere Tätigkeit, die der reinen Wissenschaft und ihrer Anwendung gilt und bei der wir viele junge Menschen unserem Gebiet zuführen, belädt uns aber mit einer Verantwortung für die möglichen Folgen dieser Tätigkeit. Deshalb können wir nicht zu allen politischen Fragen schweigen. Wir bekennen uns zur Freiheit, wie sie heute die westliche Welt gegen den Kommunismus vertritt. Wir leugnen nicht, daß die gegenseitige Angst vor den Wasserstoffbomben heute einen wesentlichen Beitrag zur Erhaltung des Friedens in der ganzen Welt und der Freiheit in einem Teil der Welt leistet. Wir halten aber diese Art, den Frieden und die Freiheit zu sichern, auf die Dauer für unzuverlässig, und wir halten die Gefahr im Falle des Versagens für tödlich.

Wir fühlen keine Kompetenz, konkrete Vorschläge für die Politik der Großmächte zu machen. Für ein kleines Land wie die Bundesrepublik glauben wir, daß es sich heute noch am besten schützt und den Weltfrieden noch am ehesten fördert, wenn es ausdrücklich und freiwillig auf den Besitz von Atomwaffen jeder Art verzichtet. Jedenfalls wäre keiner der Unterzeichneten bereit, sich an der Herstellung, der Erprobung oder dem Einsatz von Atomwaffen in irgendeiner Weise zu beteiligen.

Gleichzeitig betonen wir, daß es äußerst wichtig ist, die friedliche Verwendung der Atomenergie mit allen Mitteln zu fördern, und wir wollen an dieser Aufgabe wie bisher mitwirken.

Fritz Bopp
Max Born
Rudolf Fleischmann
Walther Gerlach
Otto Hahn
Otto Haxel
Werner Heisenberg

Hans Kopfermann
Max v. Laue
Heinz Maier-Leibnitz
Josef Mattauch
Friedrich-Adolf Paneth
Wolfgang Paul
Wolfgang Riezler
Fritz Strassmann
Wilhelm Walcher
Carl Friedrich Frhr. v. Weizsäcker
Karl Wirtz

8. Gespräch zur Göttinger Erklärung*

Robert Gerwin: Durch die Autobiographien von Otto Hahn und Werner Heisenberg wissen wir einiges darüber, wie es zur Göttinger Erklärung kam und auch, wie es dabei hinter den Kulissen zuging. Vielleicht kann man auch heute, nach dreißig Jahren, noch nicht über alles in allen Einzelheiten sprechen. Doch angesichts der Aktualität des Themas mag es hilfreich sein, sich an einige Details und Motive zu erinnern, gerade auf der Seite der Wissenschaftler, deren Sprecher Sie, Herr Prof. v. Weizsäcker, damals waren. Wie kam es zu dieser die öffentliche Meinung der Bundesrepublik in heute kaum noch vorstellbarer Weise aufwühlenden Erklärung der achtzehn Göttinger Wissenschaftler – der Atomforscher, wie Sie sich damals selbst bezeichneten?

Carl Friedrich v. Weizsäcker: Der Kreis, der diese Erklärung schließlich herausgegeben hat, war im wesentlichen der Beraterkreis für Kernphysik des 1955 ins Leben gerufenen Bundesministeriums für Atomfragen. Wir berieten dieses Ministerium in Sachen »friedliche Nutzung der Kernenergie«, und der Minister war Strauß. Er leitete das Ministerium mit Glanz, verstand sehr viel von den Dingen und organisierte tatkräftig. Der einzige Punkt, der uns Gedanken machte: wir konnten klar erkennen, daß er gerne Atomwaffen haben wollte. Vor allem bei Abendgesprächen, wenn wir mit ihm zusammensaßen, wurde das deutlich.

Dann – im Oktober 1956 – wurde Strauß Verteidigungsminister, und da war uns in diesem Kreise klar: da Strauß Atomwaffen haben möchte, wird er an uns mit der Frage herantreten, ob wir uns an der Herstellung von Atomwaf-

* Gespräch mit Robert Gerwin, *MPG-Spiegel 6/87*, Referat für Presse und Öffentlichkeitsarbeit in der Generalverwaltung der Max-Planck-Gesellschaft, 11. Dezember 1987, S. 54-57.

fen – oder zumindest am sachverständigen Umgang mit Atomwaffen – beteiligen wollen. Wenn wir das wollen, dann sollten wir das tun. Wenn wir das aber nicht wollen, dann müssen wir *jetzt* etwas sagen, dann können wir nicht warten. Dabei war es zunächst nicht unsere Absicht, an die Öffentlichkeit zu gehen. Wir wollten zunächst nur den Verteidigungsminister informieren, weil wir ihn kannten.

Es war interessant, daß der ganze Arbeitskreis der Meinung war: Nationale Atomwaffen wollen wir nicht! Diese Meinung hatte nichts mit der politischen Zugehörigkeit zu tun. Ich nehme an, daß in diesem Arbeitskreis gleichermaßen CDU- und CSU- wie SPD- und FDP-Wähler saßen. Es war vielmehr unsere gemeinsame Überzeugung: sollte man versuchen, Atomwaffen als nationale Waffen einzuführen, würde unser Land dadurch viel mehr gefährdet, als wenn wir das nicht tun würden, denn es wäre dann das natürliche Ziel für einen atomaren Präventiv-Schlag.

So haben wir dann einen Brief an Minister Strauß geschrieben. Daraufhin hat er uns mit ein bißchen Verzögerung zu einem Gespräch eingeladen, an dem die meisten Mitglieder des Beraterkreises teilnahmen. Werner Heisenberg, der Vorsitzende des Kreises, konnte nicht kommen, weil er krank war. Dieses Gespräch ist sehr schlecht verlaufen. Es war eine Katastrophe, weil uns Strauß zunächst einfach beschimpfte und uns einzuschüchtern versuchte.

Nach einer Viertelstunde ergriff ich das Wort – ich war zum Sprecher des Kreises ernannt – und sagte: »Herr Minister, ich schlage vor, daß wir alles bis jetzt Gesagte als ungesagt betrachten und über die Sache reden.« Daraufhin schaltete Strauß um und hat uns zweieinhalb Stunden mit viel Sachkenntnis seine Meinung dargelegt. Er wolle ja gar keine nationalen Atomwaffen, sondern europäische. Nationale Atomwaffen seien ja ganz unsinnig. Er sagte, die Amerikaner würden sich aus Europa zurückziehen, das stehe außer Zweifel. Dann aber müsse Europa Atomwaffen haben, um sich gegen die Russen zu schützen.

Nach dem Gespräch standen wir da wie die begossenen Hühner und mußten uns sagen: »Gefallen hat uns die Sache ja nicht, aber was wir in unserem Brief geschrieben haben, können wir nicht mehr veröffentlichen.«

R. G.: Aber dann kam Adenauers Versuch, die atomaren Waffen zu »verniedlichen«, indem er behauptete, die sogenannten taktischen Atomwaffen seien im Grunde nur eine Verbesserung der Artillerie. Es handele sich gegenüber der konventionellen Bewaffnung also nur um einen graduellen Unterschied.

C. F. v. W.: Ich war damals mit Walther Gerlach bei einer Tagung der Studienstiftung – ich glaube in Detmold –, als wir diese Nachricht morgens in der Zeitung lasen. Wir fuhren nach Bad Nauheim, wo eine Physikertagung stattfand, an der ich eigentlich gar nicht teilnehmen wollte, und wir haben dann im Keller des Hotels Malepartus die Erklärung entworfen. Da war auch, wenn ich mich recht erinnere, Otto Hahn dabei, der eigentlich nicht zu dem Beraterkreis des Atomministers gehörte.

R. G.: Und Sie selbst haben den Text formuliert?

C. F. v. W.: Ja, ich habe ihn im wesentlichen formuliert, aber nicht allein. Die Formulierungen wurden gemeinsam besprochen. Dann haben wir auch noch einige Wissenschaftler befragt, die in Bad Nauheim nicht mit dabei waren, ob sie auch mit unterzeichnen wollten, zum Beispiel Paneth, der wahrscheinlich durch Hahn angesprochen wurde. Wir haben insgesamt nur eine einzige Absage erhalten. Alle anderen haben zugesagt. Und so hat man die Erklärung dann veröffentlicht. Das geschah durch Hahns Büro in Göttingen.

R. G.: Die Bundesregierung reagierte nach der Veröffentlichung der Erklärung sehr schnell und heftig. Bundeskanzler Adenauer stellte noch am gleichen Tag fest, es handele sich um außenpolitische und militärpolitische Fragen, zu deren Beurteilung man militärische oder politische Kenntnisse haben müsse, die »den Herren« offenbar nicht gegeben seien. Zwei Tage später gab es dann auch eine Stellungnahme des Bundesverteidigungsministers, in der die These vertreten wurde, der Aufruf sei an die falsche Adresse gerichtet, nämlich an die Bundesregierung statt an die Kollegen in der Wissenschaft, die im Osten wie im Westen die Waffen herstellen würden. Wie beurteilten Sie das damals, und wie sehen Sie heute diese Situation?

C. F. v. W.: Meine Meinung war, man müsse sich genau an die Bundesregierung und an die bundesdeutsche Öffentlichkeit wenden – und ich hatte dafür einige Gründe. Zum ersten Grund muß ich etwas weiter ausholen.

Ich hatte Otto Hahn bei der Abfassung der Mainauer Erklärung der Nobelpreisträger beraten, die im Sommer 1955 veröffentlicht worden war. Ich fand sie etwas weich und war gar nicht so unglücklich darüber, nicht legitimiert zu sein, dies zu unterzeichnen. Dann hatte ich aber ein sehr interessantes Gespräch mit Martin Buber über meine Sorgen in bezug auf die Atomwaffen. Ich sagte ihm: »Ich habe das komische Gefühl, da gibt es diese Mainauer Erklärung und, obwohl ich es ganz richtig finde, was da steht, gefällt sie mir nicht so recht.« Buber schaute sich den Text an und sagte: »Ich kann Ihnen sagen, was Ihnen daran nicht gefällt. Das hat keinen Adressaten, das richtet sich an die Welt. Aber wer ist die Welt? Gibt es keine konkreten Menschen, von denen Sie etwas verlangen, eine wirkliche Entscheidung, die diese Menschen selbst zu treffen haben?« – Das war es, was mir gefehlt hatte.

Darum war es erstens meine Meinung, daß wir uns an Leute wenden müßten, denen wir sagen könnten, was wir fänden und was sie tun sollten. Das aber waren unsere eigenen Landsleute, unsere Regierung und deren Wähler.

Der zweite Grund: Wir wußten bereits, daß die Franzosen nationale Atomwaffen entwickelten. Dann, so glaubten wir, haben sie bald auch die Chinesen und zuletzt die exotischsten Länder mit den abenteuerlichsten Regierungen. Wie man dann noch garantieren soll, daß diese Atomwaffen nicht verwendet werden, ist nicht zu erkennen. Also: die Proliferation, die Weitergabe atomarer Waffen, ist das große Problem. Wenn wir als deutsche Physiker erklären, wir seien gegen die Proliferation, dann sind wir nur glaubwürdig, wenn wir zuerst klargemacht haben, daß wir auch dagegen sind, wenn unser eigenes Land Atommacht würde. Ich bin später noch recht engagiert gewesen in den Fragen der Nichtproliferation. Da konnte ich mich dann immer auf die Göttinger Erklärung berufen, habe sagen können, wir haben schon damals verzichtet.

Und noch an ein drittes Argument erinnere ich mich. Ich sagte: Auch wenn es zutrifft, daß die Bundesregierung feierlich auf die Herstellung der Atomwaffen verzichtet hat, dies ist ja nicht identisch damit, daß sie auf den Besitz verzichtet hat. Außerdem kann ein solcher Verzicht, einvernehmlich mit den Verbündeten, auch rückgängig gemacht werden. Zu sagen, daß man etwas nicht wünscht, ist etwas anderes, als zu sagen: »Wir haben verzichtet!« Zwölf Jahre nach Ende des Zweiten Weltkriegs hätte kein Mensch in der Welt gewünscht, daß es deutsche Atomwaffen gibt. Das war auch damals logisch.

Insofern fand ich, die Bundesregierung reagierte falsch, wenn sie erklärte, das wäre an die falsche Adresse gegangen. Dies war genau die richtige Adresse.

R. G.: In der von der Bundesregierung damals abgegebenen Stellungnahme tauchte auch das Argument auf, die unterzeichneten Wissenschaftler verfügten ja nicht über ausreichende Kenntnisse der politischen und militärischen Zusammenhänge.

C. F. v. W.: Dies ist das Argument, daß man immer hört. Ich habe es allerdings in einem bestimmten Sinne ernstgenommen. Ich hatte mich um die politischen Zusammenhänge vorher intensiv gekümmert. Das ist bei mir relativ naheliegend, weil es eine Familieneigenschaft ist. Ich habe damals damit begonnen, mich sehr intensiv für die militärischen – und auch technischen – Seiten der Sache zu interessieren, weil ich zugeben mußte: wenn ich davon nicht wenigstens soviel verstehe, daß es jeder General interessant findet, mit mir darüber zu reden, dann sollte ich mich dazu auch nicht öffentlich äußern.

Darüber habe ich später mit manchen Kollegen – mit jüngeren auch heute – gelegentlich Streit gehabt, weil bei ihnen oft die Meinung vorherrschte: »Die atomare Bewaffnung an sich ist doch schon ein fürchterliches Verbrechen. Dazu braucht man doch keine Fachkenntnis!« Ich habe immer gesagt: »Ihr könnt vielleicht recht haben, daß man dagegen sein muß. Ich bin auch dagegen. Aber ich muß von mir verlangen, so viel Fachkenntnis zu erwerben, daß mir ein wirklicher Fachmann im Gespräch nicht einfach schon durch bessere Sachkenntnis überlegen ist. Das heißt, daß ich die Sache ernst nehme.« Wenn ich meine, daß man sich öffentlich äußern müsse, weil die Wissenschaftler sowieso die edleren Menschen sind und sowieso recht haben – nein, das geht nicht!

R. G.: Weiterhin gab es den Vorwurf, der Aufruf der Wissenschaftler sei auch vom Zeitpunkt her gefährlich. Er sei genau in dem Augenblick veröffentlicht worden, in dem die »sowjetischen Machthaber« an eine Reihe von europäischen Ländern eine ganze Serie von Drohbriefen gerichtet hätten, auf jede Aufrüstung mit Atomwaffen zu verzichten.

C. F. v. W.: Da muß ich leider die russische Politik tadeln. Ich habe es im Laufe dieser Jahrzehnte öfter erlebt, daß ganz vernünftige Entwicklungen im Westen dadurch diskreditiert wurden, daß die Russen mit großem Getöse sagten, ja, so müsse man das machen. Da fand ich, daß die sowjetische Politik von Leuten gemacht wurde, die die innenpolitische Situation im Westen nicht verstanden. Das ist in der gegenwärtigen sowjetischen Politik besser geworden.

R. G.: Dann noch das Argument, wieweit die Bundeswehr mit taktischen Atomwaffen ausgestattet werden solle, liege außerhalb der Verantwortung der unterzeichneten Wissenschaftler.

C. F. v. W.: Wir hatten darüber, soweit es im Rahmen der Nato geschah, nie etwas gesagt. Vielmehr haben wir wörtlich erklärt: »Wir fühlen keine Kompetenz, konkrete Vorschläge für die Politik der Großmächte zu machen.« Meiner Meinung nach ist dieser Satz praktisch überhaupt nicht gelesen worden. Dies aber war die Bedingung dafür gewesen, daß wir uns hatten einigen können, denn wir waren sicher verschiedener Meinung darüber, welche Rolle die Atomwaffen in der Welt spielen sollten. Wir haben uns vielmehr eingeschränkt auf das präzise Ziel »Nationale Atomwaffen« und auf die Versicherung, mit uns kann man das nicht machen, wir machen da nicht mit. Dies hat Eindruck gemacht, denn das war – wiederum im Sinne von Martin Buber – nicht an irgendwelche anderen Leute gerichtet, sondern eine Selbstverpflichtung.

R. G.: In Ihrem Buch *Der bedrohte Friede* schreiben Sie: »Die öffentliche Wirkung war sehr groß, aber, wie ich mit Bedauern feststellte, so unspezifisch, wie sie bei geringer Information und wachsender Leidenschaft wohl sein mußte.«

C. F. v. W.: Daß wir Kritik von der Regierung bekamen, war kein Wunder, denn wir hatten sie kritisiert. Von der Opposition bekamen wir sofort große Zustimmung. Die sagten: »Unsere Wissenschaftler verlangen, man muß alle Atomwaffen abschaffen.« Das aber hatten wir nicht gesagt. Solche rasche Zustimmung zu Dingen, die gar nicht behauptet worden sind, findet man in der Innenpolitik sehr häufig. Ich habe mich damals über diese Art von Zustimmung etwas gegrämt, denn das war genau derselbe Fehler, den ich vorhin – allerdings mit etwas anderer Motivation – der russischen Seite zugeschrieben habe.

Mein Ziel war es immer, die Bundesregierung nicht zu diffamieren, sondern sie zu überzeugen. Ich wollte ja etwas erreichen, und es kam mir nicht darauf an, recht zu behalten.

Es gibt sehr wohl die Möglichkeit, etwas öffentlich zu sagen, auch wenn ich weiß, daß ich mich damit nicht durchsetzen kann, um wenigstens das Gewissen wachzurütteln. Aber ich muß gestehen, daß ich persönlich mir die Politik durch öffentliche Erklärungen – obwohl in diesem Fall sehr intensiv betrieben – eigentlich immer vom Leibe gehalten habe. Die Politik durch öffentliche Erklärung war damals gerade darum so wirksam, weil sie so verblüffend war. Wenn aber fortgesetzt öffentliche Erklärungen gemacht werden, dann nimmt man das nur noch gelangweilt zur Kenntnis.

R. G.: Bundeskanzler Adenauer lud Sie, Otto Hahn, Walther Gerlach, Max von Laue und Wolfgang Riezler zu einem gemeinsamen Gespräch ein. Wie verlief dieses Gespräch?

C. F. v. W.: Adenauer hat es mit der Souveränität geführt, die ihm eigen war. Zuerst hat er eine dreiviertel Stunde allein gesprochen, ganz ruhig: »Meine Herren, ich möchte Ihnen einmal die Lage schildern, wie ich sie sehe.« Nachher erläuterten uns die Generäle Heusinger und Speidel ihren Standpunkt aus militärischer Sicht. Nach zwei Stunden kamen wir schließlich zum ersten Mal zu Wort. Das Ganze fand in einer Atmosphäre freundlicher Überlegenheit statt.

R. G.: Aber immerhin, Adenauer hat sich die Zeit genommen.

C. F. v. W.: Ja, er hat sich einen ganzen Tag lang Zeit genommen. Aber überzeugt hat er uns nicht. Der eigentliche Punkt war der: Wenn Adenauer etwa mit seiner Meinung recht gehabt hätte, daß damals für die Abrüstung eine Chance bestand, dann hätte auch sein Argument gezogen: man geht nicht in Verhandlungen mit einer Vorleistung. Ich bin jedoch nicht sicher, ob es nicht klüger gewesen wäre, schon vorher zu verzichten, weil die öffentliche und moralische Wirkung eines solchen Verzichts auch ein Faktor der Verhandlungen ist.

Adenauer hat aus seiner subjektiven Erfahrung heraus gesprochen. Ich aber habe ihm gesagt: Die Abrüstung kommt nicht. Auf den Waffen, die wir uns jetzt zulegen, bleiben wir sitzen. Dann aber müssen wir uns fragen, ob wir nicht besser auf diese Waffen verzichten.

Adenauers Reaktion darauf war: So entsetzlich kann es

doch nicht werden, daß die Abrüstung überhaupt nicht kommt. Sie muß doch kommen, das wissen doch alle. Ich habe mit Speidel und Heusinger später noch öfter darüber gesprochen. Ich hatte nicht den Eindruck, daß sie besonders versessen auf die Atomwaffen waren. Adenauer wollte die Atomwaffen noch mehr als seine Generäle, weil er die Problematik im Detail nicht so genau überblickte.

R. G.: Bei Ihrem berühmten Festvortrag vor der Mitgliederversammlung des Verbandes des deutscher Studentenschaften, zwölf Tage nach dem Treffen mit Adenauer in Bonn, mit dem Titel *Die Verantwortung der Wissenschaft im Atomzeitalter*, haben Sie über das Treffen gesagt: »Das wichtigste an diesem Gespräch war für uns Wissenschaftler ohne Zweifel der tiefe Eindruck, den wir von der Stärke der Sorge des Bundeskanzlers vor der Atomrüstung in der Welt, von der Aufrichtigkeit seines Strebens nach Abrüstung bekommen haben!« War das wirklich so?

C. F. v. W.: Ich war skeptisch gegenüber den Chancen einer Abrüstung, und ich bin auch jetzt noch nicht sicher, ob es wirklich dazu kommen wird. Aber ich habe gespürt, daß Adenauer an die Abrüstung glaubte, weil er sonst schlicht verzweifelt wäre. Adenauer hatte einen sehr guten Instinkt für die Gefahren, und seine Besorgnis war einfach echt.

R. G.: Wenn Sie zurückschauen, was hat die Erklärung bewirkt?

C. F. v. W.: Der Verzicht auf nationale Atomwaffen an sich war ja schon vorher ausgesprochen. Aber ich würde sagen, unsere Erklärung hat die Bundesregierung gezwungen, sich dazu ganz präzise zu bekennen. Insofern war nachher die Versuchung vorbei, nationale Atomwaffen zu erhalten.

Zweitens ist festzustellen: Die öffentliche Wirkung, die Aufmerksamkeit, die das Problem fand, waren sehr groß. Wir haben so eine Mauer des Schweigens durchbrochen und haben schon damit sicher etwas erreicht. Das geschah auch nicht nur in Deutschland, sondern auch anderswo. Wir erhielten aus Amerika und aus England Zustimmung.

Das Interesse an dieser Problematik wuchs auch dort. So würde ich also sagen: Ich sehe die Sache schon als Erfolg.

R. G.: Auch wenn dann doch die Ausrüstung der Bundeswehr mit Atomsprengköpfen unter amerikanischem Verschluß im Rahmen der Nato beschlossen wurde?

C. F. v. W.: Ich war kein Freund dieser Entscheidung, da gibt es gar keinen Zweifel. Aber wir hatten auch nicht gesagt, das dürfe nicht sein. Mir war der Konsens für eine etwas schwächere Formulierung wichtiger gewesen. Es ist eigentlich immer meine Meinung gewesen, daß man kollektive Äußerungen konsensfähig machen muß. Wenn man etwas nicht Konsensfähiges sagen will, dann soll man das ruhig tun, aber bitte allein oder in einer sehr kleinen Gruppe. Mir jedenfalls lag viel an einem möglichst breiten Konsens.

R. G.: Von den achtzehn Unterzeichnern der Göttinger Erklärung gehörten sieben der Max-Planck-Gesellschaft an – neben dem Präsidenten Otto Hahn vier Direktoren und zwei Abteilungsleiter des Göttinger Physik-Instituts, Sie und Karl Wirtz. Wie haben Ihre Kollegen das aufgenommen? Gab es da nicht das Argument, Sie mißbrauchten ihr wissenschaftliches Ansehen für rein politische Meinungsäußerungen?

C. F. v. W.: Ich weiß nicht, was alles geredet worden ist. Aber wenn eben einige Nobelpreisträger und führende Wissenschaftler der Max-Planck-Gesellschaft diese Erklärung mit Nachdruck vertraten, dann war es wohl schwierig zu behaupten: »Ihr alle miteinander mißbraucht die Wissenschaft.« Das konnten vielleicht die Politiker sagen. Aber bei dem Konsens, der unter uns Wissenschaftlern bestand, war das seitens der Kollegen schwierig. Sie sehen also, warum es mir so wichtig war, Konsens zu haben. Nicht die Härte der Äußerung, sondern deren Konsensfähigkeit ist die Stärke einer solchen Erklärung.

R. G.: Aber gibt es das Argument, wissenschaftliches Ansehen für die politische Meinungsäußerung zu mißbrauchen, nicht auch heute?

C. F. v. W.: Natürlich. Seit Februar oder März 1939, als ich einer von etwa 200 Menschen auf der Welt war, die Kernphysik gelernt hatten und nun plötzlich sahen, daß wahrscheinlich eine Atomwaffe möglich würde, ist meine private Meinung dazu: Wenn dies nicht den Untergang der Menschheit bedeutet, dann bedeutet es zumindest die Notwendigkeit einer radikalen Änderung der politischen Strukturen. Dem kann man nicht dadurch beikommen, daß man sagt, das wollen wir nicht erforschen.

Die Entdeckung von Otto Hahn war gemacht worden ohne jeglichen Blick auf die technische Anwendung. Wenn man jede technische Anwendung, die gefährlich sein könnte, vermeiden will, dann muß man die ganze Wissenschaft aufgeben. Wenn man die Wissenschaft aber nicht aufgeben will, dann wiederum kommt es mir unverantwortlich und kurzsichtig vor, wenn jemand sagt: »Für die Folgen der Entdeckung interessieren wir uns nicht, die gehen andere Leute an.«

Zum Vergleich: Wenn Eltern ihrem dreijährigen Kind vormachen, wie man ein Streichholz anzündet, spazierengehen und, wenn sie zurückkommen, feststellen, daß das Haus brennt, dann kann man doch nicht behaupten, die Eltern seien unschuldig. Die Wissenschaftler nun haben der Menschheit das Streichholz in die Hand gegeben – nicht weil sie Streichhölzer wollten, sondern weil sie forschen wollten. Also finde ich, daß der Wissenschaftler als Staatsbürger – oder, wenn Sie so wollen, auch als Weltbürger – moralisch verpflichtet ist, der erste zu sein, der sich um die politischen Konsequenzen seiner Entdeckungen kümmert. Die Form, in der er dies tut, muß er sich gut überlegen. Macht er es in einer Form, die politisch wirkungslos bleibt, dann hat er es schlecht gemacht.

Nochmals: Das ist meine private Meinung. Ich verlange nicht, daß andere Wissenschaftler ebenso denken und ebenso handeln.

9. Rückblick auf das Verhalten zur Atomwaffe

Beim Zusammenstellen der vorangehenden Texte ist mir aufgefallen, daß meine grundsätzliche Haltung zur Atomwaffe, eigentlich erstaunlicherweise, vom ersten Tag an dieselbe geblieben ist, auch wenn ich in verschiedenen Situationen sehr verschieden gehandelt habe – so verschieden, daß ich einige dieser Handlungweisen nachträglich als falsch ansehen muß, andere heute noch billigen kann.

Das Gespräch mit Georg Picht, im Februar oder März 1939, war die unmittelbare Reaktion auf die Erkenntnis, daß Atomwaffen möglich sind. Wir hatten weder den Wunsch, nunmehr solche Waffen zu bauen, noch hielten wir für möglich, ihren Bau zu verhindern. Wir gingen von der Atomwaffe als einer realen Möglichkeit aus, die in der Menschheit, so wie wir sie kennen, verwirklicht werden würde. Wir folgerten, die Menschheit werde dies nur überleben, wenn sie die Institution des Krieges zu überwinden vermöge. Grundsätzlich denke ich noch heute so. Der Fehler dieses Gesprächs zweier Sechsundzwanzigjähriger war die Unterschätzung der Zeitskalen. Heute, fast 50 Jahre später, hat die Menschheit weder den Krieg abgeschafft, noch ist sie untergegangen.

Die zweite Reaktion, im September 1939, war, daß ich aktiv in den »Uranverein«, also in die Erforschung der Möglichkeit von Reaktoren und Atombomben eintrat. Im *Stern*-Interview (Abschnitt 5) habe ich hervorgehoben, daß ich persönlich damit nach politischem Einfluß strebte. Ich weiß heute, daß dies ein Fehler war, vor dessen katastrophalen Folgen ich nur durch die Erfolglosigkeit unserer Arbeiten gerettet wurde. Aber das ideal vorgestellte Ziel war nicht, Bomben zu machen, damit Hitler sie einsetze, sondern, auf unsere Politik, also letztlich auf Hitler – oder wer immer sein Nachfolger sein würde – Einfluß zu gewinnen, damit eine Friedensordnung in Europa und der Welt geschaffen würde. Dies war Verblendung; insbesondere über die Beeinflußbarkeit eines Mannes wie Hitler. Es war eine Verrücktheit, zu der ich mich später nie zu bekennen wagte, weil ich wußte, daß man mir dieses Motiv nicht glauben würde. Wie ich in dem *Stern*-Interview anläßlich von Oppenheimer sagte: »Sie glauben, er lügt, wenn er die Wahrheit sagt. Nur wenn er lügt, kann er so reden, daß sie sich einbilden, er sage die Wahrheit.« Ich möchte nur hervorheben, daß es in der Konsequenz meines Gesprächs mit Picht gedacht war, etwa in dem Sinne: »Wenn die Atomwaffe den Frieden unausweichlich macht, werde ich das auch unserer Führung klarmachen können.« Vielleicht verrückt, aber konsequent.

Die dritte Reaktion, im Herbst 1941, war das Gespräch zwischen Werner Heisenberg und Niels Bohr, das jedenfalls mit durch meine vorhergehenden Gespräche mit Heisenberg zustande gekommen ist. Hier war der Gedanke, die Atomphysiker der Welt könnten die Träger der Idee des notwendigen Friedens sein. Das war nicht ganz so verrückt, erwies sich aber alsbald als irreal. Im übrigen war es nur das erste, mehr vordergründige Ziel, man solle übereinkommen, keine Atomwaffen zu bauen. Ich konnte mich nicht darüber täuschen, daß dies nur kurzfristig hinter dem Rücken der Regierungen würde geschehen können, allenfalls während des soeben ablaufenden Kriegs. Auf die Dauer müßten die Physiker eben am Bau einer Friedensordnung mitwirken, welche *politisch* die Verwendung von Atomwaffen ausschließen würde.

Die vierte Reaktion habe ich in diesen Aufzeichnungen nicht geschildert. Die amerikanischen Atomphysiker haben sofort nach Kriegsende eben eine solche politische Friedensordnung angestrebt. Oppenheimer spielte dabei eine wesentliche Rolle. Aus dieser Initiative ging der Lilienthal-Baruch-Plan einer Internationalisierung der Atomtechnik hervor, der dann von der Sowjetunion abgelehnt wurde. Ich habe mich damals für diese Ideen sehr interessiert, habe sie im Freundeskreis besprochen, freilich ohne öffentliche Äußerung. In Deutschland hatte die Öffentlichkeit damals andere Sorgen.

Als fünfte Reaktion könnte ich die Göttinger Erklärung bezeichnen. Wie im Interview (Abschnitt 8) erläutert, ging es uns damals nicht nur um deutsche Atombewaffnung, sondern um einen Schritt in der Richtung der Nichtverbreitung der Kernwaffen.

Als sechste Reaktion füge ich hier einen Ausschnitt aus einer Aufzeichnung *ad me ipsum* vom Jahre 1979 an, die sich mit meinen Motiven für die Gründung eines Instituts »zur Erforschung der Lebensbedingungen der wissenschaftlich-technischen Welt« befaßt, die ich seit 1967 beabsichtigte.

*

Die Nacharbeit zur Göttinger Erklärung mußte zunächst zwei optimistische Fehldeutungen, die für mich selbst Versuchungen darstellten, intellektuell hinreichend durchdringen, um sie als mutmaßlich falsch zu erkennen. Ich sage hier »mutmaßlich«, weil sich so etwas intellektuell nicht streng beweisen läßt. Im Grunde habe ich das immer – d. h. seit dem Gespräch mit Georg Picht 1939 – gewußt. Ich nenne sie hier den Anti-Atom-Irrtum und den Arms-control-Irrtum. Jeder der beiden hält sich nach der Urteilsform des »politischen Fehlschlusses« dadurch aufrecht, daß er die Falschheit des Anderen nach Kräften nachweist.

Der Anti-Atom-Irrtum hat einen Anhaltspunkt in der Göttinger Erklärung, die gerade nur die Atomwaffen als Gegenstand der Verweigerung nennt. Er ist die natürliche Folge des Schauderns vor der durch die Atomspaltung eröffneten Wirklichkeit, ein typisch konservativer Irrtum, der sich in unserem Lande vor allem im linken Flügel der evangelischen Kirche und im linken Flügel der SPD eingenistet hat; so liebens- und bewundernswerte Leute wie Gollwitzer hängen ihm an. Gegen diesen Irrtum wendet sich Szilards Formel, daß wir von nun an unweigerlich mit der Bombe leben; so wie wir seit der Erfindung von Waffen mit dem Krieg und dem Selbstmord leben. Solche Entdeckungen können nicht rückgängig gemacht, sie können nur durch neue Schritte menschlicher, komplexer Kultur, neue Stufen des Bewußtseins überholt werden. Das Gespräch mit Georg war schon über diesen Irrtum hinaus. Nicht die Atombombe ist abzuschaffen, sondern der Krieg. Aber wie? Die Irrigkeit der Anti-Atom-Haltung zu erkennen, ist das Aushaltenlernen einer pessimistischen Konsequenz, eines pessimistischen Wahrheitsbausteins.

Warum konnte dann die Göttinger Erklärung gerade durch die Absage an die Mitwirkung an der Atomwaffe so stark wirken? Und warum kann ich zu dieser Wirkung heute wie damals ja sagen, obwohl sie mir damals so viele mißverstehende Zustimmung eingebracht hat?

In der Tat ist die abgrundtiefe Empörung, das Entsetzen über die Atomwaffe eine notwendige Bedingung des Schritts, der nottut. Dies zu vergessen, ist zwar nicht der Ursprung, aber die Folge des entgegengesetzten, des Arms-control-Irrtums. Er ist konservativ in einem anderen Sinne: er geht einen zu kleinen, einen zu konventionellen Schritt vorwärts. Aber zu kleine, zu konventionelle Schritte sind fast immer die einzigen Schritte, die den Politikern möglich sind. Deshalb verdanken wir wohl in der Tat die jetzige Atempause zwischen den Kriegen dem Arms-control-Konzept. Es war die Verflechtung mit einem Arms-control-Teilgedanken, dem der Nichtverbreitung von Atomwaffen, was die Göttinger Erklärung zu einer politischen Realität machte.

Die Arms-control-Ideen lernte ich 1958 kennen, als ich nach Amerika reiste, um mir das Wissen zu besorgen, das ich zur Verteidigung der Göttinger Erklärung brauchte. Ich machte diese Ideen in Deutschland bekannt durch die *Zeit*-Artikel. Mein subjektiver Eindruck: außer mir hatte sie damals nur F. J. Strauß verstanden. Ich schlug vor, sie zu durchdenken, ein Arbeitsprogramm. In der Tiefe blieb ich skeptisch.

*

Soweit die Notiz von 1979. Ich sollte vielleicht die dort benutzte Ausdrucksweise erläutern. »Anti-Atom-Irrtum« nenne ich dort die Meinung, man solle nur die Atomwaffen abschaffen; dadurch werde die Kriegsgefahr verringert. Ich habe oft, auch in diesem Buch, gesagt, daß ich die Atomwaffe heute nicht für die *Ursache* der Kriegsgefahr, sondern nur für den Grund der Größe der Katastrophe im Falle eines großes Krieges halte. »Arms-control-Irrtum« nenne ich die Meinung, durch international vereinbarte Waffenbegrenzung (das bedeutet hier das englische Wort »control«) lasse sich die Kriegsgefahr zuverlässig ausschalten. *Beide* Ansichten sind zu »konservativ-optimistisch«. Weder die Abschaffung noch die Kontrolle der Atomwaffen garantieren den Frieden. Hier ist eine *politische* Aufgabe gestellt. Sie ist Thema dieses Buches.

10. Die Krankheit der Kirche?*

Der Naturwissenschaftler denkt im allgemeinen bei seinen beruflichen oder menschlichen Entscheidungen gar nicht mehr daran, die Kirche zu fragen, weil er auf keine Hilfe rechnet. Das ist nicht in Ordnung. Auf beiden Seiten muß irgend etwas falsch sein. Doch handelt es sich hier nicht um ein moralisches Problem, bei dem man genau weiß, was eigentlich getan werden müßte, und es nur nicht tut. Hier handelt es sich um ein Problem des Verstehens. Wir verfehlen etwas und wissen nicht, was wir verfehlen, und meistens nicht einmal, daß wir etwas verfehlen. Das gilt besonders für die Kirche. Sie hat eine Aufgabe, die sie nicht kennt.

Die technische Welt der Neuzeit ist ohne die Kirche gar nicht denkbar. Heidegger sagt: Die technische Welt tut nur, was die Metaphysik gedacht hat. Die Welt der Neuzeit ist also auch die Welt der Kirche. Auch die moderne Physik ist nicht ohne die Kirche entstanden. Die Physik hat die Gedanken verändert und unser ganzes Leben umgewandelt. Der Physiker stand vor diesem Ergebnis, für das er sich mitverantwortlich fühlte, und brauchte Rat. Er suchte ihn bei der Kirche und fand ihn nicht. Die Wissenschaft selbst konnte ihm auch keine Antwort geben.

Vor dem Zweiten Weltkrieg hatte es eine enge menschliche Gemeinschaft zwischen den Atomphysikern gegeben. Sie glaubten, der reinen Forschung zu dienen, und waren über die Grenzen hinweg wie eine Familie verbunden. Diese Familie wurde im Krieg auseinandergebrochen. Bloße Menschlichkeit vermochte die Kluft nicht zu überbrücken. Die amerikanischen Physiker machten die Atombombe, weil sie glaubten, daß ihre deutschen Freunde Hitler dieselbe Waffe in die Hand geben würden. Nach dem Kriege konnte man erleben, daß die menschliche Solidari-

* Private Aufzeichnung von 1957. Sie knüpft an die Göttinger Erklärung an, hat aber das religiöse Problem im Auge.

tät der Physiker schwächer war als die Solidarität der Christen. Die Physiker waren moralisch, während die Christen wußten, daß wir alle Sünder sind und als Sünder Brüder. Diese fundamentale Erkenntnis über den Menschen fehlt der Moral.

In den Jahren nach dem Kriege herrschte in Amerika im allgemeinen ein Illusionismus, der die großen politischen Probleme vereinfachte. Nur zwei voneinander ganz verschiedene Richtungen wurden der Situation gerecht, einer Situation, die mit Notwendigkeit auf den Kampf zweier gewaltiger Machtblöcke mit den Mitteln des Atomkrieges hinzusteuern schien. Beide Lösungen waren einfach, weil sie extrem waren. Extreme Lösungen haben den Vorzug, daß sie wenigstens den Dimensionen des Problems gerecht werden. Eine Gruppe von Physikern forderte die Entwicklung der Wasserstoffbombe mit allem Nachdruck, denn wenn man schon den Kampf mit Rußland aufnehmen mußte, wollte man es Rußland jedenfalls so schwer wie möglich machen – es war eine Politik der Katastrophe.

Die Quäker dagegen, die das Problem auch in seiner ganzen Gewalt sahen, lehnten die Lösung der Stärke grundsätzlich ab, weil sie vernichtet. Sie forderten den Verzicht auf jede Gewalt, weil die Fortdauer der Kriege der Untergang der Menschheit sei. Auf den Einwand der Weltfremdheit hatten sie die Antwort, daß all unsere Probleme gelöst wären, wenn sich alle Menschen wie sie verhielten, und daß es, auch wenn sich die meisten Menschen ihrem Denken verschlössen, sehr wichtig sei, daß einige wenige den Verzicht auf Gewalt ausübten.

Man kann gegen die Quäker einwenden, daß sie einem geheimen Chiliasmus frönen. In einer Welt vor dem Jüngsten Gericht können sie diese Haltung nur durch Enge und gesetzliche Abkapselung bewahren. Doch antworten sie darauf, daß der bloße Verzicht auf das Mitmachen an einer entscheidenden Stelle nicht Gesetzlichkeit ist, sondern den Konformismus durchbricht und vielleicht neue Quellen des Handelns erschließen kann.

Viel grundsätzlicher muß man fragen: Was bedeutet der

Verzicht auf Atomwaffen? Es nützt nichts, sie abzuschaffen, wenn man die Zeit nicht ändert, denn sie sind nur eines von tausend Symptomen der Zeit. Sie sind nur ein unübersehbar aufgerichtetes Zeichen der Krankheit unserer Zeit überhaupt. Es hätte Atomwaffen nie gegeben ohne die gesamte Wissenschaft und Technik, die unsere Welt gestaltet. Ja, wie die Wissenschaft diese Waffen fast notwendig hervorbrachte, so brachten die losgelösten Staaten unserer Zeit den Totalitarismus hervor. Wäre es also nicht die einzige Möglichkeit für den Atomphysiker, auf die Wissenschaft überhaupt zu verzichten? Auf diese Frage hatte Karl Barth die Antwort: Wenn Sie wirklich glauben, was heute alle sagen und niemand glaubt, nämlich daß Christus wiederkommen wird, dann darf die Wissenschaft weitermachen. – Das ist richtig, aber es reicht nicht aus, solange sich Wissenschaft und Kirche nicht auf einer Ebene treffen, auf der das, was Barth meint, überhaupt zu diskutieren ist.

Das Beispiel des Galileo Galilei

Im allgemeinen Bewußtsein lebt Galilei weiter als der große Märtyrer der Wissenschaft, der im Kampf gegen eine versteinerte Kirche unschuldig unterlegen ist und dem erst die Geschichte zu seinem Recht verholfen hat. Galilei war kein Märtyrer. Er ist nicht getötet worden, er hat abgeschworen. Er vertrat eine Wahrheit, die keiner Märtyrer bedarf, die man nicht zu bekennen brauchte, weil sie beweisbar war. Methodisch aber hatte Galilei unrecht, und die Kirche hatte recht. Denn sie verlangte von ihm, daß er die Kopernikanische Lehre, die er auch wirklich nicht beweisen konnte, nicht als These, sondern als mathematische Fiktion lehren sollte. Wenn Wissenschaft das Beweisen des Beweisbaren wäre, dann hätte die Kirche recht gehabt. Aber Wissenschaft ist mehr: Sie ist der Mut, das Unbeweisbare zu postulieren. Und so hatte Galilei vor der Geschichte doch recht.

Mit seiner Behauptung aber setzte sich der Physiker über

die Tradition und die Autorität der Bibel hinweg, auf denen der Weltkreis seiner Zeit als auf festen Stützen ruhte. Die Kirche hatte die Verantwortung für das Ganze und mußte versuchen, mit aller Kraft diese Stützen zu bewahren. Galilei hatte sie nicht. Er fühlte sich nicht an die Verantwortung gebunden. Er diente einer ganz anders gedachten Wissenschaft. Und so begann bei ihm ein gerader Weg zur Atombombe, denn er tat als erster das, was die moderne Physik prinzipiell ermöglichte: er publizierte alle neuen Erkenntnisse und wollte die technische Anwendbarkeit des Gefundenen.

Die Kirche aber versuchte das Übermenschliche. Sie nahm ihre Verantwortung für das Ganze der Menschheit so ernst, daß sie sich unterfing, eine notwendige geschichtliche Bewegung aufzuhalten.

So gerade der Weg von Galilei zur Atomphysik von heute aber auch ist, ein tiefer Unterschied liegt zwischen beiden: Der Mann des 17. Jahrhunderts konnte noch handeln im Glauben an einen Gott, der auch die Fallgesetze gemacht hat, und ihm getrost die Folgen seines Tuns anheimgeben – der Mensch von heute aber hat kein Bewußtsein mehr davon, wie es möglich wäre, die guten Folgen zu wollen, ohne die schlechten mitzubekommen.

Für dies Problem hat die heutige Kirche gar kein Verständnis, während es die Wissenschaft ahnt. Seit der Zeit des Galilei war das Verhältnis von Wissenschaft und Kirche gespannt. Die Kirche sträubte sich immer von neuem, veraltete Positionen zu räumen. Die Wissenschaft verfiel immer wieder in den Fehler, Teilergebnisse zu verabsolutieren. Dieser Streit ist wesenlos geworden. Die Wissenschaft hat einen Punkt erreicht, an dem sie nur noch von der Kirche Hilfe und Heil erwarten kann; sie hat die Kirche nicht zu bekämpfen, sondern zu fragen.

Im 18. und 19. Jahrhundert war Wissenschaft ein Mythos. Sie glaubte mit ihren Methoden das letzte Wesen der Dinge erkennen zu können. In den letzten Jahrzehnten aber hat sie gründlich umdenken gelernt: »Sie weiß, daß Wasser nicht nur H_2O ist.« Die Kirche aber bemächtigte sich dieser Einsicht mit Triumph und Apologetik. Sie beweist eine tiefe Instinktlosigkeit für die Dimension dieser Fragen, die gerade bei ihr besonders gefährlich ist. Nutzlos reagiert sie auf den Ruf der Physiker mit apologetischem Mißbrauch: »Endlich haben auch sie es eingesehen!«, mit Mohammedanismus: »Gott ist groß!« und mit allgemeiner Zustimmung, hinter der sich Ratlosigkeit verbirgt. Das alles will die Wissenschaft nicht. Sie will in der Kirche einen Partner haben, jemanden, der stärker ist, der sie trägt und hält. Sie weiß, daß das die Menschen der Kirche nicht leisten können, aber sie wünscht und hofft noch immer, daß die Kirche sie dahin verweisen kann, daß sie eine Antwort für sie hat.

Ist die Reaktion der Kirche auf das Problem des Atomkrieges angemessen? Die Wasserstoffbombe bedroht das gesamte Leben auf der Erde. Die Physiker auf der ganzen Welt wollten dazu nicht schweigen. Als erste sprachen 1955 Bertrand Russell und die Nobelpreisträger, die sich auf der Insel Mainau trafen. Sie forderten den Verzicht auf den Krieg als legitimes Mittel, Schwierigkeiten unter Staaten und Mächten auszutragen. Aber sie erreichten die Öffentlichkeit nicht, denn ihrer Erklärung fehlten Absender und Adressat. Sie machten nicht klar, wo sie selbst standen, und sie richteten sich »an die Welt« – »den Herrn Niemand«, wie Luther sagt. So geschah nichts, wenn auch das Bewußtsein der Menschen ein wenig erschüttert wurde.

Die Göttinger Erklärung der achtzehn Atomwissenschaftler wollte beides haben. Jeder der Unterzeichner verpflichtete sich, für seine Person keinen Auftrag zu übernehmen, der die Entwicklung von Atomwaffen förderte. Sie standen für die *eigene Person* gerade, sie sprachen das *eigene Land* an, weil sie sich dafür mitverantwortlich wußten, und sie versuchten der *Welt* etwas zu sagen.

Die kirchlichen Reaktionen darauf waren unzureichend und enttäuschend. Die Erklärung der lutherischen Bischofskonferenz setzte Bibelsprüche an die Stelle einer Antwort. Schweigen wäre mehr gewesen als diese Entgegnung. Warum sagte sie nicht – wenn sie schon nichts tun kann –, daß sie ratlos sei. »Wir sind alle in Gottes Hand« kann man erst sagen, wenn man versucht hat, etwas zu tun.

Darüber hinaus ist der Verdacht nicht ganz von der Hand zu weisen, daß hier Diplomatie mit Bibelsprüchen getrieben wurde. Damit gewinnt man nichts. Man schadet nur der Sache der Bibel unter den Menschen.

Auch die Schrift von Helmut Gollwitzer sieht das Problem nicht. Er argumentiert: Früher konnte zwar der Krieg gerechtfertigt werden als Schutz der Gemeinschaft, als Verteidigung der Ordnung usw. Heute zerstört die Atomwaffe das, was sie erhalten will. Darum ist Krieg sinnlos geworden. Diese pragmatische Argumentation kann aber durch eine pragmatische Gegenargumentation aus dem Sattel gehoben werden, denn in dem Augenblick, in dem man die Anwendung der Atomwaffen auf lokale Konflikte beschränkt, stimmt die Voraussetzung nicht mehr, und der Schluß wird hinfällig. Gollwitzer macht es den Gegnern zu leicht.

Durch die Atomwaffen ist der Krieg in seinem *Wesen* etwas anderes geworden. Daraus müssen wir radikale Konsequenzen ziehen. Eine Theologie aber, die nicht zu denken vermag, daß im Gang der Geschichte etwas an den Tag kommt, was rückwirkend die gesamte Geschichte ändert, kann zum Atomproblem nichts Wesentliches sagen.

11. Universität und Gesellschaft*

Es sei mir erlaubt, mit *Erinnerungen* zu beginnen, mit Erinnerungen daran, wie ich in meinem eigenen Leben das Verhältnis von Universität und Gesellschaft miterlebt habe.

1929, also vor etwas mehr als fünfzig Jahren, habe ich begonnen zu studieren. Als ich mir soeben, auf der Fahrt in diesen Hörsaal, die Klagen heutiger Studenten über die heutige Universität anhörte, war meine frappierte Reaktion: »Ganz genau so habe ich vor fünfzig Jahren über die damalige Universität gesprochen!«

Die Universität war eben schon damals ein Problem. Ich bin ihr unendlich dankbar für das, was ich von ihr bekommen habe. Aber ich war in der Universität relativ isoliert, es hing an mir, ob ich Freunde fand oder nicht, sie wurden mir nicht geboten. Ich war brennend interessiert am Zusammenhang der Fächer untereinander. Es hing an mir, und ich hatte die Freiheit, mich in der Universität zu orientieren und in jede Vorlesung zu gehen, jedes Seminar zu besuchen, sofern der Professor mich zuließ, und mich zu bilden. Aber die Universität als solche hat mir das nicht aktiv gebracht. Ich war in der klassischen deutschen Universität mit der akademischen Freiheit, zu tun und zu lassen, was ich wollte – ich mußte zum Schluß nur mein Examen bestehen. Aber die Universität war gleichzeitig eine Einrichtung, die ihren eigenen Ort in der Gesellschaft nur undeutlich sah, die den Studenten auch über diesen Ort der Universität in der Gesellschaft überhaupt nicht unterrichtete, es sei denn, daß der eine oder andere Dozent darüber eine persönliche Meinung hatte. In ihr gab es alle möglichen politischen

* Vom Verfasser redigierte Tonbandnachschrift des ersten Teils eines in Bonn 1980 in einem studentischen Kreise gehaltenen Vortrags. Ich drucke sie hier ab als einen Rückblick auf meine Universitätstätigkeit.

Gruppierungen. Im einzelnen waren das andere als heute. Damals fing gerade der Nationalsozialismus an, stark zu sein, und die größte Studentengruppe war nach kurzer Zeit die nationalsozialistische. Aber die politische Erregung, die damals immer noch wuchs, nährte sich u. a. daraus, daß die Universität ihren Studenten, abgesehen von dem Angebot, das mit der akademischen Freiheit verbunden war, eigentlich eine Führung, eine Anleitung zu persönlichem oder gesellschaftlichem Verhalten nicht gab. Da haben sie dann die Anleitung gesucht, wo sie sie bekamen.

Ich hebe hervor: Ich habe das Glück gehabt, noch in das letzte Jahrfünft jener rund hundert Jahre hineinzukommen, in denen die deutsche Universität wahrscheinlich die beste der Welt war. Die Behauptung, sie sei die beste der Welt gewesen, ist natürlich unbeweisbar und auch nicht mit einem ganz klaren Sinn erfüllt, aber viele Leute haben das empfunden, und man hat es daran gesehen, daß in vielen Ländern der Welt, auch in Übersee, damals neugegründete Universitäten nach deutschem Muster gebaut wurden. Und wenn man fragt, was war das Eindrucksvolle der deutschen Universität, so war es vermutlich vor allem der Humboldtsche Gedanke der Einheit von Lehre und Forschung. Das heißt, der Gedanke, daß derjenige am besten lehren kann, der die Wahrheiten, die er lehrt, auch selbst sucht, der die Erfahrung der Wahrheitsuche selbst gemacht hat. Und das ist ja eine Art, wie man Forschung definieren kann. Das war eine elitäre Auffassung, es gab nur einen kleinen Teil der Bevölkerung, der überhaupt den Zugang zur Universität hatte, es war natürlich eine Klassengesellschaft. Wer den Zugang zur Universität bekam, sei es, daß er der Klasse entstammte, in der das traditionell war, sei es, daß er Gebrauch machen konnte von den relativ vielfältigen Förderungseinrichtungen, die es gab, Stipendien und was sonst vorhanden war – Werkstudententum war sehr verbreitet –, wer also diesen Zugang fand, der konnte teilhaben, soweit seine Begabung und sein Interesse reichten, an diesem faszinierenden Erlebnis, das der Forscher selbst ihm vortrug. Ich erinnere mich noch sehr gut, wie mir einer von den damaligen Professoren sagte: »Ich fasse eben das Verhältnis so auf: im Seminar macht der Student dem Professor vor, wie er es macht, und in der Vorlesung macht der Professor dem Studenten vor, wie er es macht.« Das heißt, die Auffassung war, in der Vorlesung wird vorgeführt, wie man forscht. Dies war keineswegs die traditionelle Vorstellung der Universität in Europa gewesen.

Die Universität war ursprünglich eine Ausbildungsanstalt für die klassischen Fächer, die Theologie, die Juristerei, die Medizin; Ausbildung zur Vorbereitung auf diese Fächer war die philosophische Fakultät; und das waren die vier alten Fakultäten. Daß die Universität durchdrungen wurde vom Geist der Forschung und nicht nur der Vorbildung für einen Beruf, war ein neuer Schritt des deutschen Idealismus um 1800. Da dieser Schritt in Deutschland getan worden ist, war die deutsche Universität im 19. Jahrhundert für die ganze Welt Vorbild. Und ich habe von dieser Universität noch einen Hauch wirklich verspürt.

Das alles wurde durch Adolf Hitler zerstört. In dem Fach z. B., das ich studiert habe, in der theoretischen Physik, sind mehr als die Hälfte der wirklich guten, der wirklich führenden Physiker, die ich selbst gekannt habe, damals aus Deutschland verjagt worden. Von diesem Schlag haben sich die deutsche Wissenschaft und die deutsche Universität nie mehr erholt, und sie werden sich nie mehr davon erholen. Deutsche Wissenschaft ist heute im Weltmaßstab nicht schlecht, sie kann sich sehen lassen, aber sie ist natürlich nicht führend, und nie wieder wird sie in der Welt führend sein. Das müssen wir uns klarmachen. Zur Zeit ist Amerika führend, es kann auch wieder ein anderes Land drankommen; nachdem ich in China gewesen bin, hatte ich den Eindruck, vielleicht ist in 50 Jahren China führend. Aber das ist ja auch nicht das Wichtigste, der nationale Stolz braucht ja nicht darin zu bestehen, daß man die beste Universität der Welt hat. Aber ich habe das noch gesehen.

Ich spreche heute nicht im einzelnen von den Problemen in der nationalsozialistischen Zeit.

Ich spreche nun von der Universität, wie ich sie vorgefunden habe, als ich in Göttingen 1946 wieder anfing und dort also auch las. Die Studenten damals waren Leute, die in zerschlissenen Uniformröcken ohne Rangabzeichen, weil sie keine andere Kleidung hatten, ihr Studium aufnahmen, vielfach erwachsene Männer, die schon schwere Verantwortung getragen hatten und nunmehr in eine unbekannte neue friedliche Welt hineinzuleben versuchten, eine demokratische Welt, eine freiheitliche Welt, und die jedem Gedanken offen waren, der zündete. Es war eine der lebendigsten Gesprächssituationen, die ich jemals gesehen habe: diese ersten Jahre nach dem Krieg. Gleichzeitig war man arm, man hungerte, man wußte nicht, wie die Zukunft war, und man wußte nicht, ob nicht in zwei Jahren der Dritte Weltkrieg beginnt. Das alles war eine Situation, die man sich heute fast nicht mehr vorstellen kann. Damals war die Verbindung von Universität und Gesellschaft vollkommen anders als zuvor oder heute, weil die ganze Gesellschaft durcheinandergeschüttelt war und sich erst wiederherstellen mußte.

Sie stellte sich verblüffend schnell wieder her, und in einer ziemlich restaurativen Weise; es kam die wirtschaftlich ungeheuer erfolgreiche und gedanklich sehr konservative Ära Adenauer. Der ganze Geist des Experimentierens, der in den Jahren kurz nach dem Krieg da war, schlief relativ schnell ein, und es kamen ganz andere Studenten an die Universität, ganz junge, und was wollten die? Sicherheit! Die wollten einen Job, wollten eine Pensionsberechtigung, sie wollten Sicherheit. Sie waren auch neugierig, aber nicht über ein Maß hinaus, daß ihre Sicherheit gefährdet sein könnte. Damals wurde ich eingeladen, an einer Kommission über Universitätsreform teilzunehmen. Das habe ich auch getan. Es war die sogenannte Kommission für Hochschulreform in der britischen Besatzungszone, die es damals noch gab, ehe die Bundesrepublik existierte. Diese Kommission hat ganz interessante Vorschläge gemacht, die in der Praxis vollkommen gescheitert sind. Ich habe deshalb im Jahre 1952 aufgehört, mich aktiv um die Universitätsreform zu bemühen. Es stellte sich damals heraus, daß die Professoren entschieden gegen jede Veränderung der Universität waren – und Reform bedeutet ja offenbar Veränderung –, daß die Studenten überhaupt nicht daran interessiert waren, sondern daß sie ihre Sicherheit im Auge hatten, daß die Parlamente, die Regierungen anderes im Kopf hatten als diese Probleme – kurz, daß eine Basis dafür nicht vorhanden war. Und so hat man eben alles so gelassen, wie es war. Ich war aber damals der Meinung, daß vieles veränderungsbedürftig sei, daß insbesondere die Zulassung sehr viel breiterer Schichten der Bevölkerung zum universitären Studium nötig sei. Das schien mir eine soziale Notwendigkeit; es schien mir auch eine Notwendigkeit, einfach weil die moderne Welt so durchintellektualisiert wird durch die Entwicklung, die sie genommen hat unter dem Einfluß der Wirtschaft, unter dem Einfluß der Technik, daß man nicht erwarten kann, daß die Menschen imstande sein werden, mit dieser modernen Welt umzugehen, wenn nicht viele von ihnen eine Ausbildung erfahren haben, die sie darauf vorbereitet.

Die Professoren, sagte ich, waren, natürlich mit Ausnahmen, mit sehr interessanten Ausnahmen, im ganzen als Stand gegen die Veränderungen. In Wirklichkeit war die Universität niemals in ihrer ganzen Geschichte so sehr von den Professoren allein beherrscht, wie kurz nach dem Zweiten Weltkrieg. Vorher hat immer die Obrigkeit, der Staat in die Universität hineinregiert. Nun aber hatte man einen Horror vor Staat, denn der letzte Staat, den man gesehen hatte, war der nationalsozialistische gewesen. Man wollte das alles nicht. Der Staat selbst traute sich auch nicht hineinzuregieren. Die Universität, die den Nationalsozialismus überlebt hatte in einer Igelstellung, regierte sich selbst, und das heißt, die Professoren regierten. Wer regiert, wünscht keine Änderungen, das ist normal. Dazu kam die ehrliche Überzeugung, man habe den Einflüssen von außen, eben inbesondere denen des nationalsozialistischen Reichs, durch, wie ich es gerade eben genannt habe, Igelstellung hinhaltenden Widerstand geleistet, habe auf diese Art das hohe Gut der deutschen Universität durch die schweren Zeiten hindurch gerettet, und solcher Widerstand gegen den Staat sei also offenbar die Haltung, wie man dieses Gut weiterhin retten müsse.

Die Studenten veränderten sich. Zehn Jahre später – da war ich inzwischen in Hamburg Philosophieprofessor geworden – waren die Studenten nicht mehr so auf Sicherheit aus, sie hatten mehr Sicherheit, vollkommen verständlich, sie waren dafür auf Reform aus, sie sahen, was in der Universität wohl verändert werden müsse, sie machten Vorschläge, sie hatten sehr gute Umgangsformen, sie behandelten uns Professoren sehr höflich, sehr respektvoll, sie sagten uns, was sie anders fanden. Die Professoren aber waren entsetzt, daß die Studenten nicht damit zufrieden waren, daß es so war, wie es war. Das heißt: die schönen, wohldurchdachten Reformvorschläge einiger Professoren und einiger Studenten, die sich darum sehr viel Mühe gegeben haben, sind in jenen Jahren vollkommen gescheitert. Ich bin damals, nachdem ich zwei Fakultätssitzungen mitgemacht habe, zur Meinung gekommen, ich solle mich auch weiterhin nicht um Universitätsreform kümmern, sondern das sichere Ende dieser Verfassung in der Universität abwarten. Das sichere Ende, denn ich konnte nicht annehmen, daß die Universität in dieser konservativen Haltung imstande sein würde, die Probleme, die auf sie zukommen würden, zu meistern. Dazu muß ich sagen, daß ich mich damals, auch heute noch, aber damals wahrscheinlich eher mehr als heute, subjektiv als einen Konservativen gefühlt habe. Es war gar nicht, daß ich die alte Universität nicht liebte, sie war meine Heimat, ich habe sie sehr geliebt; ich war nur überzeugt, daß sie sich nicht würde halten können, so wie sie war, sondern daß sie sich nur würde halten können, wenn sie sich veränderte.

Eine Kleinigkeit als Beispiel: Ich kam 1957 nach Hamburg und wurde sofort gefragt, ich möchte bitte Stellung nehmen zu den neuen Bauplänen für ein Hochhaus für die philosophische Fakultät, ob da der Platz, der mir im philosophischen Seminar zugedacht war, wohl ausreichen würde oder zuviel sei oder zuwenig. Ich habe mir diese

Pläne alle angesehen. Für das philosophische Seminar war ich mit den Plänen ganz zufrieden. Ich sagte aber, ich glaube, dieses Hochhaus wird, wenn es fertiggestellt sein wird, schon zu klein sein, denn die Studentenzahlen werden ja weiter wachsen. Darauf bekam ich die Antwort: »Aber das ist ja ganz unmöglich, unsere Universität ist auf 3000 Studenten angelegt und wir haben 9000, das ist ein unerträglicher Zustand, die Studentenzahlen müssen wieder abnehmen.« Dann sagte ich, ich möchte bitten, bis zur nächsten Fakultätssitzung Zeit zu haben, ich wolle mich bei Fachleuten erkundigen, wie die Schätzungen sind. Nach vierzehn Tagen sagte ich, ich habe mich erkundigt, ich nehme an, daß in zehn Jahren die Studentenzahlen doppelt so groß sein werden wie jetzt. Ich wurde höflich-mitleidig quittiert, und das Gespräch war zu Ende. Nachher, zehn Jahre später waren die Studentenzahlen von 9000 auf 18 000 in Hamburg gestiegen, und heute sind sie über 30 000. Das war vorhersehbar.

Die Schwierigkeit hier war, daß es meines Erachtens notwendig war, einen so großen Teil der Jugend in die Universität aufzunehmen, daß dies aber nicht möglich war unter der Bewahrung der alten Struktur. Die alte Struktur war angelegt auf den angenehmen Umgang von Professoren mit wenigen Studenten und davon haben die Studenten unermeßlich viel gehabt. Sie war darauf angelegt, daß ein großer Prozentsatz der Lehrer wirklich prominente Forscher war, und man kann nicht plötzlich die Kapazität an Forschung verzehnfachen, was faktisch eingetreten ist, und annehmen, Forschung sei noch dasselbe, wie sie vorher war. Wenn ich mir zum Beispiel in meinem Fach – das habe ich einmal in den fünfziger Jahren gemacht – einen Zeitschriftenband ansehe, der damals 100 Jahre alt war, also von 1850, so stellte ich fest, daß ich die Hälfte aller Namen der Leute, die in diesem zufällig gegriffenen Band publiziert hatten, heute noch kannte. Sah ich aber einen Zeitschriftenband an von Zeitgenossen, von 1950, so kannte ich ein Zehntel der Verfasser. Die Zahl der Wissenschaftler hat sich so sehr vermehrt, daß notwendigerweise ein großer

Teil von ihnen nur sehr spezialisierte Arbeiten machen kann, während es in jener alten, heroischen Zeit der Forschung möglich war, daß ein erheblicher Teil der Forscher an der wirklichen Front gearbeitet hat. Diese Veränderung ist in die Ideologie der Grundlagenforschung bis zum heutigen Tage nicht wirklich eingedrungen, sondern bis zum heutigen Tage ist in dem, was man vielleicht die Hackordnung der Wissenschaften nennen kann, Grundlagenforschung sehr hoch angesehen, wobei nicht immer klar ist, was eigentlich das Grundlagenhafte dieser Forschung ist. Das ist nicht als Vorwurf gemeint, es ist unmöglich, daß so viele Menschen zugleich Grundlagen erforschen, aber die Selbstachtung der Wissenschaft beruht zu einem großen Teil auf der Grundlagenforschung, und hier ist ein, wie mir scheint, bis heute ungelöstes Problem.

Ich war damals der Meinung, habe das auch in Gesprächen gesagt, daß man die außerordentliche Vergrößerung der Universität, die meines Erachtens unvermeidlich und notwendig und richtig war, nur durchführen könne durch eine Strukturveränderung, die bewußt und planvoll das Niveau des Durchschnitts senkte. Man konnte nicht erwarten, daß man das hohe Niveau der Universität mit so großen Zahlen durchgehend würde halten können. Dies aber tut man nicht gern, sondern man wollte die Fiktion aufrechterhalten, das Niveau sei dasselbe geblieben, und es sind von daher sehr viele Unzuträglichkeiten entstanden, indem die Wirklichkeit nicht dem Anspruch entsprach, mit dem man an sie herantrat.

Gehe ich wieder zehn Jahre weiter, so komme ich etwa ins Jahr 1968, und was damals geschehen ist, ist ja noch im allgemeinen Bewußtsein. Die Studenten waren nicht mehr höflich, sie waren nicht mehr zuvorkommend, sie machten nicht mehr sehr schön ausgedachte, für die Professoren akzeptable Vorschläge, sondern man war glücklich, wenn man ohne Farbbeutel in die Vorlesung hinein- und wieder herauskam. Vom Professor aus gesehen, war das wirklich eine Tortur. Andererseits war es vom Studenten aus gesehen das Aufgehen eines großen neuen Lichtes, eine Erleuchtung. Diese Spannung mußte man aushalten, die haben wir auch fast alle überlebt und – ich mache hier in einer ironischen Form eine ziemlich ernste Bemerkung, aber immerhin – wir haben sie überlebt, wir, die wir noch leben, und wir haben daraus dann einiges gelernt. Aber letzten Endes muß ich gestehen, daß der damalige Impuls meinem Gefühl nach kläglich gescheitert ist. Ich kann die intensive Kritik, ja die haßerfüllte Kritik vollkommen verstehen, mit der damals die Studenten nicht nur an die Universität herangetreten sind, sondern an die ganze Gesellschaft. Nicht alle Studenten, aber ein wichtiger Teil, und ich würde sagen, vor allem der denkende Teil. Denn die Gesellschaft war in vielen Punkten problematisch, die Universität hatte die Fehler, die ich versuchte anzudeuten. Man war nicht gehört worden mit Reformvorschlägen, also machte man Revolution. Das ist das Normale. Zuerst geht es einem schlecht, so war es gleich nach dem Krieg, da macht man keine Revolution, hat nicht einmal die Kraft zur Reform; dann geht es einem besser, dann fängt man an, Reform zu machen – die Reform scheitert, es geht einem außerdem noch besser, die Generation von 1968 hatte gar keine Versorgungsängste mehr, alle waren sicher, daß sie Stellen finden würden, wenn sie nur wollten, die ganze Lebensangst in der primitiven Form war weitgehend verschwunden – und man hatte Zeit und Kraft und Zorn, und man hat den Zorn ausgelebt.

Der Zorn verband sich mit Theorien, die ich persönlich immer für falsch gehalten habe. Ich habe zwar sehr wichtig gefunden, daß man damals wieder lernte, Marx zu lesen, denn Marx ist einer der Großen unserer Geschichte, aber ich habe die Form, in der man das dogmatisiert hat, immer damals schon für irrig gehalten, und außerdem war ich nach kurzer Zeit überzeugt, daß die Bewegung, obwohl sie es noch nicht wußte, längst gesellschaftlich gescheitert war. Was sie erreicht hat, ist nichts außer der Zerstörung der alten Universität, sonst überhaupt nichts. Es ist ihr auch nicht gelungen, die Universität ganz zu zerstören, und es war nie ihre Absicht, die Universität zu zerstören, sondern sie wollte eine bessere Universität. Was erreicht worden ist, ist aber, daß die alten Strukturen nicht mehr gut funktionierten, und bis heute funktionieren sie nicht gut, daß aber neue Strukturen, die besser funktioniert hätten, nicht geschaffen worden sind, nicht entstanden sind, und der mutmaßliche Weg, so habe ich ihn damals jedenfalls schon empfunden, war die Überführung der Macht von den Professoren an die Bürokratie. Das war natürlich nicht die Absicht der studentischen Revolutionäre, es ist aber das, wie mir scheint, was zwangsläufig eintreten mußte. Sie sehen also, ich spreche mit Sympathie von dieser Revolution, sage aber, daß sie eine gescheiterte Revolution ist. Und dieses Scheitern ist die Voraussetzung des heutigen Zustands, den ich nicht im Detail beschreiben will, weil ich ihn nicht genug aus eigener Anschauung kenne. Jener Versuch ist gescheitert, ein anderer Versuch ist nicht vorgelegt worden, man lebt aber unter den geschaffenen Umständen dahin. Ja, in dieser Situation würde ich sagen, ist jede Initiative erwünscht, die versucht, mit diesen Verhältnissen so umzugehen, daß die Einzelnen und die Gesamtheit, die Gesellschaft, das Beste davon bekommen, und was das Beste ist, wäre nun zu fragen.

12. Fronleichnam 1985*

Vor fünf Tagen habe ich das Buch *Aufbau der Physik* abgeschlossen. Übermorgen soll ich auf dem Kirchentag morgens über den Kolosser-Hymnus sprechen, nachmittags den Aufruf zu einem ökumenischen Konzil des Friedens vorlegen. Die drei Themen hängen zusammen. Ich versuche, den Feiertag zu einer Besinnung über den Zusammenhang zu nutzen und den Text der Bibelarbeit und der Äußerung zum Konzil vielleicht erst morgen zu entwerfen.

Das Buch zeigt den Entwurf deutlich, ist aber in zwei Kapiteln unabgeschlossen. Das 10. Kapitel hat mir die längste Mühe gemacht und ist doch nur ein Programm geblieben. Die Anerkennung in der Zunft wird vermutlich stehen oder fallen mit der Durchführung dieses Programms der vollen Physik der Teilchen und Felder. Gerne ginge ich noch einmal daran. Wenn ein Anderer es kann, um so besser. Aber bisher habe ich noch keinem die Denkweise so vermitteln können, daß er sich selbständig auf genau diesen Weg hätte machen können.

Das 13. Kapitel ist offen für die Fragen der heutigen Überlegung. Die rationale Physik sieht die Beschreibung im Newton-Einsteinschen Raum-Zeit-Kontinuum nur als Oberfläche einer Wirklichkeit, die als geistig zu denken von der Physik her gerechtfertigt ist. Voraussetzung dafür die Einheit der Physik, also die Einbeziehung des »Bewußtseins«. Hegels Satz: »Die Substanz ist wesentlich Subjekt« ist die einzig plausible Folgerung aus der Physik.

Dies öffnet die Tür zur rationalen Akzeptation der Religion. Im Rahmen christlicher Traditionen redet hiervon der Kolosser-Hymnus. Die Teilchentheorie aber formuliert

* Eine Aufzeichnung im Selbstgespräch, Juni 1985. Der Schluß der Aufzeichnung ist in die Abschnitte 7-8 des Vierten Kapitels eingegangen und wird daher hier nicht abgedruckt.

den Ursprung der Macht der Physik, also des Themas, das zum Friedenskonzil führen muß.

Die säkularen Themen für ein Friedenskonzil sind bekannt. Ich fasse sie so: Das Wahrscheinliche waren noch mehrere Weltkriege und die Schaffung einer politischen Einheit der Welt. Die Atombombe hat den Ausbruch des Dritten Weltkriegs hinausgeschoben. Heute ist das Zutrauen in die Friedensgarantie durch Abschreckung eine der Hauptgefahren. Aber militärisch gibt es als Alternativen nur die Wunschträume von Teller und die sinnvollen, aber bescheidenen Vorschläge von Afheldt. Und politisch ist keine Alternative ausgedacht. Der Liberalismus steht meinem Herzen nahe, aber er scheint schon am Weltmarkt zu scheitern; er sieht nicht die tiefe kulturelle Notwendigkeit einer Sinnerfüllung, die mehr ist als die Freiheit zum rationalen Egoismus. Die Sozialdemokratie dürfte in diesem Rahmen ein Optimum sein, aber ein unzureichendes. Der militante Sozialismus sieht das Problem, fällt aber unablässig in das Schlimmere zurück: die zuerst selbstgerechte und dann zynische Gewalt.

Kann ein Konzil der christlichen Kirchen etwas helfen? Dies ist in zwei Schichten zu sehen: der säkularen und der christlichen. Säkular gesehen werden die Christen sich nicht leisten können, von einem Konzil mit nichtssagenden Formeln zurückzukehren. Deshalb werden sie etwas Substantielles sagen müssen, wenigstens etwas wie die amerikanischen katholischen Bischöfe. Das könnte in die Politik ein wenig Bewegung bringen. Es ist einer jener unzureichenden Schritte, die man doch nicht unterlassen darf.

Die christliche Schicht ist diejenige, über die ich in dieser Aufzeichnung reden möchte, zur Selbstklärung. Das Thema ist, wie man zu sagen pflegt, eschatologisch. Da ich zu mir selbst rede, rede ich auch notwendigerweise von mir selbst. Ich habe manches davon drucken lassen: in der »Selbstdarstellung« im *Garten des Menschlichen*, im Abschnitt »Begriffe« in *Wahrnehmung der Neuzeit*. Da ich übermorgen von Paulus reden soll, fange ich anders an als in jenen Darstellungen.

Als ich jung war, habe ich etwas vom Sündengefühl des jungen Luther verstanden. Im »Fragebogen« habe ich als etwa Zwanzigjähriger die Frage nach meinem Motto beantwortet: »Gott sei mir Sünder gnädig.« Luthers Lösung aber blieb mir jahrzehntelang schlicht unverständlich. Noch heute kann ich sie zwar hermeneutisch auslegen; ich sehe die genialen Züge in ihr, zumal im *servum arbitrium*, also wieder im Sündenbewußtsein; aber spontan bleibt sie mir fremd. Warum?

Ein Indiz: Luther ging von Paulus aus. Mich haben die Bergpredigt, die Gerichtsreden, der Klang der Worte Jesu seit dem elften Lebensjahr erschüttert. Paulus ist mir fremd geblieben. Jetzt aber habe ich mir mit einer gewissen Lust aufgeladen, ich sollte ihn verstehen.

Was mir an Paulus fremd ist, ist zunächst der Stil: die hochintellektuelle Erregtheit. Der Stil von Jesus ist einfach, direkt, unausweichlich, noch in der absoluten Forderung und der Gerichtsprophetie tröstlich. Der Stil von Paulus ist die Auseinandersetzung mit Vorgefundenem, zeit- und situationsgebunden, kompliziert, hochrhetorisch, noch im Trösten voller Qual. Er ist zweifellos mit Abstand der intelligenteste der neutestamentlichen Autoren. Aber wo finde ich in ihm, ehe ich eine riesige Übersetzungsarbeit geleistet habe, mein Problem wieder?

Aber warum konnte er dann für Luther der Öffner der einen Tür werden? Sie haben zunächst dasselbe Problem: das Gesetz. Sie leben in der Kirche der verzögerten Parusie. Und sie stehen einer hohen säkularen Rationalität gegenüber, Paulus der späten Antike, Luther der beginnenden Neuzeit.

Ich versuche in der Sprache, die ich mir zurechtgelegt habe, zu sagen, was das beiden gemeinsame Problem ist, das Gesetz. Ich unternehme das weder historisch deskriptiv, noch unter einem traditionell christlichen Glaubensgebot. Ich gebe zuerst die systematischen Begriffe wieder, in denen ich mich ausdrücken will, betrachte dann deren historische Genesis und schließlich die Relevanz dieser Geschichte für Paulus und Luther und für uns heute.

Anknüpfungsort ist das »Baugerüst«. Wahrnehmung ist prädikativ, Urteil ist affektiv, Affekt ist handlungsbezogen. Die Denkweise der Zweckrationalität beginnt beim Handeln und stellt ihm das Urteil als handlungsentlastete Feststellung gegenüber. In dieser Dualität entsteht das Gegenüber von Sein und Sollen. Was in ihr ausfällt, wird von Restkategorien wie Empfindung, Erlebnis, Werte aufgenommen. Die Neuzeit stellt einander Theorie und Praxis (oder Ethik) gegenüber; der Restkategorie verleiht nur die Kunst einen Ausdruck. Geborgen war die Restkategorie einst in der Einheit des Menschlichen, die wir Religion nennen. Sie habe ich in vier Weisen genannt: als Träger einer Kultur, als radikale Ethik, als inneres Erlebnis, als Theologie. Träger einer Kultur ist eine Beschreibung des Ganzen post festum. Die anderen sind die neuzeitlichen Pointierungen: Theologie ist Theorie, radikale Ethik ist Praxis, inneres Erlebnis ist die Restkategorie, also wohl der Kern der Sache, als »Subjektivität« mißverstanden.

Zur historischen Genesis: Theorie ist das Kunstwerk der Griechen. Praxis ist schon eine Restkategorie, in welcher dann das Geschenk der Juden an die Menschheit, der Unterschied von Gut und Böse, gefaßt wurde. Inneres Erlebnis ist die nichtbegriffliche Wahrnehmung, die immer da war, unter wechselnden Namen.

Das Baugerüst ist zum Wiederabriß bestimmt. Ich stelle es so dar, weil ich seine Positionen als große geschichtliche Entdeckungen bewundere, aber nicht als systematische Wahrheiten glaube – nicht eine von ihnen.

Wie nun stellt sich dem Paulus dieser Komplex von Strukturen dar?

Gesetz ist radikale Ethik. Er sieht es als die Bedingung der Welt, den Juden in Worten geboten, den Griechen in Wahrnehmung offenbar. Das Gesetz aber überführt uns der Sünde. Die Sünde ist eine wahrgenommene Wirklichkeit. Es gibt für sie im griechischen Denken wohl keinen Namen. Im jüdischen Denken, wo es groß ist, gibt es eine Beschreibung ihres Wirkens, aber keine rationale Theorie; in der Spätphase gibt es die bloße rationalistische Konstruktion des Satans (vgl. *2. Samuel 24,1:* »Und der Zorn des Herrn entbrannte abermals gegen Israel, und er reizte David gegen das Volk und sprach: Geh hin, zähle Israel und Juda«; gegen fünfhundert Jahre später geschrieben *1. Chronik 21,1:* »Und der Satan stellte sich gegen Israel und reizte David, daß er Israel zählen ließe«). Das Gesetz überführt uns der Sünde, das heißt zweierlei: Erstens muß die radikale Wahrheitsliebe uns überführen, daß wir der radikalen Ethik nie genügen. Zweitens aber treibt uns die radikale Ethik, psychologisch gesehen, zum Widerstand und zur Selbstgerechtigkeit. Beides ist psychologisch nicht so sehr verschieden. Die Selbstgerechtigkeit ist das Mittel des Widerstands, um unerkannt zu bleiben. So entfaltet sich die selbstgerechte Moral als ein Gipfel der Bosheit. Es ist sehr charakteristisch, daß heute gerade die Tiefenpsychologie diejenigen Strukturen wiederentdeckt, die in der Geschichte der Religion fast nur mythisch ausgesprochen werden konnten, weil sie der eingeengten Begrifflichkeit der herrschenden Rationalität widersprachen. Eben darum wußten Orthodoxe und Pietisten oft tiefere Wahrheiten als die liebenswert begriffsgläubigen Aufklärer.

Damaskus ist die Krise der flammenden Gerechtigkeit. Die Antwort auf das Gesetz nennt Paulus den Glauben. Im Baugerüst gehört Glauben nicht in die Theorie, sondern in die innere Wahrnehmung. Glaube als richtige Theologie ist ein gutes Werk im Sinne des Gesetzes, auch wenn der Inhalt des Glaubens »Rechtfertigung allein durch den Glauben, ohne des Gesetzes Werke« heißt. Rechtfertigung ist ein juridischer Begriff. Paulus wird die juridische Sprechweise nicht los, weil er Gott personifiziert als Richter sieht. Aber der Inhalt seiner Erkenntnis ist, daß das, was wir suchen, wenn wir »hungern und dürsten nach Gerechtigkeit«, nicht eine erreichte Übereinstimmung mit dem Gesetz ist, sondern die Erlösung von dieser unerfüllbaren Forderung, indem wir doch den tiefen Sinn des Gesetzes als Daseinsbewahrung nicht zu verwerfen brauchen. Es ist ein Freiwerden von den Kategorien der Rechtfertigung.

Wie aber ist das möglich? Die religiöse Sprache sagt:

durch die Gnade Gottes. Diese ist historisch in den verschiedensten Formen erfahren worden. Einer der großen Unterschiede ist der zwischen der mystischen und der ethisch-glaubenden Erfahrungsweise. Dem Mystiker ist Gott mein wahres Selbst, der Seinsgrund; dem ethisch Glaubenden ist Gott der ganz Andere, der Partner, der mich erlöst. Mir liegt daran, beides weder zu verwechseln, noch gegeneinander auszuspielen. Es wäre möglich zu sagen, wie beides zusammenhängt. Soeben versuche ich, von Paulus zu sprechen. Er ist im Sinne dieser Unterscheidung ethisch Glaubender.

13. Wohin fliegt die Rakete der Menschheit?*

Jeder Mensch ist ein abgeschossener Pfeil. Im Lauf seines Lebens versucht er, die Flugrichtung des Pfeils zu verstehen. Wohin fliegt mein Pfeil? Wissenschaft, Politik, Religion waren meine Themen seit der Kindheit. Sie sind auf das bezogen, was der Menschheit in diesem Jahrhundert geschieht, sie sind ohne dies nicht zu verstehen.

Wohin fliegt die Rakete der Menschheit? Wenn mein Pfeil ein Ziel hat: Ist es die Frontalkollision mit der Rakete? Um symbolisch zertrümmert zu werden? Ist es eine tangentiale Berührung, um ihren Flug um das lebensrettende Minimum abzulenken? Ist es fort aus ihrer Berührung, damit etwas anderes übrigbleibt?

Wohin fliegt die Rakete der Menschheit?

Man verfolgt wahnsinnige Ziele mit großer Perfektion. SDI. Ich habe einmal im Leben die öffentliche Kollision gewollt: in der Göttinger Erklärung. Und sie war nicht als absolutes Nein gemeint, sondern selbst als Impulsänderung der Rakete; ich wollte die Regierung überzeugen. Daß ich die Gandhi-Politik nannte, aber nicht vorschlug, nicht vorlebte, hatte seinen Grund nicht nur in meiner Feigheit. Die Gandhi-Politik war nicht mehrheitsfähig in unserer Demokratie. Mahadevan sagte mir später: Gandhi ist tausend Jahre zu früh gekommen.

Die Gandhi-Politik nahm das eschatologische Motiv des Evangeliums auf. Gandhi wagte, die Menschen ins Unbekannte zu führen. Aber er war ein kluger Politiker. Er spürte das eine, das ohnehin fällig war, die Befreiung Indiens. Nur so weit ließen sie sich führen. Und Gewaltlosigkeit erwies sich, in der Situation, als erfolgreiche Waffe. Und doch haben mir Inder nachher gesagt: Hitler hat uns befreit. Und indem Gandhi Indien erstmals in seiner Ge-

* Aufzeichnung im Selbstgespräch, Februar 1986.

schichte nicht von oben, sondern vom Volk her politisch bewegte, gab er nicht der kommenden Religion, in der er lebte, die Macht, sondern der historischen Religion; und so wurde der Subkontinent, erstmals in seiner Geschichte, nach Hindu und Islam gespalten. Das Spinnrad, Symbol der antitechnischen Bewegung. Heute sollten die Grünen ihn entdecken. Aber wie können sie seine Askese verstehen? Die asketische Weltkultur konnte Gandhi ahnen und so wollen. Sie zu durchdenken überstieg seine Kraft.

Ohne Gandhi aber blieb, in tangentialer Berührung, nur die nukleare Abschreckung. Ein fast genialer Gedanke. Wenn sie ähnlich die Überleitung in eine neue Politik geworden wäre, wie Oppenheimer geträumt haben mag, wie viele damals hofften. Ihre faktische Wirkung war gegenteilig. Sie war zu erfolgreich, wurde ein Ruhekissen. Kennedy, Kissinger, Brandt versuchten realpolitische Wege in eine neue Politik. Sie scheiterten eben daran, daß das Ruhekissen die wirkliche Gefahr vom Bewußtsein abschirmte und damit die alten Ängste als Motive übrigließ. Die alten Ängste spüren wirkliche Gefahren, aber sie verwandeln sie nicht, sie laufen in die offenen Speere; sie erzeugen das, was sie fürchten. Und in diesem Rahmen wird die nukleare Abschreckung zum tödlichen Risiko.

SDI ist eine Erkenntnis des tödlichen Risikos der Abschreckung – das hat Teller früh gesehen –, aber ein Weiterdenken in derselben Ebene. Also vermutlich die noch größere Gefahr. Der Einwand gegen die Abschreckung, die nicht totale Zuverlässigkeit, ist hier erhöht. Die Erfindung von SDI ist objektive Verzweiflung.

Ein Rückblick. Der Erste Weltkrieg wurde von den gescheiterten traditionellen Führungen begonnen; sein Verlauf gab Willensathleten eine Prämie, wie Ludendorff, Foch, letztlich auch Lenin. Der Zweite Weltkrieg wurde von den großen Integratoren geführt: Hitler, Churchill, Roosevelt, Stalin. Er war um so viel schrecklicher.

Reagan und Gorbatschow sind bedeutende Figuren. Sie sind Integratoren unzureichender Ziele. Reagan ein emotionaler Integrator, Gorbatschow ein planerischer.

Reagan stellt Amerikas Selbstvertrauen wieder her, indem er den überlieferten Provinzialismus, einst eine Lebensform des isolierten Kontinents, zum Motor des spät übernommenen Imperialismus macht. In dieser Rolle erinnert er mich, mit der deutschen Geschichte verglichen, an Wilhelm II. Glanz der Selbstbestätigung einer Nation, Armut an Inhalt. Reagan erinnert mich nicht an Hitler. Hitler wußte, daß die Welt völlig verwandelt werden wird. Er ist letztlich nur von den eschatologischen Grundströmungen her zu verstehen, die damals in Europa hervorbrachen (auch der frühe Kommunismus war so!); er verflocht sie in ein Wahnsystem. Reagan ist im Gegensatz zu Hitler ein Konservativer und nicht der durch den eschatologischen Traum zu allem legitimierte Verbrecher. Aber die objektiven Mittel sind da, und seine integratorische Verblendung läßt ihn auf sie setzen. Das Ziel ist inhaltlich arm, gar nicht bös, und die Perfektion der Mittel macht es zum Motiv der Verblendung, des unbewußten Verbrechens.

Der Weg Amerikas in seiner Geschichte ist verständlich. Die Freiheit, auf eigene Manier fromm zu sein. *God's own country*, fern von den Kabalen der europäischen Fürsten. Und Initiative, Mut, Risiko. Alles im Schutz der geographischen Isolation. Moralismus. Man wird dann technisch, kapitalistisch und durch Europas Selbstzerfleischung die erste Macht. Roosevelt tut den irreversiblen Schritt zum moralistischen Imperialismus. Ein in sich spannungsreiches Unternehmen. Ich habe in diesen Jahrzehnten oft gedacht: Wir Europäer werden den Amerikanern verstehend am nächsten sein, wenn ihre moralische Naivität an ihrem eigenen realen Handeln zerbrochen sein wird, wenn sie verstanden haben werden, was Sünde ist, nämlich nicht das Verbotene, sondern das falsche gute Gewissen. Der Bruch wird manifest, Reagan stellt das falsche gute Gewissen wieder her, und damit haben die technischen Mittel freie Bahn zum Lauf der Verblendung.

Gorbatschow wirkt auf den externen Betrachter als der erste sowjetische Führer mit präzisem gesunden Menschenverstand. Er kämpft intern zunächst nicht gegen die utopischen Ziele, sondern gegen den traditionellen Schlendrian. Westliche Antikommunisten stellen, da sie den Feind brauchen, mit Genugtuung fest, daß er an den Zielen festhält. Wie könnte er anders, wenn er integrieren will? Rußland ist das Produkt der Warägerherrschaft und des Dmitrij Donskoj, ein Reich, das Freiheit nie gekannt hat. Der Marxismus war ein eschatologischer Entwurf, eines der apokalyptischen Signale der europäischen Geschichte. In marxistischen Kategorien gesagt, war Rußland vorbürgerlich, vom Sozialismus noch durch Jahrhunderte getrennt. Der real existierende Sozialismus von heute ist ein Selbstwiderspruch wie einst das christliche Rom. Nun lebt die Geschichte in Selbstwidersprüchen, aber sie hat ihre Folgen zu tragen.

Was war in diesen Jahrzehnten mein politisches Problem? Die Welt meiner Jugendträume war eschatologisch. Die Ernüchterung der *midlife crisis* hob nicht die eschatologische Sicht der Geschichte auf, sondern nur meine Erwartung, ich könne und solle von daher den Lauf der Geschichte mitbestimmen. Sie lehrte mich das Größenverhältnis von Rakete und Pfeil. Aber mit der Akzeptation der Größenverhältnisse kam die reale Wirkung. Wie nun sollte sie sein?

Die kritische Analyse der falschen Hoffnungen lag auf der Hand. Sie ist nur deshalb so schwer zu Gehör zu bringen, weil die Menschen soviel Angst haben. Angst kann in der Tat wohl nur durch Hoffnung aufgelöst werden, ein Affekt durch einen Affekt. Welche Hoffnung kann ich ihnen zeigen?

Ich war nie der Meinung, eschatologische Erwartung sei gegen die Vernunft. Ohnehin nicht in der trivialen Richtung, die Erwartung sei als widervernünftig zu verwerfen. Der neuzeitliche Vernunft- und Fortschrittsglaube ist selbst eine eschatologische Erwartung. Aber auch nicht in der anderen Richtung, von Luthers »Hure Vernunft« über Barths »senkrecht von oben« bis zu jener Kritik an der Naturwissenschaft, über die ich mit Viktor Weizsäcker und Georg Picht nie ganz einig wurde. Ich war naiver Physiker, gewiß, aber im Keplerschen Sinne. Hier weiß ich etwas.

Es erschien mir politisch unerläßlich, nicht eine Hoffnung rational unvollziehbarer Prophetie zu geben, sondern ein rational nachvollziehbares Bild einer möglichen Zukunft zu zeichnen. Aber die Angst hinderte die Menschen, die Vernunft eines solchen Bildes nachzuvollziehen; sie hielten gerade das Vernünftige daran für unvernünftig. Und ebendies machte es unmöglich, das Bild mit real möglichen Details anzureichern. Denn wenn die Menschen so angstvoll beharren, sind die notwendigen Details unmöglich. Dann ist nur die Katastrophe möglich, und nach ihr Details, die heute wohl niemand vorhersagen kann. Im Anfang des Starnberger Instituts wußte ich nur die Formel, die Bewahrung des Friedens müsse die politische Priorität haben. Mehr ist auch nicht dazugekommen. Und die Formel blieb blaß, geeignet für verlogene Sonntagsreden der Politiker. Habermas ist ein tragischer Held der aufgeklärten Vernunft.* Er sieht, daß Vernunft nicht Besitz des isolierten Subjekts, sondern Leistung der Kommunikation ist. Er muß dann die Regeln der Vernunft aus den Bedingungen der Kommunikation bestimmen. Dies alles ist hochwichtig, um Logik, Physik und politische Analyse zu beurteilen. Aber ist die bisherige Aufklärung nicht ein Kartenhaus unter dem Anhauch Nietzsches?

Deshalb hat mich der Gedanke des Konzils erfaßt. Nur die Religion – in unserer Kultur unter meinen direkten Adressaten also nur das Christentum – hat eine hinreichend tief gegründete ursprüngliche Vision dessen, was sein muß, und eine heute noch hinreichend breite Resonanz unter den Menschen. Das Haupthemmnis liegt hier in der historischen Akkommodation der Kirche an die Welt, in Hierarchie und Theologie. Das Hemmnis fürs Zusammenkommen ist die Angst der Klugen unter den Kirchenleuten vor dem, was sie im Konzil werden tun müssen. Aber sie

* Sein Buch *Der philosophische Diskurs der Moderne*, Frankfurt/Main 1985.

werden sich schwerlich effektiv wehren können. Und dann, laß sie zusammenkommen, und sie werden ihr blaues Wunder erleben, was sie dort sagen werden!

Auch das höchstens ein tangentialer Schub an die Rakete. Aber vielleicht den Rest eines Lebens wert.

Siebentes Kapitel
Eine lebensfähige Menschheit

1. Struktur und Bewußtsein

Wir kehren zur pragmatischen Fragestellung zurück. Welche Bedingungen muß die Menschheit erfüllen, wenn sie in der Welt von heute und morgen zum Leben fähig sein soll?

Dies ist eine politische Frage. Politik, welche die Bedingungen der Lebensfähigkeit erfüllt, ist stets ein Kompromiß zwischen Macht und Vernunft. Macht nennen wir das Bereitstellen von Mitteln für offengehaltene Zwecke. Vernunft nennen wir die Wahrnehmung eines Ganzen, also, in unserer Fragestellung, Wahrnehmung der Bedingungen der Lebensfähigkeit. Dauerhafte Formen des Kompromisses von Macht und Vernunft wollen wir hier gesellschaftliche *Strukturen* nennen. Staat, Recht, Wirtschaftsformen sind solche Strukturen.

Unsere Zeit kennt Macht in drei Gestalten:

als technische Macht,

als politische Macht oder Herrschaft,

als ökonomische Macht.

In dieser Aufzählung sind die drei Formen in einer Reihenfolge angeordnet, die vermutlich ihrer kulturhistorischen Entstehungsgeschichte entspricht. Technik (Zweites Kapitel, 6) ist die Erfindung, welche den Menschen über die Tiere und über die Landschaft Macht gewinnen läßt. Waffentechnik als Macht über seinesgleichen erlaubt ihm, politische Herrschaften zu errichten. Ökonomische Macht ist zunächst eine bloße Auswirkung technischer und politischer Macht. Wohlstand ist anfangs ein Ziel, noch nicht ein Machtmittel. Aber in dem Maße, in dem politische Macht genötigt wird, sich selbst legal zu begrenzen, wird ökonomische Macht ein selbständiger Faktor.

Wir folgen in diesem Kapitel den drei Formen in umgekehrter Reihenfolge. Die ökonomischen Strukturen unserer Zeit stellen uns vor offenkundige Probleme (Abschnitt 2). Wenn wir die Probleme analysieren, finden wir, wie sie in politischen Strukturen wurzeln (3). Die Herkunft der politischen Probleme führt uns vor allem in zwei Fragekreise: einerseits in die moderne Gestalt der Probleme der Technik (4), andererseits in das uralte politische Grundproblem von Krieg und Frieden (5).

Wir knüpfen an das Zweite Kapitel an. Seine Texte waren Durchgänge durch diese Problemfelder, unter jeweils verschiedenen leitenden Gesichtspunkten. Im Anfang des Dritten Kapitels haben wir resümiert: Diese Texte verweigern sich ebenso dem beruhigten Optimismus wie dem verzagenden Pessimismus. Sie fordern zum Handeln auf. In jedem der Felder warten Gefahren auf uns, die tödlich werden können. Keines dieser Probleme wäre unlösbar, wenn es in gemeinsam angewandter Vernunft aufgefaßt würde. Diese Vernunft aber bedarf, um wirksam zu werden, eines Wandels des öffentlichen Bewußtseins.

Im Dritten Kapitel haben wir drei Stufen oder Schichten des Bewußtseins unterschieden: zuerst das unerläßliche öffentliche politische Bewußtsein; dann das persönliche Bewußtsein der Einzelnen, die das öffentliche Bewußtsein tragen; schließlich das wiederum gemeinsame Bewußtsein der Kultur, in der das persönliche Bewußtsein der Einzelnen wurzelt. Der notwendige Bewußtseinswandel stellte sich uns, als Vorgang im persönlichen Bewußtsein betrachtet, unter vier Gesichtspunkten dar, die wir hier wieder in zwei Kategorien zusammenfassen wollen: *evolutiv*, als Erziehung und Reifung; *radikal*, als Heilung und Umkehr. Die Fragestellung der zweiten Kategorie, die Frage nach dem radikalen Bewußtseinswandel, führte uns, im Vierten Kapitel, zur Religion. Jetzt, im abschließenden Kapitel, kehren wir zur ersten Kategorie zurück. Welche Evolution des öffentlichen Bewußtseins, welche Erziehung und Reifung, kurz welches *Erwachsenwerden des Bewußtseins* wäre nötig, um in den vier Feldern der Wirtschaft, der politischen Gesellschaftsstruktur, der Technik im Verhältnis zur Natur, der außenpolitischen Friedensordnung die Menschheit lebensfähig zu erhalten? Wir enden also mit den bescheidenen, pragmatischen Forderungen. Wir werden sehen, daß sie radikaler sein müssen, als vielen von uns lieb wäre.

2. Wirtschaft

Wirtschaft ist heute Weltwirtschaft. Der Rahmen bestimmt das Bild. Chancen und Krisen unseres lokalen und nationalen Wirtschaftens sind nur im Rahmen der Weltwirtschaft zu beurteilen.

Die Gesichtspunkte für dieses Urteil, soweit es in diesem Buch gewagt werden kann, sind in vier von den sechs Beiträgen des Zweiten Kapitels entwickelt: Abschnitt 1 A unter der Fragestellung der allgemeinen Prognose; Abschnitt 2 B,a unter der Fragestellung der Wachstumskrise; Abschnitt 4 A,c, B unter der Fragestellung der Rolle Europas im Weltmarkt, zumal im Blick auf den Süden; Abschnitt 5 unter der Fragestellung des Verhältnisses von Markt und Sozialismus. Wir versuchen jetzt den Zusammenhang dieser Probleme durch eine etwas systematischere Anordnung zu erkennen.

Die Weltwirtschaft hat einige allgemeine Probleme; deren Gestalt ist aber sehr verschieden in den drei Weltregionen: dem Nordwesten (»erste Welt«), dem Nordosten (»zweite Welt«) und dem Süden (»dritte Welt«).

Wir suchen zunächst gängige Namen für die *allgemeinen Probleme*. Die Struktur der Wirtschaft – sei es nun lokal, national oder global – läßt sich u. a. beschreiben durch das Verhältnis von *Markt* und *Plan*. Dieses Verhältnis ist nicht identisch, überlappt aber mit dem Verhältnis der politisch bedingten Wirtschaftsformen des *Kapitalismus* und *Sozialismus*. Der Erfolg einer Wirtschaft wird gemessen am Grad der Bedürfnisbefriedigung, die ihr gelingt, also am Verhältnis von *Reichtum* und *Armut*. Das Wirtschaftsvolumen ist heute nicht konstant. Ein Ziel der Wirtschaft, aber auch eines ihrer Probleme, ist ihr *Wachstum*. Die Geschichte ist durchwoben mit *Krisen*; für uns eine zentrale Frage ist, ob wir erneut einer großen Krise entgegengehen. Im Zweiten Kapitel, 2 A,c, habe ich eine wirtschafts- und kulturhistorische Hypothese über den Zusammenhang zwischen Grenzen des Wirtschaftswachstums und kulturellen Krisen dargestellt. Notwendige Grenzen des Wirtschaftswachstums vermutet man heute insbesondere in der Rückwirkung der menschlichen Wirtschaft auf die *Natur*. Eine Vorbedingung gedeihender Wirtschaft ist politischer *Friede*. Dies ist ein Teil der Verwobenheit der Wirtschaft mit der menschlichen *Kultur*.

Wir wagen nun ein paar allgemeine Thesen.

1. Die Weltwirtschaft ist heute wesentlich *Marktwirtschaft*. Es gibt keinen globalen Plan, und der Anteil der planwirtschaftlich arbeitenden Nationen am Weltmarkt ist geringer, als ihrem wirtschaftlichen Potential entspräche.

2. Der *Kapitalismus* ist bis heute wirtschaftlich erfolgreicher als der *Sozialismus*. Im Zweiten Kapitel, 1 A, habe ich die Behauptung gewagt, ich traue dem kapitalistischen System im ganzen weltweit die Robustheit zu, ohne Zusammenbrüche weiter zu wirtschaften, freilich mit vermutlich *wachsenden Krisen*. Dies wurde dort als Diagnose, nicht als Prognose bezeichnet; d. h. als Beschreibung eines Eindrucks.

3. Der Markt erzeugt niemals wirtschaftliche Gleichheit, sondern stets eine *ungleiche Güterverteilung*. Er überwindet den Gegensatz von Reichtum und Armut nicht, tendiert aber dazu, den Durchschnitt des Wohlstandes zu erhöhen, und kann unter bestimmten politischen Bedingungen die Ungleichheit vermindern.

4. Maßvolles *Wirtschaftswachstum* scheint historisch eine Bedingung politischer Stabilität in den Hochkulturen gewesen zu sein. Es stößt an ein Ende in den Rückwirkungen auf die *Natur*. Dies dürfte in den kommenden Jahrzehnten das größte immanente Problem der technischen Wirtschaft werden.

5. Das fundamentale Problem der heutigen Weltwirtschaft ist *sozial*: es ist die *Armut im Süden*.

6. Die Lösung dieser Probleme hat zur notwendigen, wenn

auch nicht hinreichenden Voraussetzung eine politische *Friedensordnung* und eine *international einklagbare Rechtsordnung*.

Wir betrachten nun die regionalen Aspekte dieses Problems. (Dazu sei u. a. auf die knappen Thesen von I. Wallerstein, Zweites Kapitel, 5 B, verwiesen.)

Zur *ersten Welt* rechnet man den Nordwesten, d. h. Nordamerika und Westeuropa, und als weitere wirtschaftliche Großmacht Japan, auch Australien und Neuseeland. Strukturell muß man bis heute auch Südafrika dazurechnen. In dieser »ersten Welt« ist fast alle weltwirtschaftliche Macht vereinigt; auch die OPEC verdankt ihre zeitweilig starke Wirtschaftsposition dem Absatz in der ersten Welt. Der durchschnittliche Bürger der ersten Welt nimmt nur die begrenzten wirtschaftlichen Probleme seiner eigenen Gesellschaft wahr und reagiert auf sie mit einer Mischung von optimistischem Anspruchsdenken und vager Angst vor undurchschaubaren Gefahren. Die Ursache dieser wirtschaftlichen Macht der ersten Welt liegt in ihrer *technischen Überlegenheit*. Die Wirtschaftsform, die der Entstehung und Erhaltung dieser technischen Überlegenheit angepaßt war und ist, ist offenkundig der *kapitalistische Markt*. Ich habe im Zweiten Kapitel mehrfach darauf hingewiesen, daß gerade Karl Marx sich über diese strukturelle Überlegenheit des Kapitalismus für die Schaffung der Produktivkräfte nicht getäuscht hat. Daß die von Marx erwartete zunehmende Verelendung der Arbeiterschaft und die als ihre Folge erwartete proletarische Revolution nicht eingetreten sind, liegt in erster Linie an der demokratischen Überwindung der größten Ungleichheiten im Rahmen des liberalen Rechtsstaates. Wir kommen darauf im 3. Abschnitt zurück.

Ein ungelöstes und in der gegenwärtigen Struktur anscheinend unlösbares wirtschaftlich-soziales Problem der ersten Welt wurde im Zweiten Kapitel (1 A, 4 B,c) genannt, die *Arbeitslosigkeit*, allgemeiner gesagt die *Marginalisierung* einer Minderheit von permanent Arbeitslosen und ethnischen Gruppen. Daß dieses Problem, das prinzipiell sehr wohl durch eine Umverteilung der Arbeitszeit lösbar wäre, faktisch in unserem Gesellschaftstyp heute ungelöst bleibt, dürfte zwei Ursachen haben: die Sorge der Unternehmer, in der Konkurrenz auf dem Weltmarkt nicht standzuhalten, und die Mehrheitsdemokratie, welche einer ökonomisch machtlosen Minderheit wenig politische Durchsetzungschancen läßt. Die sinnvolle Forderung nach Reduktion der Arbeitszeit wird durch die – auf die Mentalität der Inhaber von Arbeit berechnete – rhetorische Formel »bei vollem Lohnausgleich« unglaubwürdig und damit abweisbar gemacht. Es wäre eine Aufgabe sozialen und wirtschaftlichen Bewußtseinswandels, dieses an sich sehr wohl lösbare Problem im Konsens zu lösen. Wir müssen ja auch sehen, daß die wachsende Kriminalität in unseren Großstädten nicht einfach ein bedauerlicher Verfall der Moral ist, dem nur mit Polizei zu begegnen wäre, sondern daß sie zugleich die objektive Verzweiflung einer Unterschicht anzeigt, der gerade die Mehrheitsdemokratie die adäquate politische Vertretung versagt.

Über *Grenzen des Wachstums* werden wir im 4. Abschnitt sprechen. Das Verhältnis unserer Wirtschaft zur Natur spiegelt dasjenige zur *Kultur*. Am Ende vom Zweiten Kapitel, 5 B, habe ich gesagt, bei hinreichendem Maß politischer Vernunft könne der freie Markt eine »nützliche Spielregel« sein. In den klassischen Kulturen, der europäischen ebenso wie den außereuropäischen, gab es Wertesysteme, in denen das Streben nach Reichtum niemals den Rang hatte, welcher erlaubt hätte, ihm ohne Tadel ungehemmt nachzugehen. Verbal wird diese Werteordnung auch heute aufrechterhalten. In der Praxis sind die Hemmungen vielfach abgebaut. Die Legitimation der Theorie der freien Wirtschaft hatte aber von jeher ihren Hintergrund in einer freiheitlichen Auffassung von der Politik. Nur in einem solchen Rahmen ist sie zu rechtfertigen.

Die *zweite Welt* ist die Sowjetunion mit den politisch von ihr abhängigen Verbündeten. Strukturell verwandt sind viele Probleme des kommunistischen China. Die zweite

Welt ist der ersten ein gleichwertiger Gegenspieler nur, so weit ihre militärische Macht reicht. Ihre bisherige wirtschaftliche Rückständigkeit ist offenkundig. Nur über die Gründe dieser Rückständigkeit konnte es Meinungsdifferenzen geben. Ich habe im Zweiten Kapitel, 1 A, von den *Selbstwidersprüchen des Sozialismus* gesprochen. Hiermit war nicht die westliche Sozialdemokratie gemeint, sondern die Selbstbezeichnung des sowjetischen Systems. Die kommunistischen Parteien sind in Rußland und China an die Macht gekommen, zwei Ländern, die nach marxistischer Doktrin noch nicht reif für die bürgerliche Revolution sein konnten. Sozialismus wurde dort nicht der Weg zum »Absterben des Staats«, sondern er schuf eine neue Klassenherrschaft, ökonomisch mit staatlicher Planwirtschaft. Soweit mir Schätzungen bekannt geworden sind, hat sich die russische Wirtschaft im Sowjetsystem quantitativ nicht wesentlich anders entwickelt, als dies durch Extrapolation des Wirtschaftswachstums in den letzten Jahrzehnten des Zarenreichs zu erwarten gewesen wäre. Die heutigen Reformbewegungen sind zum mindesten auch durch wirtschaftliche Mißstände ausgelöst. Ihre Tragweite wird aber erst im politischen Zusammenhang zu beurteilen sein.

Nur in der *dritten Welt* zeigt sich in katastrophaler Weise, wie weit unser Wirtschaftssystem bisher davon entfernt ist, das soziale Wohl der Menschen herbeizuführen. Gewiß gibt es auch dort ein starkes Wirtschaftswachstum. Daneben steht das Elend. Millionen sterben an Hunger oder den Krankheiten, denen der durch mangelhafte Ernährung geschwächte Körper nicht widerstehen kann, und die sich in unerträglichen Wohnverhältnissen ausbreiten. Karitatives Handeln ist in dieser Lage notwendig, aber nicht hinreichend. Es ist notwendig, nicht nur um eben doch einige Hilfe zu bringen; es ist auch notwendig, um das Bewußtsein der Besitzenden für die Not zu wecken. Der Bewußtseinswandel muß dann aber die Ursachen des Elends anschauen. Abhilfe ist schwer, sie ist notgedrungen langsam, aber sie wäre bei weltweit angewandter gemeinsamer Vernunft im Prinzip möglich. Die Ursachen des Elends liegen heute noch nicht darin, daß die erforderliche Nahrung nicht produziert werden könnte. Sie liegen, sehr verkürzt gesagt, im politisch-ökonomischen System, in der mangelnden Kaufkraft der Armen.

Im Vortrag (Zweites Kapitel, 1 A) habe ich drei Ursachen des ungelösten Entwicklungsproblems genannt: das Bevölkerungswachstum, die kulturelle Umstellung und weltwirtschaftliche Zwänge.

Ich mache hier eine Bemerkung zum *Bevölkerungswachstum*. Wann immer ich mich dazu bisher geäußert habe, habe ich gesagt, daß das Wachstum der Bevölkerung selbst eine Folge der Armut ist und daß wir in modernen Gesellschaften bisher nur den Wohlstand als Begrenzungsfaktor kennen. Es mag sein, daß China mit staatlichem Zwang die Begrenzung erreichen wird. Inzwischen haben mich aber Fachleute der Demoskopie darüber unterrichtet, daß die Geburtenzahlen seit einigen Jahren auch in den Slums der südlichen Großstädte zurückgehen. Nicht auf dem Land, wo nach wie vor jede Familie die Arbeitskräfte der Kinder braucht, aber in den Städten, in denen auch für die Kinder die Arbeitslosigkeit wartet. Es scheint, als könne hier auch das Elend das Wachstum einschränken. Daß in den nördlichen Ländern, an der Spitze heute in der Bundesrepublik Deutschland, die Bevölkerungszahl der besitzenden Mehrheit sinkt, ist ein für die vorhersehbare Zukunft wohl unausweichlicher Vorgang. An der legitimen Forderung, das mögliche Maß an Wohlstand für die Armen der dritten Welt anzustreben, ändern diese Beobachtungen, soweit ich sehen kann, nichts.

Die *kulturelle Umstellung* ist unterwegs. Sie hat freilich in verschiedenen Kulturen verschiedene Chancen. Ich wage zu sagen, daß sie überall, wo Chinesen an ihr beteiligt sind, erfolgreich scheint. Schwerer ist sie in Indien, in Südamerika, in Afrika. Kulturell ist sie problematisch: sie ersetzt vielfach ein hochdifferenziertes Wertesystem durch primitive Verführungen. Aber in den resultierenden Mischkulturen lernen die Nachwachsenden doch nach und nach die Bedingungen der Effizienz, ohne welche eine moderne

Wirtschaft und damit die Ernährung der schon Geborenen nicht möglich sind. Auch hier gehen wir, wenn wir Lebensfähigkeit der Menschheit nur als politische und ökonomische Funktionsfähigkeit verstehen, an den tiefen Problemen noch vorbei. Und in der Ebene der Funktionsfähigkeit geht die Veränderung nicht schnell.

Wirtschaftswachstum, Begrenzung des Bevölkerungswachstums, kulturelle Umstellung brauchen Zeit, die nicht nach Jahrzehnten, sondern nach Generationen zu bemessen ist. Sie brauchen also soziale Stabilität – wenn der Zustandswandel nicht in der Form von Katastrophen kommen soll. Ist diese Stabilität mit den bestehenden *weltwirtschaftlichen Zwängen* vereinbar?

Die Weltwirtschaft ist heute ein Markt, unabhängig davon, welches ökonomische und politische System im Innern der beteiligten Staaten herrscht. In den dominanten Staaten der ersten Welt ist auch die innere Struktur marktwirtschaftlich, und die im Innern planwirtschaftlichen Staaten sind genötigt, auf dem Weltmarkt selbst als Konkurrenten aufzutreten. Verglichen mit dem reifen, moderierten Kapitalismus im Innern eines modernen industriellen Sozialstaats ist aber der heutige Weltmarkt von »frühkapitalistischer Wildheit«. Die Armen der dritten Welt sind in diesem Markt heute etwa in der Lage wie die von Engels beschriebene englische Arbeiterklasse im Frühkapitalismus vor hundertfünfzig Jahren. Damals schien es zwei Wege aus der Verarmung zu geben: die von Marx und Engels erhoffte proletarische Revolution oder den evolutiven Weg über soziale Gesetzgebung, Verhandlungsmacht der Gewerkschaften, Entstehung von Kaufkraft. Heute sieht es so aus, als seien weiten Bereichen der Erde beide Wege verschlossen. Eine innere Revolution in einem Einzelstaat ändert seine Abhängigkeit vom Weltmarkt nicht; und eine Weltrevolution ist heute dadurch ausgeschlossen, daß in der kleinbürgerlich integrierten Arbeiterschaft der ersten Welt, also des Zentrums wirtschaftlicher Macht, kein revolutionäres Potential mehr besteht (die intellektuellen Neuen Linken von 1968 mußten das zu ihrer Enttäuschung entdecken). Der evolutionäre Weg wird hingegen in einigen Ländern der dritten Welt mit Erfolg beschritten. Aber Tempo und Chancen dieses Erfolgs sind je nach der regionalen Kultur verschieden. Ob er Schritt halten kann mit dem vielfach wachsenden Krisenpotential, ist höchst zweifelhaft. Der zuverlässigste Weg zu sozialem Fortschritt, die Anlehnung an einen dem Konkurrenzgeschehen überlegenen staatlichen Rahmen, wie sie den Nationalwirtschaften der ersten Welt möglich war, würde heute eine Weltordnung erfordern, die in ihren wirtschaftlichen und sozialen Auswirkungen den fehlenden (und vermutlich politisch nicht wünschenswerten) Weltstaat ersetzen könnte.

Ein Bewußtseinswandel, der diese Zusammenhänge sieht, ist unterwegs. Man wird genötigt sein, pragmatische Schritte im Sinne der besseren Einsicht zu tun. Ich fühle mich genötigt, drei Minimalforderungen zu formulieren, die erfüllt sein müßten, wenn die Armut wenigstens auf ein erträgliches Maß stabil reduziert werden sollte:

1. die Sicherung des Weltfriedens,
2. eine international einklagbare Rechtsordnung,
3. international vereinbarter und durchsetzbarer Umweltschutz.

Bei Strafe des Untergangs ist uns nicht erlaubt, weniger anzustreben.

3. Staat und Gesellschaft

Die Menschheit ist politisch heute in Staaten geteilt. Stabile politische Strukturen sind Vorbedingung stabiler, über die bloße Subsistenz hinausgehender Wirtschaft. Die frühen Formen dieser politischen Strukturen beginnen vor wenigstens 6000 Jahren mit der Hochkultur. Der heutige Begriff des Staats ist wesentlich geprägt durch die europäischen Nationalstaaten (Fünftes Kapitel, 1); diese Staatsstruktur, die in den Vereinten Nationen vorausgesetzt ist, ist in vielen europäischen Bereichen eine Hinterlassenschaft des europäischen Kolonialismus. Wir wenden jetzt einige Überlegungen an die *innere* Struktur eines Staates. Die Beziehung zwischen den Staaten wird unser Thema im Abschnitt 5.

Es handelt sich um das Verhältnis von Macht und Vernunft, man darf auch sagen, um das Verhältnis von *Macht und Menschlichkeit*. Ich bespreche kurz vier Strukturen, die heute in aller Munde sind:

Legalität,
Demokratie,
Meinungsfreiheit,
Dezentralisierung.

Legalität. Ich wiederhole zuerst einen Satz, der mir am Herzen liegt: Das Prinzip der Legalität erscheint mir als die größte moralische Errungenschaft der Neuzeit im Felde der Politik.* Menschliche Richter können und sollen beurteilen, ob ihre Mitmenschen gemäß dem Gesetz handeln; maßt sich der Richter aber an, Motive zu verurteilen, so ist der politischen Willkür und der fürchterlichen Selbstgerechtigkeit der Moralisten Tür und Tor geöffnet. Die Frage bleibt, wer die Gesetze gibt. Die internationale Anerkennung der Menschenrechte ist hier ein wichtiger Schritt vorwärts. Wir

* Vgl. *Die Zeit drängt*, München [8]1988, S. 30.

Abendländer sollen uns nicht darüber täuschen, daß wir damit den anderen Kulturen eine politische Erfindung unserer eigenen Kultur aufnötigen. Fragen wir aber, was heute pragmatisch möglich und nötig ist, so werden wir der Legalität, wie wir sie entwickelt haben, im Rahmen der weltweiten modernen politischen und wirtschaftlichen Beziehungen eine unentbehrliche Rolle zuweisen müssen.

Demokratie. Dies ist eine der vieldeutigen politischen Vokabeln unserer Tage. Ist eine Kaderpartei zur Herrschaft befugt, weil sie den Anspruch erhebt, im Namen des Volkes zu regieren? Oder, um die westliche Version kritisch zu betrachten: Sind Mehrheitsbeschlüsse stets die klügsten? Und sind sie nicht oft voll tiefer Ungerechtigkeit gegen Minoritäten? Gleichwohl ist Demokratie ein Leitbegriff, den wir heute faktisch nicht entbehren können. Ich würde sie am liebsten als Entscheidung durch die Betroffenen definieren.* Das führt zu den zwei nächsten Strukturen als unerläßlichen Komponenten der Demokratie.

Meinungsfreiheit. Freiheit als politischer Wert ist nicht die Willkür, die ich für mich in Anspruch nehme, sondern der legale Handlungsspielraum, den jeder von uns dem Anderen zu gewähren bereit sein muß. Eine ihrer wichtigsten Gestalten ist die Freiheit politischer Äußerung. Ich spreche gerne von der notwendigen Wahrheitsorientierung in der politischen Kultur. Da diese durch die stürmischen Leidenschaften derer, die glauben, die Wahrheit schon zu kennen, unterzugehen droht, ist die legale Garantie der Äußerungsfreiheit entscheidend wichtig. Sie ist nicht nur moralisch, sondern insbesondere funktional bedeutsam. Ihr Fehlen gestattet, Skandale unter den Teppich zu kehren, bis es zur Kur zu spät ist. Und die moderne Gesellschaft ist so kompliziert, daß eine Erkenntnis dessen, was sie jeweils braucht, ohne öffentliche Debatte kaum vorstellbar ist; die Debatte ist die gemeinsame Wahrheitssuche.

* Vgl. *Deutlichkeit*, München [2]1979: »Hat das parlamentarische System eine Zukunft?«, S. 23-42.

Dezentralisierung. Alle klassischen Machtstrukturen beruhen auf Zentralisierung. Zentralisierung ist in der Tat für die Funktion komplizierter Organismen oder sozialer Systeme vielfach unerläßlich. Wir begegnen ihrer Notwendigkeit in den Problemen des Weltmarkts und des weltweiten Naturschutzes; auch das konservativste Modell für eine Überwindung der Institution des Kriegs ist der Weltstaat. Aber alle diese Zentralisierungen stehen unter dem Dilemma, entweder unwirksam oder Verführungen zur Rücksichtslosigkeit gegen die Betroffenen zu sein – oder beides. Demokratie als Entscheidung durch die Betroffenen kann nur sachverständig und, soweit eben möglich, auch gerecht sein, soweit die Entscheidungen dezentral getroffen werden. Es muß ein wesentliches Strukturelement gerade der zentralen Planung sein, daß sie ausdrücklich ein Maximum an dezentraler Entscheidung vorsieht.

Was hat nun all dies mit Menschlichkeit als Gegenpol der Macht zu tun? Es bezeichnet, was im Rahmen der heute herrschenden funktionalen Denkweise zum Schutz und zur Durchsetzung menschlicher, d. h. auf Wahrnehmung und innerer Beteiligung beruhender Verhaltensweisen getan werden kann. Es bedeutet diejenigen Einschränkungen der herrschenden Willens- und Verstandeskultur, ohne welche diese mit keiner lebensfähigen Menschheit vereinbar wäre. Es formuliert ein Minimum.

In diesem Zusammenhang ist unter den Bewegungen unserer Jahrzehnte eine der wichtigsten zu nennen: der *Feminismus.* Historisch zu einem wesentlichen Teil entstanden aus dem legitimen Verlangen von Frauen, an den Vorzügen der in der Modernität geschaffenen männlichen Bildungs- und Handlungsmuster teilzuhaben, hat er noch eine tiefere Bedeutung für unser aller Zukunft. Er bezeichnet die Forderung nicht nur nach Gerechtigkeit gegen die Frauen, sondern auch nach der Ausbildung der Wahrnehmung und Anteilnahme, die in der weiblichen Natur und Tradition gegenwärtig ist, gegen die Willens- und Verstandeswelt der Männer. Es wäre freilich ein typisch »mannförmiger« Irrtum, das Patriarchat durch ein Matriarchat ersetzen zu wollen; das »-archat« selbst, das Begreifen des Zusammenlebens unter dem Bilde der Herrschaft, ist der Fehler der Männergesellschaft. Diese Bemerkung ist nicht ein politischer Vorschlag; sie ist eine Zustimmung zu einem schon ablaufenden Vorgang. Ein erfahrener Arzt sagte mir vor fünfzig Jahren: »Nach meiner Beobachtung scheitern heute die Männer an den selbstgeschaffenen Problemen; bei den Frauen ist noch Vernunft.«

*

Die Forderungen, die hier vertreten werden, gehören offenkundig dem westlichen *Liberalismus* an. Die andere aus den europäischen Revolutionen der Aufklärung hervorgegangene politische Doktrin, der *Sozialismus*, benützt diese Vokabeln entweder nicht oder in wesentlich anderem Sinne. Die *außereuropäischen Kulturen* haben sich auch politisch an anderen Werten orientiert, übernehmen aber heute das Denken in diesen Strukturen in weitem Umfang. Wir beschränken uns hier auf die innereuropäische Debatte.

Die europäischen *Konservativen* und die europäischen *Sozialisten* des 19. Jahrhunderts gingen in ihrer Kritik am Liberalismus etwa den halben Weg gemeinsam: »Die liberalen Werte sind rein formal. Legalität, Mehrheitsentscheidung, Äußerungsfreiheit, Dezentralisierung betreffen nur Verfahrensfragen. Sie geben nicht die wirklichen Werte an, wie der christliche Begriff der Nächstenliebe, wie die sozialistischen Begriffe der Solidarität und der Gerechtigkeit, wie die konkreten Gestalten der Gesellschaft und der Kultur. Sie bleiben formal, weil sie unter dem Deckmantel von Verfahrensweisen die realen ökonomischen Interessen ihrer Verfechter, der Bürgerklasse, fördern.«

Als erstes ist zu sagen, daß diese Kritik zutrifft. Die vier Prinzipien sind rein formal, sie wollen es sein. Und daß sie vorgebracht wurden, als sie dem zur Herrschaft strebenden Bürgertum nützlich waren, ist historisch richtig. Die Liberalen aber konnten antworten, etwa so: »Wir stellen nur formale Forderungen auf, weil wir die Menschenwürde in der Gestalt der Freiheit des Individuums schützen wollen. Diese Freiheit ist nur so weit einzuschränken, daß sie die Freiheit der anderen Individuen nicht schädigt. Diese unsere Forderungen sind erfüllbar. Erfüllen wir sie nicht, so dürft ihr uns nach unseren eigenen Maßstäben kritisieren. Euch aber kritisieren wir, weil ihr eure eigenen Ideale nicht erfüllt.« Diese Gegenkritik mußte natürlich zunächst nach beiden Seiten verschieden ausfallen.

Die Konservativen verstanden sich als Christen. Es war leicht, zu zeigen, wie weit ihr Verhalten hinter der Forderung Christi zurückblieb. Diese Kontroverse führt, wenn die religiöse Voraussetzung festgehalten wird, zum Thema der unvollendeten Religion. Die heutigen großen konservativen Parteien (im Gegensatz zu »rechtsradikalen« Minderheiten) haben hingegen die liberalen Forderungen im Prinzip anerkannt, vertreten dieselben bürgerlichen Wirtschaftsinteressen und lassen das religiöse Motiv dafür in den Hintergrund treten. Wer sie als Liberaler kritisieren will, muß nun fragen, ob sie die anerkannten liberalen Prinzipien konsequent durchführen.

Die Sozialisten konnten ihre Kritik an den Liberalen präzisieren: »Dem Armen, dem ökonomisch Abhängigen nützen die formalen Rechte nichts. Wir, die Sozialisten, wollen die Freiheit Aller wie ihr. Aber im Gegensatz zu euch wollen wir auch die Bedingungen, unter denen die Freiheit Aller erst möglich wird.« Die Liberalen werden in der Antwort hierauf zwischen der Zweiten und der Dritten Internationale unterscheiden. Die heutigen *sozialdemokratischen* Parteien, die in der Tradition der Zweiten Internationale (1889) stehen, haben unter dem Namen der Demokratie die liberalen Prinzipien akzeptiert. Sie können mit sozialistischer Geschichtsdialektik argumentieren, daß die formalen liberalen Prinzipien schon im 19. Jahrhundert grundsätzlich durchgesetzt werden konnten, weil sie den Partikularinteressen des Bürgertums nicht entgegenstanden, die Prinzipien des demokratischen Sozialismus aber erst in unserem Jahrhundert unter dem mehrheitsdemokratischen Einfluß der Arbeitnehmer. Die Kontroverse zwischen liberalen und demokratisch-sozialistischen Parteien wird dann im wesentlichen zu einer wirtschaftspolitischen Kontroverse im Rahmen eines liberalen Staats.

Mit dem *Kommunismus* der Dritten Internationale (1919) hingegen ist eine Versöhnung bisher nicht möglich gewesen. Die Kommunisten warfen den Sozialdemokraten zu Recht vor, daß sie den Kapitalismus tolerierten und schließlich grundsätzlich akzeptierten. Der Gegenvorwurf ist, daß der »real existierende Sozialismus« der kommunistischen Parteien die Freiheitsprinzipien, die er für die Endutopie des »Kommunismus« als Merkmale einer klassenlosen Gesellschaft anerkennt, in der Realität zerstört habe, um seine Macht aufrechtzuerhalten. Die kommunistische Antwort auf diesen Vorwurf ist, daß in einer kapitalistischen, d. h. feindseligen Welt der Sozialismus nur mit solch strikter Parteiherrschaft verteidigt werden könne. Ich glaube jedoch (vgl. Zweites Kapitel, 1 A), daß dieses Argument hinter den Einsichten von Marx zurückbleibt. Nach Marx geht das Sein dem Bewußtsein voraus; so gehen die durch den Kapitalismus erzeugten Produktivkräfte der sozialistisch gerechten Verteilung der Produkte voraus. Eine sozialistische Revolution in einem vorkapitalistischen Land wie Rußland oder China konnte daher nur einen neuen Absolutismus erzeugen, der seine sozialistischen Glaubenssätze durch unablässigen Appell an das Bewußtsein der Bevölkerung vergebens zu realisieren versucht: so als ginge das Bewußtsein dem Sein voraus.

Die Realität ist freilich, daß die heutige Welt den Prognosen von Marx überhaupt nicht entspricht. In der westlichen Welt hat die Sozialdemokratie ihre hauptsächlichen Ziele durchgesetzt, gerade weil sie den Kampf gegen den Kapitalismus aufgegeben hat. Im Rest der Welt erweist sich dort, wo die Wirtschaft nach heutigem Urteil rückständig, nach Marx vorbürgerlich war, die liberale Demokratie als sehr schwer durchsetzbar; ihr stehen Einparteiensysteme von mehr oder weniger sozialistischer Prägung und Militärdiktaturen als meist machtpolitisch chancenreichere Konkurrenten gegenüber.

Die konkrete Frage an die Gestaltung einer lebensfähigen Menschheit ist, welche innenpolitischen Prinzipien bei dieser Verteilung der realen Strukturen zu fordern oder doch zu empfehlen wären.

Für die reale Politik müssen heute die Vermeidung oder Überwindung der Institution des Krieges, die Erhaltung oder Schaffung eines stabilen Friedens Priorität haben. Wir kommen auf das Problem im 5. Abschnitt. Gründe für diese Forderung haben wir im Fragenbereich der Wirtschaft gesehen und werden ihnen im Fragenbereich von Technik und Natur von neuem begegnen. Also darf der Unterschied der innenpolitischen Systeme nicht mehr als Kriegsgrund anerkannt werden. Dies gelten zu lassen, wird uns leichterfallen, wenn wir durchschauen, in welchem Grade diese Unterschiede als honoriger Deckmantel für derbere egoistische Gruppeninteressen benutzt werden.

Diese Priorität des Friedens zwingt uns, bis auf weiteres mit dem Pluralismus politischer Systeme zu leben. Sie nötigt uns aber überhaupt nicht, auf die eingangs genannten vier liberalen Prinzipien zu verzichten. Sie sind grundsätzlich von den Liberalen und den Sozialdemokraten anerkannt, pragmatisch auch von den Konservativen, und wenigstens als utopisches Ziel von den Kommunisten. Warum sollen wir sie nicht fordern? Denn sie sind vernünftig.

4. Technik und Natur

Technik ist Macht des Menschen *in* der Natur. Sie beginnt – so wurde zu Beginn dieses Kapitels gesagt – als Bereitstellung von Mitteln, welche zunächst Macht über Tiere und über die Landschaft verleihen: Jagd, Viehzucht, Ackerbau. Diese in der Natur gewonnene Macht gestattet, unter Einschluß der Waffentechnik, Macht über Menschen, also Herrschaft zu errichten. Neuzeitliche Verblendung meint dann, Technik sei Herrschaft *über* die Natur. Jedes Erdbeben, jeder Vulkanausbruch, langfristig jede Klimaänderung, sei es Eiszeit oder Austrocknung, können uns eines Besseren belehren. Freilich ist die Umstellung auf der Erdoberfläche langsam; verglichen mit dem rasenden Tempo der menschlichen Geschichte, die in wenigen Jahrtausenden abgelaufen ist, ist die Erde von sich her fast unveränderlich. Aber die menschliche Geschichte selbst greift die Stabilität der Erdoberfläche an. Das beginnt schon mit dem Ackerbau (Zweites Kapitel, 1 B, 6). Heute droht die Zerstörung des Lebensraums der Pflanzen, der Menschen und Tiere durch unbeabsichtigte Rückwirkungen menschlicher Technik. Gegen Herrschaft über Menschen kann es bewußte Gegenwehr der Beherrschten geben. Die Natur ist zur bewußten Gegenwehr, außer bei einigen Tieren, nicht fähig. Sie reagiert auf Ausbeutung, indem sie stirbt. In unserem Umgang mit der Natur gibt es nicht die »unsichtbare Hand«, auf welche die Marktökonomie im Umgang der Menschen miteinander (auch nur mit begrenzter Berechtigung, so im Zweiten Kapitel, 5 B) vertraut. Es gibt rechtzeitige Anzeichen drohenden Todes, aber *wir* müssen sie merken und unser Verhalten rechtzeitig umstellen. Der Verweis auf die Evolution als »unsichtbare Hand im organischen Bereich« tröstet hier nicht, denn die Frage ist eben, ob der Mensch selbst vielleicht eine zum Überleben unfähige Mutation im Tierreich darstellt. Seine Stärke ist, daß er die Probleme, die er erzeugt, im Prinzip sehen und behandeln lernen kann: Bewußtseinswandel. Ohne Bewußtseinswandel würden wir heute die organische Natur und damit uns selbst zerstören. Es gibt dafür die sprichwörtliche Redensart aus der Frühzeit der Technik: man sagt, jemand säge den Ast ab, auf dem er sitzt.

Der ökologische Bewußtseinswandel ist unterwegs, heute wenigstens in einer Reihe nordwestlicher Industrieländer. Die politische Bewegung der »Grünen« entlehnt ihre symbolische Farbe dem Pflanzenbereich. Die öffentlichen Reaktionen aber sind bisher ungeordnet, durch zufällig ins Bewußtsein tretende Anlässe bestimmt. Das soll uns nicht überraschen. Der Entwurf einer systematischen Umweltpolitik verlangt eine eminente wissenschaftliche Detailarbeit. Diese Arbeit ist im Gang; ich bin außerstande, sie hier zu referieren.* Ich beschränke mich auf ein paar grundsätzliche Bemerkungen.

Es handelt sich um wenigstens drei Schritte, die nötig sind, wenn die Rettung der Natur möglich werden soll: *Erwachsenwerden des Bewußtseins*, Schaffung von *objektiv wirksamen Institutionen* und *inhaltliche Bestimmung des notwendigen Verhaltens.*

Erwachsenwerden des Bewußtseins. Man kann auch davon sprechen, daß eine Ethik der technischen Welt notwendig geworden ist.** Der Vergleich mit dem Erwachsenwerden legt das Gewicht mehr auf die Wahrnehmungsfähigkeit als auf das normative Schema. Was ist gemeint?

Technik ist Bereitstellung von Mitteln für Zwecke. Sind die Mittel nicht den Zwecken angemessen, so ist die Technik unreif oder schlicht schlecht. Liegen keine den Mitteln angemessenen Zwecke vor, so war die Schaffung der Mittel ein kindliches Spiel oder, im Ernst der Wirklichkeit, ein kindisches Verhalten. Eine Technik aber, die nur die be-

* Institutionen wie das Institut für Europäische Umweltpolitik in Bonn, Paris und London (Bonn, Aloys-Schulte-Str. 6) sammeln und vertreten diese Informationen.

** Vgl. »Bedingungen des Friedens« in *Der bedrohte Friede*, München [3]1982, S. 125-137.

wußten Zwecke im Auge hat und die ungeplanten Nebenwirkungen vergißt, ist noch immer unreif. Hier enthält nun die Arbeitsteilung in der großen Gesellschaft eine gefährliche Versuchung. Der Ingenieur, der im Auftrag eines Unternehmens, einer anonymen Firma, einer Behörde ein Gerät entwickelt, ist legal nicht für dessen Verwendung verantwortlich; das ist formell die Sache des Auftraggebers. Aber der Ingenieur ist moralisch verpflichtet, sich die Wirkungen des Geräts einschließlich der Nebenwirkungen klarzumachen. Hier enthält wiederum das weite Spektrum möglicher Wirkungen die Versuchung, zu früh mit der Rückfrage aufzuhören. Die unmittelbar technischen Nebenwirkungen gehören sogar legal zur Verantwortung des Ingenieurs. Die sozialen und politischen Auswirkungen pflegt man der Verantwortung des Ingenieurs (oder Wissenschaftlers) nicht mehr zuzurechnen. Wer ist dann dafür zuständig? Der Unternehmer, die Firma müssen im Konkurrenzkampf oft die reale Verantwortung auf den Staat abschieben. Wer aber ist der Staat? Soll der zuständige Minister, der Regierungschef, das Parlament, das oberste Gericht anfangen, über eine Frage nachzudenken, welche die unmittelbar Beteiligten abgeschoben haben? Die Moral geht vor die Hunde, wenn sie sich nur auf das legal Geforderte beschränkt. Ich habe oben gesagt, das Prinzip der Legalität sei die größte moralische Errungenschaft der neuzeitlichen Politik: der Richter soll Handlungen beurteilen und nicht die Motive anderer Menschen verurteilen. Aber dazu gehört umgekehrt: meine eigenen Motive sollen die Verantwortung für die Folgen meiner Handlungen stets mitumfassen; mit mir muß ich strenger sein, als der Richter mit mir wäre. Ich habe erzählt, wie sehr ich Otto Hahn dafür verehrt habe, daß er unendlich unter der Mitschuld an den Toten von Hiroshima und Nagasaki litt – er, der bei seiner Entdeckung nichts von Atombomben wissen konnte und der faktisch nie an der Bombe gearbeitet hat. Denn nur dieses Leiden, dieser Affekt ist Träger der Wahrnehmung.

Die Ärzte kennen das Problem seit Jahrtausenden. Der Hippokratische Eid gebietet dem Arzt, sein Wissen nur zur

Erhaltung des Lebens anzuwenden. Dies war, in der sozialen Realität, vor allem ein Schutz des Arztes gegen unmoralische Zumutungen von Machthabern: er konnte auf das beschworene Ethos seines Standes verweisen. Ein Hippokratischer Eid für Ingenieure und Wissenschaftler ist in der heutigen Welt deshalb nicht praktikabel, weil er auch den Verzicht auf Herstellung von Kriegswaffen einschließen würde. Dies ist aber nur ein weiteres Zeichen dafür, daß die Institution des Kriegs überwunden werden muß. Sie ist mit der unerläßlich werdenden Ethik der technischen Welt nicht mehr vereinbar. Unter dem Titel »Erwachsenwerden des Bewußtseins« geht es zunächst nur darum, daß wir diese Zusammenhänge wahrnehmen; daß wir sie nicht verdrängen. Diese Wahrnehmung bedeutet Leiden. Es sind die Schmerzen des Erwachsenwerdens.

Objektiv wirksame Institutionen. Es wird dann notwendig, dieser subjektiven Bewußtheit einen haltbaren Raum in der Legalität zu geben. Diese Aufgabe hat zwei recht verschiedene Aspekte: *innerstaatlich* und *international.*

Innerstaatlich ist in den nordwestlichen Industrieländern seit zwei Jahrzehnten schon viel geschehen. Ein Hauptproblem ist die Einführung des Umweltschutzes in das Marktgeschehen. Umweltschäden treffen die Gesellschaft, aber meist nicht direkt den Produzenten, der sie verursacht. Sie sind, ökonomisch geredet, externe Kosten. Sie gehören also zu denjenigen Angelegenheiten, die der Markt, gemäß der klassischen ökonomischen Lehre, nicht von sich aus, nicht durch die »unsichtbare Hand«, regelt. Der Produzent, der teure Umweltschutzmaßregeln ergreift, gerät gegenüber seinem Konkurrenten, der das nicht tut, in Nachteil. Die marktkonforme Regelung des Problems ist bekannt als *Verursacherprinzip.* Ein Gesetz muß dem Verursacher die Verhütung der Schäden zur Pflicht machen. Dann ist der Konkurrent, der die erforderlichen Maßnahmen nicht ergreift, strafbar. Das Gesetz internalisiert also die externen Kosten. Solche Gesetzgebung ist heute gefordert und wird entwickelt. Im Konflikt schwieriger wissenschaftlicher Tatsachenfeststellung und mächtiger wirtschaftlicher Interessenvertretung ist diese Gesetzgebung kontrovers und oft unvollkommen. Die politische Erregung über Umweltprobleme ist daher ein Glück, auch wenn sie inhaltlich nicht immer den Nagel auf den Kopf trifft.

International ist das Problem sehr viel schwieriger. Gesetzgebung ist hier nicht Sache *eines* Parlaments, sondern von Vertragsabschlüssen, von denen zurückzutreten nicht formell strafbar ist. Man ist auf die Einsicht und den guten Willen der Partner angewiesen. Die Einzelstaaten eines internationalen Markts sind nicht mehr die übergeordnete Instanz gemäß der klassischen ökonomischen Lehre, sondern sind selbst Konkurrenten. Immerhin gibt es in der Europäischen Gemeinschaft die Institution bindender Beschlüsse des Ministerrats, die freilich früher einstimmig gefaßt werden mußten; seit dem 1. 7. 1987 können sie, gemäß bestimmten Prozeduren, auch mit bloßer Mehrheit gefaßt werden. Die Forderung, eine einklagbare internationale Rechtsordnung zu schaffen, bezeichnet auch für die praktische Ökologie das ungelöste Problem. Gedeihen oder Untergang wird auch für die natürlichen Grundlagen unserer Existenz davon abhängen, ob dieses Problem in gemeinsam angewandter Vernunft gelöst wird. Als erstes ist es nötig, auf seine erbarmungslose Dringlichkeit öffentlich hinzuweisen.

Inhaltliche Bestimmung des notwendigen Verhaltens. Das öffentliche Bewußtsein wird wesentlich davon abhängen, daß ihm die Sachthemen präsent sind. Diese können vielleicht in *spezielle* und *grundlegende* Themen eingeteilt werden.

Spezielle Themen. Als speziell möchte ich solche Probleme bezeichnen, die zwar dringend sind, die aber durch innerstaatlichen oder internationalen Beschluß ohne fundamentalen Schaden für legitime ökonomische oder soziale Interessen gelöst werden könnten. Manche von ihnen machen, wenigstens in einigen Ländern, ständig Schlagzeilen, andere gehen jahre- oder jahrzehntelang unbeachtet dahin. Sie haben den Vorteil, daß ihre prinzipielle Lösbarkeit eingesehen werden kann; es gibt Beispiele dafür, daß die Lösung politisch durchgesetzt wurde. Dies hat den weiteren Vorteil, als muterweckendes Vorbild für noch ungelöste Probleme zu dienen. Ich nenne drei Beispiele.

Gelöst oder der Lösung nahegebracht ist die *Reinhaltung* oder Reinigung vieler *Gewässer*, z. B. bayerischer und schweizerischer Seen.

Ein weltweites lösbares, aber bisher ungelöstes Problem dürfte die fortschreitende Zerstörung der *Ozonschicht* in der hohen Atmosphäre sein, die nach heutiger Einsicht auf Treibgase aus Spraydosen und Klimatisierungsanlagen zurückgeht. Das Ozon schirmt die Ultraviolettstrahlung der Sonne auf ein für heutige Organismen erträgliches Maß ab. Die Besorgnis hierüber ist heute im Süden der Erde akut; in Neuseeland konnte ich unlängst selbst diese verbreitete Sorge wahrnehmen. Nichts anderes als eine bindende Vereinbarung der Industriestaaten über zulässige und unzulässige Treibgase wäre nötig.

Schwerer zu beheben ist das *Waldsterben*. Der wichtigste und bedrohlichste Vorgang unter diesem Titel ist die Abholzung der tropischen Regenwälder, zumal in Brasilien. Diese Wälder wachsen auf armen Böden. Der wirtschaftliche Gewinn aus ihrer Abholzung bleibt begrenzt und voraussichtlich kurzfristig. Die klimatischen Auswirkungen werden sich schwerlich auf die nähere Umgebung beschränken. Der Vorgang ist aber eine der Folgen der wirtschaftlichen Misere in den tropischen Ländern. Diese Misere schafft auch politische Bedingungen, unter denen das ökologische Problem kaum anzugreifen ist. In den nördlichen Ländern ist das Waldsterben eine Wirkung der fossilen Brennstoffe; hierauf komme ich alsbald zurück.

Grundlegende Themen. Als grundlegend möchte ich Probleme bezeichnen, die vermutlich nur durch eine tiefe Änderung der weltweiten kulturellen und politischen Verhältnisse gelöst werden können. Das nächstliegende Beispiel ist die *Energieversorgung*. Meines Erachtens kann man nicht sagen, daß heute ein kulturell und politisch konservativer Weg zur ökologisch erträglichen Lösung dieses Problems bekannt wäre.

Im ökonomisch-technischen Zusammenhang kann man Energie als das Maß der Kräfte definieren, die wir zum Betrieb unserer Geräte brauchen. Energie ist insofern eine fundamentale Ressource, nötig, um überhaupt Technik zu betreiben. Die üblichen Schätzungen des weltweiten *Bedarfs* an Energie für die Zukunft gehen vom faktischen heutigen *Konsum* an Energie aus und schreiben ihn mit einer vermuteten Wachstumsrate weiter fort. Wenn wir so rechnen, so finden wir als technisch mögliche *Quellen* der Energie, die den hauptsächlichen Teil des Bedarfs in Zukunft werden decken können, nur drei: *fossile Brennstoffe, Kernenergie* und *Sonne*. Andere, wie z. B. Wasser- und Windkraft, reichen quantitativ nicht aus, den geschätzten weltweiten Bedarf zu decken; sie sind regional nützliche Zusatzquellen. Bei keiner der drei Hauptquellen ist klar, daß sie unter den bestehenden politischen und technischen Voraussetzungen zugleich quantitativ hinreichend und ökologisch erträglich sein kann.

Fossile Brennstoffe sind heute die dominante Energiequelle. Die Kohle hat die industrielle Revolution möglich gemacht, die vor rund zweihundert Jahren begann; Erdöl und Erdgas sind als zeitweilig billigere Energielieferanten hinzugekommen. Ihre ausbeutbare Menge ist endlich; wir verbrauchen in diesen Brennstoffen während weniger Jahrhunderte die organischen Ablagerungen von Jahrmillionen. Will man einen rationellen Gebrauch der natürlichen Ressourcen für andere als die wenigen Jahrhunderte einer noch unreifen technischen Revolution garantieren, so ist es absurd, diese chemisch hochwertigen Stoffe zum Verbrennen zu benützen. Die Unerwachsenheit unseres bisherigen technischen Denkens zeigt sich z. B. darin, daß man zwar mit Schreck auf die Nachricht reagiert, die Ölvorräte könnten in wenigen Jahrzehnten verbraucht sein, aber mit Erleichterung, wenn neue Ölquellen die erwartete Frist verdoppeln, oder wenn man hört, die Kohle könne noch für zwei Jahrhunderte reichen, also nur gerade ebenso lange wie von James Watt bis zu unserer Zeit. Wird sich die Hoffnung immer erfüllen, daß man für jedes verbrauchte technische Spielzeug rechtzeitig ein neues geschenkt bekommen wird?

Dazu zeigen sich schon heute verderbliche ökologische Konsequenzen der fossilen Brennstoffe. Ihre Schademissionen erzeugen das Waldsterben. Selbst wenn diese Emissionen durch Schutztechniken sehr vermindert werden können, bleibt die Kohlendioxid-Emission, die nach heutiger Vermutung in wenigen Jahrzehnten durch Treibhauseffekt die Durchschnittstemperatur der Erdatmosphäre so erhöhen wird, daß ein Abschmelzen des polaren Eises den Wasserspiegel der Ozeane um mehrere Meter wachsen ließe; eine Verschiebung der Klimazonen ist ebenfalls als Folge zu vermuten. Auch wenn die quantitativen Vorhersagen noch ungewiß sind, jedenfalls erreichen unsere technischen Einflüsse auf das Klima die Größenordnung der bisherigen natürlichen Schwankungen, zu denen, als Beispiel gesagt, die Eiszeiten gehören. All dies wäre nicht das Ende der Menschheit, aber für die bestehenden regionalen Bevölkerungen katastrophal.

Die *Kernenergie* haben wir Physiker mit der großen Hoffnung begrüßt, eine praktisch unerschöpfliche und völlig umweltschonende Alternative zu den fossilen Brennstoffen zu finden. Als Kernspaltung (»Fission«) trägt sie heute schon fühlbar zur Energiewirtschaft bei, als Kernvereinigung (»Fusion«) ist sie eine Hoffnung für das nächste Jahrhundert. Die Uran-Vorräte für die Spaltung sind freilich auch begrenzt; nur durch Brutreaktoren würden sie die Gnadenfrist der Kohle von wenigen Jahrhunderten übertreffen und für Jahrtausende reichen; die Fusion hätte eine noch längere Dauer.

Mit den künstlichen Kernumwandlungen greifen wir freilich noch radikaler in die natürlichen Vorgänge ein als schon mit der chemischen Verbrennung organischer Ablagerungen wie Kohle und Öl. Die Quelle der Sonnenenergie ist Kernfusion im tiefen Inneren der Sonne; die dort herrschende Temperatur von rund 15 Millionen Grad ist die natürliche Umwelt für einen stabilen Ablauf dieser Prozesse. Die Uranspaltung erzeugt langlebige radioaktive Stoffe; die Temperaturen und Drucke der Fusion sind bisher nur in der Wasserstoffbombe kontrolliert erzeugt worden. Den Spezialisten dieser Energietechniken, zumal den Spezialisten für Reaktorsicherheit, gebührt das Verdienst, diese Probleme früh erkannt und sorgfältig studiert zu haben. Die öffentliche Panik, zumal nach Tschernobyl, einem Unfall, der gerade einer sträflichen Vernachlässigung der schon bekannten Sicherheitsbedingungen entstammt, bedient sich in ihren Begriffen der Ergebnisse eben jener Sicherheitsforschung, der sie mißtraut. Aber in der Tat ist nicht klar, ob die politischen Voraussetzungen der Reaktorsicherheit heute überhaupt beherrschbar sind. Ich zitiere den amerikanischen Reaktortechniker Alvin Weinberg, der schon vor zwanzig Jahren sagte: »Garantieren Sie mir tausend Jahre Weltfrieden, und ich garantiere Ihnen tausend Jahre Energieversorgung.« Ich kann in der heutigen politischen Weltlage nicht zur Kernenergie als führender Energiequelle raten. Eine Menschheit, die das Friedensproblem nicht zu lösen vermag, ist für so anspruchsvolle Techniken wie die Kernenergie nicht reif.

Die *Sonnenstrahlung* ist die einzige mit dem geschaffenen Bedarf vereinbare Energiequelle, die sich ohne unser Zutun ständig neu ergänzt. Insofern müßte sie als die angemessene Energiequelle einer permanent lebensfähigen menschlichen Kultur erscheinen. Aber auch hier ist das Problem, die natürlichen Gegebenheiten unserer menschlichen Verfügung, unserer Macht zu unterwerfen. Die Sonnenstrahlung ist diffus über die Erde verteilt: »Gott läßt seine Sonne scheinen über Gerechte und Ungerechte.« Aber unsere Technik braucht konzentrierte Energie. Für lokale, dezentralisierte Verwendung wie z. B. Raumheizung bietet sich die Sonnenstrahlung mit verhältnismäßig einfachen Speichermethoden natürlich an. In nördlichen Breiten ist die Heizung ein großer Prozentsatz des gesamten Energieverbrauchs; und diesen mit hochkonzentrierter Energie wie elektrischem Strom zu decken, ist technisch ziemlich widersinnig. Aber wieweit sich der industrielle Energiebedarf durch Solartechnik wird decken lassen, muß die zukünftige Forschung beweisen. Sonnenenergiesammlung in tropischen Regionen, etwa der Sahara, mit Energietransport etwa durch flüssigen Wasserstoff, verlangt wiederum eine hinreichend garantierte friedliche Weltordnung. Und wieweit das Bedecken weiter Landflächen mit Sonnenkollektoren technisch machbar und umweltfreundlich ist, muß ebenfalls die Zukunft lehren.

Wir haben daher allen Anlaß, unsere *Bedarfsprognosen*, falls möglich, drastisch zu reduzieren. Dies geschieht schon seit der ersten Ölkrise durch *Erhöhung der Energieproduktivität*, auch *Energiesparen* genannt. Die unmittelbaren Anstrengungen für die nächsten Jahrzehnte müssen vor allem hierauf gerichtet sein. Aber das mag den Energiebedarf um die Hälfte vermindern; auf die längere Sicht eines Jahrhunderts oder gar Jahrtausends ist noch etwas anderes verlangt.

Ich kann mich dem Eindruck nicht entziehen, daß wir einer *mehr asketischen Weltkultur* entgegengehen.* Askese möchte ich hier definieren als Verzicht auf Güter, die man haben könnte. In der alten Gesellschaftsordnung, unter dem Ethos des Herrschens und Dienens, gab es drei geforderte Arten des Verzichts auf Güter: die Bescheidenheit der Dienenden, die Selbstbeherrschung der Herrschenden und die echte Askese der Entsagenden. In der Zukunft, sofern die Gesellschaft imstande sein sollte, dem Ethos der Freiheit und Gleichheit Genüge zu tun, wäre eine Vereinigung von Bescheidenheit und Selbstbeherrschung, eine »demokratische Askese« nötig. Gesehen habe ich das noch nicht, außer in begrenzten Räumen oder in Randgruppen der Gesellschaft. Es wäre notwendig. Und die echte Askese der Entsagenden würde wohl neue Formen annehmen, über ihre traditionelle religiöse Form hinaus: als »Luxurierende Selbstbeherrschung«, als Zeichen.

* »Gehen wir einer asketischen Weltkultur entgegen?« in *Der bedrohte Friede*, München [3]1982, S. 383-416.

5. Krieg und Frieden

Das Thema »Krieg und Frieden« entspricht in der Struktur nicht ganz genau dem Motto »Macht und Menschlichkeit«. Friede ist in der Tat ein Schlüsselwort für Menschlichkeit; politischer Friede ist der menschenwürdige politische Zustand. Aber umgekehrt ist selbst in der Außenpolitik Krieg nicht die wichtigste, sondern höchstens die dramatischste Erscheinungsform der Macht. Macht akkumuliert Mittel für offengehaltene Zwecke. Dann ist militärische Macht zwar die Fähigkeit, Krieg zu führen, die aber ihren Zweck am besten dadurch erreicht, daß ihre bloße drohende Anwesenheit politische Ziele ohne Krieg durchsetzt. Der wirklich ausgebrochene Krieg erweist sich fast immer für eine der beiden Seiten, häufig für beide Seiten, als ein Scheitern der Politik.

Die Überlegungen des Zweiten Kapitels zum Problem von Krieg und Frieden kehrten stets zu zwei Thesen zurück:

> Der Dritte Weltkrieg ist wahrscheinlich.
>
> Es ist notwendig und möglich, die Institution des Kriegs abzuschaffen.

Die beiden Thesen sind einander nicht logisch streng zugeordnet. Es ist den Großmächten bisher gelungen, den Dritten Weltkrieg zu vermeiden. Daran schließt sich bei manchen Menschen die sanguinische Hoffnung an, der *nukleare* Krieg werde nie stattfinden. Aber hiermit ist der Krieg als Institution nicht überwunden; im stillen wird er eher als unüberwindbar vorausgesetzt. Ein kluger Schweizer Offizier sagte mir bald nach Hiroshima: »Jetzt kommt eine Zeit begrenzter Kriege, begrenzt in Zielen und Mitteln.« Er hat bis heute recht behalten. Die heutzutage pragmatische Politik betrachtet es als hinreichend für das

Überleben der Menschheit in ihrer heutigen Kultur und Größe, daß dieser Zustand begrenzter Kriege beibehalten wird. Wir sehen zunächst die Bedingungen für die Fortdauer dieses Zustands an, dann die weitergehende Forderung, den Krieg als Institution zu überwinden.

Das Zeitalter der begrenzten Kriege. Es gibt historisch-statistische Studien über Art und Anzahl der Kriege im Laufe der Geschichte.* Nach diesen Studien erscheint die Zeit seit 1945 als eine Zeit durchschnittlicher Normalität. In den fast hundert Jahren zwischen 1815 und 1914 haben die damaligen Großmächte gegeneinander nur wenige Kriege geführt, und diese durchweg mit begrenzten Zielen. Von 1945 bis 1987 hat es keinen direkten Krieg zwischen den verbliebenen Großmächten gegeben; vielleicht könnte man den kurzen Zusammenstoß amerikanischer und chinesischer Truppen in Korea 1950 bis 53 als Ausnahme nennen. Die Zählung aller Kriege in den betreffenden Zeiträumen ist nicht ohne eine gewisse Willkür möglich; in den Aufsätzen des Zweiten Kapitels zitiere ich für die Zeit seit 1945, stets mit einiger Reserve, die Angabe von etwa 130 Kriegen. Nach den Zählungen ist die Anzahl der Kriege im 20. Jahrhundert erheblich höher als im 19. Jahrhundert. Aber zugleich ist die Anzahl der Staaten, die als souverän gezählt werden, von 23 um 1820 auf heute über 160 angestiegen. So hat die Anzahl der Kriege, in die ein Staat im Durchschnitt verwickelt war, zugleich erheblich abgenommen. Der Leser dieser Art von Studien sieht sich schließlich genötigt, die Bewertungskriterien der statistischen Zahlen selbst auszuwählen. Ein paar allgemeine Behauptungen lassen sich aber wohl aufstellen.

Die geringe Zahl und Größe der direkten Kriege zwischen den Großmächten 1815 und 1914 dürfte damit zu-

* Z. B. M. Small und J. D. Singer, *Resort to Arms*, Beverly Hills, Calif., Soge Publications, 1982; zitiert nach K. J. Holsti, *Paths to Peace? Theories of Conflict Resolution and the Realities of International Politics*, Vortrag University of Otago, Neuseeland 1987.

sammenhängen, daß dies die Zeit der kolonialen Expansion der europäischen Mächte war. Zu dieser Expansion waren sie fähig durch ihre militärische Überlegenheit über den Rest der Welt. Man darf wohl sagen, daß der Weltkrieg 1914 begann, »als die Mächte entdeckten, daß die Erde rund ist«, d. h. als Expansion keinen Ausweg mehr aus den inneren Spannungen des Systems der Mächte bot. Es gab Kriegsvorhersagen durch Dichter, Marxisten, sorgenvolle Staatsmänner; die Unhaltbarkeit des Friedens zwischen den Herren der Welt lag kurz vor 1914 »in der Luft«.

Die Zeit nach 1945 brachte das Ende der direkt politischen Kolonialherrschaft (mit Ausnahme des russischen Imperiums, das kontinental ist und dadurch der Bezeichnung als »kolonial« entgeht). Die wirtschaftliche Expansion bot den Mächten, die ohnehin militärisch überlegen blieben, die Fortdauer ihres Einflusses. Man wird aber sagen dürfen, daß in dieser Zeit die Vermeidung der nuklearen Konfrontation den Maßstab der Kriegsbegrenzung setzte. Nur diejenigen Kriege wurden wirklich geführt, von denen gewiß schien, daß sie nicht nuklear werden würden. Diese Kriege hatten überwiegend regionale Ursachen. Die politische Kolonialherrschaft hatte, solange sie bestand, den Austrag regionaler Konflikte in der Form des Krieges vielfach verhindert. So ist das Anwachsen der Zahl der Kriege mit der Zahl der souveränen Nationen nicht überraschend.

Die Frage ist, ob dieser weltpolitische Zustand auf die Dauer aufrechterhalten werden kann. Die bloße Zählung und Beschreibung der Kriege erweckt einen vermutlich unzutreffenden Eindruck der Stabilität des Zustandes. Die historisch immer wiederkehrende Abfolge von »Ebenen« und »Krisen« (Zweites Kapitel, 2 A) mahnt uns zur Vorsicht. Der Konfliktaustrag durch begrenzte Kriege ist ein Stabilisierungsmuster einer bestimmten geschichtlichen Ebene. Die Ursache einer herannahenden Krise ist gegenüber den Stabilisierungsmustern einer Ebene extern. Wir haben solche fortschreitenden Prozesse, die einer Instabilität zutreiben, im ökologischen und ökonomisch-sozialen

Bereich betrachtet. Unser kulturelles Bewußtsein hat die schon vor 1914 beginnende Krisenerwartung nicht verlassen. Die Kunst lebt seit der Zeit um 1900 und unvermindert nach 1945 in der Darstellung des unheimlichen, wilden, zerbrochenen Untergrundes der Kultur; wo sie Hoffnung darstellt, ist es die Hoffnung auf Wandel.

Die machtpolitische Basis der Stabilität der gegenwärtigen Ebene ist das Sicherheitsbedürfnis der Supermächte. Ich habe im Zweiten Kapitel dargestellt, warum ich die heutige organisatorische Form ihrer Sicherung noch nicht für zuverlässig halten kann. Unter dem Gesichtspunkt der Ära der begrenzten Kriege ist hier hinzuzufügen, daß das heutige System nuklearer Abschreckung, z. B. in der Nato-Doktrin der flexiblen Reaktion, wesentlich auf der Drohung mit *begrenztem* nuklearen Einsatz aufbaut. Die Drohung mit dem Einsatz der größten (»strategischen«) Waffen kann den jeweiligen Gegner nur vom Einsatz seiner eigenen strategischen Waffen abschrecken. Gerade wenn diese gegenseitige Abschreckung zuverlässig ist, kann ein Angriff mit begrenztem Einsatz nicht durch die große nukleare Drohung verhindert werden, deren Verwirklichung dann unglaubwürdig ist. Es erscheint daher im Rahmen der Abschreckungsdoktrin unerläßlich, von begrenztem Einsatz durch die Drohung mit ebenfalls begrenztem Einsatz abzuschrecken. Ein sorgfältiger Analytiker* kommt zu der Folgerung, falls es zu einem nuklearen Krieg käme, würde dieser mit der Wahrscheinlichkeit 5 gegen 1 ein begrenzter nuklearer Einsatz bleiben.

Es ist evident, daß eine solche Analyse nicht tröstlich sein kann. Die Verkehrspolizei würde ein neues Auto nicht zulassen, das relativ gut gegen Unfälle geschützt ist, und das, wenn doch ein Unfall geschieht, in fünf von sechs Fällen nur die Insassen beschädigt, in einem von sechs Fällen aber eine Feuersbrunst in der ganzen Stadt erzeugt.

* G. Blainey, *The Causes of War*, London 1973, Neuauflage 1988; zitiert nach seinem Beitrag *Past and Future Wars*, University of Otago 1987.

In der Tat ist die Drohung mit begrenztem *nuklearen* Einsatz keine immanent militärische Notwendigkeit. Moderne zielgenaue Waffen gestatten eine »defensive Verteidigung« mit »struktureller Nichtangriffsfähigkeit«.* Der Einwand, jede Waffe könne ebensowohl offensiv wie defensiv verwendet werden, kann nur erhoben werden, wenn man die Struktur des Entwurfs nicht zur Kenntnis genommen hat. Eine einzelne Waffe, etwa *eine* Rakete, kann offensiv wie defensiv verwendet werden, je nach dem Waffen*system*, in das sie eingefügt ist. Ein ganzes Waffensystem, z. B. im Gelände stationierte Panzerabwehrraketen, für welche gar keine Transportmittel für den Angriff vorhanden sind, könnte nur durch eine große neue Rüstungsanstrengung offensiv verwendbar gemacht werden. Ein solches Defensivsystem gibt keinen Anreiz zu einem neuen Rüstungswettlauf. Es wäre ein Schritt auf dem Wege der Stabilisierung durch Abbau der gegenseitigen Bedrohung.

Die »defensive Verteidigung« wäre also ein Beitrag zur Schaffung stabilerer *Strukturen*. Sie würde einen bestimmten Teil der nuklearen Abschreckung, eben den mit der Drohung des begrenzten Einsatzes, objektiv überflüssig machen. Das ist mehr als die in der Öffentlichkeit mit viel mehr Emotion diskutierten Pläne direkter nuklearer Abrüstung. Im öffentlichen Bewußtsein ist etwa mit dem Anfang der achtziger Jahre eine Änderung in der Einschätzung der nuklearen Abschreckung eingetreten. Vorher fühlte man sich unter dem Schutz dieser Abschreckung ziemlich sicher. Jetzt hält man ihren Abbau für den besseren Schutz. Aber schon der Abbau der Mittelstreckenraketen führt wieder zu Besorgnissen. In Frankreich hörte ich die Äußerung, dies sei die endlich eingetretene Verschwörung der Amerikaner und Russen gegen die Freiheit Europas, eine Freiheit, die nur durch eigene Kernwaffen garantiert werden könne (Zweites Kapitel, 3 C). In der Tat war auch de Gaulles

* H. Afheldt, *Defensive Verteidigung*, Reinbek bei Hamburg 1983; ders., *Atomkrieg. Das Verhängnis einer Politik mit militärischen Mitteln*, München 1984.

Force de frappe ein sorgfältig *strukturell* geplantes System. Das Fehlen einer strukturellen Alternative läßt höchst begreifliche Ängste entstehen (Zweites Kapitel, 3 C).

Es ist selbstverständlich, daß diese Ängste den Fortschritt des endlich begonnenen Dialogs der Großmächte nicht hindern dürfen. Dieser Dialog müßte im beiderseitigen Interesse dahin führen, daß die gefährliche *technische* vorläufige Kriegsverhütung durch eine neue *politische* Struktur des Friedens gesichert wird. Aber auf dem Weg dahin sind intermediäre technische Strukturen wohl unentbehrlich. Auf sie ist daher besondere Aufmerksamkeit zu verwenden.

Eine abwegige strukturelle Alternative ist das Projekt der Weltraumverteidigung (SDI). Bei der Einführung dieses Projekts 1983 hat Präsident Reagan eine Wahrheit ausgesprochen, die wohl jedem seiner Amtsvorgänger seit 1945 im Prinzip bekannt war: daß nämlich die nukleare Abschreckung moralisch problematisch und funktional nicht voll zuverlässig ist. Er hoffte, vermutlich aufrichtig, mit seinem neuen Projekt die Atomwaffen auf die Dauer »*impotent and obsolete*«, wirkungslos und veraltet werden zu lassen. Inzwischen weiß jeder Fachmann, daß der totale Schutz mit diesem Projekt nicht erreicht werden kann und daß es vermutlich sehr viel besser zum Angriff als zur Verteidigung verwendet werden kann.

Hinter diesem Projekt steht evident der Wunsch nach militärischer Überlegenheit, vielleicht auch die aufrichtige Angst vor militärischer Überlegenheit der Gegenseite. Dieser Wunsch ist sehr wohl mit aufrichtiger Friedenssehnsucht vereinbar. Militärische Überlegenheit einer Seite ist häufig ein besserer Garant der Kriegsverhütung als das stets prekäre, zu Durchbruchsversuchen verführende militärische Gleichgewicht. Träumerisch kann man sich von der gesicherten militärischen Überlegenheit der eigenen Seite den Weg zu einem permanenten Weltstaat, einem Friedensreich vorstellen.

Es ist notwendig, von diesen Träumen entschlossenen Abschied zu nehmen. Materiell werden sie sich in absehbarer Zeit nicht verwirklichen. Psychologisch erzeugen sie genau diejenigen Gegenreaktionen, die den Konflikt unvermeidlich machen. Die realen Interessen des Westens sind in einer Welt am besten gesichert, in der die ökonomische Überlegenheit des westlichen Systems zum Tragen kommt. Und der unerläßliche Bewußtseinswandel wird durch die Scheinbefriedigung dieser Träume nicht gefördert, sondern aufgehalten.

Überwindung der Institution des Krieges. Wozu dient, nach einer sorgfältigen Beschreibung einer gefährdeten, aber nicht hoffnungslosen Weltlage, eine so übergroße Forderung: die Institution des Kriegs zu überwinden? Hat diese Forderung Aussicht, verwirklicht zu werden? Geht es nicht bescheidener?

Der Ton liegt hier zunächst auf dem Wort *Institution.* Eine Institution ist eine gesellschaftliche Struktur, die von Menschen bewußt instituiert, d. h. eingesetzt und anerkannt ist. Sie ist von Menschen gemacht und kann im Prinzip von Menschen abgeschafft werden. Der Krieg ist eine völkerrechtlich anerkannte Institution. Formal sollte es möglich sein, ihr durch internationale Übereinkunft die Legitimation zu entziehen. Dieser Gedanke ist unserem Jahrhundert seit langem vertraut. Er gehörte zu den Grundabsichten des Völkerbundes 1920 und der Vereinten Nationen 1945. Wo aber ist die Macht, diesen Gedanken real durchzusetzen?

Die Phantasie derer, die hierüber nachgedacht haben, hat sich mehrfach dem Modell eines Weltstaats zugewendet. Die Überwindung des mittelalterlichen Fehderechts durch den fürstlichen Territorialstaat scheint ein vergleichbarer Vorgang. Die Notwendigkeit weltweiter Regelungen haben wir in den Abschnitten über Ökonomie und Ökologie betrachtet, auch die Forderung, sie mit weitgehend dezentraler Entscheidung vereinbar zu machen. Aber der spätmittelalterliche oder frühneuzeitliche Fürst hatte hinreichend militärische Macht, seinen Landfrieden durchzusetzen. Die amerikanischen Juristen Clark und Sohn haben in den frühen sechziger Jahren ein Modell entworfen, in dem die Vereinten Nationen am Ende eines internationalen Abrüstungsprozesses ein Waffenmonopol haben sollten.* Dieser idealistische Plan war offenkundig undurchsetzbar.

Wir sind heute gezwungen anzuerkennen, daß die Institution des Kriegs nicht abgeschafft *ist*. Wir sind aber, so scheint mir, auch gezwungen anzuerkennen, daß ihre Abschaffung eine notwendige Vorbedingung für die Fortdauer einer lebensfähigen Menschheit ist. Daß das Zeitalter der begrenzten Kriege nicht in einen übergroßen Krieg ausläuft, hängt von der gesunden Vernunft zu vieler Menschen ab, als daß wir darauf unser politisches Kalkül gründen dürften. Auf diese Situation bezog sich der Gedankengang unseres Dritten Kapitels. Die gemeinsame politische Vernunft bedarf des Bewußtseinswandels in den einzelnen Menschen; dieser Bewußtseinswandel aber bedarf der Verankerung in den objektiven Gehalten der Kultur, in den Institutionen. Es kommt jetzt darauf an, diese Erkenntnis selbst zu einem Bestandteil des öffentlichen Bewußtseins zu machen. Die Institution des Kriegs wird in dem Augenblick überwunden werden können, in dem die Menschheit es wirklich wollen wird. »Menschheit« heißt hier nicht jeder einzelne Mensch, aber die Träger und Former des öffentlichen Bewußtseins.

* G. Clark u. L. Sohn, *World Peace through World Law*, 3. ed., Cambridge, Mass., 1966; dt. *Frieden durch ein neues Weltrecht*, Frankfurt/Main 1961.

»Zum ewigen Frieden« von Immanuel Kant

»Bei dem traurigen Anblick nicht sowohl der Übel, die das menschliche Geschlecht aus Naturursachen drücken, als vielmehr derjenigen, welche die Menschen sich untereinander selbst antun, erheitert sich doch das Gemüt durch die Aussicht, es könne künftig besser werden; und zwar mit uneigennützigem Wohlwollen, wenn wir längst im Grabe sein und die Früchte, die wir zum Teil selbst gesät haben, nicht einernten werden.«

Nie las ein Blick, von Tränen übermannt,
ein Wort wie dieses von Immanuel Kant.

Bei Gott, kein Trost des Himmels übertrifft
die heilige Hoffnung dieser Grabesschrift.

Dies Grab ist ein erhabener Verzicht:
»Mir wird es finster, und es werde Licht!«

Für alles Werden, das am Menschsein krankt,
stirbt der Unsterbliche. Er glaubt und dankt.

Ihm hellt den Abschied von dem dunklen Tag,
daß dir noch einst die Sonne scheinen mag.

Durchs Höllentor des Heute und Hienieden
vertrauend träumt er hin zum ewigen Frieden.

Er sagt es, und die Welt ist wieder wahr,
und Gottes Herz erschließt sich mit »und zwar«.

Urkundlich wird es; nimmt der Glaube Teil,
so widerfährt euch das verheißne Heil.

O rettet aus dem Unheil euch zum Geist,
der euch aus euch die guten Wege weist!

Welch eine Menschheit! Welch ein hehrer Hirt!
Weh dem, den der Entsager nicht beirrt!

Weh, wenn im deutschen Wahn die Welt verschlief
das letzte deutsche Wunder, das sie rief!

Bis an die Sterne reichte einst ein Zwerg.
Sein irdisch Reich war nur ein Königsberg.

Doch über jedes Königs Burg und Wahn
schritt eines Weltalls treuer Untertan.

Sein Wort gebietet über Schwert und Macht
und seine Bürgschaft löst aus Schuld und Nacht.

Und seines Herzens heiliger Morgenröte
Blutschande weicht: daß Mensch den Menschen töte.

Im Weltbrand bleibt das Wort ihr eingebrannt:
Zum ewigen Frieden von Immanuel Kant!

Karl Kraus

Namenregister

Carl Friedrich von Weizsäcker
im Carl Hanser Verlag

Der Garten des Menschlichen
Beiträge zur geschichtlichen Anthropologie
1977. 9. Auflage 1984. 612 Seiten

Werner Heisenberg
(Zusammen mit Bartel L. von der Waerden)
1977. 104 Seiten

Diagnosen
1979. 100 Seiten

Der bedrohte Friede
Politische Aufsätze 1945–1981
1981. 4. Auflage 1983. 648 Seiten

Wahrnehmung der Neuzeit
1983. 5. Auflage 1984. 440 Seiten

Aufbau der Physik
1985. 2. Auflage 1986. 664 Seiten

»Das Lebenswerk von Carl Friedrich Weizsäcker hat sich in drei Dimensionen entfaltet, die für das Bewußtsein vieler Zeitgenossen unvereinbar sind: er ist Physiker, er ist Politiker, er ist ein Philosoph ... Der Physiker macht die Erfahrung, daß unreflektierte Anwendung seiner Wissenschaft jene Natur, die er erkannt zu haben glaubt, zerstört. Der Politiker sieht sich der entfesselten Gewalt von destruktiven Prozessen ausgeliefert, welche die primäre Intention alles politischen Handelns, bleibende Ordnungen zu stiften, umkehren und in ihr Gegenteil verwandeln: Politik ist zur Kunst der Akkumulation und Freisetzung von Sprengkräften geworden. Der Philosoph, der dies mit ansieht, erkennt: wir handeln falsch, weil wir falsch denken.« *Georg Picht*

Carl Friedrich von Weizsäcker
im Carl Hanser Verlag

Die Zeit drängt
Eine Weltversammlung der Christen
für Gerechtigkeit, Frieden und die Bewahrung der Schöpfung
1986. 7. Auflage 1988. 120 Seiten

1

Eine Weltversammlung der Christen für Gerechtigkeit, Frieden und die Bewahrung der Schöpfung soll einberufen werden.

2

Die Menschheit befindet sich heute in einer Krise, deren katastrophaler Höhepunkt wahrscheinlich noch vor uns liegt. Deshalb ist entschlossenes Handeln nötig.

3

Die Krise ist sichtbar in den drei Themenbereichen
Gerechtigkeit, Friede, Natur.
Es gibt ethisch konsensfähige,
politisch realisierbare Forderungen zum Verhalten
in diesen Bereichen.

4

In bezug auf die drei Bereiche ist eine Einigung der Christen und eine Übereinstimmung der Weltreligionen möglich und geboten. Eine weltweite politisch wirksame Rechtsordnung ist zu fordern.

Hans-Peter Dürr
im Carl Hanser Verlag

Das Netz des Physikers
Naturwissenschaftliche Erkenntnis in der Verantwortung
1988. 496 Seiten

Durch die Technik ist die Naturwissenschaft schon vor langer Zeit aus ihrem Elfenbeinturm herausgetreten. Ihr Hauptinteresse gilt der Anwendung, der Manipulation natürlicher Prozesse zur Erreichung bestimmter Zwecke. In den letzten Jahrzehnten schließlich hat sich der Mensch mit der modernen Naturwissenschaft Werkzeuge geschaffen, die prinzipiell zu seiner Selbstzerstörung und zur Zerstörung der verletzlichen Biosphäre ausreichen.
Im Gegensatz zur Wissenschaft, die sie betreiben, haben aber die meisten Wissenschaftler den Elfenbeinturm nicht verlassen und wollen ihn auch gar nicht verlassen. Obgleich sie mit ihrem Tun die Welt täglich verändern, sprechen sie immer noch von reiner Erkenntnissuche, von faustischem Drang und natürlicher Neugierde, sie bezeichnen ihr Tun als »Wissen«schaft, wo diese doch schon lange zur »Machen«schaft geworden ist.
Hans-Peter Dürr, 1987 mit dem Alternativen Nobel-Preis ausgezeichneter Kernphysiker und Direktor des Werner-Heisenberg-Instituts am Max-Planck-Institut für Physik und Astrophysik, setzt in seinem Buch dieser verantwortungslosen Machenschaft eine verantwortungsgeleitete Naturwissenschaft entgegen. In drei Hauptteilen – »Physik und Erkenntnis«, »Wissenschaftsethik und ihre praktische Umsetzung«, »Friedenspolitik« – werden die sich daraus ergebenden Probleme beschrieben, analytische Antworten gegeben und praktische Modelle aufgezeigt.